スポーツ・運動生理学概説

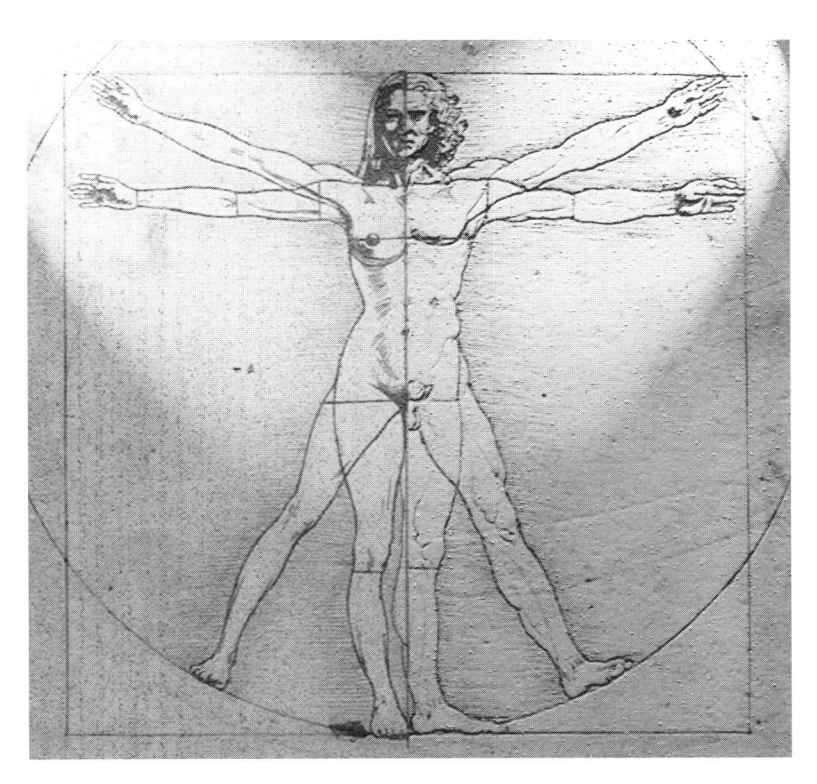

山地啓司
大築立志
田中宏暁
編著

明和出版

はじめに

　2010年ワールドカップサッカーがアフリカで初めて開催され，世界の耳目が南アフリカに注がれた。わが日本チームは前評判とは裏腹に一次リーグ突破の大活躍で，国民に歓喜と希望を与え，国中が興奮のるつぼと化した。残念ながら8強に残ることはできなかったが，アウェーでの日本チーム一丸となった闘志あふれるプレーは，一致協力・団結と自己の使命の遂行，すなわちチーム全体（勝利）を生かしなおかつ己を生かす，自律の精神が昇華された姿の具現化されたものであろう。

　日本チームの活躍の裏には，わが国のスポーツ科学の進展と，そこで得られた成果をスポーツの場に還元する機能がある。日々の体力強化だけでなく，今回の大会中にも各チームの戦いをつぶさに解析し，その情報をいち早く日本チームに伝えたことが，監督・コーチの緻密な作戦に役立ったと聞く。現在のスポーツ科学は解剖学，運動生理学バイオメカニックス，心理学，栄養学，行動学，医学等々多くの科学的分野を含む総合科学である。その中でも運動生理学は，人間の生命の営みからパフォーマンスを高めるエネルギーの出力の大きさの研究，それをいかに合目的的に高め巧みに使うかのトレーニング方法，さらにそれを可能にする神経や筋肉の構造的・機能的メカニズム追究等々，スポーツ科学の根幹をなすものである。

　1991年カナダのG. Guyattは「Evidence based medicine」と題した一文を科学雑誌に掲載し，これからの医療・保健がただ経験や勘だけに頼るのではなく，努めて科学的根拠に基づくものでなければならないことを強調した。この思想は，医療・保健の分野だけにとどまらず，スポーツのトレーニングの場でも強く求められている。そして現在はその高邁な理想に応え得るまでにスポーツ科学が進歩している。今やスポーツ科学は，科学技術の進歩に伴って遺伝子レベルの研究へと着々と進化しつつある。その善悪はともかくとして，将来，現在の"産み育てる"時代から"産ませ育てる"時代が来るかもしれない。

　しかし，科学は万能ではない。多くの科学的研究がそうであるように，スポーツ科学もまた，複雑に構成された事象のメカニズムを追究するために，できる限りそれに関与する変数を減らした（単純化），すなわち，閉鎖的システムを作りだし，そこから得られた結果に基づくものである。それが，たとえばスポーツの試合のような開放的システムの中で直接応用できるとは限らない。さらに，科学研究の多くは個性を無視した統計的処理がなされる。そのため，研究で得られたデータがすべての人に適用できるとは限らない。

　そこで，研究者とスポーツ現場を結び付ける仲介者，すなわち，スポーツの現場を体験し経験と勘が駆使でき，なおかつ研究から得られた理論に習熟した指導者が求められる。その卵が，正に現在スポーツ・体育を専攻している学部生・院生である。

　本書が，スポーツ・体育の指導者を目指す学部生・院生にとって，科学的根拠が加味された質の高い指導者養成に役立ち，さらには，卓越した指導方法の創造に結び付く基礎となることを期待している。

　最後に，本書の出版に際し，われわれの遅々として進まない執筆を辛抱強く待っていただき，また多大のご尽力をいただいた明和出版の和田義智社長に深謝する次第である。

編者代表　山地啓司

スポーツ・運動生理学概説●目次●

第1章 人類の誕生と環境への適応・・・1

1 人類の誕生と進化 ── *1*
2 ヒトと環境との関わり ── *2*
3 環境への適応能 ── *3*
　[1] 環境リズムと遺伝リズム（マクロ的リズム）………*3*
　[2] 揺らぎリズム（ミクロ的リズム）………*4*
　[3] カップリング………*5*

4 人体の構造と大きさの評価 ── *5*
　[1] 細胞………*5*
　[2] 骨格………*6*
　[3] 発育・発達の特徴………*7*
　[4] 身長と体重の相対評価………*7*
　[5] 人体のスケーリング………*8*
　　❶第一の仮説 /*8*
　　❷第二の仮説 /*9*

第2章 体力と運動・・・11

1 運動の定義 ── *11*
2 体力 ── *12*
　[1] 体力の定義………*12*
　[2] 行動体力と防衛体力………*14*
　[3] エネルギー的体力とサイバネティックス的体力………*14*
　[4] 運動能力………*15*

3 運動の意義と効用 ── *16*

第3章 神経の構造と機能・・・19

1 神経系の構成要素とその基本的機能 ── *19*
　[1] 神経細胞（ニューロン）と神経膠細胞（グリア）………*19*
　[2] ニューロンの興奮とインパルスの伝導………*20*
　　❶静止膜電位 /*20*
　　❷膜の興奮と活動電位の発生 /*21*
　　❸神経線維の種類と役割 /*22*
　[3] シナプスとインパルスの伝達………*23*
　　❶シナプスの構造と機能 /*23*
　　❷神経筋シナプス /*24*
　[4] 運動単位………*24*

2 中枢神経系 ── *25*
　[1] 脊髄………*25*
　[2] 脳幹………*26*
　　❶脳幹の運動機能の特徴 /*26*
　　❷脳幹の姿勢制御機能 /*26*
　　❸前庭動眼反射 /*26*
　[3] 小脳………*27*
　　❶小脳の基本構造 /*27*
　　❷小脳による運動制御機構 /*28*
　　❸小脳による運動制御の特徴 /*29*
　　❹小脳の運動学習機構 /*30*
　[4] 大脳………*31*
　　❶大脳の構造 /*31*
　　❷大脳皮質の機能局在 /*32*
　　❸大脳皮質運動関連領野 /*33*

3 末梢神経系 ── *37*

4 感覚情報の受容と処理 ——— 39
[1] 感覚系の特徴……………39
[2] 視覚…………40
[3] 聴覚…………41
[4] 前庭感覚…………43
[5] 体性感覚…………44

5 運動の実行と調節 ——— 48
[1] 運動経路…………48
　❶皮質脊髄路 /48
　❷脊髄運動ニューロン /49
[2] 感覚系と運動系の相互作用―脊髄反射
　…………49
　❶筋紡錘 /49
　❷ゴルジの腱器官 /50
　❸伸張反射と Ia 抑制 /51
　❹自原抑制 /51
　❺屈曲反射と交叉性伸展反射 /52
[3] 中枢パターン発生器…………52
[4] 随意運動と脳活動…………52

6 脳波で見る脳活動 ——— 53
[1] 脳波（EEG）…………53
[2] 体性感覚誘発電位（SEP）…………54
[3] 運動関連脳電位（MRCP）…………55

7 運動学習 ——— 56
[1] 運動学習とその神経基盤…………56
[2] 運動学習における認知的技能……57

第4章　筋の構造と機能・・・61

1 筋の種類と構造 ——— 61
[1] 筋の種類…………61
[2] 骨格筋の構造…………61
　❶全体構造 /61
　❷筋線維の構造 /62

2 筋収縮のメカニズム ——— 65
[1] SR による Ca^{2+} の放出…………65
[2] 弱い結合状態…………65
[3] 強い結合状態とフィラメントの滑走
　…………66
[4] SR による Ca^{2+} の取り込み………66

3 筋線維の種類と収縮特性 ——— 67
[1] 筋線維の種類…………67
[2] 収縮特性…………67
　❶最大短縮速度 /67
　❷等尺性最大張力 /67
　❸疲労耐性 /67
[3] 筋線維組成…………68

4 筋の収縮様式と筋力 ——— 69
[1] 筋の収縮様式…………69
[2] 各収縮様式の特徴…………69
　❶等尺性収縮 /69
　❷短縮性収縮と伸張性収縮 /69
　❸等速性収縮 /70
　❹等張性収縮 /70
[3] 伸展 - 短縮サイクル…………70

5 運動単位と動員 ——— 71
[1] 運動単位…………71
[2] 筋線維の動員…………71

6 筋パワーとスポーツ ——— 72
[1] 筋パワー…………72
　❶パワー /72
　❷筋線維のタイプとパワー /72
[2] 筋パワーの決定要因…………73
　❶高速パワー /73
　❷中速パワー /74
　❸低速パワー /75

7 筋疲労と筋損傷 ——— 75
[1] 疲労と損傷…………75
[2] 筋疲労の要因…………75
　❶高強度運度による疲労 /75
　❷長時間運動による疲労 /77
　❸共通の要因（活性酸素種）/79
[3] 筋損傷の要因…………80

v

❶ホッピングサルコメア /80　　　　❷カルパイン /80

第5章　運動とエネルギー・・・83

❶ 筋収縮とエネルギー産生 ──── 83
[1] 無酸素性エネルギー産生・・・・・・83
　❶非乳酸性機構（ATP・CP系）/84
　❷乳酸性機構 /84
　❸ピルビン酸 /85
[2] 有酸素性エネルギー産生・・・・・・86
　❶糖の利用 /86
　❷脂肪の利用 /87

❷ 命維持・身体活動のためのエネルギー量── 88
[1] 基礎代謝量・・・・・・88
[2] 安静代謝量・・・・・・88
[3] 食餌誘発性体熱産生・・・・・・88
[4] Mets・・・・・・88

❸ 運動のためのエネルギー量 ──── 89
[1] 酸素借と酸素負債・・・・・・89
[2] 酸素需要量・・・・・・90
[3] 酸素摂取量・・・・・・90
　❶最大酸素摂取量の測定 /91
　❷直接法による最大酸素摂取量の測定 /92
　❸間接法による最大酸素摂取量の測定 /92

❹ 酸素借とパフォーマンスとの関係 ── 95
❺ 酸素摂取能力とパフォーマンスとの関係── 95
[1] 運動の経済性（$\dot{V}O_2$submax）・・・・・・95
[2] 最大酸素摂取量（$\dot{V}O_2$max）・・・・・・96
[3] 酸素摂取水準（%$\dot{V}O_2$max）・・・・・・96

第6章　エネルギーを決める要素・・・99

❶ 酸素負債能を決める要素 ──── 99
❷ 酸素摂取能を決める要素 ──── 100
[1] 呼吸系・・・・・・100
[2] 肺拡散系・・・・・・102
　❶呼吸膜 /103
　❷ガス分圧 /103
　❸酸素の交換 /104
　❹二酸化炭素の交換 /105
　❺酸素および二酸化炭素の運搬 /105
　❻ヘモグロビンと酸素飽和 /106
[3] 循環系・・・・・・106
　❶心拍出量 /106
　❷筋への血流配分 /108
　❸血液のO_2運搬能力 /109
　❹毛細血管網 /110
[4] 組織拡散系・・・・・・111
　❶細胞内外の酸素分圧とその差 /114
　❷酸素の拡散性 /114
[5] 組織の酸素消費系・・・・・・115
　❶ミトコンドリアの呼吸調節 /116
　❷エネルギー基質と酸素摂取量 /116
　❸ミトコンドリアのバイオジェネシス /117

第7章　エネルギーと身体の源・・・121

❶ 同化作用と異化作用 ──── 121
[1] 同化・異化と三大栄養素の代謝・・・121
[2] 体タンパク質の代謝回転速度・・・・・・122

❷ 身体をつくるための栄養 ──── 123
[1] 体内でのタンパク質代謝の概要・・・123
[2] 身体活動時のタンパク質の必要量

………*123*
　[3] 摂取エネルギーの重要性………*124*
　[4] 摂取タイミングと炭水化物の効果……*124*

3 運動のエネルギー源 ───── *125*
　[1] エネルギー生産と三大栄養素の代謝経路………*125*
　[2] 乳酸生成の生理的な意義………*126*
　[3] エネルギー生産には炭水化物は必須………*127*
　[4] 体内の貯蔵エネルギー量…………*127*
　[5] 糖新生…………*127*
　[6] 運動の強度および時間と炭水化物と脂肪の酸化の関係…………*128*

4 体調を整える栄養 ───── *129*
　[1] ビタミン…………*130*
　　❶ B群のビタミン /*130*
　　❷ 抗酸化ビタミン /*130*
　[2] ミネラル…………*132*
　　❶ 鉄 /*132*
　　❷ カルシウム /*133*
　[3] エネルギー…………*133*

5 回復を促進する栄養 ───── *134*
　[1] エネルギー源（グリコーゲン）…*134*
　[2] 水分…………*135*
　[3] 筋肉…………*136*

6 運動パフォーマンスを高める栄養 ─ *136*
　[1] 運動前の栄養…………*136*
　　❶ グリコーゲンローディング /*136*
　　❷ 運動直前の炭水化物 /*137*
　　❸ 水分 /*138*
　[2] 運動中の栄養…………*138*
　　❶ 水分とナトリウム /*138*
　　❷ 炭水化物 /*139*
　[3] 運動後の栄養…………*140*

第8章　運動と神経内分泌系　・・・143

　[1] 内分泌器官とホルモンの働き……*144*
　　❶ ホルモンとは？ /*144*
　　❷ ホルモン分泌様式 /*145*
　　❸ ホルモンの種類 /*145*
　　❹ 血中のホルモンの動態 /*146*
　　❺ 細胞におけるホルモンの作用機序 /*147*
　[2] 主なホルモン分泌と生理作用と視床下部調節…………*149*
　　❶ 視床下部 - ACTH /*149*
　　❷ 視床下部 - 甲状腺ホルモン /*150*
　　❸ 視床下部 - 成長ホルモン /*150*
　　❹ 視床下部 - 性ホルモン /*151*
　[3] 運動 - ホルモン分泌連関…………*151*
　　❶ 運動強度の影響 /*151*
　　❷ 運動時間の影響 /*152*
　[4] 運動時のストレスホルモン応答と調節機構…………*152*
　　❶ 運動 - ACTH分泌における視床下部AVP /*152*
　　❷ 運動 - ホルモン応答の個人差の要因 /*154*
　　❸ 中枢と末梢からの二重調節 /*154*
　　❹ 運動強度に依存した視床下部の活性化 /*154*
　　❺ 運動時のストレス反応とパフォーマンス /*155*
　　❻ トレーニングによるストレス適応 /*157*
　[5] その他のホルモン分泌と運動……*158*
　　❶ 運動と（抗）利尿系ホルモン /*158*
　　❷ 運動と成長ホルモン軸 /*161*
　　❸ 運動と性ホルモン軸（テストステロン） /*163*
　<u>Topic 1</u>　スイミング時のAVP分泌 /*163*
　<u>Topic 2</u>　筋肥大は血中テストステロン濃度に依存するのか？ /*163*
　<u>Topic 3</u>　持久力トレーニングに伴うテストステロン濃度低下は運動適応か？ /*164*

第9章　運動と免疫・・・167

[1] 免疫系とは…………167
[2] 主要な病原性微生物…………170
　❶ウイルス /170
　❷細菌 /173
[3] 免疫系の構成要素…………174
　❶免疫担当細胞 /174
　❷サイトカイン /175
　❸抗体と免疫系エフェクター分子 /175
　❹免疫臓器 /176
[4] 免疫応答の三つのステップ………176
　❶自然免疫系 /176
　❷適応免疫系 /177
　❸免疫記憶 /177
[5] 運動時の免疫系の変化…………177

第10章　運動処方とトレーニング・・・179

1 トレーニングの原理 ——179
[1] トレーニングの目的…………179
[2] 目的に応じたトレーニングの原理…………179

2 トレーニングとパフォーマンス ——180
[1] パフォーマンスを決定するもの…180
[2] エネルギー供給系とスキル系の関連…………181

3 トレーニングの原則 ——182
[1] 全面性と個別性…………182
[2] 継続性と漸進性…………182
[3] 意識性と感覚性…………183

4 トレーニング開始前の体力測定と運動強度の指標——184
[1] 酸素摂取水準（％$\dot{V}o_2max$）………184
[2] 心拍数（HR）…………184
[3] 血中乳酸（LT）…………184
[4] Mets（metabolic rates）………185
[5] 自覚的運動強度（RPE）…………185

5 トレーニング方法 ——186
[1] インターバル・トレーニング……186
[2] レペティション・トレーニング…187
[3] エンデュランス・トレーニング…187
[4] サーキット・トレーニング…187
[5] ビルドアップ・トレーニング……187
[6] 筋力トレーニング…………188

[7] 高所トレーニング…………189

6 トレーニング機器 ——189
[1] 筋力…………189
[2] スピード…………189
[3] パワー（仕事または仕事率）……190
[4] 持久力…………191
[5] 動体視力…………191

7 健康のためのトレーニング ——191
[1] 運動と健康…………191
　❶疾病の一次予防の重要性と運動の役割 /191
　❷運動・身体活動量と健康維持との関係 /191
　❸健康のための運動処方の流れ /192
　❹医学検査 /192
　❺体力・形態検査 /193
　❻身体組成の測定 /193
[2] ウエイトコントロールのためのトレーニングの考え方…………194
　❶エネルギー保存の法則 /194
　❷身体活動量・エネルギー消費量の評価 /194
　❸肥満の判定 /195
　❹肥満の対策 /196

8 運動中止および身体不使用の生理反応——197
[1] 循環器系への影響…………198
　❶心臓への影響 /198
　❷最大酸素摂取量への影響 /198

[2] 筋系・除脂肪体重への影響………198
[3] 骨代謝系への影響…………199
[4] 再トレーニングの影響…………200
  ❶循環器系への影響 /200
  ❷筋系・身体組成への影響 /201
  ❸骨代謝への影響 /201
[5] 廃用がもたらす高齢者の身体機能……201
  ❶身体組成・骨格筋量に見られる変化 /201
  ❷体力に見られる変化 /202
  ❸介護予防と運動 /203

第11章　コンディショニングと睡眠・・・207

１ ウォーミングアップの効果 — 207
[1] W-up の目的…………207
[2] W-up が引き起こす生理的効果…207
[3] W-up と障害予防…………208
[4] W-up と運動パフォーマンス……209
[5] 最適な W-up を行うために……… 209

２ クーリングダウンの効果 — 210
[1] クーリングダウン…………210
[2] 運動に伴う疲労…………211
[3] クーリングダウンの方法…………211
[4] クーリングダウンの効果…………211

３ ストレッチング — 213
[1] ストレッチング…………213
[2] ストレッチングに関わる生理学的なメカニズム…………214
[3] ストレッチングの方法…………215
[4] ストレッチングの効果…………216

４ 睡眠 — 218
[1] 睡眠の役割と不十分な睡眠がもたらす健康被害…………218
  ❶睡眠と脳 /218
  ❷睡眠と肥満 /219
[2] 日本人の睡眠の現状…………221
[3] 一晩の睡眠経過…………224
[4] 代表的な睡眠障害…………226
  ❶閉鎖性睡眠時無呼吸症候群 /227
  ❷むずむず足症候群 /227
  ❸不眠 /228
  ❹その他 /228

第12章　運動と環境・・・231

１ 低圧/低酸素および高圧/高酸素環境下での生理応答 — 231
[1] 低圧/低酸素環境での生理応答…………231
  ❶高度の上昇と人間の身体 /231
  ❷高所環境に対する人体の反応，順応，障害 /233
  ❸低圧/低酸素環境の有効利用 /235
[2] 高圧/高酸素環境での生理応答…………235
  ❶高圧と人間の身体 /235
  ❷高圧/高酸素環境の有効利用 /236

２ 高所環境でのスポーツとトレーニング — 237
[1] 高所登山…………237
  ❶高所の分類と身体への影響 /237
  ❷現地での行動技術と生活技術 /238
  ❸事前のトレーニング /239
[2] 高所トレーニング…………240
  ❶高所適応としての高所トレーニングの効果 /240
  ❷標高と期間 /242

❸高所トレーニングの方法 /243
❸温度環境とトレーニング ─── 246
　[1] 体温調節機能……………246
　　❶正常体温 /246
　　❷異常体温 /247
　　❸サーカディアンリズム /247
　[2] 環境温度・湿度の運動への影響…248
　[3] 運動と体温調節のメカニズム……248

　　❶運動時の体熱平衡 /248
　　❷運動時の深部体温 /249
　　❸運動時の皮膚温 /250
　　❹運動時の体温のセットポイント /250
　　❺運動と体温調節のトピックス /251
　[4] 環境温度が招く疾病…………252
　　❶熱中症の予防 /252
　　❷低体温症の予防 /253

第13章　こころとからだ‥‥257

　[1] 生理学とこころ…………257
　[2] 意図的な運動遂行と神経系の関係
　　　…………259
　[3] 随意運動遂行中の「こころ」の変化と生理学…………261

　[4] 注意集中度を生理学的指標で測る
　　　…………263
　[5] 筋力発揮における生理的限界と心理的限界…………265

●さくいん…………269
●編著者紹介………276

第1章

人類の誕生と環境への適応

　地球は自転と公転を繰り返すことによって昼夜と季節を創り出している。この環境リズムは地球が誕生してから今日まで続いている。地球に棲む生物もそれらの環境リズムにさらされながら，しかも地球の気象変動や風雪に適応し，さらには生物界の厳しい生存競争に勝ち残りながら進化してきた。では，ヒトはどんな影響を受け，また反応・適応をしてきたのであろうか。

1　人類の誕生と進化

　ヒトの先祖は海に棲む魚類が進化して陸上に上がり，長年月を経ながら，両生類や爬虫類，そして哺乳類に進化・分化して誕生した。たとえば，約4億年前に魚類が陸上に上がり，両生類として歩行（四足歩行）を始めている。それ以降も進化に進化を重ね，約440万年前にチンパンジーの一部が地上に降り立ち，ついには二足歩行が可能になったと考えられる。二足歩行がより完成するにつれ，ヒトの生活は一変するようになった。第一に不安定だった頭部が脊柱の上にしっかり乗ることによって安定し，大脳の進化を加速度的に早めた（知の発達）。第二に，手が自由に使えるようになり，道具を作り火をおこし，それらを巧みに使うことができるようになった（生活習慣の改善）。第三に，大殿筋や脊柱起立筋が発達し姿勢がよくなり，長時間の立位二足歩行ができるようになった（活動時間の延長）。第四に，立位姿勢によって心臓の位置が高くなったため，心臓と血管を強化することによって脚部の血液を速く心臓に還し，頭部へ絶えず新鮮な血液を送ることが可能になった。見方を変えると，ヒトは立位二足歩行の代償として，日常生活の中で積極的に大殿筋や脊柱起立筋，あるいは心臓や血管を鍛え，緻密な手作業や道具を創り出すために知的活動の水準を高めることを課せられたのである。これを怠るとヒトは大脳，筋肉組織や心臓・血管などが衰え，万病を引き起こす。

　ヒトが生まれ，1日中寝ていた赤子が四つん這いのハイハイができるようになり，やがてつたい歩きから，しっかりと歩けるようになる。いわゆる「個体発生は系統発生を繰り返す」のである。現代社会は，人びとの生活を限りなく便利にし，電化製品の普及や交通機関が発達するにつれ人びとから身体活動の機会を奪い（運動不足），さらに豊富な食物は食べすぎ（過食）や栄養のアンバランスを生み，情報の過多はストレスの増大を促進している。かつてわ

れわれの先祖が持っていた疲れを知らない強靱なからだ，パワフルな力，病原菌に対する旺盛な抵抗力を考えると，現代人のからだは限りなく弱体化に向かっているのかもしれない．

2 ヒトと環境との関わり

　ヒトは外界と四つの事物を絶えず交流（出し入れ）しながら生命を維持している（図1-1）．この一つでも欠けると生命を維持することはできない．

　第一は水と食物である．ヒトは外界から食物を取り入れ，からだの中で同化作用と異化作用をしながら活動のためのエネルギーを生み出している．すなわち，これらのエネルギーを絶えず産生するためには，外界から栄養素となる食物や水を取り入れなければならない．"ヒトは食べたものなり"といわれる．この言葉は，ヒトのからだは数年ですべての細胞が入れ替わることから，食物がいかに大事であるかを端的に表現したものである．さらに外界から食物を取り入れるだけでなく，人体に不要になった物は便や尿として外界へ排出している（食物の交流）．

　第二は酸素（O_2）の摂取と二酸化炭素（CO_2）の排出である．体内に取り入れ消化・分解・吸収（同化作用）した栄養素を，生命維持や活動に用いるエネルギーに変換（異化作用）するためには，酸素が必要である．その酸素は呼吸を通して外界から取り入れている．食物と異なって酸素を蓄えることは困難なため，呼吸を停止することは死を意味する．それほど酸素は人体にとって重要な働きをしている．一方，体内で産生された二酸化炭素は同じように呼吸を通して排出される．すなわち，外界から酸素を取り入れ，二酸化炭素を排出している（空気の交流）．

　第三は熱の授受である．ふだんヒトは太陽から熱や光の恵みを受けている．化学的エネルギーを物理的エネルギーに変換するときに生じた熱や筋肉内の摩擦抵抗で生じた過剰な熱は，体温を一定に保つために放散される．高温環境下で強い運動を長時間続けると，熱放散は産生に追いつかずに体温は徐々に高まり，熱中症を招くことになる．したがって，ヒトは外界から熱を受けたり，あるいは体内で余剰になった熱を外界に放出することによって，体温を一定に保っている（熱の交流）．

　第四は，情報の授受である．ヒトは主に五感を通して外界から情報を得ている．得られた情報は知的活動，たとえば言語や文学，歌や詩，絵画など創作活動に，またあるときは，反射的に危険を避けたりするために使われる．もし五感という情報獲得機構のアンテナを失い，さらにコミュニケーションの手段を失うとヒトはどうなるであろうか．図1-2は，ヒトが情報を遮断されたらどんな問題が生じるかを調べている実

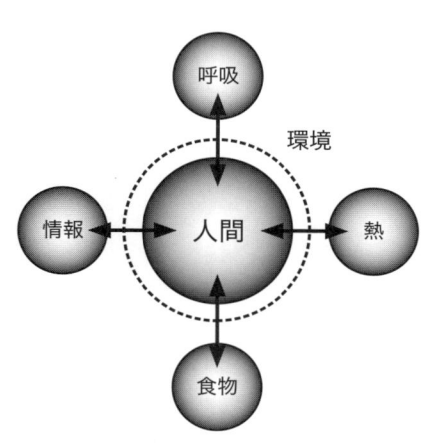

図1-1　ヒトは生命を維持するため，外界と四つの事物を絶えず出し入れしている

験風景である。一定温度で管理され，防音・無臭装置が施された室内で，ほぼ全身を包帯で巻き，暗闇の中で静かに生活させると，1日経過するころには落ち着きがなくなり，独り言をいうようになる。2～3日すると強度の焦燥感や愁傷感が現れ，わめいたり，意味不明な言葉を発声したり，時にはうつ状態になり部屋の隅っこから動かなくなったりする。数日経過すると白昼夢や幻覚症状が現れ，3～7日で実験の中止を訴えるようになる。このように，外界から情報を得られず，しかも他人とコミュニケーションができなくなると，もはや健康的な心理状態を保つことができなくなる（情報の交流）。

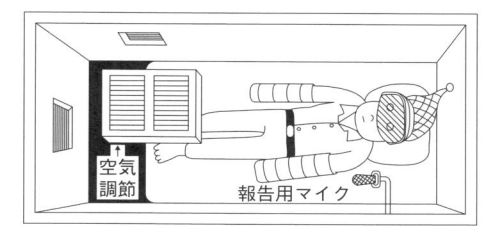

図1-2　外界からの情報を遮断した実験風景
（渋谷昌三『心理学雑学事典』1995，p.13，日本実業出版社[8]）を参考に作図）

このように，ヒトは，外界と食物と便・尿，酸素と二酸化炭素，熱，情報を相互に交流することによって生命を維持している。

3 環境への適応能

［1］環境リズムと遺伝リズム（マクロ的リズム）

ヒトの遺伝リズムは地球の自転の24時間（環境リズム）よりも少し長く，平均すると約25時間（遺伝リズム）となる。ふだんはこの遺伝リズムを絶対的な環境リズムに同期させている。これを同期現象（synchronization）という。海外旅行へ出かけると時差ぼけが生じる。これは，当地の時間とからだの時間にずれができたために生じた現象で，脱同期現象（de-synchronization）という。しかし，当地にしばらく滞在することによってからだの遺伝リズムが当地の環境リズムに徐々に近づき，ついには完全に同期する。これを再同期現象（re-synchronization）という。この調節は，間脳の視床下部に存在する視交叉上核（suprachiasmatic nucleus）で行われる。ここには約2万個の時計細胞（ペースメーカー）があって，これらの細胞が協調的に働くことによって，遺伝リズムを生みだしている。

環境リズムは昼夜のリズム，すなわちヒトの睡眠‐覚醒リズムを創る。このリズムは生体の体温，血圧，心拍数，ホルモン分泌，血液動態，排泄等のリズムを創り出す。このような生体のリズムを日内変動といい，最近ではサーカディアン・リズム（circadian rhythm）[脚注1]という言葉が一般に使われる。この他，満潮や干潮等の太陰暦に同期する月内変動（circalunar rhythm），動物の冬眠・渡り・産卵等に顕著に現れる季節変動（circannual rhythm）がある。これらを総称して生物リズム（biological rhythm）と呼ぶ。これら以外に，1週間を単位とした週内変動（circaseptan）やバイオリズム（biorhythm）がある。バイオリズム（PSI学説）は1906年ドイツのフリース（Fliess, W.）が唱えた学説で，ヒトは誕生日から身体（physical）が23日，感情（sensitivity）が28日，知性（intellectual）が33日の周期で変動し，この三つの

---

1) サーカディアンの語源はラテン語の"circa des"で，英語の"about a day (24 hours)"に相当する言葉である。

周期の状態によって好・不調や幸・不運が訪れるとみなした。しかし最近では，この説の正確性に疑問が持たれている。

［2］揺らぎ現象（ミクロ的リズム）

　人体の環境リズムへの同期現象はマクロ的なリズムと呼ばれ，人体が持つもう一つの小さなリズム（揺らぎ）はミクロ的リズムと呼ばれている。

　ヒトの器官・組織は完全に安定した状態ではなく，一見無秩序な激しい動きを繰り返している。花粉を顕微鏡でのぞくと無秩序な激しい運動（ブラウン運動）をしているが，それと同じような動きである。絶えず小さく激しく揺らぐことによって，ヒトのからだは外界の変化に敏速に，正確に，柔軟に適応できる。揺らぎは，心拍や血圧等に顕著に現れるので，それを電気的に記録・処理することによって，揺らぎの状況を把握することが可能である。その最も簡便な手法に，心拍による周波数分析法がある。心臓には心拍の発生源である洞結節がある（図1-3）。洞結節は約1mmの細胞の塊で，約1万個のペースメーカー細胞でできているリズム集団である。洞結節から定期的にインパルス（電気衝撃）を発生させることによって，四つの部屋（右心房，右心室，左心房，左心室）が一定のリズムを保って収縮する。もう一つは，心臓には自律神経（交感神経と副交感神経）が入り込み，心臓をコントロールしている。したがって，心臓はそれ自身が持つリズムとそれをコントロールする自律神経の両者の影響を受けている。この二つの因子によって心臓の1拍1拍の所要時間は異な

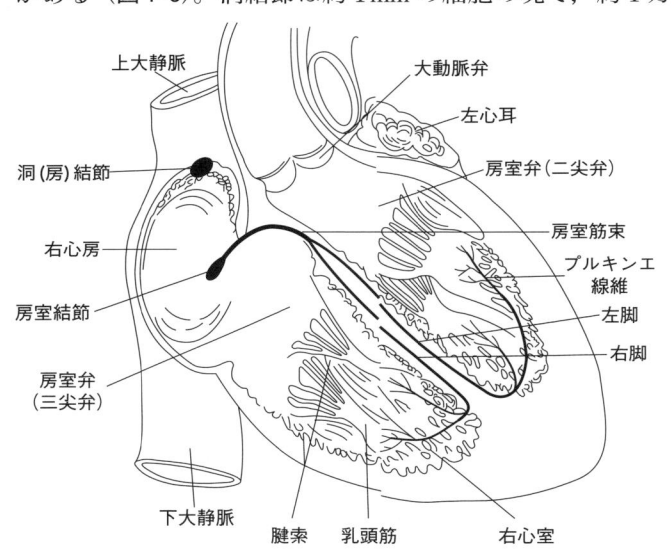

図1-3　心臓の内部と刺激伝導系
（嶋井和世・永田豊『入門解剖生理』1974, p.165, 杏林書院[9]）を参考に作図）

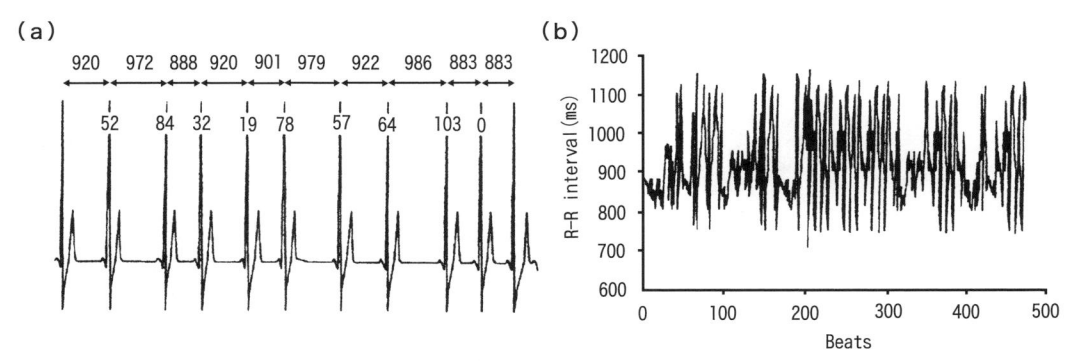

図1-4　心拍R-R間隔 (a) とaを1000分の1秒の単位で表したもの (b)
（Achten, J. & Jeukendrup, E., Sport Med. 33:517-538, 2003 [1]）より）

るので，1拍（1R）1拍（1R）の所要時間を1000分の1秒の単位で表すと，ギザギザが顕著になる（図1-4）。さらに，これを周波数分析すると交感神経因子と副交感神経因子の影響の度合いを抽出することができる（図1-5）。この影響の度合いは個人によって異なることから定期的に個々人の変動特性を把握することによって，体内諸機能の活動水準あるいは疲れの状態などがわかる。最近では，この周波数分析は医学や医療の分野で病気の診断や治療に積極的に使われている。

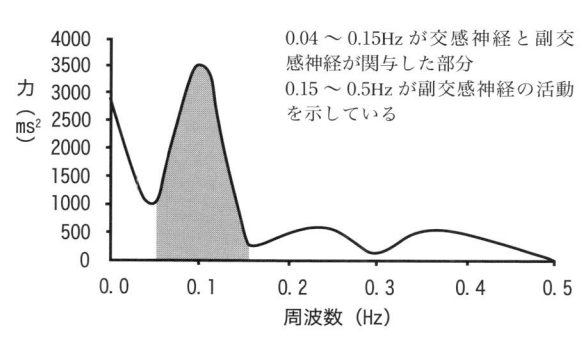

図1-5 前図を周波数分析したもの
(Achten, J. & Jeukendrup, E., Sport Med. 33:517-538, 2003[1] より)

0.04～0.15Hzが交感神経と副交感神経が関与した部分
0.15～0.5Hzが副交感神経の活動を示している

[3] カップリング

1921年，イギリスのコールマン（Coleman, W.M.）は動物（ヤマネコとアナグマ）の歩行中のステップ数と心拍数との間に1：1の整数比が存在することに気がついた。さらに注意深く観察し，ヒトの歩行中のステップ数，心拍数，呼吸数の三つの変数が相互に関連していることを認め，これをカップリング現象[脚注2]と呼んだ。カップリングは，随意運動そのものが大脳や中枢神経に統制された総合的な組織や器官の働きであることから，それらの一つひとつの行動が相互に連携し，関係し合うことを表している。以後ウォーキング，ランニング，サイクリング，ローイング，ホッピング，スキッピング，ステッピング，クランキング，タッピングなどの律動的な運動ではステップ，心拍，呼吸の三つの間に相互に密接な関係があることが明らかにされた。ただ三つの変数の中，呼吸は自分の意識で変えられること，また，呼吸曲線は心拍のR波のように点としてとらえることが困難なことから，その測定方法には改善の余地が残っている。

4 人体の構造と大きさの評価

[1] 細胞

生きている組織の最も小さい単位を細胞といい，人体には約60兆個の細胞がある。細胞の大きさは1mmの約50分の1（約20マイクロメートル）である。卵子と精子が受精すると，細胞分裂を開始する。細胞の数が32個以上になると，胚の外側を取り囲む細胞群の栄養芽層（胚盤）と，内側の細胞の集合体の内部細胞塊（胎児）に区分される。さらに，内部細胞塊が分裂を繰り返して，外胚葉，中胚葉，内胚葉の三つに区分され，やがて器官ができる（図

---

2) ステップ，心拍，呼吸の三つの関係をカップリングと呼ぶが，2項目間では，①心拍とステップ（cardiac-locomotor-coupling），②心拍と呼吸（cardiac-respiratory-coupling），③ステップと呼吸（locomotor-respiratory-coupling）カップリングと呼ぶ。

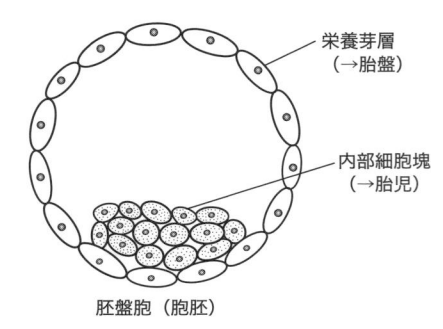

図 1-6　細胞の最初の分化
(伊藤明夫,『細胞の働きがわかる本』2007, p.27, 岩波書店[5] を参考)

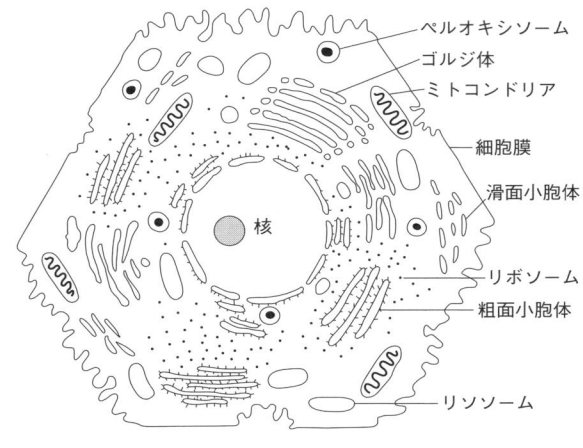

図 1-7　動物細胞の模式図
(伊藤明夫,『細胞の働きがわかる本』2007, p.27, 岩波書店[5] を参考に作図)

1-6）。

　一つの細胞には 23 対（46 本）の染色体があり，その中には遺伝情報を蓄えている DNA，さらにその中には，タンパク質を作るための情報（塩基配列）を持っている遺伝子がある。ヒトの DNA の中には約 30 億個の塩基が並び，さらにその中に約 2 万個の種類の遺伝子が存在している。細胞には分裂する細胞（分裂細胞）と分裂しない非分裂細胞とがある。分裂には上限（ヘイフリック限界）があり，約 50 回である。しかし，ガン細胞は例外的に遺伝子にプログラミングされたタンパク質が異常な行動を起こし，無制限に増殖するようになる。

　脳神経細胞の数は約 1000 億個，大脳皮質に限定すると約 140 億個である。大脳皮質にある神経細胞は生涯増えることはないが，約 26 歳を過ぎると 1 日に約 10 万個ずつ死滅していく。創造力や記憶力は主に大脳皮質の働きによることから，加齢に伴って記憶力が衰え，新鮮な発想ができなくなる。仮に 80 歳になると大脳皮質は 14.1％減少する。人間の最長寿命の限界といわれる 120 歳になると，大脳皮質は 24.5％減となる。

　細胞はタンパク質や代謝産物で満たされ，中心部に核が 1 個あり，その他ミトコンドリア，小胞体，リボソーム，ゴルジ体，リソソームなどが含まれ粘性の高い溶液で満たされている（図 1-7）。ミトコンドリアはエネルギー産生工場で，酸素の助けを借りてグリコーゲンや脂肪を燃焼させ，物理的エネルギーに変換させる重要な働きをしている。

［2］骨格

　からだは 200 余りの骨が関節を介して骨格を形成し，骨格は器官や組織を保護する重要な働きをしている（図 1-8）。連結部の関節部が動くか動かないかで可動結合と不動結合（頭蓋骨など）に区別される。骨は全体が強い結合組織である骨膜で覆われ，骨膜には血管や神経が豊富に存在し，骨の新陳代謝を司る。骨は外側の固い緻密質と内側の粘り強い海綿質で構成され，さらに中央部には骨髄がある。骨髄は細網組織で造られ造血作用を司る。加齢によるエストロゲン分泌の減少と腸管のカルシウム吸収の減退によって骨の代謝のバランスがくずれ，骨の密度が低下（粗化）し骨粗鬆症の原因となる。骨粗鬆症は，①十分な栄養（カ

ルシウム，ビタミンD，動物性タンパク質など），②適度な運動，③日光浴（紫外線）によって予防できる。

[3] 発育・発達の特徴

ヒトのからだは生誕後約20年かけてほぼ完全に成長する。発育学や形態学の分野では，からだの形態の部位を種々計測し，年齢別，性別，地域別，生活環境別，経時的変化等を比較検討している。特にヒトの経時的変化を明らかにする学問を発育・発達（growth and development）学という。発育・発達の状態を調べる手法には二つある。一つは，たとえば現在の日本人の年齢ごとの身長を測定することによって，身長の発育曲線を調べる横断的（cross-sectional）調査と，もう一つは，個人の身長の変化を経時的に追跡調査する縦断的（longitudinal）調査とである。一般に発育の速さによって，早熟型，一般型，晩熟型のタイプに区分されるが，横断的調査では個人の発育の加速度の違いを評価することはできない。なぜなら，発育速度は個人によって異なるからである（図1-9, 10）。さらに発育速度は時代とともにピークの出現が早くなっている。これを加速（化）現象（growth acceleration）という。

[4] 身長と体重の相対評価

身体各部位の相対比較が行われている。特に，近年の健康志向の高まりから，身長と体重の相対比較が特に重要視されている。国際的に一般

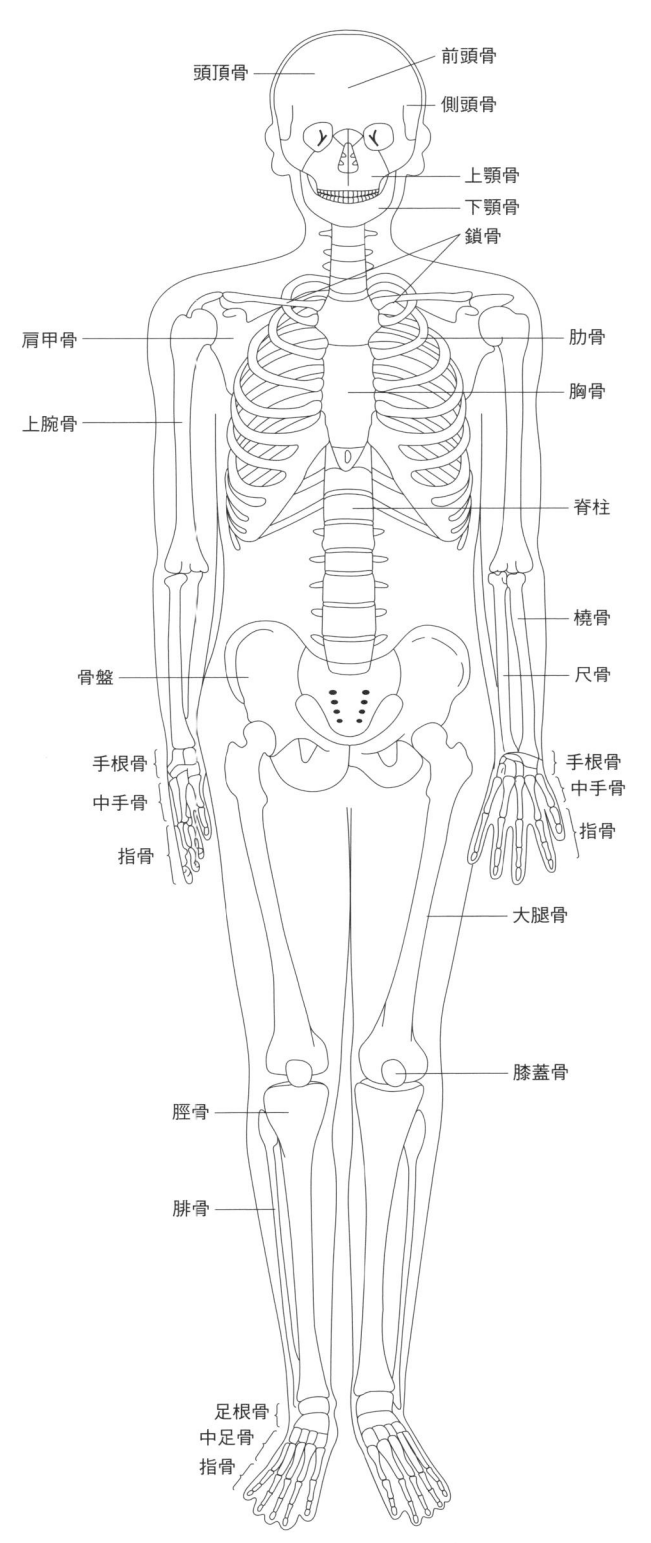

図1-8 全身の骨格（前面）
（嶋井和世・永田豊『入門解剖生理』1974, p.37, 杏林書院[9]を参考に作図）

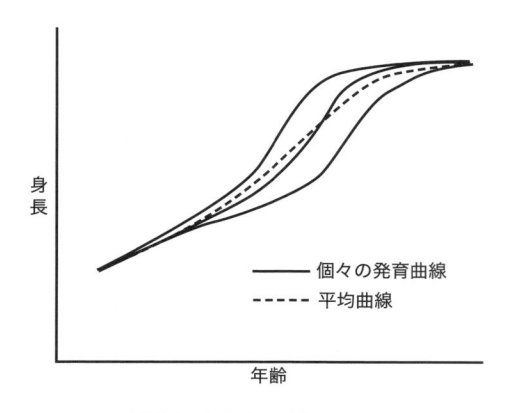

図 1-9　縦断観察資料の横断処理（模式図）
（高石ら『からだの発達』1981，p.42，大修館書店[10]より）

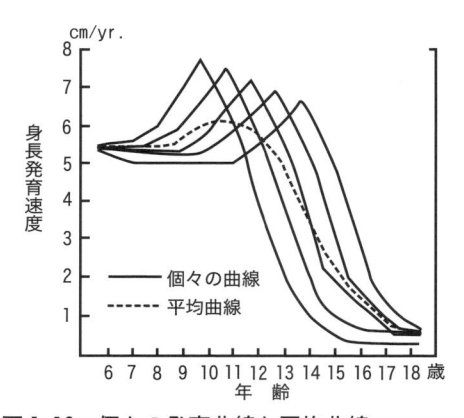

図 1-10　個々の発育曲線と平均曲線
（高石ら『からだの発達』1981，p.42，大修館書店[10]より）

に用いられている指標は BMI（body mass index）で，BMI＝体重(kg)／身長(m)^2 の式から求められる。体重は容積であるので，身長の3乗が望ましいが，BMI は2乗（面積）である。現在理論的に説明することができないので，あくまで経験則として用いられている。BMI は 18.5＜正常＜25.0 が評価基準として用いられるが，寿命の長さや罹病率の点からみて欧米では 24〜25 が，わが国では 22〜24 が理想値とみなされている。その他，身長の3乗で体重を除すローレル指数（Rohrer's index）や比体重（体重(kg)/身長(m)）がある。

[5] 人体のスケーリング

からだの大きさを測定することによって，おおよその体力や基礎運動能力を予測することが可能である。しかし，それだけで身体内部の生理的機能やパフォーマンスの良し悪しを判断することは危険である。中には体重が大きいことがかならずしも，筋肉量が多いことにつながらない場合もある。そこで一般に用いられるのは，体重1kg 当たりの体力値である。たとえば，全身持久性の指標として用いられる最大酸素摂取量（$\dot{V}O_2$max）は絶対値（l・min^{-1}）として測定されるが，たとえば，ランニングでは自らの体重を移動させることから体重の大きいことが不利に作用するので，相対値である体重1kg 当たりの最大酸素摂取量（ml・kg^{-1}・min^{-1}）で表す。

しかし，体重1kg 当たりで示すためには，二つの仮説が必要である。第一の仮説は，体重と最大酸素摂取量がどこまでも比例して高まること，第二は，からだは均質の組織で構成されていること，である。

❶第一の仮説

ドイツのメー（Meeh, K.）は，「からだの密度が均質だと仮定すると，体全体（体積）で生成される熱は，体表面（面積）から失われる熱に等しくなる」こと，すなわち，代謝率（量）が体重に比例して高まるよりは，むしろ体表面に比例して高まる（体表面の法則）ことを発表した。その4年後に同じくドイツのルーブナー（Rubner, M.）は，大小さまざまな犬（3〜30kg）の代謝率は体重の大きさにどこまでも比例して高まるよりも，むしろ体表面積の大きさ，すなわち，体重の2/3乗則に比例して高まる。それは，

代謝率＝定数×体重$^{2/3}$

のアロメトリー式$^{脚注3)}$で表されることを実証した。1932年には，アメリカのクレイバー（Kleiber, M.）が動物の代謝率は体重の3/4乗に比例すること，すなわち，

代謝率＝定数×体重$^{3/4}$

の関係式が成り立つことを公表した（図1-11）。しかし，なぜ3/4乗則に従うのかの理論的背景が明らかでないことから，以後この式の信憑性と理論的根拠が多くの研究者によって，対象動物や体重の範囲を広げて追究されたが，確たる理論的根拠を導き出すまでに至らなかった。しかし，1982年にホイスナー（Heusner, A.A.）は，クレイバーの"アロメトリー式"がマウス（21g）から牛（600kg）までの26種類の異種間（heterogeneous）から導き出されたもので，もし各動物の同種間（homogeneous）でみるならば体重の2/3乗則に比例して代謝率が高まることを指摘した。このことは，100年前のルーブナーが導き出したアロメトリー式の妥当性を支持するものであった。それ以後，生物学の分野では理論的には2/3乗則が，経験則として3/4乗則がそれぞれ支持されている。

ヒトの発育期に限定したとき，体重と最大酸素摂取量（$\dot{V}O_2max$）の関係は，かならずしも直線的ではない。しかし，$\dot{V}O_2max$の測定法を確立したヒル（Hill, A.V.）とかロビンソン（Robinson, S.）は，$\dot{V}O_2max$を全身持久性の指標として，絶対値では$l・min^{-1}$，相対値では体重1.0kg当たり（$ml・kg^{-1}・min^{-1}$）を採用した。それ以降今日に至るまで，国際的に幅広くこの相対値が用いられている。その一方でこれまで多くの研究者が，アロメトリー式を用いることによって体重と$\dot{V}O_2max$の相互の関係に生じる誤差を最小にしたり，パフォーマンスをより正確に推定することが可能になると指摘したが，アロメトリー式を使うことは普及しなかった。その要因は，体重1.0kg当たりで表す際の，計算の簡便さ，他の論文の値と比較ができる普遍性，あるいは，なじみやすい二桁台の数という親和性等に優れていた点にある[11]。

❷ 第二の仮説

第二の仮説は，「からだの組成・器官は均質である」と考え，$\dot{V}O_2max$を単純に体重1.0kg当たりで評価した。しかし，からだは筋肉，骨，脂肪，種々の内臓器官などから構成されて

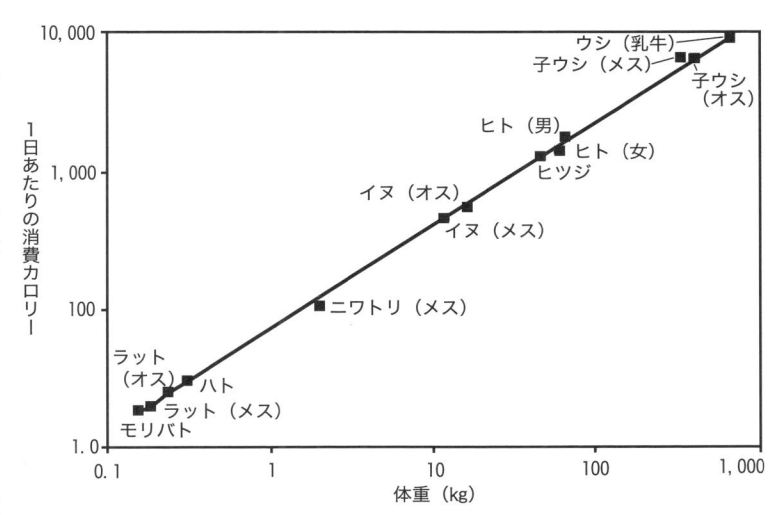

図1-11 動物の代謝率が体重の3/4乗に比例する
（J. ホイットフィールド『生き物たちは3/4が好き』2007, 化学同人[6] より）

3）ギリシャ語の"allo"とは英語のotherあるいはdifferenceに相当する言葉で，"metory"とはprocess on measuringを意味する。そして，"アロメトリー"とは，動物や植物の個体の大きさが変わるにつれて，代謝率や形態の一部がどう変わるかを比較するスケーリング則のことで，一般には，$y=ax^b$の式で表される。ただし，a＝定数，b＝べき指数である。

いるので，均質ではない。身体活動のためのエネルギーは主に筋肉で発生することから，筋肉量 1.0 kg 当たりの $\dot{V}O_2max$ で評価することが望ましい。全身の筋肉量は全身放射能測定装置を用いて天然放射性核種（^{40}K）を測定し，体内のカリウム量を推定して求める。これは，カリウムが細胞内イオンで筋肉内に多く含まれているが，その他の組織にはほとんど含まれない特性を利用したものである。しかし，筋肉の測定には，測定機器，時間，専門技術者などが必要になり，普遍的な体力指標としては不向きである。

そこで考えられたのが，運動にあまり必要でない皮下脂肪を除く，すなわち，除脂肪体重（lean body mass: LBM）1.0 kg 当たりの $\dot{V}O_2max$（ml・kg LBM^{-1}・min^{-1}）でパフォーマンスを評価する方法である。脂肪が運動に直接使われないだけでなく，身体を移動するスポーツではかえってマイナスに作用するため，脂肪を除く（除脂肪体重）ことによって，パフォーマンスとの関係がより密接になる。

$\dot{V}O_2max$ はヒトの全身持久性の体力やパフォーマンスの指標だけでなく，今日健康の尺度として広く用いられている。健康の尺度として用いる場合，からだが均質な組織から成り立っていると考える従来の体重 1.0 kg 当たりの $\dot{V}O_2max$ では低く見積もることになる。このことは，肥満者に運動不足や過食などの生活習慣病に対する警告を与える機会を早める効果がある，とみなす研究者もいる。

このことを考えると，測定された体力測定項目をどのような単位を用いて評価すべきかについては，その目的に応じて検討されなければならない。　　　　　　　　　　（山地啓司）

【引用・参考文献】
1) Achten, J. and Jeukendrup, E., Heart rate monitoring. Sports Med. 33:517-538, 2003.
2) 千葉喜彦，『からだの中の夜と昼』，1996 年，中公新書．
3) 福岡伸一，『生物と無生物のあいだ』，2007 年，講談社現代新書．
4) 本川達雄，『ゾウの時間ネズミの時間』，1992 年，中公新書．
5) 伊藤明夫，『細胞の働きがわかる本』，2007 年，岩波書店．
6) ジョン・ホイットフィールド著，野中香方子訳，『生き物たちは 3/4 が好き』，2009 年，化学同人．
7) 黒木登志夫，『健康・老化・寿命』，2007 年，中公新書．
8) 渋谷昌三，『心理雑学事典』，1995 年，日本実業出版社．
9) 嶋井和世・永田豊，『入門解剖生理』，1974 年，杏林書院．
10) 高石昌弘・樋口満・小島武次著，『からだの発達』，1981 年，大修館書店．
11) 山地啓司ほか，「中・長距離走の競技記録と体重のべき指数当りの最大酸素摂取量」，スポーツパフォーマンス研究 2:165-171, 2010.

第2章

体力と運動

　運動を合目的的に行い，健康や体力を向上させるためには，本書に解説されている種々の機能をうまく組み合わせて活用する必要がある。自分の意志で体を動かす随意運動の場合には，その組み合わせは意識的に行われ，反射などの不随意運動の場合は無意識に行われる。いずれの場合にせよ，運動を実行するために必要な能力は，運動能力，体力，技能などとさまざまに呼ばれている。本章では運動生理学の研究対象である運動とその実行に関わる概念を，人間行動解明のための基礎科学と運動実践現場のための応用科学という観点から包括的に解説し，運動生理学の意義を考察する。

1 運動の定義

　運動生理学（exercise physiology）は，運動の生理学的メカニズムを研究する学問であるが，その研究対象である「運動」という言葉は，日本語ではきわめて広汎な意味に使われている。たとえば，環境保護運動（ecological movement）や選挙運動（election campaign）などのように，社会的な目的を果たすための働きかけという意味で運動という言葉を使う場合もある。それに対して，天体や地殻の移動，分子や原子，素粒子の動きなどのように純粋に物質的な現象も運動（motion）と呼ばれる。すなわち，物理学的に表現すれば，運動とは単に「時間とともに物体の空間的位置が変わること」であり，それは，生物であろうと無生物であろうと，また全体であろうとその一部分であろうと，また人間の場合には意識的であろうと無意識的であろうと関係がない。

　これに対して，運動療法，運動健康法，あるいはわれわれが日常，運動は身体によい，などという場合の運動は「健康や体力を増進するという目的意識，あるいは暗黙の期待感を持って身体を動かすこと」を意味している（exercise）。いわゆるスポーツやエアロビクス，健康体操などはこれに属する。この場合は暗黙のうちに「ヒトが自分の意志で骨格筋を使って行う」ということが前提となっている。

　また，運動生理学研究において，しばしば「安静時」と「運動時」の比較が重要な研究法となるように，「運動とは安静でない生理的状態，つまり，骨格筋が活動している状態である」と限定的にいう場合もある（exercise, activity）。この場合は，ヒトとヒト以外の動物の区別はない。随意運動・不随意運動という用語はこの使い方に属する。

健康・体力向上の手段や安静でない状態を意味する運動は，しばしば等尺性収縮のように「動き」がない場合にも使われる。

運動に関連して，身体運動（human movement）や身体活動（physical activity）という言葉もよく使われる。身体運動とは，「身体外部から観察可能な人間の身体または身体の一部が，骨格筋の活動（もしくは物理的外力）によって，時間とともにその空間的位置を変えること」を意味している。これはどちらかというと，原則として生理的原因によって生じる身体の物理的運動という意味合いが強い。この定義にしたがえば，体幹・体肢の動きはもとより，眼球，舌，唇やまぶたなどの皮膚の動きも身体運動であるが，内臓の動きや，筋肉の伸縮・変形は体外からは見えないので，身体運動ではなく，等尺性筋収縮は生理的活動状態ではあるが，位置の移動がないので，身体運動ではないということになる。（ ）内に物理的外力とあるのは，スキーや飛び込み，落下や転倒などのように，地球の重力という外力によって引き起こされる運動も身体運動に含めることがあることを示す。

身体運動という場合は，動きが前提であり，かつ個々の動作というニュアンスが強いが，身体活動は，骨格筋を働かせて何らかの行為をすることをすべて包括して表現する用語である。動きの有無にとらわれることなく，労働や家事などでの筋の活動も，スポーツでの筋の活動も，散歩やジョギングなどの健康増進運動も，身体活動に含まれる。ただし，一般的には，日常生活レベルを上回るレベルの筋活動を要する行為を意味することが多い。それに対し，「身体運動」には日常生活レベルの筋活動も含めて考えることができる。身体運動や身体活動という言葉を使えば，物理的運動や社会的運動とは違う意味で運動という言葉を使っていることが明確になるので，用語としての曖昧さが減ずる利点がある。

人間の生活は必ず体を動かして行う行為によって構成されるものであり，ヒトの体の生理的制約を越えた行為は不可能であるから，運動生理学はヒトの生活の根本原理を研究する学問であるということができる。また，運動生理学研究においては，マウスやラットを用いた動物実験は欠かせないが，その多くはヒトで直接検証することができないメカニズムを解明するための代替法として行われるものであり，究極の目的はヒトの生理機能の解明である。

以上のように，運動生理学とは，「生物としてのヒトの動きに関わる事象の生理的メカニズムを研究する学問領域」として発展してきたといえるであろう。

2 体力

[1] 体力の定義

人間の身体の発揮し得る能力の総称を「体力」（英語では physical fitness 身体適性が最も近い概念であるとされている）という。運動を実行するためには体力が必要である。現在のところ，体力の定義には少なくとも次の三つが知られている。

第一の定義は，猪飼による定義である。猪飼は体力を図2-1のように分類している[5]。これは最も広義の考え方で，体格，姿勢などの静的，構造的要素や精神的な要素（意志，意欲，

判断力，集中力，精神的ストレスに対する抵抗力など）をも，肉体の機能を発揮させる潜在的能力であると考えて体力に含めている。精神的要素を体力に含めることについて猪飼は，「筋力を出す場合にも，意欲がなくては，最大筋力の何パーセントしか筋力は出ない……。筋持久力をはかるにも，意志の持続が十分になくては，とても本当のものはわからない……。したがって，体力と精神的要素とを切り離すことはできない」と，その考えを述べている。

人間の身体運動の多くは脳の働きによって起こされるのであるから，身体運動の能力を測定するときには必ず脳の働きも同時に測定していることになるということを認識しておくことは重要である。

体力の第二の定義は，石河による定義である。石河は図2-1の身体的要素のみを体力と呼

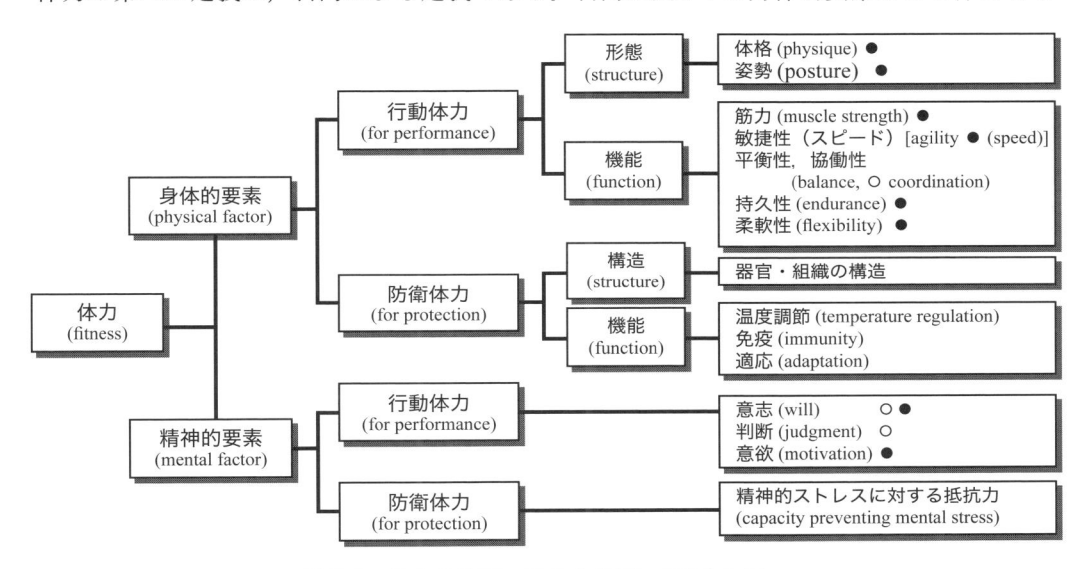

図2-1 体力の分類―その1（猪飼，1963[5]より）

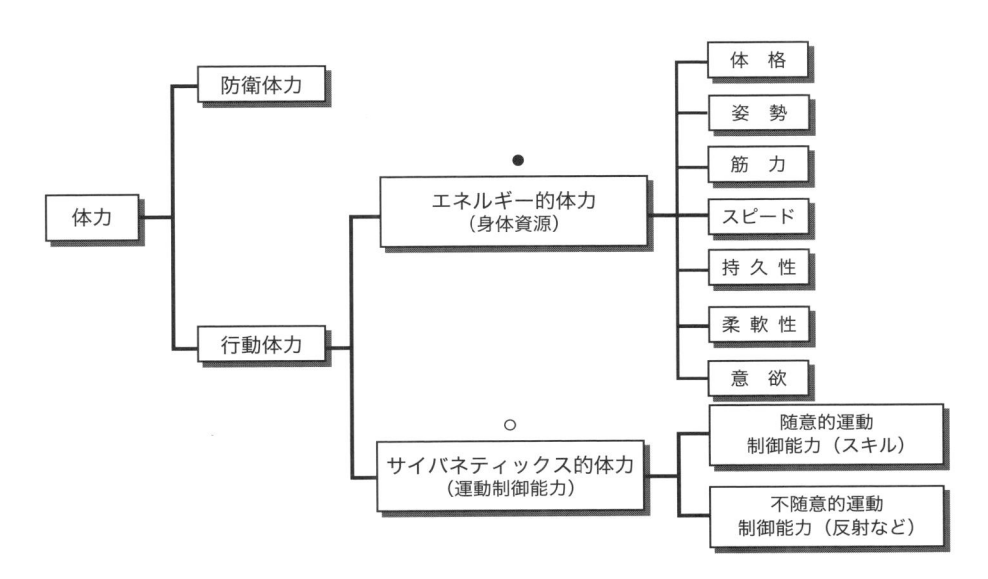

図2-2 体力の分類―その2（大築，1988[11]より）

び，精神的要素を体力とは区別して「精神力」と呼んでいる[9]。精神力という言葉は，一般に「根性」や「気力」の同意語として使われることが多いが，それは図2-1の「精神的ストレスに対する抵抗力」や「意欲」を特に強調した言い方であって，石河の定義によれば冷静な判断力や洞察力も精神力に含まれる。

第三の定義は図2-1の「行動体力の機能」のうち，筋力，敏捷性，持久性など，物理学的仕事に直結する能力（後述するエネルギー的体力の身体的要素）のみを体力とするもので，最も狭義である。通俗的にはこの定義が用いられている。

［2］行動体力と防衛体力

猪飼の分類（図2-1）の最大の特徴は，体力を行動体力と防衛体力の二つに大別している点である。行動体力は，いわば「生きてゆく」のに必要な体力であり，防衛体力とは，生命維持のために，すなわち「生きている」のに必要な体力である。前者は行動力，後者は生存力を表しているということもできる。

行動体力の身体的要素は「形態」（構造）と「機能」に分けられる。形態のうち，体格は，骨格の発達程度や身体の充実度を示すもので，てこを介して発現する身体運動の大きさや，エネルギーの貯蔵量を決定するものである。また姿勢は，動作に対する準備状態の良否を示すものである。よい体格やよい姿勢を基にしてはじめて下記のような運動機能が十分に発揮される。行動体力の「機能」は，すべて物理学的仕事を行う能力ということができる。すなわち，重い物を（筋力），すばやく（敏捷性，スピード），上手に（平衡性・協働性），体を大きく使って（柔軟性）動かし，それを長い間続ける（持久性）能力である。言い換えれば，生産的（能動的）活動を行う能力である。精神的要素としては，積極的に体を動かし，生産的活動を行おうとする意志や意欲などが行動体力と考えられる。

防衛体力にも，身体と精神の両方が考えられるが，いずれも，外部から加わる有害な影響にどこまで耐えられるかを示す受動的能力である。火事で煙に巻かれたとき，あるいは高い山に登ったとき，脳や筋肉はどのぐらいまで酸素不足に耐えられるか。骨はどのくらいの衝撃まで折れないか。温度や湿度の変化に対しどの程度まで耐えられるか。病原菌の侵入に対してどこまで抵抗できるか。冬山で遭難したときに寒さに耐えていつまで生きていられるか。過度の期待や責任感の重圧にどこまで耐えぬけるか。これらはみな，防衛体力の有無を表しているのである。寿命というものも，長く生きるという意味で防衛体力の一つの表現と見てよい。生理学用語を借りれば，行動体力は「動物的機能」の，防衛体力は「植物的機能」の性能であるということもできる。

［3］エネルギー的体力とサイバネティックス的体力

猪飼はさらに，行動体力の身体的要素のうちの「機能」をエネルギー的体力とサイバネティックス的体力に分けている[6)7)8]。エネルギー的体力とは，体力の諸要素のうち，主として力学的に見て「仕事」をなしうる能力，すなわちエネルギーを発生する能力を示すもの（図2-1の筋力，スピード〈パワー〉，持久性）の総称であり，サイバネティックス的体力とは，力

やスピードなどの力学的出力を，うまくコントロール（調節，制御）する能力（平衡性，協働性）である．エネルギー的体力は主として筋や骨の性質や体格などによって決まるが，サイバネティックス的体力は，脳を中心とする神経系の機能を示すものである[脚注1]．エネルギー的体力はしばしば身体資源（physical resources）とも呼ばれる．

図2-1において，エネルギー的体力に属する要素には●印を，サイバネティックス的体力に属する要素には○印をつけて示した．猪飼は精神的要素にはサイバネティックス的体力とエネルギー的体力の区別を適用していないが，体力に精神的要素までを含めるのであれば，意欲はエネルギー的体力に，判断はサイバネティックス的体力に属することになるであろう．意志は，強い決意という意味ではエネルギー的体力だが，冷静な企図という意味ではサイバネティックス的体力にも属する．エネルギー的体力とサイバネティックス的体力という概念を用いた体力の分類を図2-2に示す．

サイバネティックス的体力はさらに随意的要素と不随意的要素に分けることができる（図2-2）．サイバネティックス的体力の不随意的要素は反射や自動運動などの生得的な能力で，練習によって改善することはできない．サイバネティックス的体力の随意的要素は，脳を中心とする神経系の随意運動制御能力で，状況把握（視覚・聴覚・皮膚感覚・運動感覚・予測），正確さ（ポジショニング，グレーディング，タイミング），すばやさ，持続性（集中力）などの要素からなる[11]．随意運動制御能力をまたスキル（skill）という．エネルギー的体力はトレーニングによって，スキルは練習によって向上させることができる．

エネルギー的体力とサイバネティックス的体力の関係は，スポーツという状況において顕著に見られる．たとえば，野球のバッティングという随意運動において，バットを動かすのはエネルギー的体力である筋力で，ボールにバットを当てるための動きの調節や予測やタイミングの能力はサイバネティックス的体力（の随意的要素＝スキル）である．スポーツ以外の日常生活でも，スポーツの「成績」を日常生活における「仕事の成果」と置き換えれば，二つの体力の関係は同様に成り立つ．

以上は，すべて人間が意志によって行う身体運動（随意運動）に関するものであるが，無意識に行われる身体運動（不随意運動）においても，二つの体力の関係は同様である．たとえば，人間が直立姿勢を維持していられるのは，身体が右へ傾けば自動的に体の左側の筋が活動して身体を元へもどすという，姿勢の自動制御機構（姿勢反射）が存在するおかげである．これは，反射というサイバネティックス的体力（の不随意的要素）によって，筋力というエネルギー的体力がコントロールされている例である．

［4］運動能力

運動を遂行する能力を運動能力という．運動能力とは，運動の結果（成績，成果）を直接規定する能力で，体力の諸要素が組み合わさった総合的能力を意味している．あるスポーツ種目で好成績をあげるためには，そのために形成された「やり方」があ

---

1) サイバネティックス（cybernetics）：米国の数学者ウィーナー（Wiener, N.）が通信制御理論を生物の神経系による情報処理機構に敷衍して，1948年に提唱した生体通信制御理論[15]．

り，このやり方を選手がよく練習して「身につけている」かどうかが，その選手の「成績」を決定する。「身についている」ということは，「やり方」という客観的な法則が単なる知識ではなく，自分の「能力」として思いどおり自由に使えるということを意味する。この「やり方」を「技術」(technique)，「練習によって身についた技術実施能力」を「技能」，「成績」を「パフォーマンス」(performance) と呼ぶ。したがって，技能とは，技術にみあった体力要素の組み合わせパターンということができる。

このように考えれば，あらゆるパフォーマンスは，技能を用いて技術を実施した結果として生み出されるものである。技能の中には，エネルギー的体力要素の強いものもあれば，スキル要素の強いものもある。長距離走の技能では持久性というエネルギー的体力要素が走り方を決めるスキル要素よりも強く，職人の手仕事の技能では筋力のようなエネルギー的体力要素よりも手や道具の使い方を決めるスキル要素のほうが強い，ということになる。

3 運動の意義と効用

運動不足による健康障害は，1960年代初頭のクラウスとラーブによる運動不足病（hypokinetic disease）という概念の導入[10]以来，メタボリックシンドロームなどとの関連で，今日広く認識されるようになってきている。人間の生活との関連から運動と健康の関係を考えてみる。

人間が動く目的は，行動出力と情報収集の二つである。人間は動物界脊椎動物門哺乳綱霊長目ヒト科ヒト属ヒト（homo sapiens）という動物である。したがって，必然的に，人間の身体構造はこの分類項目に属する他の動物と共通の性質を持っている。行動出力としてのヒトの動きは，その生物学的目的によって，「動物」としての動きと，いわゆる「人間」としての動きの2種類に分けられる。動物としての動きの目的は，個体の保存と種の保存という生物学的なものである。個体の生命を維持するために，動物は食料を獲得（探索・採取・捕獲）・摂取（咀嚼，飲食）し，危険から逃避し，敵と闘う。また，種の保存のために配偶者を探索・獲得し生殖行為を行う。人間の身体は本来これらの目的のためにつくられている。

一方，人間としての動きとは，文化によって人間が独自に創造した，他の動物にはない動きである。日常生活動作や労働作業などにおける道具を使う生産活動や，遊び・舞踊・演劇・スポーツなどの創造された楽しみのための体の動き，あるいはエアロビクス（有酸素運動：エアロビックダンス，フィットネスエクササイズ，ジョギング，ウォーキング等々）などのように，運動不足を補い，ストレスを解消し，疾病を予防し，健康を保持増進するための動き，あるいは発語発話や身ぶり手ぶり，表情や歌唱などのコミュニケーションのための動きがこれに含まれる。

また，情報収集のための動きについては，基本的には人間も他の動物も同じである。立場や角度を変えて物を見る，状況を把握する・探る，耳を傾けるなど，効率のよい情報収集のために体の動きが使われることは，日本語の表現からも明らかである。幼児は，動き回り，手を動かして物に触れることによって自分の周囲のものごとを学んでゆく。このように，動

くことは，環境情報を収集し，環境へ行動を出力するという，根本的に重要な意味と意義を持っているのである。

　現代の生活では，上記の動きの分類のうち，動物としての動きがきわめて少なくなり，かつ労働や日常生活での運動も減少してきている。運動不足の原因としては，1) 機械の発達による労働作業強度の軽減，肉体的重労働の軽減，座業従事者の増加，2) 機械の発達による日常生活動作（炊事・洗濯・掃除・買物）の軽減，3) 体を使う遊び場の減少，遊び自体の変質，少子化，塾，交通事故や犯罪の増加による子どもの身体活動量の減少，などがあげられる。特に3) は，小学校入学前の体力形成不全，小中学生の体力二極化現象などの深刻な問題を引き起こしている。

　運動不足の影響は少なくとも以下の五つの側面に及ぶと考えられる。

①身体機能の低下：筋力，パワー，持久力などのエネルギー的体力の低下。

②身体感覚の劣化：調整力，スキルなどのサイバネティックス的体力，すなわち脳・神経系の感覚運動制御機能の劣化。ヒトの脳・神経系は，本来，大きな筋力を要する複雑な動作の正確な制御のために進化してきたので，運動不足は必然的に脳・神経系の発達を阻害し，意志による身体の制御感覚（いわゆる身体感覚）を劣化させる。

③気力・知力の低下：エネルギー発揮能力やスキルの低下は，自信・意欲・気力などの精神力という脳の重要な機能を低下させ，学習効率を低下させる。

④身体知識の欠乏：身体を動かして自然や他人などの外界と相互作用することによって身体経験（＝体験）として獲得される（＝身に付く）言語的・非言語的知識もまた，運動の機会が減少すれば必然的に劣化する。

⑤身体への配慮を欠く製造・政策・行政：身体知識の欠乏は，human-friendly social system（人にやさしい社会システム）の構築を阻害する。

　社会の変質に伴って必然的に生じているともいえるこのような身体の劣化状況は，人類がその歴史上いまだかつて経験したことのないまったく新しい状況である。特に将来の社会を担うべき子どもの生物機能である「生きる力」が低下することは，人類の存続にも関わる重大な問題である。

　上記のような運動不足による弊害を防止・克服し，生物としてのヒトの機能を正常に保つためには，遊びや舞踊・スポーツ，健康のためのエクササイズなどの運動を生活に取り入れ，運動不足を補わなければならなくなってきているのである。特に生命の危険を回避するすばやく激しい動きなどは，現代ではスポーツの中にのみ残存しているといっても過言ではない。

　強制的な訓練は苦痛と嫌悪を生み出すが，自発的で適度な運動は，1) 健康の増進（内臓機能の向上，防衛体力の強化，疾病の予防・回復の促進），2) エネルギー体力の向上（筋・骨・心肺機能の向上によるたくましさ・粘り強さの向上），3) サイバネティックス的体力の向上（脳の機能向上による身のこなしの改善），4) 精神的ストレスの軽減，5) 知的能力の向上，などのよい効果をもたらす。

　西欧では古くから身体運動が知的能力の向上に役立つと信じられている。古代ギリシアの

哲学者プラトンは，アテネに自分の学校アカデメイアを設立し，政治家や立法家を養成したが，彼は教育の基本を音楽と体育におき，自らも身体鍛練を怠らなかった。プラトンの弟子アリストテレスもまた，師に倣って，その著『ポリティカ』の中で体育を教育の必須4教科のひとつとして重視し，毎朝彼の学校（リュケイオン）の中の散歩道（ペリパトス）を散歩（すなわち身体運動）しながら，高級の学生と専門的な科目について議論した（午後は教室で初級者に対して講義形式の授業を行った）。そのため，その学派は逍遥学派（ペリパトス学派）と呼ばれている。ドイツの哲学者カントは，毎日欠かさず散歩をし，散歩中に着想をメモするのが習慣であった。また，ラテン語には，「困難は歩くことで解決する」（Solvitur ambulando）という諺もある。ヒトは一属一種の同じ動物であるから，西洋人に効くものは日本人にも効くはずである。近年，権威ある学術雑誌に，運動が知的機能を向上させる可能性を示唆する研究が多数発表されるようになっている[1,2,3,4,12,13,14]。

運動生理学は，これまでの研究の成果を活用し，基礎的生活力としての体力や，運動の脳への効果という新しい分野へ研究を広げるべきであろう。　　　　　　　　（大築立志）

【引用・参考文献】

1) Carmichael, M., Stronger, faster, smarter? exercise and the brain —. Newsweek, April 9:29-33, 2007.
2) Cotman, C.W. et al., Exercise: a behavioral intervention to enhance brain health and plasticity. Trends Neurosci.25:295-301, 2002.
3) Hillman, C.H. et al., Be smart, exercise your heart: exercise effects on brain and cognition. Nature Reviews Neurosci.9:58-65, 2008.
4) Hillman, C.H. et al., The effect of acute treadmill walking on cognitive control and academic achievement in preadolescent children. Neurosci.159: 1044-1054, 2009.
5) 猪飼道夫，『運動生理学入門』，1963年，体育の科学社．
6) 猪飼道夫，『日本人の体力』，1967年，日本経済新聞社．
7) 猪飼道夫，「生理学から見た体力と技術」，体育の科学 18: 291-294, 1968.
8) 猪飼道夫，「調整力―その生理学的考察」，体育の科学 22: 5-10, 1972.
9) 石河利寛，「体力について」，朝比奈一男・猪飼道夫・石河利寛，『スポーツ科学講座2・スポーツと体力』，1965年，9-36頁，大修館書店．
10) Kraus, H. and Raab, W., Hypokinetic Disease. Charles C. Thomas, 1961．広田公一・石川旦訳，『運動不足病』，1977年，ベースボール・マガジン社．
11) 大築立志，『たくみの科学』，1988年，朝倉書店．
12) Ratey, J.J., with Hagerman, E., SPARK — The Revolutionary New Science of Exercise and the Brain —. 2008, Little, Brown and Company．野中香万子訳，『脳を鍛えるには運動しかない―最新科学でわかった脳細胞の増やし方―』，2009年，NHK出版．
13) van Praag, H. et al., Running increases cell proliferation and neurogenesis in the adult mouse dentate gyrus. Nature Neurosci.2:266-270, 1999.
14) van Praag, H. et al., Running enhances neurogenesis, learning, and long-term potentiation in mice. PNAS 96:13427-13431, 1999.
15) Wiener, N., Cybernetics -or Control and Communication in the Animal and the Machine-. 1948, John Wiley & Sons.

第3章

神経の構造と機能

外界の情報を収集し自己の内部状態をモニターすることは，環境や体調の変化に迅速に適応していく上できわめて重要な機能である．また，動物は生命活動に必要なエネルギーを産生するための栄養素のほとんどを自力で作り出すことができないため，積極的に自ら環境に働きかけることは，生命活動を営む上で欠くことのできない必須の機能である．このように環境を受容し，それに反応することで個体の維持，種の保存，環境への適応さらには創造的な活動が行われている．これらさまざまな機能の実現のために私たちは内分泌系と神経系という2種の情報伝達手段を有している．内分泌系は情報伝達の手段として化学物質を用い，伝達スピードは遅いが効果は長期的である．一方，神経系は電気信号によって情報を符号化し，効果は短期的だが高速な伝達が可能である．この章では神経系の構成を概観しつつ，感覚受容，反射および随意運動の基礎的な神経基盤について解説する．

1 神経系の構成要素とその基本的機能

[1] 神経細胞（ニューロン）と神経膠細胞（グリア）

神経系は神経細胞（ニューロン）とそれを支持する神経膠細胞（グリア）よりなる．ニューロンは形態的，機能的に細胞体（soma），樹状突起（dendrite），軸索（axon），神経終末（nerve ending）の四つの部分で構成される（図3-1）[1]．しかし，細胞体や樹状突起の形態，大きさなどは細胞によってさまざまに異なっている．神経細胞は，樹状突起や細胞体に他の細胞から入力があることによって興奮し，活動電位（action potential，インパルス impulse ともいう）を発生する．これが軸索を伝導し，神経終末に到達すると軸索末端から神経伝達物質（neurotransmitter）が放出される．神経細胞どうしの接続点はシナプス（synapse）と呼ばれる．伝達物質がシナプス後膜の受容体に作用することで情報が伝達される．グリア細胞は「神経の接着剤」の役割を持ち，その働きはニューロンの支持，絶縁，保護，さらにニューロンの栄養にも関与しているといわれる．グリア細胞の数はニューロンの数より多く，大きさはニューロンより小さい．脳脊髄の体積はニューロン全体とグリア細胞で50％を占め，残りは細胞外空間で10〜20％，血管で30〜40％を占める．

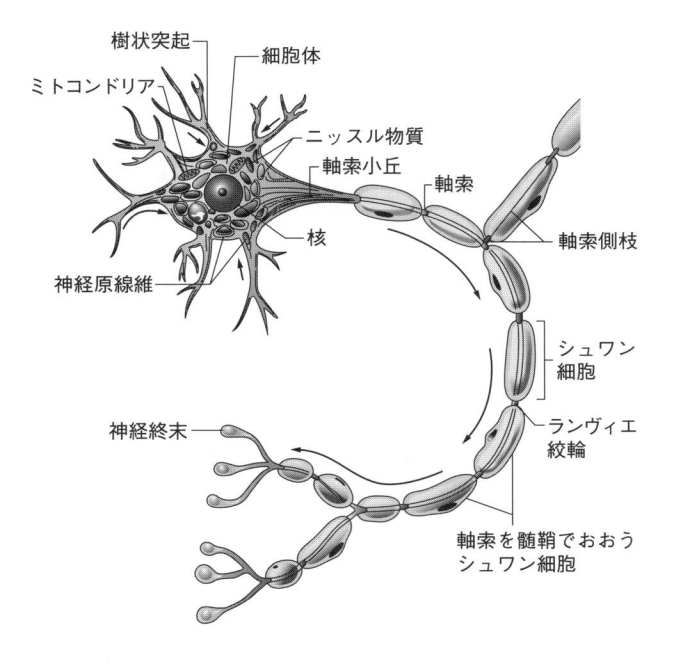

図3-1 神経細胞の構成

神経細胞は形態，機能的に細胞体，樹状突起，軸索，神経終末という四つの部分に区分される。他の神経細胞からの入力は樹状突起や細胞体で受け，出力信号（活動電位）は軸索を伝導する。活動電位が軸索終末に達すると神経伝達物質が放出される

（Marieb, E.N. ら『人体の構造と機能』1997，医学書院[15] より一部改変）

グリア細胞には，星状細胞，乏突起膠細胞，上衣細胞およびミクログリアなど，さまざまな型があり，異なった機能を果たす[1]。星状細胞は，ニューロンと毛細血管を支える構造的骨格を形成し，血液脳関門を正常に維持し，いくつかの神経伝達物質の取り込み，貯蔵，放出に関与する。また，細胞外液の過剰イオン濃度，特に K^+ の取り込みや分散に関与する可能性を持つ。乏突起膠細胞は白質中に多数存在し，ニューロンの髄鞘形成を行う。上衣細胞は脳脊髄液の流れを促進し，星状細胞と連携してニューロン周囲から脳室と脳脊髄液とを分離する境界を形成する。ミクログリアは中枢神経系の白質，灰白質のいずれにも存在し，ウイルスに対する貪食能を持ち，中枢神経系内の免疫反応に対応している。グリアはニューロンの正常な活動を維持するために不可欠で，シナプスのイオン環境を整えたり老廃物を除去したりすることでニューロンを保護している[15]。

［2］ニューロンの興奮とインパルスの伝導

❶ 静止膜電位

細胞外液のイオン組成は海水とよく似ており，高濃度のナトリウムイオン（Na^+）を含んでいる（表3-1）。一方で細胞内にはカリウムイオン（K^+）が多く存在している。イオンは濃度勾配や電位勾配が存在すれば，それによって拡散するはずであるが，なぜ細胞内外のイオンはこのような状態で定常を保っているのであろうか。神経細胞の膜は各種のイオンに対して透過性を持つ半透膜である。細胞内には Cl^- や HCO_3^- 以外に，膜を通ることができない核酸や代謝産物などの分子量の大きい陰イオンが存在するため，細胞外の陽イオンが内側へ引き寄せられるが，細胞膜には K^+ を選択的に通すイオンチャネルが多数存在する（カリウム漏洩チャ

表3-1 ほ乳類の細胞内液と細胞外液（間質液）の主なイオン組成

電解質	細胞内液 (mM)	間質液 (mM)
陽イオン		
Na^+	5〜15	145
K^+	140	5
Mg^{2+}	0.5	1〜2
Ca^{2+}	10^{-4}	1〜2
陰イオン		
Cl^-	5〜30	110
HCO_3^-	<10	<30

（小澤瀞司・福田康一郎『標準生理学』2009年，医学書院[25] より）

ネル）ので，K$^+$が細胞内へとその電位勾配にしたがって流入する。しかしある程度K$^+$が流入すると，細胞内外でK$^+$に濃度勾配が生じ，今度は細胞外へ流出する力が働く。この電位勾配によるK$^+$の内向き（細胞内へ）の駆動力と濃度勾配による外向き（細胞外へ）の駆動力が釣り合ったところで，イオンの見かけ上の移動はなくなり平衡に達する。このとき，細胞内電位は細胞外に対して70〜80mV低くなっている。この細胞外に対する細胞内の電位のことを静止膜電位と呼ぶ[脚注1]。また，この細胞内外に電位差がある状態を「分極」という。

❷膜の興奮と活動電位の発生

何らかの刺激を受けることによって細胞内に陽イオンが流入し，静止膜電位がプラス側に変化すること（脱分極）をニューロンの興奮（excitation）という。たとえばシナプス前ニューロン（後述）からグルタミン酸が放出され，シナプス後膜のイオンチャネル型受容体に作用するとイオンを通すチャネルが開く。静止状態では細胞外にNa$^+$が多く内向きの高い駆動力を持っているため，イオンチャネルが開くとNa$^+$が細胞内へ流入し，脱分極が生じる（興奮性シナプス後電位：EPSP）。細胞膜には電位依存性Na$^+$チャネルが多数あるので，膜電位がある一定の値（閾値）に達するとNa$^+$チャネルが一気に爆発的に開口する。その結果，きわめて短時間の間にNa$^+$が細胞内へ流入して膜電位は急激にゼロに近づき，さらにプラスに転じる（オーバーシュート）。その後，電位依存性Na$^+$チャネルは不活性化されNa$^+$の流入は止まるが，電位依存性K$^+$チャネルがやや遅れて開くことで，今度は細胞内から外へK$^+$の流出が生じ，次第に静止電位レベルまで膜電位は下降する。この一連の短時間に生じる膜電位の変化を活動電位（action potential：インパルス impulse）という（図3-2）。

活動電位は軸索小丘で発生し，軸索に沿って伝播してゆく。活動電位が軸索上を移動していくことを伝導（conduction）という。

活動電位発生中のニューロンは刺激がどんなに大きくても再発火せず，完全に不活性になる。これを絶対不応期という。活動電位終了後ニューロンは静止電位よりやや深い過分極状態になり，活動電位が発生しにくくなる。この期間を相対不応期という。活動電位発生中のニューロン膜の部位が不活性となる。その結果，活動電位は近隣の未

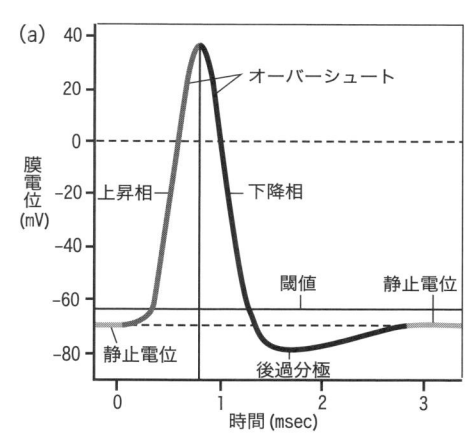

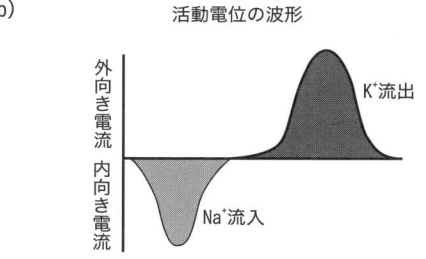

(a)：活動電位の時間経過
(b) 活動電位の各相におけるイオンの流れ

図3-2 活動電位の発生
(Siegel, A.『エッセンシャル神経科学』2008，丸善[34]より一部改変)

---

1) 実際には，静止膜電位の発生にはK$^+$以外のイオンも関与しているが（表3-1参照），カリウム漏洩チャネルの影響でK$^+$の透過性が最も高くなっているので，K$^+$のみの移動を考慮するだけでも非常によく静止膜電位は推定できる。

活動部位へ伝播されなければならなくなる。このことは，活動電位が軸索に沿って伝導する理由となる。

　また，活動電位は刺激の大きさにかかわらず，一つのニューロンではその振幅は常に同じ大きさである。部分的な活動電位とか二つ以上が重なる活動電位は起こらない。この性質を「全か無かの法則」という。つまりニューロンは，完全に発火するかまったくしないかのいずれかである。

　細胞の興奮は，一般に刺激により引き起こされた生体またはその部分の活動的な反応である。ただし組織によっては外部より特に刺激を与えられなくとも自発的に興奮するものもある。刺激を与えてから興奮が起こるまでにはある一定の時間を要する。これを潜時（latency）という。しばしば興奮性（excitability）という用語が使われる。興奮性とは刺激に応じて興奮を起こす性質をいう。一般に使われる用語として，たとえば，麻痺とは一般的に興奮性の低下した状態を，疲労は生体の活動によって起こった興奮性が低下した状態，麻酔は薬物の作用によって興奮性が低下した状態を表す。興奮性はニューロンおよび筋細胞が持つ典型的な特徴である。神経系はこの活動電位の放電頻度やパターンでさまざまな情報を符号化している。

❸ 神経線維の種類と役割

　有髄神経：ニューロンの軸索（神経線維）には，髄鞘と呼ばれる電線の被覆に相当する構造物があるものとないものがあり，それぞれ有髄神経，無髄神経と呼ばれる（表3-2）。中枢神経系ではグリア細胞の一種であるオリゴデンドロサイトが突起を伸ばし，軸索を巻くように髄鞘を形成する。末梢神経の髄鞘はシュワン細胞が形成する。髄鞘は軸索すべてを覆うのではなく，1〜2mmごとに規則的に髄鞘がない部分がある。ここはランヴィエ絞輪と呼ばれ，軸索細胞膜のイオンチャネルはこのランヴィエ絞輪に集中している。軸索上のある場所が興奮すると，その興奮は次つぎに隣の膜の興奮（イオンチャネルの活性化）を引き起こし興奮が伝わるが，髄鞘を持つ有髄神経では，膜の興奮は絶縁された髄鞘部分には伝わらず，ランヴィエ絞輪ごとに興奮が伝導する。すなわち，髄鞘部分を飛び越えて興奮が伝導するので有髄神経は伝導速度が速い（表3-2）。このような有髄神経の興奮伝導を跳躍伝導という。

表3-2　神経線維の分類

分類	髄鞘	平均直径（μm）	平均伝導速度（m/s）	役割
Aα	有	15	100	骨格筋や腱からの感覚，骨格筋の運動
Aβ	有	8	50	皮膚の触圧覚
Aγ	有	8	20	筋紡錘の錘内筋運動
Aδ	有	3	15	部位が比較的明瞭な皮膚の温痛覚
B	有	3	7	交感神経の節前線維
C	無	0.5	1	交感神経の節後線維，皮膚の温痛覚

感覚神経（求心性神経）では次の分類が用いられることもある

分類	髄鞘	平均直径（μm）	平均伝導速度（m/s）	感覚
Ia	有	15	100	筋紡錘
Ib	有	15	100	腱器官
II	有	9	50	筋紡錘，皮膚触圧覚
III	有	3	20	部位が比較的明瞭な皮膚の温痛覚
IV	無	0.5	1	鈍痛，内臓痛

［3］シナプスとインパルスの伝達

❶シナプスの構造と機能

シナプス（synapse）は，ニューロンと他のニューロン，効果器（筋，腺）細胞，または感覚受容体細胞とその機能的な膜との接合部位であり，ここでシグナル伝達が行われる。図3-3[27]に示すように，シグナル（インパルス）を伝えるほうの細胞はシナプス前細胞，伝えられるほうの細胞はシナプス後細胞と呼ばれる。シナプスを経由してシグナルが伝わることを伝達（transmission）という。シナプス伝達の種類には電気的伝達と化学的伝達がある。ヒトのシナプスには電気的伝達より化学的伝達が比較的多い。電気的伝達は，裂孔接合部（ギャップ結合：gap junction）にあるイオンチャネルを通ってイオンが細胞間を直接行き来することによって行われる。そのため，活動電位は細胞間に急激に広がることができる。一方，化学的伝達では，シナプス前ニューロンの終末への活動電位到達を受けて，神経終末からシナプス間隙へ化学的伝達物質が放出され，シナプス後細胞に活動電位が伝播される。具体的にはCa^{++}流入によってカルシウムチャネルが開き，前細胞にあるシナプス小胞体に含まれる神経細胞伝達物質が細胞外へ放出される。シナプス間隙の横断後，神経細胞伝達物質は後シナプス受容体に結びつく。

神経伝達物質にはさまざまな種類があり，シナプス後細胞に及ぼす作用も多様である。主な伝達物質としてはグルタミン酸，ガンマアミノ酪酸（GABA），ドーパミン，セロトニンなどがある。シナプス後膜にはそれぞれの伝達物質に対応する受容体が存在し，これに伝達物質が作用すると細胞外の陽イオン（多くの場合Na^+）が細胞内に流入することでニューロンが興奮したり，あるいは塩化物イオン（Cl^-）などの陰イオンが流入して興奮が抑制される。

化学的伝達シナプスは，興奮性シナプス，抑制性シナプスの二つに分けられる。興奮性シナプスは信号を受け取ると，興奮性シナプス後電位（excitatory post synaptic potential: EPSP）という信号を発生させる。EPSPはニューロン内の負電荷の分極状態が減少するため，脱分極と呼ばれる。抑制性シナプスは，抑制性シナプス後電位（inhibitory post synaptic potential: IPSP）という信号を発生させる。IPSPはニューロン内の負電荷の分極状態が強化されるため，過分極と呼ばれる。

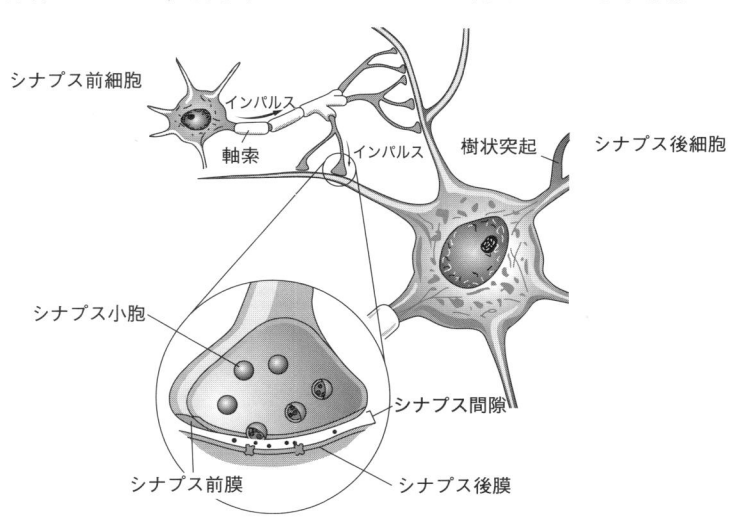

図3-3　シナプスの構造
(Powers, S.K. et al., Exercise Physiology, 2001[27]より一部改変)

❷神経筋シナプス

神経筋シナプスは運動神経と筋線維との間のシナプスである。運動終板（motor endplate）とも呼ばれる。図3-4[40]に示すように神経終末から放出されるアセチルコリン（コリン酢酸エステルで，コリン作動性神経における神経伝達物質）は，接合後部膜でニコチン性コリン受容体を活性化し，脱分極の原因となる。単一のシナプス小胞体からのアセチルコリンの分泌は0.4mVの小規模の終板電位を生じる。終末での活動電位の到達に反応すると，多くの小胞からアセチルコリンが分泌され，多くの小規模の終板電位の総和が筋線維の大きな脱分極を引き起こす（加重）。その結果，活動電位そして筋収縮を引き起こす。

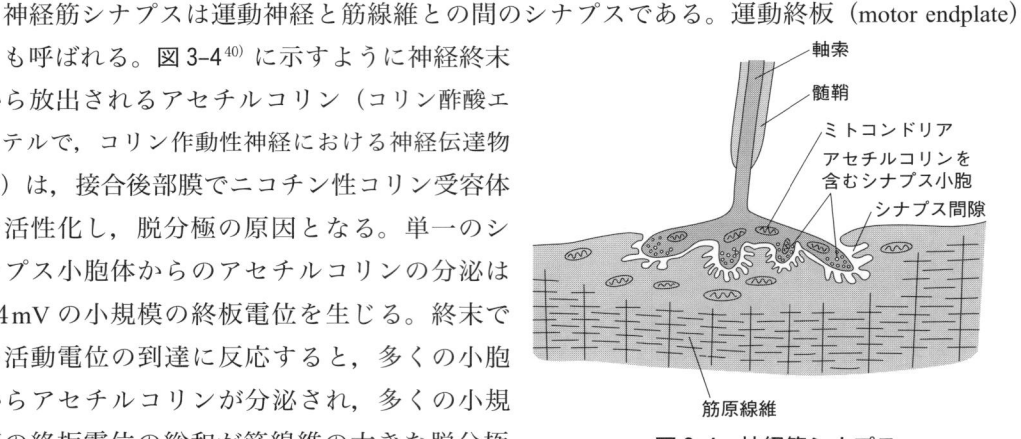

図3-4 神経筋シナプス
運動神経と筋線維との間のシナプスの関係
（柳澤信夫ほか『臨床神経生理学』2008, p.44, 医学書院[40]より引用）

[4] 運動単位

一本の運動ニューロンは数本からかなりの本数の筋線維に接続する。この運動ニューロンと筋線維の組み合わせを運動単位（motor unit）といい，運動を制御する単位を表す。細かく調整される筋，たとえば眼球の外眼筋は小さな運動単位から成り立つ。あまり細かく調整する必要のない筋には，大きな運動単位（一本の運動ニューロンで多数の筋線維を支配する）がある。単一の運動単位の筋線維には，筋内に広く散在する。

運動ニューロンからの単一のインパルス（活動電位）は，運動単位に含まれる筋線維すべてに単一の収縮（単収縮：twitch）を起こす。筋線維の収縮と弛緩は約3msの筋の活動電位よりかなり長い。そのため，筋へ連続的なインパルスが発射されると，インパルス間に筋が十分に弛緩する時間がないため，単収縮が重なり発揮筋力が少し低下しては再び増加することを繰り返しつつ次第に増大して維持される状態になる。これは不完全な強縮（テタヌス）と呼ばれる。さらに発火頻度が増加すると筋発揮はプラトー(停滞期)になり最大筋力に達する。これは完全な強縮と呼ばれる。

運動単位の種類には図3-5[17]に示すように，S (slow) 型，FR (fast resistance) 型およびFF (fast fatigue) 型の運動単位があり，運動ニューロンと筋線維の発火特性によって区別されている。S型運動単位は，数が最も多く最大の張力を発揮するまで約100msecかかる遅発性収縮を起こす。しかし，1時間の反復収縮後でもほとんど張力の低下は見られない。S型運動単位の運動ニューロンは小さく，伝達速度が遅く刺激から収縮までの潜時がかなり長い。それは長い後過分極を生じるからである。そのため最大発火頻度が低くなり，完全な強縮は低い周波数頻度（15～20Hz）で達成される。S型運動単位を構成する筋線維はエネルギー代謝の面からタイプⅠ筋線維といい，ミトコンドリアが豊富にあり有酸素代謝に有利でクレブス回路における酵素活性が高い。そのためタイプⅠ筋線維（遅筋線維）の運動単位は長時間低い張力

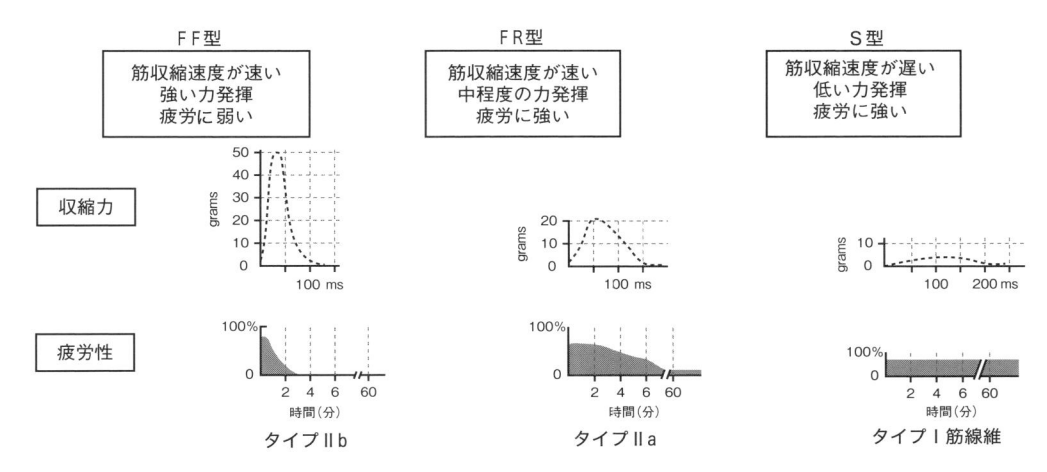

図 3-5 3種類の運動単位と筋線維

(McArdle et al., Exercise Physiogy, 2007, p.377 [17] より引用)

を発揮できる。タイプⅠ筋線維は体幹や脚の重力に対抗する筋や姿勢筋に多く分布する。これらの筋線維は多くのミオグロビン量を含んでいるので赤筋ともいう。

　FR型運動単位は，収縮速度が速く，しかも比較的長く収縮し続ける抗疲労性の運動単位であり，約5分間，中程度の張力を持続できる。FR運動単位は，代謝の面からタイプⅡa線維といい，タイプⅠとⅡbの間の中間にある。FF型運動単位は，速疲労性の運動単位で，最も大きな張力を発揮できるがその持続時間は30秒ほどである。FF運動単位は代謝の面からタイプⅡb線維といい，伝導速度がかなり速く，40〜60Hzの高い頻度で発火し，短時間で強縮を生じる。FRおよびFF型運動単位を構成する筋線維はS型の筋線維よりミトコンドリアの数が少なく，無酸素代謝に有利で解糖系における酵素活性が高い。そのためタイプⅡ筋線維（速筋線維）の運動単位は大きな張力を発揮できるが短時間しか持続できない。タイプⅡ線維は四肢に多く分布している。これらは少ないミオグロビン量しか含んでいないので白筋ともいう。

2　中枢神経系

　中枢神経系は脳と脊髄からなる。前者には12対の末梢神経（脳神経）が出入りし，後者には31対の末梢神経（脊髄神経）が出入りする。また，脊髄は頸髄，胸髄，腰髄，仙髄，尾髄からなり，脳は脳幹，小脳，大脳半球からなる。末梢から中枢へ信号を伝える神経線維を求心性神経線維，中枢からの指令を末梢諸器官に伝えるものを遠心性神経線維と呼ぶ。中枢神経系の中心的な役割は末梢から絶えず入力するさまざまな情報を統合し，それに対する適切な反応を決定することである。

[1] 脊髄

　脊髄は，断面図（図3-6）を見ると，中心部のH型の領域には多数の神経細胞が密集しており灰色に見える（灰白質）。その周囲を神経線維の連絡路が取り巻き白質を形成している。

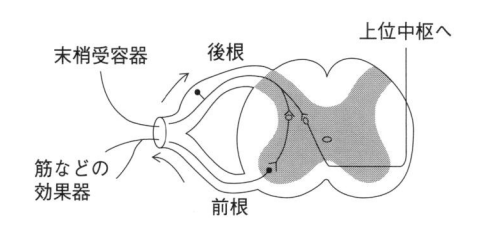

図3-6 脊髄断面の模式図
(貴邑富久子・根来英雄『シンプル生理学』2009，南江堂[13]より一部改変)

脊髄には皮膚や筋，深部組織，内臓諸器官からの感覚情報が後根神経節を介して入力し，脳にその情報を送る。また，大脳からの運動指令は前根の運動ニューロンを介して出力される。さらに，末梢からの感覚入力に基づき大脳を介さずとも適切な運動指令を出力する反射中枢として機能している（脊髄反射の項，49頁を参照）。

［2］脳幹

❶脳幹の運動機能の特徴

中脳・橋・延髄を総称して脳幹と呼ぶ。脳幹は脊髄と同様に末梢神経が終止（感覚性の脳神経核：ニューロンが密集した構造を核と呼ぶ）あるいは起始する（運動性の脳神経核）。

脊髄の運動ニューロンは四肢や体幹の筋へ出力を出すが，脳幹のそれは顔面や眼球など頭部の運動に関わる。頭部の運動系は摂食，発話，表情の表出あるいは外界の対象に頭や眼を向けるという機能を持っており，対象物の操作や自己の移動のために使われる四肢や体幹の運動とは性質が異なっている。

脊髄および脳幹は反射による姿勢制御の中枢として重要である。私たちは外界の様子を主に頭部に存在する特殊器官（眼，鼻，耳など）で受容している。これらの器官が最も効率よく働くことができるのは，頭部が地面に対し垂直位にある場合である。すなわち，頭部を垂直位に保つことが最も重要な姿勢制御の目的である。また「ヒトは視覚に頼る動物」といわれるように，正確で精密な視覚情報を得る上で，視線を一定に保つことはきわめて重要である。実際，日常生活の中で私たちは多少の外乱が加わっても転倒することはなく，また電車の中など揺れる環境下でも視線がぶれずに小説を読むことができる。このような姿勢や視線の制御に反射が重要な役割を果たしているのである。

❷脳幹の姿勢制御機能

脳幹を介する姿勢反射の一つに前庭迷路反射がある。これは前庭器官の耳石器が頭部の傾きを検出し，それを補正するための反射である。日常の動作の中でこれを意識することはほとんどないが，中脳上端付近で切断した除脳動物では顕著に見られる（頭部が傾いた側の肢が伸展し対側肢は屈曲する）。

❸前庭動眼反射（vestibulo-ocular reflex: VOR）

私たちは揺れている電車の中で，ほとんど文字のぶれを気にすることなく本が読める。しかし，読書中に他人に本を左右に揺すられると文字がぶれて読むことができない。では次に本を持った手は動かさず，自分の頭を左右に振ってみよう。今度はほとんどぶれもなく文字が正確に読めるはずである。これは頭部の動きを前庭器官が検出し，その方向や大きさに応じて眼球運動が反射的かつ代償的に補正されているからである。すなわち視線方向は，頭部の回転方向とは逆向きに同じ大きさだけ動かされ，結果として外界に対する視線方向は頭

部のぶれがあったとしても一定に保たれるのである。これを前庭動眼反射という。前述の迷路反射同様，VORも内耳の前庭器官から入力を受ける脳幹の前庭神経核を介する反射である（図3-7）。

[3] 小脳

小脳は大脳半球後部の直下にある。名前の通り大脳に比べると体積は約10分の1と小さいが，小脳皮質のニューロンの数は約700億個以上[39]もあるといわれ，120～150億個[39]といわれる大脳を大きく上回る。小脳は大脳との間に緊密なループ神経回路を持ち，運動の制御や学習に必須の関与をしている。多関節の複雑な運動をより正確により速く，適切なタイミングでスムーズに行うには小脳が必須である。ロボットの動きのぎこちなさを見れば，小脳がいかに緻密な運動制御を担っているか容易に想像がつくであろう。

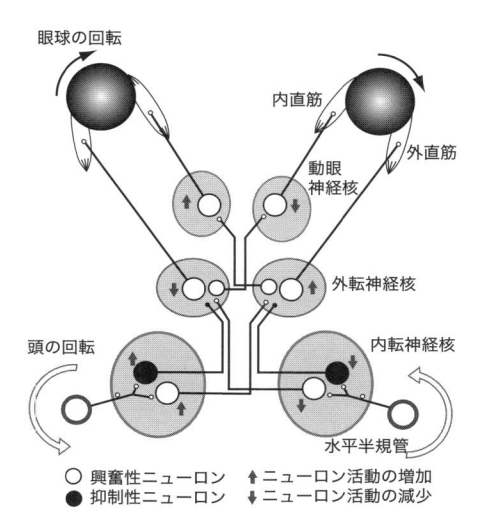

図3-7 前庭動眼反射の神経回路
頭部の左回転によって眼球が右方向に同じ大きさだけ動く仕組みを模式的に示す（小澤瀞司・福田康一郎『標準生理学』2009, 医学書院[25]より一部改変）

❶小脳の基本構造（図3-8）

小脳表層部は神経細胞の集まる小脳皮質であり，正中部は系統発生学的に古く虫部と呼ばれる。外側の半球部は新小脳とも呼ばれる。深部には歯状核，中位核，室頂核からなる小脳

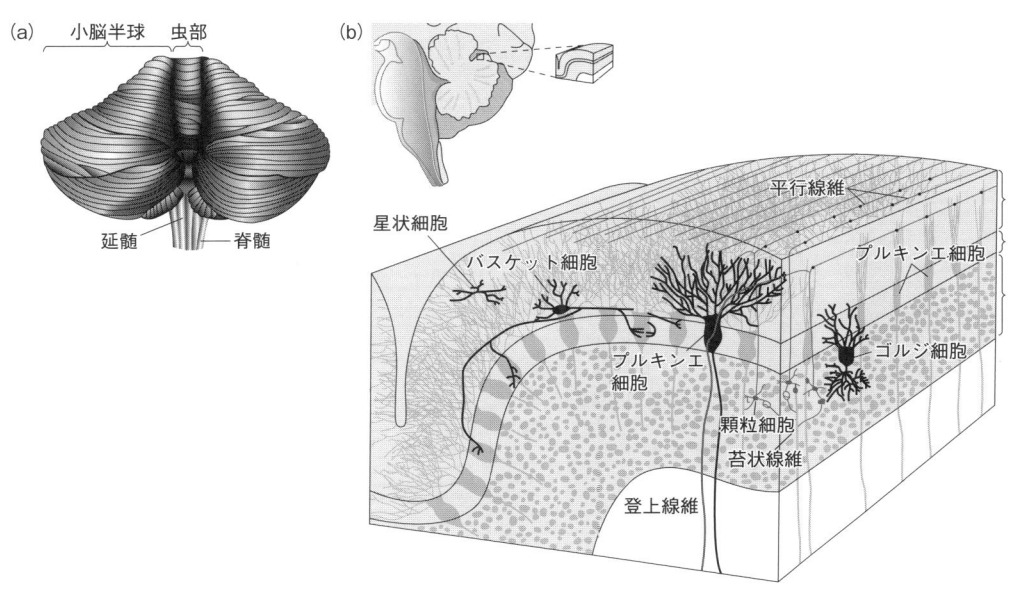

図3-8 小脳の構造
(a)小脳の外観。正中部分は虫部，外側部を小脳半球と呼ぶ。(b)小脳皮質には5種類の神経細胞が存在する。出力細胞であるプルキンエ細胞は抑制性であり，平行線維系および登上線維系からの2系統の入力を受ける。（Kandel, E.R. et al., Principles of Neural Science. 2000, p.836 [10]より一部改変）

27

核が存在する。小脳はそれを構成する神経細胞の種類とその神経接続がすべて明らかとなっている。皮質にはプルキンエ細胞，顆粒細胞，ゴルジ細胞，星状細胞およびバスケット細胞の5種が存在する。出力細胞は抑制性のプルキンエ細胞でありGABAを伝達物質とする。

プルキンエ細胞には2系統の入力がある。一つは脳幹の運動系諸核から発する苔状線維から興奮性の顆粒細胞を介して入る系である。顆粒細胞の軸索は皮質表面でT字に分岐し平行線維となってプルキンエ細胞に入力する。図3-8bに示すように，プルキンエ細胞の樹状突起はよく発達しており，多数の分枝を出して前後方向に大きく広がっている。左右方向の広がりは小さい。この樹状突起で一個のプルキンエ細胞は平行線維から10万以上のシナプス入力を受ける。抑制性のバスケット細胞，ゴルジ細胞および星状細胞も平行線維とつながっているため，顆粒細胞からの興奮は抑制の影響を受けてプルキンエ細胞に入力される。

もう一つの入力は脳幹の下オリーブ核から伸びる登上線維である。平行線維は左右に伸びるが，登上線維は前後軸の方向に広がり平行線維の走行と直交している。一個のプルキンエ細胞に入力する登上線維はわずか一本のみである。しかし登上線維はプルキンエ細胞を包み込むようにからみついてシナプス接続しており，その入力はプルキンエ細胞に強力な脱分極を引き起こす。

❷小脳による運動制御機構

小脳が壊れても麻痺が起こることはない。小脳は運動制御のどのような側面に関与しているのだろうか。小脳に障害のある患者の臨床症状からそれはうかがい知ることができる（小脳症状，図3-9）。小脳の出力は対側の大脳皮質運動関連領野に向かうので，小脳は同側四肢の運動制御に関与する。右小脳に障害がある患者に，「GOの合図で両手同時にものをつかむ動作をしてください」と指示すると，患側の右手の運動の開始は左手に遅れ，しかもだらだらとしてしまう（図3-9a）。小脳の異常の有無を調べる検査の一つに指鼻試験（f-n test）がある（図3-9b）。被験者の頭上の一点を始点として，そこから自分の鼻を触るよう指示する。小脳に障害がある場合は運動の軌道が乱れ，鼻を通り過ぎて頬を触ったり，鼻を強くたたいたりしてしまう。これは運動の大きさを調節できない推尺異常と呼ばれる症状である。また小脳破壊による典型的な運動失調として反復拮抗運動不能症（adiadochokinesis）が挙げられる（図3-9c）。「できるだけ早く前腕の回内と回外を繰り返してください」と指示すると，主動筋と拮抗筋の切り替えがスムーズにいかず，運動の滑らかさが極端に失われてしまう。以上のような小脳症状から，小脳はすばやい運動の実行，適切なサイズの運動の発現，複数の筋を協調的に使う，といった運動の微調整機能に関与していると考えられる。

このような機能のニューロンメカニズムは次のように考えられている。すなわち，随意運動を行うときには，大脳皮質運動野からの運動指令信号が下位運動中枢へと発射され脊髄を介し筋肉へ出力されるが，それと同時に橋核や下オリーブ核を介して小脳に送られて処理され，その結果が再び一次運動野や運動前野に送り返されて運動の調整や組み立てが行われる。小脳は運動野からの出力信号と前庭や視覚系からの入力信号，あるいは筋肉や関節からの感覚入力信号を比較することで誤差を抽出する。内耳の前庭から頭部の位置や動きの入力は小脳へ送られ，身体の平衡に関する姿勢や眼球運動を調節する。筋肉や関節からの感覚入

力は脊髄を介して小脳へ送られ小脳で処理され脊髄へ再度出力されるのである。また，苔状線維からの入力は運動速度などの力量と対応し，下オリーブ核‐登上線維からの入力は運動タイミングに関わる「時計」の役割をするともいわれている[16)]。

このように，小脳は，運動系出力情報と感覚系入力情報や運動野からの再入力の情報を比較することによって，力量や時間の誤差を少なくするように働くのである。

❸小脳による運動制御の特徴

運動出力を生成するために脳はどのような問題を解く必要があるのだろうか。ある目標をめざして手を伸ばす到達運動を考えてみよう。運動の目標（到達点）は視覚情報によって脳に入ってくる。手先と目標を結ぶ軌道は無数にあるので，その中から最適なものを選ぶ必要がある（軌道計画）。選ばれた軌道はまず作業空間における座標系で表現されている（視覚座標系といってもよい。網膜に投影される手先と目標を結ぶ最適軌道）。運動指令を作り出すにはそれだけでは不十分である。なぜなら，網膜上の同じ場所であっても，頭部に対する眼球位置が異なれば（右を向く，左を向くなど），空間上の別の場所が投影されることになる。したがって，視覚座標系という外部座標で表現された軌道を視線や頸の傾きなどを考慮して自分の身体を中心とした座標系（内部座標系）で表現しなければならない（座標変換）。これで現在の手先の位置から目標へ到達するまでにどの筋をどのような順序でどれくらいの張力でといった運動の制御信号を作り出すことが可能となる。上記の考え方からは運動指令の生成に眼からの視覚情報，手の位置を知る筋紡錘からの体性感覚情報など感覚情報が重要であることがわかる。しかし，このような感覚信号を制御に用いる最大の問題点は信号伝達の遅れである。たとえば筋紡錘からの筋長の情報が脊髄から大脳に至り，再び脊髄を経由して筋の指令信号として出力されるまでには100ミリ秒ほどかかる場合がある。わずか数百ミリ秒で終わる到達運動を考えるとこの遅れは致命的なのである。また，感覚フィードバックを使って逐次制御信号に修正を加えながら運動を行うとすると，非常にぎこちない動きになってし

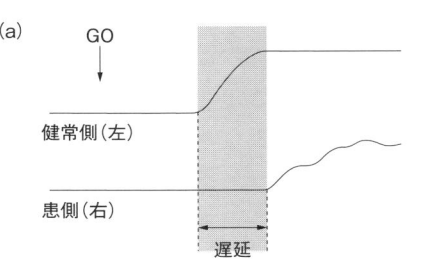

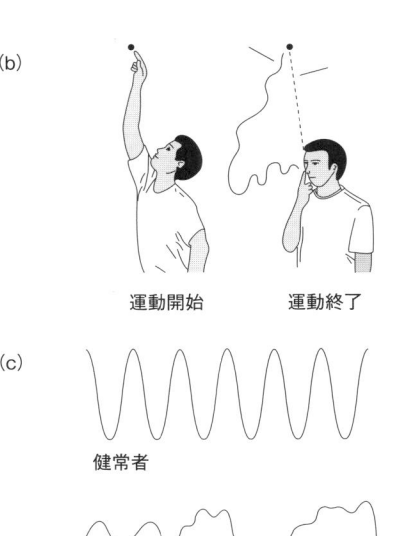

図3-9 小脳失調による運動障害

(a) 把持力計測用の圧力トランスデューサーからの信号。GOの合図で左右の手同時につかむ動作をする。右小脳に障害のある患者では，右手の運動は開始が遅れ，しかもぎこちない。
(b) 小脳障害の有無を調べる指鼻試験。頭上の一点に指を置き，そこから自分の鼻を触ってもらう。小脳に障害があると，指の軌道が乱れる，鼻を通り越し頬にあたる，鼻を強くたたくなどの「推尺異常」がみられる。
(c) 反復拮抗運動不能症。前腕の回内回外をできるだけ早く行わせる。主動筋と拮抗筋が連続して切り替わる運動がスムースにできない。

（Kandel, E.R. et al., Principles of Neural Science. 2000, p.849 [10)]より一部改変）

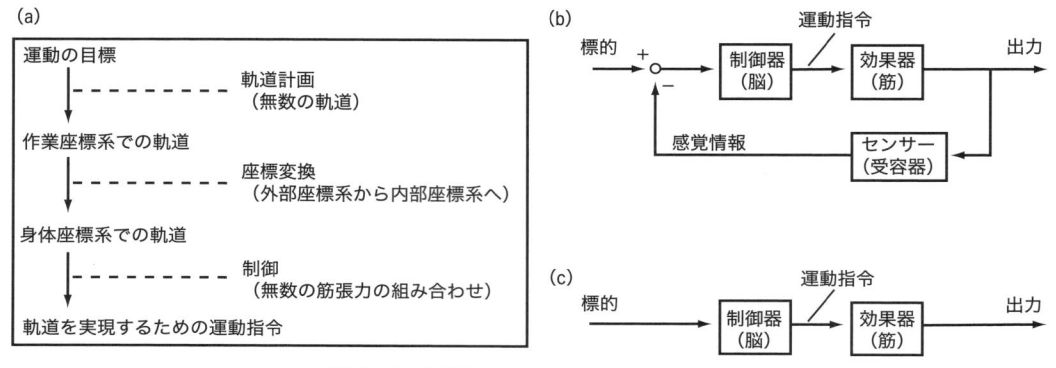

図3-10 運動のフィードフォワード制御
(a) 運動指令生成までの計算論的プロセス。(b) 感覚フィードバック情報を用いて，逐次誤差の修正を行いながら運動を制御するダイアグラム。(c) 感覚信号に頼らず予測的に制御するフィードフォワード制御。小脳の運動制御の本質はフィードフォワード制御にある。

まうはずである。しかし私たちの運動は非常に滑らかであり，少なくともオンラインでは感覚情報は必ずしも必要ないと考えられる。これは体性感覚切除の患者の手先軌道は健常者のそれとほぼ同じであるということからも明らかである[30]。

上記の状況証拠から，「運動の制御信号の本質は感覚信号を必要としないフィードフォワード制御である」といえる（図3-10）。

❹ 小脳の運動学習機構

スポーツや運動の技能熟練，つまり精度の高い技術を獲得するためには小脳が重要な働きをしている。運動技能に熟練すると，運動の目的と結果だけを意識し，一つひとつの動作に意識が向くことがほとんどなくなる。つまり，身体で覚えるというのは小脳で覚えるということなのである。

これを実現するために小脳は学習によって「内部モデル」を獲得するという仮説がある[11]。内部モデルとは運動指令とその結果生じる軌道との関係と理解すればよい。どのような出力を出すと腕はどんな軌道を描くか，そのさまざまな組み合わせが運動の記憶として小脳に獲得されるという考えである[5]。この内部モデルを獲得するために私たちは新しい技能を繰り返し反復練習し，毎回生じる運動誤差を小さくするよう学習しているのである。この内部モデル獲得学習は，「教師あり学習」ともいわれるフィードバック誤差学習である。図3-11は川人による前庭動眼反射を例とした運動学習モデルである[12]。目標軌道の入力と実際の軌道の出力の間にはフィードバック制御器と制御対象が存在し，同時に逆モデルとなる小脳がある。目標軌道の入力情報がフィードバック制御

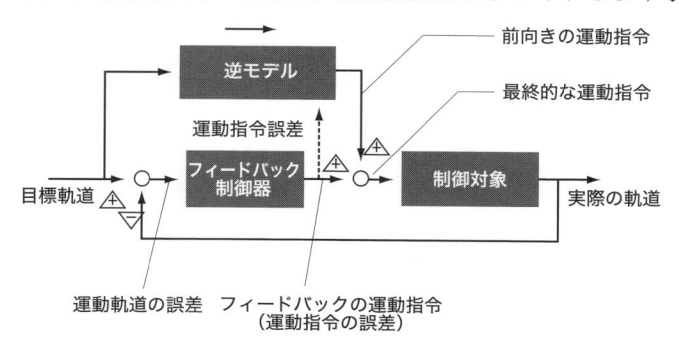

図3-11 小脳における適応学習モデル
（逆モデルを小脳前庭（前庭小脳）に想定した前庭動眼反射の学習モデル）
（川人光男『脳の計算理論』1996，産業図書[12] より引用）

器と逆モデルに並行して進む。逆モデルからの出力指令はフィードバック制御器の出力部へと入り，さらに誤差を制御し制御対象に送られる。この逆モデルは，教師が前もって目標を示し，それに向かって動きを修正してゆくフィードフォワード型の学習法である。つまり，望ましい手先の位置や姿勢からその実現のために必要な関節変位を計算して「望ましい」動きに到達するように働く過程である。学習の反復は逆モデルからの誤差修正を得てフィードバック制御の出力誤差を少なくし，目標動作に対応する望ましい運動指令を出力する機能が学習されることになる。小脳の学習機構はフィードバック制御にフィードフォワード制御を加えることによって，目標とする動作と実際の動作の誤差を小さくしてより円滑で正確な運動を進めていくことを可能とするのである。

このように，小脳では内部モデルを獲得するため（身体で覚えるために），誤差を伝える感覚フィードバック情報を「教師信号」として用いるが，実際の運動制御はその内部モデルを使ってフィードフォワードで行うのである。

運動学習の神経メカニズムとしては，上記の誤差検出部位として下オリーブ核が重要な機能を果たすとされている。すなわち，大脳皮質からの運動指令と運動実行による感覚情報が下オリーブ核で照合され，誤差があると，登上線維がインパルスを発してプルキンエ細胞を強力に脱分極させることによって，そのとき活動している平行線維・プルキンエ細胞樹状突起間シナプスを不活性化し，その抑圧効果が長時間持続する（これを長期抑圧 long-term depression: LTD という）[6] ことによって不適切な運動が抑制され，適切な運動のみが残存することになると考えられるのである。

［4］大脳

❶ 大脳の構造

大脳（cerebrum＝終脳：telencephalon）は大脳縦裂という大きな溝を隔てて左右二つの半球（大脳半球：cerebral hemisphere）に分かれており，両半球は脳梁（corpus callosum）と交連（commissura）によって結ばれている。大脳半球の表面にはたくさんの溝（脳溝：sulcus）があり，その溝と溝の間は脳回（gyrus）と呼ばれている。

図 3-12[23] は大脳半球を外から見たものであり頭頂部から大脳の側面を下へ向かう中心溝（ローランド溝），大脳半球の側面を前後に走る外側溝（シルヴィウス溝）の最も際立つ二つの溝がある。この二つの溝を手がかりに大脳半球を四つの葉（lobe）に区分することができる。中心溝を境にして，その前方が前頭葉，後方が頭頂葉，外側溝の下側が側頭葉であ

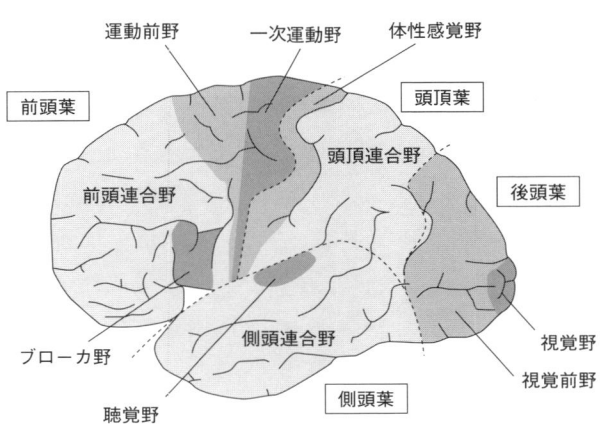

図 3-12 大脳半球の構造
（大地陸男『生理学テキスト』1992, p.168, 光文堂[23] より引用）

る。これら三つの脳葉に対して境目がややはっきりしないのが後頭葉である。また，これらに加えて脳幹に近接する部分を辺縁葉として区別し，五葉とすることもある。辺縁葉は情動系の中枢として重要な役割を果たす。

　大脳半球表面の大脳皮質と呼ばれる部分には，約 150 億個といわれるニューロンがシナプス結合によって複雑な神経回路網を形成している。

　大脳半球は外界で起こったさまざまな感覚情報の処理・統合や身体活動，さらには精神活動などありとあらゆる人間の活動の基になっている。なかでもヒトが生存していく上で最も重要だと考えられる感覚情報を受け取る役目を担っているのが感覚野（野については下記参照）であり，主な三つの感覚（視覚，聴覚，体性感覚）の情報を最初に受け取る一次感覚野は各脳葉に散在していることがわかっている。図 3–12 にも示すように一次視覚野は後頭葉，一次聴覚野は側頭葉，一次体性感覚野は頭頂葉に存在する。一次感覚野ですべての情報が処理されるわけではなく，感覚情報はいくつかの領野にまたがって処理される。たとえば，視覚に関わる情報は後頭葉から側頭葉や頭頂葉に，聴覚に関わる情報は側頭葉内側から外側に，体性感覚野に関わる情報は頭頂葉から側頭葉にそれぞれ送られる。

　また，感覚情報を受け取る役目とは逆に運動指令を運動神経に伝え骨格筋を支配し，運動を実現させる運動関連領野（一次運動野，運動前野，補足運動野など）は前頭葉に存在する。そして，感覚野や運動関連領野以外の脳領域は連合野と呼ばれ，各感覚で処理された情報の統合を行い，意識の起源となっていることが推測されている。また，各脳葉は感覚情報の処理や運動以外にもさまざまな機能を担っており，その代表的な機能をいくつかあげると，頭頂葉では空間的な情報処理，側頭葉では記憶，前頭葉では発話・思考・判断・計画・自己抑制などの機能をそれぞれ担っていることが明らかにされている。

❷ 大脳皮質の機能局在

　ブロードマン（Brodmann）[2]は，大脳皮質を細胞構築学的な違いに着目して 52 の領野（野 area）に分類した（図 3–13）。ブロードマンの脳地図は大脳皮質の機能的区分としても有用である。以下に例をあげる。

　17 野：一次視覚野。網膜で得られた光の情報が，視床の外側膝状体を介して入力する最初の大脳皮質。

　3, 1, 2 野：一次体性感覚野。皮膚受容器や筋などの深部受容器からの情報が入力する。ここを損傷すると感覚麻痺などの症状を呈する。

　4 野：一次運動野。大脳皮質からの最終的な運動出力部位である。脊髄に投射する巨大錐体細胞（Betz 細胞）を特徴とする。破壊により運動麻痺が生じる。

　44, 45 野：運動性言語野（ブローカの言語野）。左右局在性があり，一般的に左半球の 44, 45 野がこれに相当する。ここを損傷した患者は言葉を聞き取りその意味を理解することはできるが，発話が困難になる。

　22 野：感覚性言語野（ウェルニッケの言語野）。これも多くの人では左半球に存在する。ここの損傷は言語（意味）理解の障害を特徴とし，発話そのものは流暢であり文法的にも正しいが，質問や状況に合わず理解できない文章になる。

大脳皮質外側面　　　　　　　　　　　　大脳皮質内側面

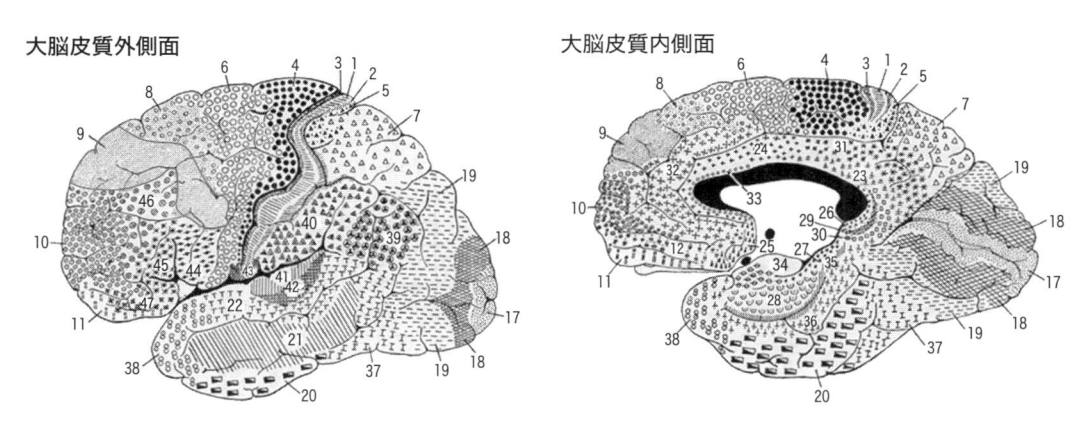

図3-13　ブロードマンによる大脳皮質の細胞構築学的区分（ブロードマンの脳地図）
（Brodmann, K., Vergleichende Lokalisationslehre der Grosshirnrinde in ihren Prinzipien dargestellt auf Grund des Zellenbaues. 1909 [2]）より引用）

❸ 大脳皮質運動関連領野

　私たちは日常生活の中で，上肢，特に手指を使って対象物を操作したり，下肢を使って移動したりと，自らの意志で身体の各部を使い環境に働きかけている。すなわち，随意運動（voluntary movement）によってさまざまな目的を達成している。随意運動の学習や制御に関わるのは複数の大脳皮質運動関連領野と小脳および大脳基底核を中心とする領域である。本書では，四肢の運動に関わる大脳皮質運動関連領野の機能について，最近の研究から得られた魅力的な仮説を紹介する。なお，運動に関するシステム生理学に興味ある読者には，『脳と運動』（丹治順著）[36]）を推薦したい。

(1) 大脳皮質の運動関連領野

　大脳皮質には解剖学的，生理学的に性質の異なる複数の運動関連領野が存在する。各領野の境界線，名称は研究者によって異なる部分もあるが，本書では解剖学的・生理学的性質に基づいた最も一般的と思われる呼称を用いる（図3-14）。大脳皮質から脊髄への運動出力は主に一次運動野（primary motor area: MI，4野）から出る。運動前野（premotor area: PM）と補足運動野（supplementary motor area: SMA）は細胞構築学的にはどちらも6野に属し脊髄への投射があるが，脳の他の部位との神経連絡の違いや破壊実験の効果の違いから両者を区別するのが普通となっている。半球内側面の帯状回にも脊髄へ投射する神経細胞があることが明らかとなり[4]），帯状皮質運動野（cingulate motor area: CMA）として定義されるに至っている。

(2) 一次運動野（MI）

　中心溝前壁および中心前回に相当する。脊髄への投射細胞であるBetz巨大細胞を特徴とし，他の領野に比べ脊髄への投射細胞（錐体路細胞）が多く存在する。ヒトやサルのMI表面に微小電極を刺入して，数十μVほどの弱い電流で刺激すると，刺激と対側の限局した体部位に運動が誘発される。刺激部位をわずかに移動させると，運動が誘発される体部位も少しずつ変化する。たとえば右手第二指に刺激効果があった場所のすぐ近傍には右手第三指に運動を誘発する場所がある。このように電気刺激する場所をMI全体にわたって少しずつ変えながら，身体のどこに刺激効果があるかを調べると，MIには体部位が順序よく表現され

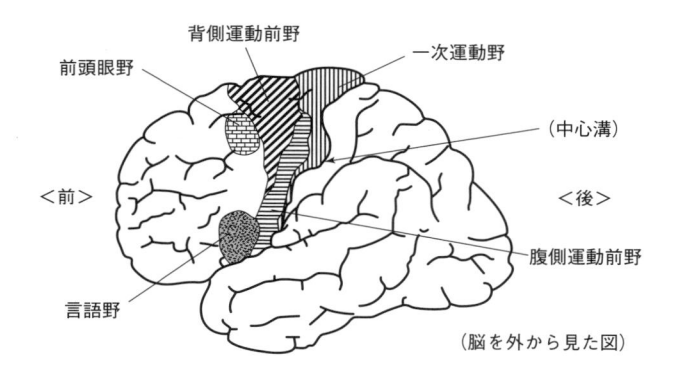

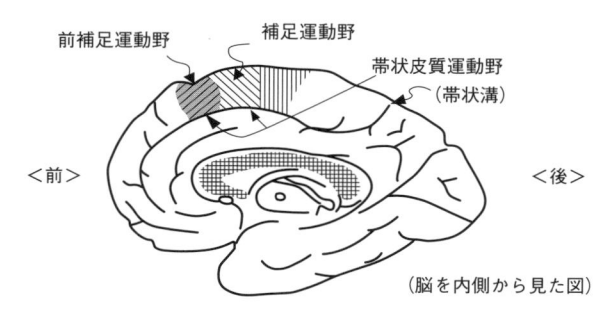

図 3-14 ヒトの大脳皮質運動関連領野
(丹治順『脳と運動』2009, 共立出版 36) より引用)

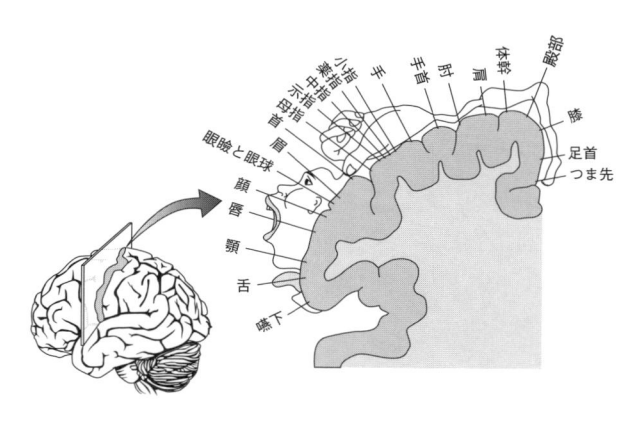

図 3-15 大脳皮質一次運動野における体部位再現
微小電気刺激によって運動が誘発される体部位。実際の体部位と同じように順序よく並んでいる (Bear, M.F. et al., Neuroscience Exploring the Brain. 2007 3) より一部改変)

ていることがわかる。このことを"MIには体部位再現（somatotopy）がある"という（図3-15）。MIに再現される体部位の大きさは実際の体部位の大きさとは異なる。MIでは顔および手が相対的に広く再現されている。これはなぜだろうか？

ヒトは他の動物に比べて非常に表情豊かである。また高度な言語活動を行う。この喜怒哀楽に応じた表情を作り出し，発話のための正確な舌や口唇の動きに関わるのは，前頭筋，口輪筋や眼輪筋などの表情筋と呼ばれる筋群であり，これら小さな筋群の収縮のタイミングや張力を精密に制御することで実現される。表情筋は一個の運動細胞が支配する筋細胞数が少ない（神経筋支配比が小さい）ので多数の運動細胞，ひいてはそこに出力を送る MI の神経細胞も多く必要となるため，顔の運動に関わる MI の面積は広くなっている。また，ヒトは手（指）で対象物を操作する能力にきわめて優れている。これら手に関わる運動は先の表情筋と同じで，多数の指の筋を精密に制御しなければならない。したがって，指の筋も神経筋支配比が小さく，それに関わる中枢の細胞がより多く必要となるのである。

(3) 運動前野 (PM)

MI の前方に広がる部位。脊髄への投射細胞は MI に比べると少なく，運動の最終出力路としての役割は小さい。動物を用いた破壊実験による知見もそれを示している。モルとカイパース（Moll and Kuypers）18) はサルの運動前野（実際には周辺の補足運動野や前頭前野の一部も含む）を切除し，その運動に対する影響を調べた（図3-16）。周囲に穴を開けた透明のプラスチックの板の下にエサを置き，試行ごとに穴の位置を変えてエサを取らせると，正常な

サルでは穴から手を入れ板を迂回してエサを取ることができる。一次運動野を一部損傷したサルでも運動はぎこちなくなるが迂回してエサを取ることはできる（図3-16a）。しかし運動前野を切除したサルは直接エサに手を伸ばし，何度も板に手をぶつけて結局エサを取ることができない（図3-16b）。この観察からわかることは，運動前野は手を動かすという実行の側面への直接的な関与は少ないが，運動をどのように行うか，すなわち運動計画への関与が強いことを示唆している。また，視覚情報の入力が多いことを反映して，記憶情報に基づいた運動ではなく視覚刺激の指示に従って行う運動で活動が上昇するニューロンが多い。なお，この領野の腹側部には自己の運動に関係するだけでなく，他者の運動を観察するときにも活動を増加させる「ミラーニューロン」が発見されている。

図3-16 運動前野の破壊症状
(小澤瀞司・福田康一郎『標準生理学』2009，医学書院[25]より引用)

（4）補足運動野 (SMA)・前補足運動野 (preSMA)

MI前方の運動前野の内側にあり，大部分は大脳半球の内側面に位置する。脊髄など下位運動中枢への投射が比較的少ないことから「補足的」な働きをする運動野ということでこのような名称が付いたが，近年のめざましい研究の成果から，その働きが「補足的」ではないことが明らかとなっている。MI，PMそしてSMAの三つの運動関連領野は隣接しているが，虫明らは同じ到達運動を視覚指示もしくは記憶情報に基づいて行う課題をサルに学習させ，三者の機能的な違いを見事に示した（図3-17）。彼らは，サルに二つのモードでのキー押し課題を学習させた。一つは順次点灯するLEDを追いかけるように三つのキーを連続で押す，視覚刺激に誘導されるキー押し課題（図3-17上段）。もう一つは，押すべきキーの順序を覚えさせるために視覚誘導性に6～12回連続で同じ順序の運動を行い，その後視覚刺激に頼ることなく覚えた順序のキー押しを実行するモードである（図3-17下段）。MIのニューロンは，運動をどのような手がかりに基づいて行うかには依存せず，運動そのものが同じであれば常に活動を増大させ，筋を駆動するための出力信号としての性質によく合うものが

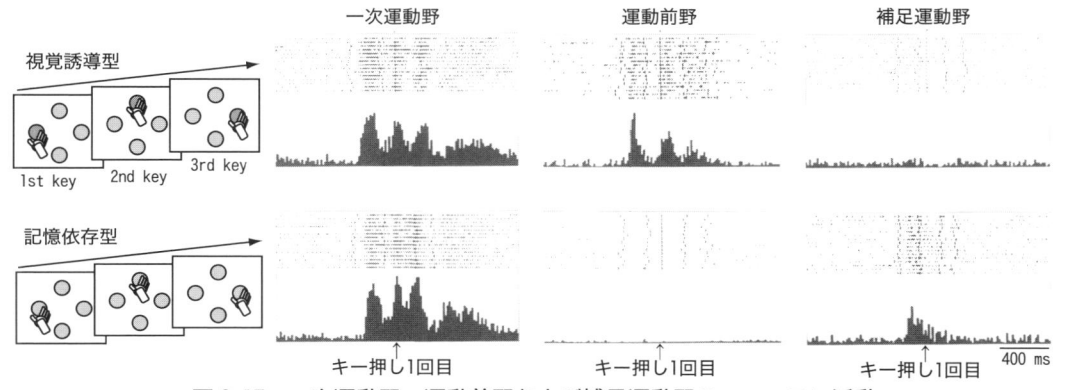

図3-17 一次運動野，運動前野および補足運動野のニューロン活動
視覚誘導型（上段）と記憶依存型（下段）運動における3領域のニューロン活動（Kandel, E.R. et al., Principles of Neural Science. 2000 [10]より一部改変）

多かった．それに対してPMおよびSMAのニューロンは非常に特徴的な活動を示した．PMニューロンは視覚刺激にしたがって行う運動でよく活動し，SMAは記憶情報を使って運動するときに活動が増大した．したがって，PMは外的な手がかり情報，SMAは記憶などの内的な情報を使って行う運動への関与が強いことが示唆されている[21]．

さらに，SMAの前方にはpreSMAが存在する．preSMAは動作の認知的構成，動作手順の新たな学習，動作の要求変化などでそれぞれ特に活動の高まりが著しい傾向が報告されている．神経線維連絡はSMAでは脊髄やMIに多いのに対して，preSMAではMIより前頭連合野と強い．このことは，SMAが運動発現により直接的な役割を担うのに対して，preSMAは直接的に運動発現に関わるというより，むしろ運動を行うための企画，感覚情報処理や統合を行っていることを示唆している．これらのことから，preSMAは運動の構成・学習・更新などの機能を担うと考えられている．

(5) 帯状皮質運動野 (CMA)

帯状溝の上壁から下壁にまたがった位置に存在する．ここは情動や内的欲求の発現などに重要な役割を果たす帯状回や海馬周辺皮質などの大脳辺縁系から豊富な入力を受け，その出力はMIをはじめとする他の運動関連領野や脊髄に向かう．したがって辺縁系からの情報，すなわち身体の内部状態に関する情報を統合し，個体が必要とする運動や行動の情報を他の運動系に出力する役割があると考えられる[36]．嶋と丹治はこの仮説を検証する実験を行った．サルにAとBの2種類の運動のいずれかをLEDの点灯を合図に行うよう訓練し，どちらの運動を選択するかはサル自身に行わせた．報酬が得られる運動はあらかじめ決まっており（たとえばA），その運動を選び続けると毎回報酬のジュースを得るが，4から12回同じ運動で報酬を得ると，次の試行から次第に報酬の量が減る．サルは報酬量が減少したのを機に次試行で別の運動（B）を選択することが要求され，Bを選ぶと報酬も元の量に戻るので今度はBを選び続ける．すなわち，サルは報酬量が減るという好ましくない状況に直面したら行動を変えるということを繰り返すことになる．このときCMAニューロンはどう振る舞うであろうか．図3-18上段に示すように，サルは報酬量の変化に基づき，自分の意志で行動を切替えることを繰り返している．(a)のニューロンは，「押す」行動の報酬が減ったので次試行で行動を「回す」に変えようという期間に持続的に放電量が増えている．(b)のニューロンも同様に切替えた行動の開始

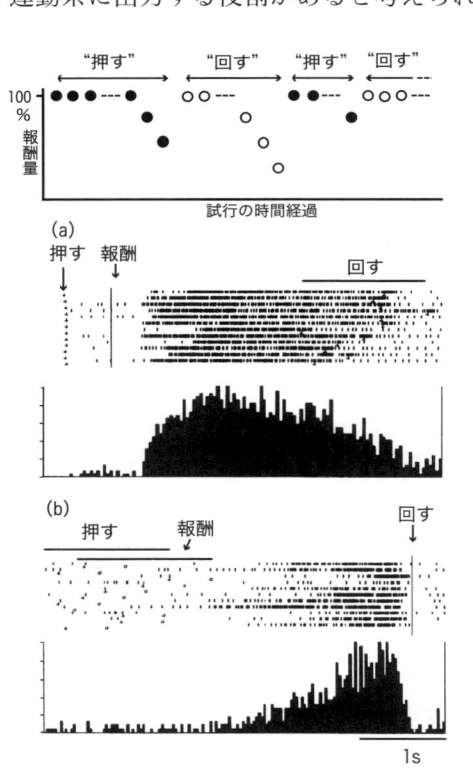

図3-18 報酬情報に基づいて行動を切替えるときに活動する帯状皮質運動野のニューロン
(Shima, K. and Tanji, J., 1998, Science 282 [33]) を一部改変）

に向かって次第に活動が上昇している。このように，CMA のニューロンの中には報酬の減少という情報を受容してから次の動作を選択するまでの間に活動を増加させるものが多く存在する。このタイプのニューロン活動は特に CMA の前方に多い。これらの観察から CMA の重要な機能の一つとして，報酬の価値判断（内的欲求）に基づいた行動の選択過程に関与することが示唆されている[33]。

3 末梢神経系

　末梢神経系は脳に出入りする 12 対の脳神経，脊髄に出入りする 31 対の脊髄神経から成る。このうち，感覚情報の受容や運動の調節に関わるものを体性神経系，内臓機能の調節や生体の恒常性維持に関与するものを自律神経系と呼ぶ。末梢神経は脳・脊髄（中枢神経）への入出力を担っている。体性神経系については感覚と運動の項において述べるので，ここでは自律神経系について解説する。

　生命体にとって循環，呼吸，消化，代謝，分泌，体温維持，排泄および生殖などは，最も基本的でかつ生存のために必要不可欠な機能である。これらは自律機能と呼ばれ，私たちの意識的随意的な制御を受けず，身体内部や外界の変化に応じて自動的に調節されている（恒常性の維持）。前述の運動神経および感覚神経（両者は体性神経と呼ばれる）が意識的随意的な制御を受けるのとは対照的である。

　内臓は交感神経と副交感神経と呼ばれる 2 種の自律神経によって支配されている（二重神経支配，一部例外あり）（図 3-19）。また，交感神経と副交感神経は通常は各臓器に対して互いに逆の作用を及ぼし（亢進と抑制），これは拮抗支配と呼ばれる。また，前述のように自律神経は意志の支配を受けず不随意に働く（自律性支配）。交感神経の起始ニューロンは胸髄および腰髄にある。交感神経は脊髄を出るとすぐに交感神経幹に入り，各臓器に向かうニューロンとシナプス結合する。交感神経幹は交感神経の自律神経節であり，中枢神経から自律神経節までのニューロンは節前ニューロン，その後臓器まで伸びるニューロンは節後ニューロンという（図 3-19 左）。一方，副交感神経は脳幹と仙髄に起始ニューロンが存在し，多くの場合，中枢神経を出たあと標的の臓器まで軸索が伸び，臓器内で節後ニューロンにシナプス結合する。つまり標的臓器内あるいはその近傍に自律神経節が存在する（図 3-19 右）。

　表 3-3 に交感神経および副交感神経の各臓器に対する作用を一部示す。基本的に交感神経系が亢進するとエネルギーの利用が促進され，また心拍や呼吸が増大し高い運動負荷に適応する方向に調節される。精神的興奮や不安などでも交感神経系は亢進する。試合前に心拍数が増加したり，発汗したりするのはこの影響である。それに対して副交感神経の作用は生体をエネルギー蓄積の方向に向かわせ安静状態を作り出す。したがって，交感神経と副交感神経のバランスが適切に保たれることが，生体が環境の変化に対して動的に適応する上で重要となる。いわゆる自律神経失調症はそのバランスが崩れた状態である。めまい，冷や汗，ふるえ，頻脈などの症状を伴い，時にはうつやパニック障害と診断される場合がある。

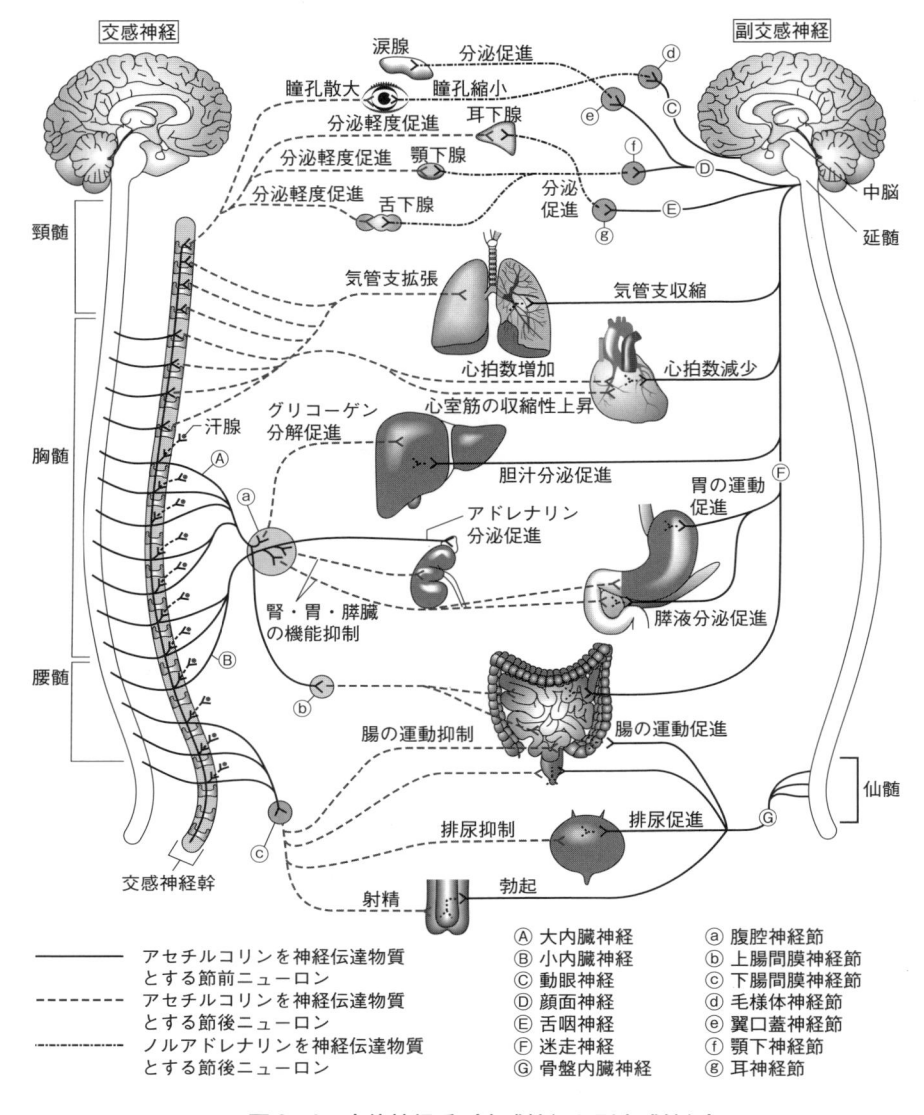

図 3-19　自律神経系（交感神経と副交感神経）
（坂井建夫・岡田隆夫『解剖生理学－人体の構造と機能 [1]』2009，医学書院[31] より引用）

表 3-3　自律神経の作用

効果器	交感神経	副交感神経
瞳孔	散瞳	縮瞳
汗腺	分泌増加	（－）
立毛筋	収縮（鳥肌）	（－）
心臓	心拍数，心収縮力増加	心拍数減少
唾液腺	分泌やや増加	分泌増加
消化管運動	低下	亢進
肝臓	グリコーゲン分解	グリコーゲン合成
血管（骨格筋）	弛緩	（－）
血管（頭部・生殖器）	収縮	弛緩

4 感覚情報の受容と処理

　生体が時々刻々と変化する外部環境に適応し，内部環境の恒常性を維持したり状況に応じた適切な行動を起こしたりするには，生体内外の情報を的確に検出することが重要であり，感覚受容器がその役目を負う。ここでは，感覚受容器の刺激検出と情報の符号化について学び，生体機能の精巧で巧みなつくり，神秘さを感じてもらいたい。なお本書では，化学感覚（味覚・嗅覚）については割愛するので，他の専門書等を参考にしてもらいたい。

[1] 感覚系の特徴

　光や音など生体の周りに存在するさまざまな刺激を検出するために特化した器官を感覚受容器と呼ぶ。たとえば光は網膜，音は内耳のコルチ器で受容される。目，耳，鼻，口，これらは頭部特殊器官と呼ばれ，これらの器官で受容される感覚を特殊感覚という。一方，体表面の皮膚感覚や痛覚，温度感覚あるいは筋や骨の深部感覚は全身の皮下，深部組織に存在する感覚受容器で検出され，体性感覚と呼ばれる。いずれの感覚にも共通な特徴を以下に列挙する。

　受容器：どの感覚にも，特定の刺激を検出するための受容器が存在する。

　受容野：感覚受容器細胞をはじめとする感覚系神経細胞が受け持つ情報処理範囲のこと。たとえば皮膚受容器は受容器直上の皮膚受容野に加わる刺激を検出するが，離れた場所に加えられた刺激は検出できない。受容野の大きさは受容器細胞の種類，大きさなどで異なる。

　投射の法則：受容器から大脳皮質までの神経線維のどこを刺激しても，意識される感覚は受容器のある場所に生じる。右手中指に受容野を持つ感覚受容器細胞の神経線維を上腕付近で刺激すると，上腕に感覚が生じるのではなく，右手中指に刺激が加わったように感じる。感覚伝導路のどこを刺激したとしても，行き着く大脳皮質の場所（投射する部位）は同じであることによる。

　ウェーバー(Weber)の法則：識別可能な感覚強度の差は，基準となる感覚強度に依存する。すなわち，

　　　$\Delta S / S = C$（一定値）　ΔS：差閾，S：基準感覚強度

の関係がどの感覚でも成り立つ。今，被験者が目隠しをされて手の平に30gのおもりを載せている。実験者は被験者に気づかれぬよう0.5gのおもりをそっと加えていく。被験者はどの重さになったときに「あ，重くなった！」と気づくであろうか？　この場合1g重くなると被験者はその違いに気づく。この結果から，「ヒトは1gの重さの違いを検出できる」と結論づけてよいだろうか？
では次に，最初に被験者が90gのおもりを持っている場合はどうなるか，上記の式を参考に考えてほしい。検出できる重さの差分と基準となる重さの比は1/30（これが重量感覚のWeber比）になるので，90gのおもりを持っている場合は93g

表3-4　Weber比

感覚種	Weber比
触覚	1〜2%
視覚（明るさ）	2〜3%
圧覚	3%
痛覚	7%
聴覚（強さ）	10%
味覚（塩味）	5〜15%
嗅覚	20〜40%

（小澤瀞司・福田康一郎『標準生理学』2009，医学書院[25]　より）

になってはじめて被験者は重量増加に気づくのである。Weber 比は感覚種によって異なっている（表 3-4）。差閾が小さいことは弁別能がよいことを意味する。

順応：同じ刺激が一定時間続くと，意識にのぼる感覚は次第に弱まり，刺激として感じなくなる。自分の体臭や部屋のにおいに気づかないのはよい例である。例外は痛みで，痛覚は順応しない（「痛みの受容」47 頁を参照）。

[2] 視覚

光の受容器細胞は網膜の錐体と杆体と呼ばれる 2 種の視細胞である（図 3-20）。視細胞の外節には視物質が含まれる。杆体の視物質はロドプシンであり，これに光が当たると構造変化が起こる。それに引き続き，細胞内情報伝達系が活性化され，最終的に細胞膜上の cGMP 依存型ナトリウムチャネルが閉じることになり，結果として視細胞は光があたると過分極応答を示すことになる。視細胞からの情報は双極細胞，網膜神経節細胞を介し視神経を通じて大脳皮質へ伝達される。水平細胞およびアマクリン細胞は抑制性であり，網膜内の情報処理において修飾的役割を果たす。

錐体：明所視に関わり，そのほとんどは網膜の中心窩に存在する。錐体視物質には吸光度が異なる 3 種類があり，それぞれを持つ錐体は赤錐体，緑錐体，青錐体と呼ばれる。赤錐体は 560nm の波長の光に対して最も感度がよい。吸光度の異なる 3 種の錐体があることの利点は，各錐体の応答の大きさから色を表現できることである（赤，緑，青の組み合わせで多数の色を表現，三原色説）。

杆体：網膜周辺部に多く暗所視に関わる。非常に感度がよいので明所ではすぐに飽和してしまう。私たちが暗い中でもある程度視力が保たれるのは杆体が働いているためである。杆体視物質はロドプシン一種類だけであり色の識別はできない。

明順応と暗順応：日中に映画を観た後外に出ると，最初は眩しく感じるが徐々に慣れてくる。逆に夜，突然停電したりすると最初はまったく何も見えないが，しばらくすると少しずつ見えるようになってくる。これはそれぞれ明順応，暗順応と呼ばれる現象で，視物質の合成，分解で説明できる。すなわち，暗闇では視物質の分解より合成のほうが勝り大量の視物質が視細胞内に存在している（感度が高くなっている）。この状態で明るい場所に出ると，わずかな光であっても視細胞に大きな電位変化をもたらすため，眩しいと感

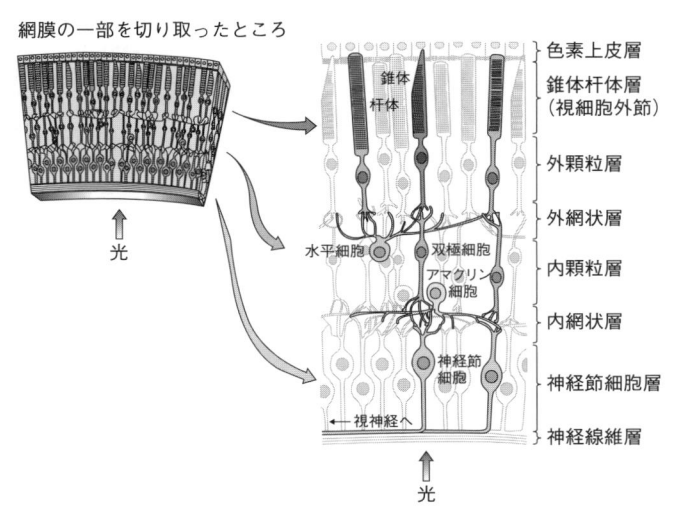

図 3-20　網膜の層構造と神経回路

(Purves, D. et al., Neuroscience. 2008 [28] より一部改変)

じる。しばらくすると視物質の分解スピードが合成を上回り，適度な感度に落ち着いてくる。これが明順応である。暗順応の場合はこれと逆である。

中心窩：網膜中心付近にはややくぼんだ場所がある（図3-21）。ここは中心窩と呼ばれ錐体のみ存在し，網膜の中で最も解像度が高い場所である。その理由は，錐体によって色を表現できることが一つ。また図3-21からわかるように，双極細胞や神経節細胞が傾いているので内顆粒層および神経節細胞層がなく，眼に入ってきた光がこれらの層で吸収されず減衰することなく視細胞に届くことがあげられる。さらに中心窩の錐体は細胞体が小さく受容野が小さいことも空間解像度の高い視覚情報処理を可能にしている。私たちの眼は今読んでいる文字，会話の相手の顔など，興味を持って見ているものの映像が中心窩に結像するようになっている。

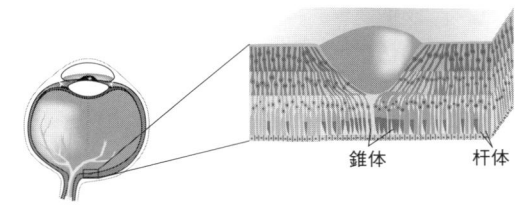

図 3-21　網膜中心窩の構造
(Bear, M.F. et al., Neuroscience Exploring the Brain. 2007 [3]) より一部改変)

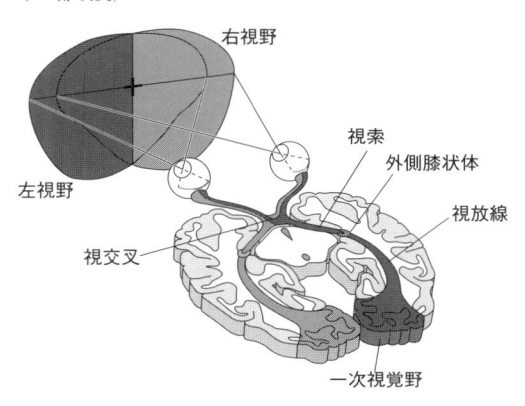

図 3-22　視覚伝導路
右視野は左脳，左視野は右脳の外側膝状体から一次視覚野に入力する（Bear, M.F. et al., Neuroscience Exploring the Brain. 2007 [3]) より一部改変)

視覚伝導路：網膜で受容された視覚情報は，神経節細胞の軸索（視神経）を通り視床の外側膝状体に送られる。その途中の視交叉では右視野と左視野の情報が分離され，それぞれ左脳および右脳の外側膝状体に入力したのち，視放線を通り大脳一次視覚野（17野）へ入力する（図3-22）。

[3] 聴覚

聴覚系の目的の一つは音信号を検出することである。特にどのような周波数成分の音が含まれているかを知ることが重要となる。また，音がどこから聞こえたかを知ること（音源定位）もコミュニケーションやサバイバルに重要な意味を持つ。可聴域は生物種によって異なるが，ヒトは20Hzから20kHzの範囲の音を聞くことができ，会話で使われる数100Hzから4kHz程度の音に対して最も感度が高い。

聴覚器の構造：音は空気の振動である。その振動数の違いと強度により音色が決まる。音波は外耳道を通って鼓膜を振動させる。鼓膜の振動は生体で最も小さな骨である3個の耳小骨を介して蝸牛の入り口である卵円窓に伝わる（図3-23a）。この鼓膜から卵円窓までの中耳の役割は何であろうか。聴覚受容器のコルチ器は蝸牛内の基底膜上にあり，振動情報が蝸牛内のリンパに伝わると基底膜が振動し，コルチ器を構成する聴覚の有毛細胞が刺激を受容する（図3-23b）。つまり空気の振動によって蝸牛内のリンパ（液体）を振動させる必要がある。ここで問題なのは液体の振動抵抗が高いことである。したがって，空気の振動そのまま

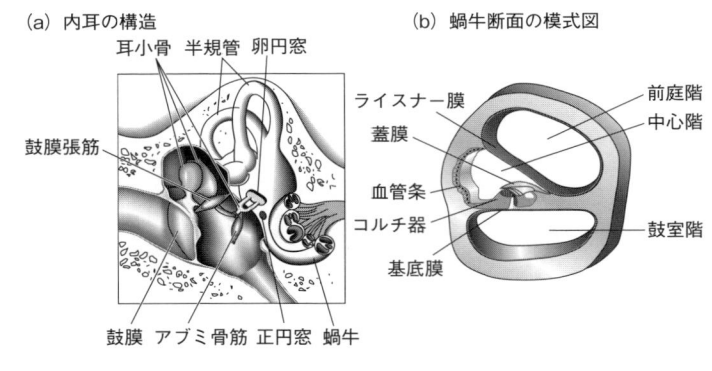

(a) 内耳の構造　　　(b) 蝸牛断面の模式図

図 3-23　中内耳の構造
(Bear, M.F. et al., Neuroscience Exploring the Brain. 2007 [3] より一部改変)

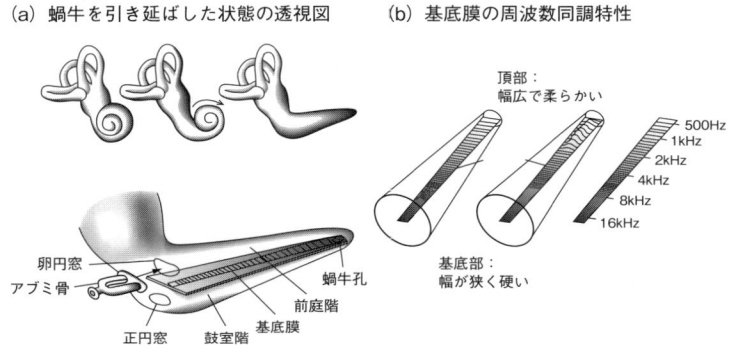

(a) 蝸牛を引き延ばした状態の透視図　(b) 基底膜の周波数同調特性

図 3-24　基底膜の振動特性
(Bear, M.F. et al., Neuroscience Exploring the Brain. 2007 [3] より一部改変)

では十分にリンパを振動させることができない。中耳の重要な役割は音波を増幅することである。三つの耳小骨は直列につながっており，てこの原理で音波を約1.3倍増幅する。さらに鼓膜と卵円窓の面積比がおよそ 17：1 なので，音波が中耳を通るだけで約22倍(1.3×17)に増幅されるのである。

周波数弁別のしくみ：増幅された音波は卵円窓を介して蝸牛内のリンパを振動させる。図 3-23b のように蝸牛は3室に分かれており，音の振動エネルギーは卵円窓に接する前庭階のリンパを進み，蝸牛頂部にある蝸牛孔から鼓室階へ，そして正円窓から散逸する。したがって，蝸牛内に音波が伝わると鼓室階と中心階を仕切る基底膜も振動することになる。図 3-24 は渦状の蝸牛を引き延ばした模式図であり，基底膜の形態的特徴を示している。基底膜は卵円窓側に近い基底部では幅が狭く硬いが，頂部にかけて次第に幅が広くなり柔らかくなっている（図 3-24b）。硬い場所は振動エネルギーによって変位してもすぐに元に戻ってしまうため高い周波数の振動に同調しやすい。柔らかい部分は高い周波数の振動に対して追従が悪くなってしまうので低い振動数に同調する。したがって，基底膜は場所によって振動特性が異なっている。その結果，基底膜上では振動が最大振幅を示す周波数が場所によって異なり，音波の周波数の違いが基底膜上の場所の情報に置き換わることになる（図 3-24b 右）。これが周波数弁別の基本的なしくみである。

受容器電位発生のしくみ：聴覚の受容器細胞は感覚毛を持つ有毛細胞である。感覚毛は中心階のリンパ（内リンパ液）と接している。基底膜が振動して持ち上がると，図 3-25a のように感覚毛が蓋膜に接し長い感覚毛の方向に傾く（図では右方向）。逆に基底膜が下向きに振れたときは蓋膜からの圧が減るので感覚毛は直立位もしくは短い感覚毛のほうへ傾くことになる（図 3-25b, c）。感覚毛には機械的な刺激によって開閉が調節される陽イオンチャネルがあり，そのゲートはティップリンク（tip link）によって隣の感覚毛の受容器ゲートと繋がっている（図 3-25d）。したがって，感覚毛が図 3-25a のように傾くとチャネルが開き K^+ が細

胞内に流入し脱分極（内リンパ液はK⁺濃度が非常に高くなっている）することで神経伝達物質が放出される。

聴覚伝導路：基底膜上の有毛細胞にシナプス接続する蝸牛神経節細胞は，他方の軸索を脳幹の蝸牛神経核に伸ばす。蝸牛神経核からは両側の上オリーブ核に投射があるので，ここで初めて両側の情報が統合される。その後下丘へ入り，ここでは視覚など他の感覚情報とのすりあわせが行われる。側頭葉に位置する大脳皮質聴覚野には視床の内側膝状体を介して入力する。

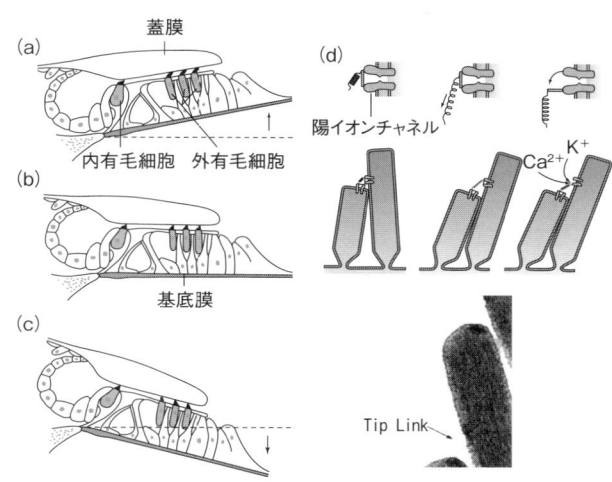

図 3-25 基底膜の振動と受容器電位の発生
(Kandel, E.R. et al., Principles of Neural Science. 2000 [10] より一部改変)

音源定位：両側の耳から情報が入ることでどのような聴覚情報処理が可能となるであろうか。私たちは音を聞いたとき，その方向まで知ることができる。音源の位置を知ること（音源定位）は危険回避や捕食など生存面だけでなく，コミュニケーションにとってもきわめて重要である。耳は左右に一つずつある。音源が右にある場合を考えよう。当然音は右耳に先に到着し，やや遅れて左耳に到達する。この時間差は音源の左右方向の位置によって変わる。たとえばヒトの場合音源が正面から右45度の位置にある場合，時間差はおよそ0.3ミリ秒である。この時間差のことを両耳間時間差（interaural time difference: ITD）という。前述のように上オリーブ核には両耳からの情報が収束するので，ITDを検出することに適した場所になっている。実際，内側上オリーブ核にはITDの大きさに応じて放電頻度を変えるニューロンがあることが確認されている[9]。しかし頭部の小さな齧歯類などではITDの値が小さくなってしまうので，音源定位の手がかりとして十分ではない。音圧を考えてみよう。右からの音は右耳には直接入るが，左耳には頭部によって減衰した後に入ることになる。すなわち両耳間に音圧差が生じる（interaural level difference: ILD）。ILDの大きさに応じて放電頻度を変えるニューロンは外側上オリーブ核で見つかっている。したがってITDおよびILDに基づいた音源定位の少なくとも初期の過程は上オリーブ核から始まる。

[4] 前庭感覚

前庭感覚とは内耳の前庭器官で感じる感覚のことで，一般的には平衡感覚と呼ばれる。他の感覚の多くが主に外界の情報を得るためのしくみであるのに対し，この前庭感覚は自己の状態を知るための感覚である。前庭器官で検出する情報は頭部の回転運動を知るための角加速度および頭部の直線運動と傾きを知るための直線加速度である。角加速度は半規管，直線加速度は卵形嚢と球形嚢からなる耳石器が検出する（図3-26）。

半規管：頭部の回転運動，すなわち角加速度を検出する器官である。各半規管には膨大部

(a) 頭部の動きとリンパの流れ
(b), (c) 直線加速度による耳石膜のたわみ
(d) 耳石器における有毛細胞の極性

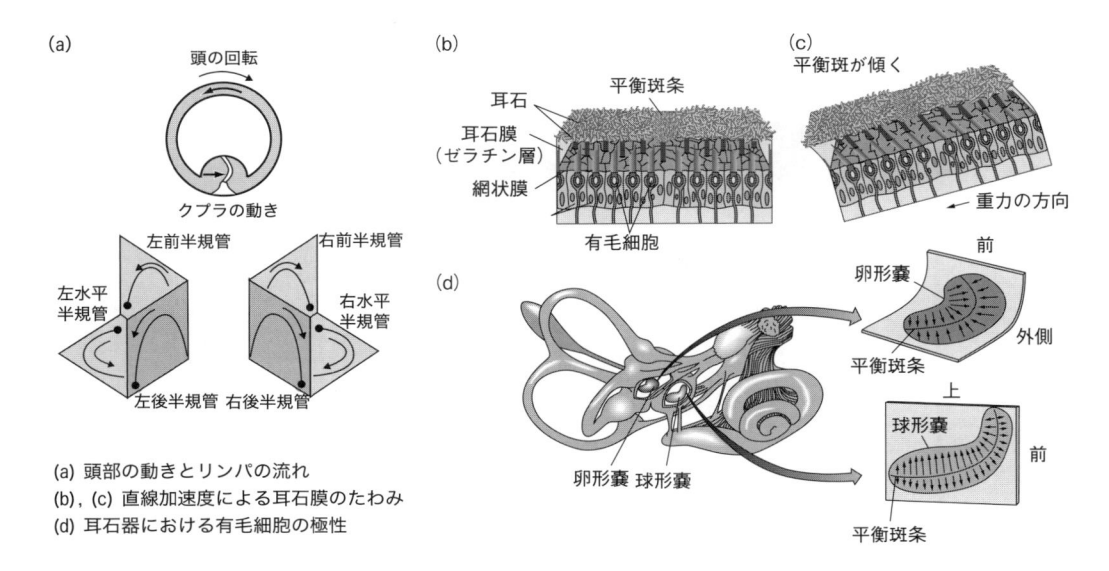

図 3-26　内耳の構造
（小澤瀞司・福田康一郎『標準生理学』2009, 医学書院 [25], および Purves, D. et al., Neuroscience. 2008 [28] より一部改変）

と呼ばれる膨らみがある。この中に前庭感覚の受容器細胞である有毛細胞がある。有毛細胞の感覚毛は半規管内に出ており，ゼリー様のクプラに覆われている。半規管はリンパで満たされ，頭部が回転すると相対的に逆向きのリンパの流れが生じる（図3-26a）。有毛細胞はこのリンパの流れをクプラのおかげで"線"ではなく"面"で効率よく受けることができる。聴覚の有毛細胞と同様に，前庭感覚の有毛細胞も感覚毛は長さの順に並んでおり，膨大部ではすべての有毛細胞が同じ向きで並んでいる。したがってリンパが感覚毛の長い方向に流れたときに半規管からは前庭神経を介して中枢に興奮性の信号が伝わる。

　耳石器：車やエレベーターで感じる移動の感覚は直線加速度を受容することで生じる。直線加速度は卵形嚢と球形嚢からなる耳石器で検出される。耳石器の中にある平衡斑の上に有毛細胞が並んでおり，感覚毛はゼラチン様の耳石膜で覆われている。さらにその上部には多量の炭酸カルシウムの結晶を含む耳石が載っている（図3-26b）。したがって，直線加速度が加わったり頭部が傾いたときに，耳石の慣性や重力による耳石の重さによって耳石膜が網状膜との接点を支点としてたわむ（図3-26c）。その結果感覚毛が傾き，有毛細胞が受容器電位を発生させる。耳石器では平衡斑条を境に有毛細胞の極性が逆転するので，卵形嚢と球形嚢の応答は水平，垂直あらゆる方向の加速度を検出することが可能である（図3-26d）。

[5] 体性感覚

　体性感覚は皮下に存在する特殊な構造をした皮膚受容器がさまざまな外界の刺激を受容することで生じる触覚，圧覚，温度覚，痛覚などの皮膚感覚と，筋紡錘や腱器官（脊髄反射の項参照），関節の受容器などの深部受容器による感覚をさす。バット，ラケット，ボールなどの道具を扱う際には触覚が生じ，走る，跳ぶ，投げるなどの身体運動を行っている際には深部感覚も生じている。これらの情報を大脳で処理・統合し，フィードバック（ある回路系

の出力を入力として再び系に戻す調節機構）することにより，われわれは力を調節し，合目的的な動作を行うことができる．実際に，感覚神経を切断されたヒトでは，皮膚や筋からの感覚入力に基づく反射が欠如するため，正常なら行われる予期せぬ負荷の変動に対する自動的な調整ができない．見えない小さなエラーが積もって元の運動プログラムを乱し，運動が止まってしまう．体性感覚フィードバックは，定常の出力を維持すること，負荷の変動に対処すること，運動遂行時のエラーを検出して正すために使われる．このように体性感覚は正確な運動の実行に必要不可欠な感覚といえる．ここでは圧覚・触覚・痛覚について触れ，深部感覚については脊髄反射の項で扱う．

皮膚受容器：全身の体表面皮下には皮膚受容器と呼ばれる数種類の受容器が多数分布している（図3-27および表3-5）．

触覚・圧覚：表3-5に示す4種類の受容器が触覚・圧覚の主要な受容器である．パチニ小体とマイスナー小体は刺激に対する応答は一過性であり，長く刺激が続いてもすぐに順応してしまう．特にパチニ小体は順応が速いので，触知覚に最も寄与する受容器といえる．一方，メルケル盤およびルフィニ終末は順応が遅く，刺激が続く間放電を増加させる．したがって，これらは触知覚とともに持続的な圧覚に関与する受容器である．皮膚受容器の密度は体部位によって異なる．ヒトは手を使い対象物を器用に操作する．そのためには対象物表面のきめの細かさや固さなどの情報を得て，どの筋にどの程度の力が必要か計算する必要がある．そのため指先からの感覚情報は重要であり，受容器密度を高くすることで空間解像度の高い情報処理が可能となっている．また顔面や口唇部も受容器密度が高い．ヒトは喜怒哀楽に基づくきわめて多様な表情を持っている．また言語活動も行う．どちらも顔面や舌の筋活動の精緻な制御（筋活動の適切な順序と張力）が必要であり，そのためには正確な感覚信号のフィードバックが重要となる．そのため顔面には多くの皮膚受容器が存在する．

振動感覚：順応の速いパチニ小体やマイスナー小体は単なる触覚に関与するだけでなく，振動感覚の受容にも重要な役割を果たす．パチニ小体およびマイスナー小体は200〜300Hz，10〜50Hzの振動刺激に対してそれぞれ最も閾値が低くなる（感度が高い）．振動感覚を受容することは体性感覚情報処理においてどのような意味を持つのだろうか？　濡れたグラスや陶器の湯飲みを持つとき，私たちはその表面の摩擦を敏感に感じ取り対象物に応じた適切な力で把握運動を行う．対象物の面のなめらかさ，これはすなわち表面の突起

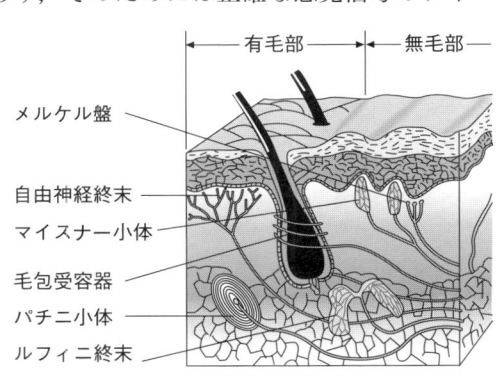

図3-27　皮膚受容器
皮下に存在する受容器群（小澤瀞司・福田康一郎『標準生理学』2009，医学書院[25]より引用）

表3-5　主な皮膚受容器の性質と種類

	順応	場所	受容野	機能
パチニ小体	非常に速い	真皮深部	大きい	皮膚変位の加速度
マイスナー小体	速い	真皮浅部（真皮乳頭）	小さい	皮膚変位の速さ
メルケル盤	遅い	真皮層	大きい	皮膚変位の大きさ
ルフィニ終末	遅い	真皮層	小さい	皮膚変位の大きさ

物の大きさや密度が大きく関係する。一個の皮膚受容器を考えると，指先で対象物をなぞるとその速度に応じてある頻度で突起物が受容器を刺激することになる。この振動数の違いが対象物のきめの細かさとして知覚されるのである。洋服や下着の「肌触り」の感触も，これら順応の速い受容器が振動数に対して選択性を持つことで生じるのである。

体性感覚の伝導路：体性感覚伝導路は，大きく四つに分類される。マイスナー小体やメルケル盤などの触覚・圧覚の受容器からの情報は太い（すなわち伝導速度が速い）感覚神経によって伝達される。これらの線維は脊髄後角に入った後，シナプスを作らずそのまま延髄まで上行しそこで反対側へ移り，脳幹から視床後外腹側核（VPL）を経て大脳皮質一次体性感覚野（SI）を中心に二次体性感覚野（SII）や連合野に投射する（後索-内側毛帯路）。温度や侵害刺激を受容する自由神経終末由来の神経線維の多くは，後角に入りシナプス接続するとただちに反対側へ投射し，視床VPLや髄板内核を経由してSIや連合野へ投射する（脊髄視床路）。それらの一部は後角入力後ただちに交差した後，延髄および橋網様体，視床髄板内核群を経由しSIや前帯状皮質へ向かうものもある（脊髄網様体視床路）。また，肌触りのよい服や下着に心地よさを感じたり，痛みに対して不快な感情を持つなど体性感覚は情動とも関連が深い。中脳網様体や中脳水道灰白質に終止する経路は最終的に扁桃体にも投射するので，このような体性感覚の情動的側面に関与すると考えられている（脊髄中脳路）。

大脳皮質一次体性感覚野：体性感覚情報が最初に入力する皮質領域が一次体性感覚野（primary somatosensory area: SI（エスワン））である。ヒトでは中心後回と呼ばれる部分に相当し，ブロードマンの3，1および2野である。中心前回の一次運動野と接している。全身の受容器からの入力は混在するのではなく，体部位ごとに順序よくSIに投射する。これを体部位局在（somatotopy）という。その様子は一次運動野の体部位再現と同様で，半球内側面に下肢，外側にかけて体幹，上肢，顔面という順序で再現されている（図3-28）[26]。また，手や顔が相対的に広く再現されることも一次運動野と同じであり，これらの身体部位からの感覚入力を受けるニューロンの数が多いことを示している。空間解像度の高い鋭敏な刺激検出力を実現するため感覚受容器密度が高い体部位は皮質表面に広く再現されているのである。

図3-29には，一次体性感覚野には3，1，2野が存在し，3野はさらに3a野と3b野に区分され，3a野には深部感覚情報が，3b野には皮膚感覚情報が主に投射する関係を示している。一次体性感覚野に送られた情報は階層的に処理されることがサルや非侵襲的なヒト

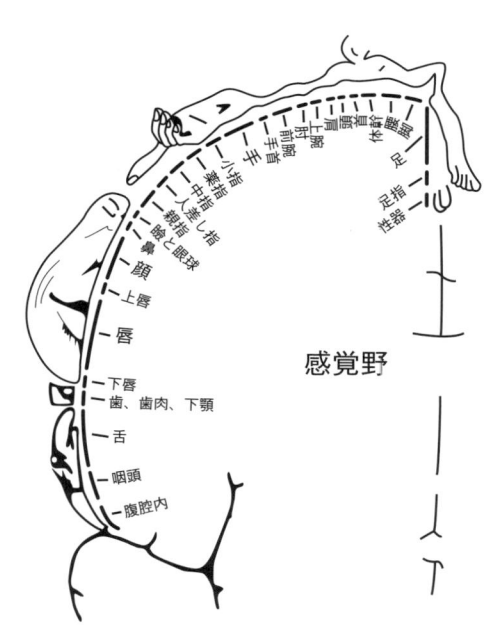

図3-28 ヒトにおける体部位再現地図
（Penfield, W. and Rasmussen, T., The Cerebral Cortex of Man. 1950, p.214 [26] より）

の研究から明らかにされている。岩村[8]は無麻酔サルの体性感覚野手指投射領域のさまざまな部位に電極を刺入し，対側手指の皮膚，関節，筋などを刺激し，各ニューロンがどのような刺激に最もよく応答するかを詳細に調べた。その結果，体性感覚野のうちで典型的な投射皮質である3b野と後方の連合的な性格を持つ1, 2野とを比べると，3b野の

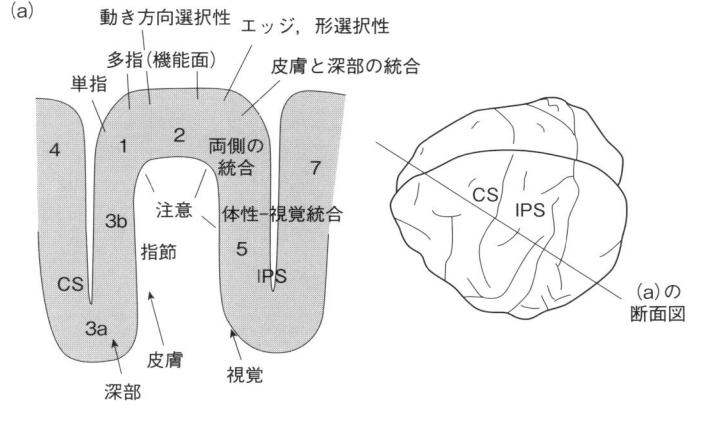

図 3-29 中心後回で行われる情報処理の内容と階層処理
CS: 中心溝, IPS: 頭頂間溝（岩村吉晃『タッチ』2001, 医学書院[8]より引用）

ニューロンは一般に受容野が小さく，ほとんどが一本の指の1分節内に限局しているのに対して，より後方の1野とさらに後方の2野では受容野がより大きく，複合的であることを報告している。このことから一次体性感覚野の中でも1, 2野と後方（5野, 7野）にゆくにつれ，より複雑な情報処理を行っていることがわかる。

さらに，一次体性感覚野より高次の機能を担っている二次体性感覚野は外側溝の上縁に沿って位置し，後方は頭頂弁蓋にかけて広がっている。二次体性感覚野の高次機能についてもサルやヒトの研究で明らかにされてきている。田岡ら[35]はサルの二次体性感覚野から単一神経活動記録を記録し，1,056個のニューロンの受容野を同定した。実にそのうちの64%が身体両側の皮膚上に受容野を持つニューロンであることを報告した。この二次体性感覚野の両側性ニューロンの数は，一次体性感覚野である2野の両側性ニューロンの数の2倍以上である。このことから，二次体性感覚野では一次体性感覚野よりもさらに身体両側の統合が進み，より高次の処理（触識別，物体認知，注意，学習）が行われていると推察される。このように体性感覚情報は中心後回からより後方に向かう経路（背側経路）と二次体性感覚野に向かう経路（腹側経路）とに分かれて双方で階層処理が行われていることがわかる[32]。

痛みの受容：「ガラスを踏んでしまった！」「指先をカッターで切ってしまった！」，そのときどんな痛みの感覚が生じたか思い出してほしい。おそらく受傷直後は"鋭い痛み"と形容される持続は短いが鋭敏な痛み（fast pain）があり，それに続いて持続する鈍い痛み（slow pain）を感じたであろう。この2種類の痛みの感覚はなぜ生じるのだろうか？ 痛みは自由神経終末によって受容されるが，その伝導にはAδおよびC線維の2種の感覚神経が関与している（表3-2）。Aδ線維は有髄であり伝導速度が速い。一方，C線維は無髄なので伝導速度が遅い。これが時間差を持って異なる2種の痛みを感じる一因である。

痛覚の受容器（侵害受容器）は機械的刺激や温度刺激によって活性化する。また組織の損傷部位では，ブラジキニン，プロスタグランジン，ヒスタミンなどの内因性発痛物質と呼ばれるペプチドなどが産生・放出される。これらの物質は侵害受容器の活性化や感受性を上げることに関与する。たとえば，捻挫をしてしばらくの間痛みが続くのは，これらの化学物質

の作用によるものである。痛覚過敏が起こり，時に受傷部位の周囲にまで痛みが広がる。しかしこの痛みがあるから安静にしようと努めるわけであり，これがケガの早期回復につながるのである。痛みはきわめて不快な感覚ではあるが，生存の危機の警告や防御システムとして不可欠なのである。「痛みのない生の不幸（The misery of life without pain）」といわれることがある。世の中には"不幸なことに"生まれながらにして痛覚を持たない人びとがいる。そのような人びとは多くの場合，若くして命を落とすことが多い。彼らは自らの行動の危険性に気づかず自分自身を痛めつけてしまうのである。危険を避けるよう幼いときから訓練を積んだとしても，実際に痛みを感じることができないと，危険な状況を予測したり避けたりすることが十分にできないのである。私たちは普通，就寝中に何度も寝返りをうつ。寝返りは，身体の一部に大きな負荷が掛かり床ずれを起こすのを防ぐ意味で重要なのである。しかし，無痛症の人びとは寝返りが少なく床ずれを起こしやすい上に，傷に痛みを感じないので傷へのケアがおろそかになりやすい。結果的に重大な感染症を起こす確率が高くなるのである。

　痛みは不快ではあるが，うまくコントロールしながら上手に付き合っていかねばならない。感覚系の特徴として「順応」をあげたが，痛覚は順応しない。発痛物質が末梢の侵害受容器を刺激し続ける間，受容器は興奮性の信号を中枢に送り続ける。しかし，痛みが軽減することは日常的に経験することである。これは順応ではなく，脳幹の青斑核や縫線核からノルアドレナリン，セロトニンが放出され，これが脊髄の投射ニューロンを抑制することが一因である。また，脳内麻薬とも呼ばれるエンドルフィン類，エンケファリン類，ダイノルフィン類がやはり脊髄での痛覚の伝達を抑制するので痛みが軽減するのである。モルヒネが強力な鎮痛剤として有効なのはそのためである。

5 運動の実行と調節

[1] 運動経路

❶皮質脊髄路

　皮質脊髄路は脊髄への下行路の中で随意運動の発現にとって最も重要な経路のひとつである。この経路は，一次運動野をはじめとする大脳皮質の運動関連各領野を起始部とする。運動系皮質には体部位再現があり，しかも手や顔といった微細な運動を行う体部位は広く再現されている。したがって皮質脊髄路はこのような体肢遠位部の微細な運動の制御に関わる線維が多くを占めている。図3-30に示すようにこの経路は延髄錐体を通り，大多数の線維は延髄と脊髄の接合面で反対側に交差する（錐体交差）。その後，外側皮質脊髄路を経て各線維の皮質起始部における再現体部位に応じて脊髄の異なるレベル（上肢領域起源であれば頸髄）に終止する。これが四肢の運動が反対側の大脳半球によって制御される解剖学的基盤となっている。一方，少数の線維は延髄で交差せず，前皮質脊髄路を下行し脊髄の異なった髄節レベルで交差する。外側皮質脊髄路は単シナプス性にα運動ニューロンに接続しており，

主に四肢の遠位筋の運動に関与する。前皮質脊髄路を通る線維は多シナプス性にα運動ニューロンに接続し、主に四肢の近位筋や体幹の運動に関与する。したがって、事故で脊髄に損傷を受けると外側皮質脊髄路の損傷では手の指先など遠位部の運動麻痺が顕著であるが、上腕や体幹などの麻痺は軽いことが多い。皮質脊髄路は一般に屈筋には興奮系として、伸筋には抑制性介在ニューロンを介する抑制系として働く。運動の制御に関わり、脳から脊髄に下行するニューロンを上位運動ニューロン、細胞体は脊髄に存在するが軸索が直接筋を支配するものを下位運動ニューロンと呼ぶこともある。運動系下行路にはこの他に赤核脊髄路、視蓋脊髄路、前庭脊髄路がある。

❷脊髄運動ニューロン

上述の下行路を降りてきた線維群は脊髄の介在細胞もしくは下位運動ニューロンとシナプス結合する。下位運動ニューロンは太く伝導速度の速い軸索（Aα、表3-2）を筋に伸ばしておりα運動ニューロンと呼ばれる。運動ニューロンと筋（筋細胞）間のシナプスは神経筋接合部あるいは運動終板と呼ばれる。運動終板における神経伝達物質はアセチルコリンである。これが筋細胞側のアセチルコリン受容体に作用することで筋が興奮（収縮）する。詳細は第4章を参照していただきたい。

［2］感覚系と運動系の相互作用—脊髄反射—

末梢から脊髄へ強い感覚入力が入ると、その信号を使って脳からの指令なしに効果器（筋）を収縮あるいは弛緩させることで適切な行動が誘発される（脊髄反射）。脳を介さないので感覚入力から運動発現までが短時間で済み、姿勢の自動制御などに有効である。しかし反射にまったく脳が関与しないということではない。ある強度の刺激入力に対して筋をどれほど収縮させるかといったゲイン（利得）の調節などには脳が関与している。これは脊髄の損傷により反射が過剰になる等の所見からも明らかである。ここでは脊髄反射に関わる深部受容器とその働きを述べ、代表的な脊髄反射とその神経回路について解説する。

❶筋紡錘

適切な筋張力で連続的かつスムースな運動を実現するには、時々刻々の筋の状態をモニターし、次動作を速く正確に実行することが必要である。自己の内部状態を知る感覚受容器の一つに筋紡錘（muscle spindle）がある。筋紡錘は筋の長さおよび長さが変化する速さを検出する受容器である。すなわち、筋長を制御するために不可欠のものである。筋紡錘はほぼす

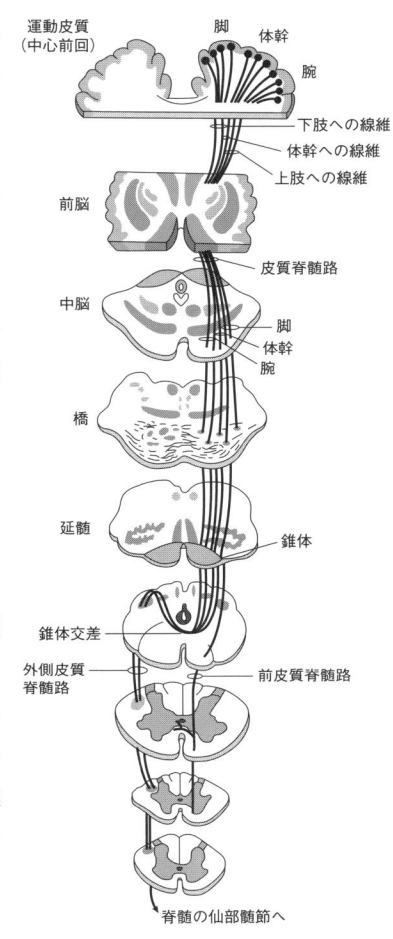

図 3-30 皮質脊髄路
一次運動野や補足運動野などを起源とする（Siegel, A.・前田監訳『エッセンシャル神経科学』2008, 丸善[34]）より引用）

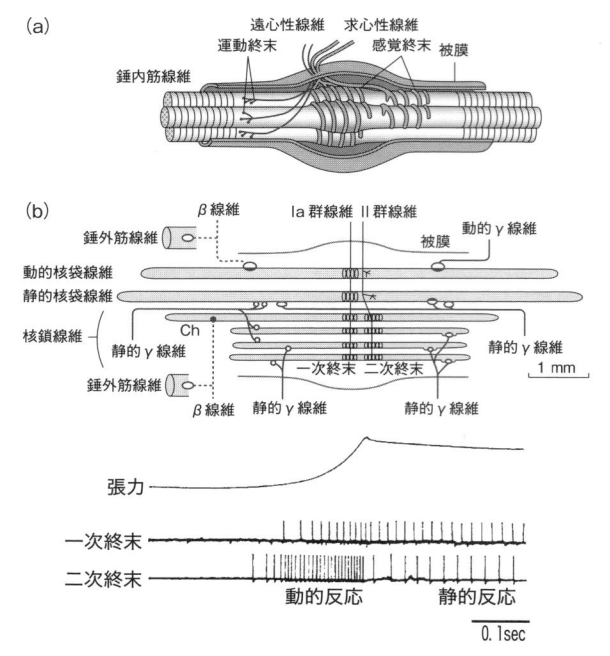

図 3-31 筋紡錘の構造と神経支配
(小澤瀞司・福田康一郎『標準生理学』2009, 医学書院 25)より一部改変)

べての骨格筋に存在する，紡錘形の鞘に囲まれた直径数百ミクロン，長さ数ミリメートルの構造物で，筋線維の走行と並行して配置されている。ヒトの上腕二頭筋では320個，つまり筋1g当たり2個ある。虫様筋など手の指先では密度にしてその10倍ほど存在する。

筋紡錘の内部には数本の錘内筋線維があり，核袋線維と核鎖線維が区別される。これらの錘内筋線維の中央部には，Ia 群感覚神経線維が環らせん型に巻きついた一次終末という受容器と，その側方部にある二次終末という II 群感覚神経線維が分布している受容器がある。さらに錘内筋線維には細いガンマ線維（γ運動神経）の終末部が接合している。γ運動線維による錘内筋線維の収縮は，一次および二次終末の緊張度を高める役割を持ち，静的および動的γ運動線維の2種類がある。静的γ運動線維は核袋線維と核鎖線維を支配し，II 群線維応答における静的な筋緊張の感度を高める。一方，動的γ運動線維は主に核袋線維を支配し，刺激中に筋紡錘を伸張すると Ia 群線維応答の動的感度が高まる。

筋を伸張すると筋紡錘も引き伸ばされ，一次終末は伸張が続く間，伸張速度に応じて放電が増加する（動的反応）。一方，二次終末は筋が新しい長さに保持されると，その長さに応じて放電が増大する（静的反応）（図 3-31）。

❷ ゴルジの腱器官

筋は収縮すると長さが変わるとともに発揮張力も変化する。張力が大きすぎ生理的な限界を超えると筋断裂や腱断裂を起こしてしまう。それを防止するための筋の発揮張力の検出器がゴルジの腱器官（Golgi tendon organ）である。腱器官は筋腱移行部にあり，皮膜に包まれた細いコラーゲン線維の束からなる（図 3-32）。腱器官からの出力は Ib 群感覚神経線維を介して中枢に伝えられる。Ib 線維の軸索はコラーゲン線維の間を縫うように走っているので，筋が収縮し張力を発すると軸索に機械的な刺激が加わり，その大きさに応じて活動電位の放電頻度が増減する。

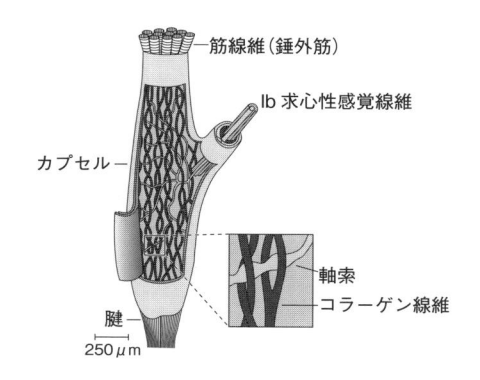

図 3-32 ゴルジの腱器官の構造
(Kandel, E.R. et al.. Principles of Neural Science. 2000 10)より一部改変)

❸ 伸張反射と Ia 抑制

骨格筋が急激に伸張されたとき，筋が反射的に収縮する現象を伸張反射（stretch reflex）という。筋が伸張されると，筋紡錘の Ia 群感覚神経線維からの求心性信号が一過性に増加し，それが脊髄内で伸張された筋自身を駆動するα運動神経を興奮させることで，伸張された筋が収縮し元の肢位が保たれるのである。このように伸張反射は，筋が引き伸ばされることが引き金となり筋長を自動的に制御するうえで重要な役割を果たす。図 3-33 は膝蓋腱反射を例として伸張反射の神経回路を示している。膝蓋腱を軽く打腱すると大腿四頭筋が引き伸ばされ筋紡錘から Ia 線維を介して脊髄に信号が伝わる。この信号は単シナプス性に同名筋（この場合大腿四頭筋）を支配するα運動神経を興奮させ四頭筋は収縮する。一方，抑制性の介在細胞を介して拮抗筋の大腿二頭筋を支配する運動神経は抑制される（したがって，拮抗筋は弛緩する）ので，膝が伸展する反射動作が起きるのである。このとき，伸張反射とセットになっている拮抗筋の抑制は Ia 抑制と呼ばれる。

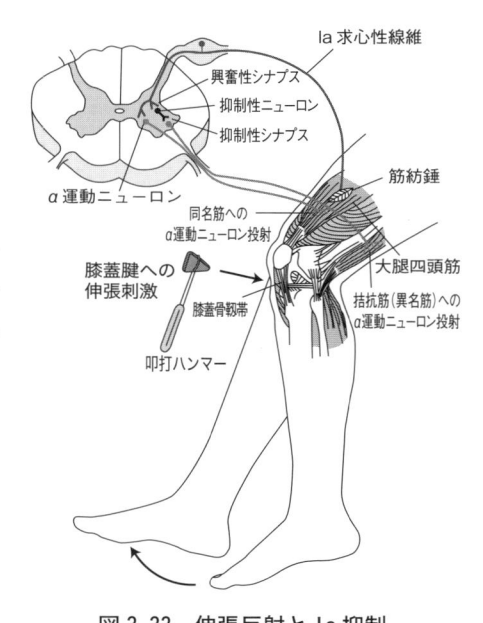

図 3-33 伸張反射と Ia 抑制
膝蓋腱反射の神経回路（Siegel, A.・前田監訳『エッセンシャル神経科学』2008，丸善[34]）より引用）

伸張反射においては，α運動線維とγ運動線維の両線維によって筋長の調整が行われている。これをα-γ連関という。この連関にはいくつかの筋緊張の条件がある。α運動線維とγ運動線維への運動命令によって同時に興奮が起こる場合，仮に錘外筋だけが短縮したら，平行して並ぶ筋紡錘は緩んで感度が低下する。しかし，同時に錘内筋も短縮すれば感度は落ちずに維持される。αとγの運動線維が等量だけ興奮すると考えれば，α＝γという表現になる。大まかな動作時，たとえば姿勢制御活動中にはこのような状態になる。また，運動前に脊髄よりも上位中枢からの運動命令がγ運動線維だけに与えられる場合，α-γ連関はα＜γとなり，錘内筋線維が短縮して筋紡錘の感度が高まる。それによってα運動線維が反射的に興奮し錘外筋の収縮が強化される。

❹ 自原抑制

筋が生理的限界を超えて張力を発揮すると重大な損傷を招いてしまう。したがって過大な張力を検出した場合は筋を弛緩させる必要がある。腱器官から出た信号は脊髄に入力すると，介在細胞を介して同名筋を支配する運動神経を抑制する。すなわち，自分自身の張力信号によって自分を抑制することになる。この腱器官，Ib 線維を介して同名筋を反射的に抑制することを自原抑制という（図 3-34）。自原抑制は単に過大な張力を抑えるという働きだけでなく，負帰還作用によって筋張力を一定に保つ機構としても重要である。外乱による筋長の変化は伸張反射によって，張力変化は自原抑制によって補償されると考えられる。このような深部受容器の働きによって，筋長や張力は反射的(自動的)に調節されているのである。

❺ 屈曲反射と交叉性伸展反射

脊髄反射には皮膚受容器によるものもある。たとえば，釘やガラスの破片を踏むと瞬時に足を引っ込める反射が起き，侵害刺激から下肢を遠ざけようとする。これには屈曲反射と交叉性伸展反射が関わっている。皮下の侵害受容器からの求心性線維は，脊髄内で複数の興奮性介在細胞を経て同側四肢の屈筋を支配する運動神経にシナプス接続する（図3-35a）。その一方で，反対側の伸筋を支配する運動神経にも興奮性の作用を及ぼす（図3-35b）。下肢の場合で考えると，侵害刺激から遠ざかるために左足を引っ込めると（屈曲反射），全身を右足一本で支えることになる。したがって右足はしっかり伸展させ，転倒しないようバランスをとることが必要となるわけである。この伸展反射は反対側四肢の受容器からの信号が引き金となるので交叉性伸展反射という。

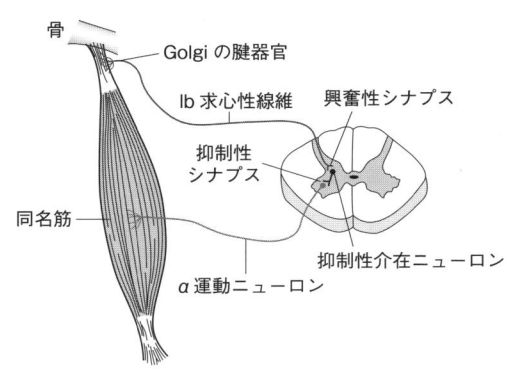

図 3-34 自原抑制
(Siegel, A.・前田監訳『エッセンシャル神経科学』2008，丸善[34]より引用)

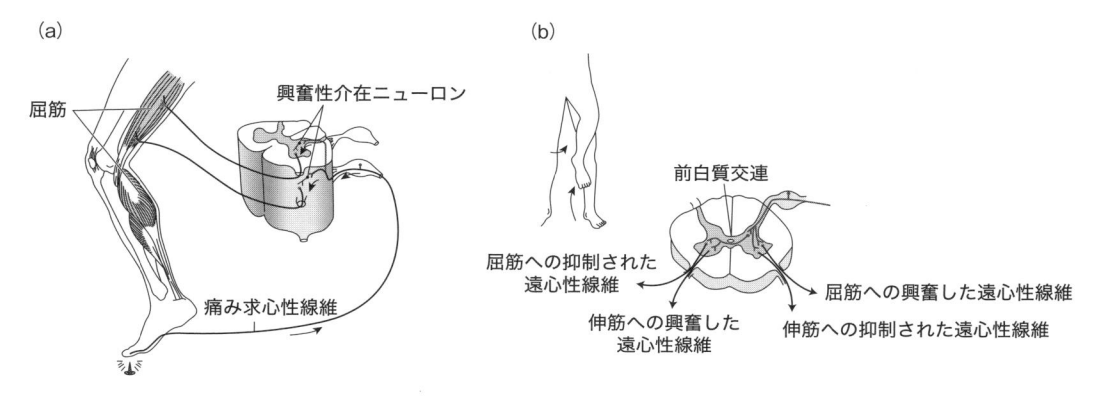

図 3-35 屈曲反射と交叉性伸展反射
(Siegel, A.・前田監訳『エッセンシャル神経科学』2008，丸善[34]より引用)

[3] 中枢パターン発生器

移動運動，つまりある場所からある場所へ移る動作は，手足の屈筋と伸筋の交互収縮によって成り立つ。移動の基礎的なリズムは中枢パターン発生器（central pattern generator）という脊髄介在神経のネットワークによって発生される。各中枢パターン発生器は発振器として働く，つまり手足を屈曲そして伸展へと交互に駆動する。中枢パターン発生器の活動は，中脳の運動調節領域（mesencephalic locomotor region: MLR）によって網様体脊髄経路を経由して調節される。

[4] 随意運動と脳活動

これまで脳のさまざまな領域での働きを述べてきた。ここで具体的な運動についての脳の

働きと動作を解説する。ピッチャーが投げるボールを打つという野球のバッティングを例にあげてみる。図 3-36 に一連のバットスウィングの流れを示した。運動動作の流れはバットを握ることから始まり，バットのスウィング実行までの 7 段階に分けられている。次に脳神経の部位順位をあげている。ここでは，触覚の感覚神経から始まり筋肉収縮までの 9 段階に分けてみた。3 番目に，脳の活動のポイントを示している。

ピッチャーが投げるボールを打つバットスウィングの動作はこのような脳神経部位の活動によって実行されているのである。

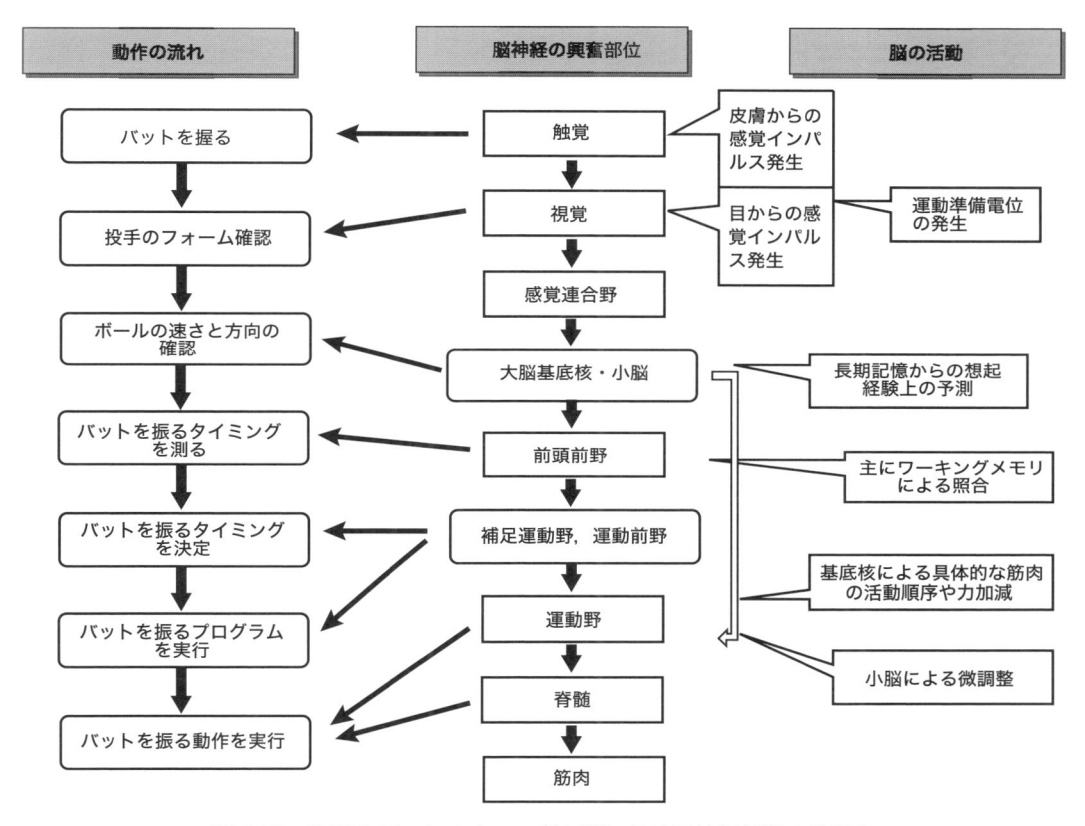

図 3-36　野球のバットスウィングと脳における神経伝達の仕組み
（寺沢宏次『脳のしくみがわかる本』2007, p.22, 医学書院[37] を参考に加筆）

6 脳波で見る脳活動

[1] 脳波 (electroencephalogram: EEG)

脳波とは大脳皮質のニューロンで発生した電気活動を頭皮上に設置した電極により記録するものである。一般に脳電位を記録する際には，頭皮上に二つの電極を設置するか，頭皮上に一つ，頭部位以外（鼻や耳朶）に電極を設置し，それぞれその二つの電極間の電位差を記録する。皮質の細胞成分の中でも，グリア細胞にはほとんど電位を発生する力はなくニュー

表 3-6 活動電位とシナプス後電位の比較

	AP	PSP
反応の性状	全か無の法則	加重
持続	＜1msec	80〜100ms
不応期	あり	なし
電場の拡がり	小	大

(柳沢信夫,『神経生理学を学ぶ人のために』, 1990, 医学書院[41] より)

ロンだけが電位を発生すると考えられている。中枢神経系のニューロンが発生する電位にも末梢神経と同様に，軸索の活動電位（action potential: AP）とシナプス後電位（post-synaptic potential: PSP）の2種類が存在する。そして，この2種類の電位はまったく異なる性質を示す（表 3-6）。頭皮上から記録される脳波はどちらの電位を反映しているかは，表 3-6 に示すそれぞれの電位の特徴から明らかになる。軸索で生じた活動電位は持続時間が短く速やかに減衰し，加重も起こらない。このことから，活動電位は皮質表面まで到達しない。よって，頭皮上で記録される脳波は主に多数（数千から数十万）の皮質神経細胞の尖頂（円錐形またはピラミッド形構造物の尖った先端）樹状突起で生じた興奮性シナプス後電位（excitatory post-synaptic potential: EPSP）と抑制性シナプス後電位（inhibitory post-synaptic potential: IPSP）の総和を反映している。

脳波を特定の刺激に関連づけて記録したものを誘発電位（evoked potential: EP）と呼び，記録される波形には，陽性と陰性（positive/negative: P/N）がある。誘発電位は刺激呈示から波形のピークまでの時間（潜時）と極性を組み合わせて表記される。つまり，刺激呈示から20msで陰性のピークを示す電位はN20と呼ばれる。誘発電位は通常の脳波に比べて非常に小さいが，加算平均法を用いることによって記録することができる。加算平均法を用いると，刺激によって誘発される電位は毎回同じタイミングで誘発されるのに対して，それ以外の背景脳波はランダムであるため加算平均するごとに相殺されて小さくなってゆく。つまり，刺激に関連する電位だけが残り，その活動の大きさ（振幅）や潜時を計測することにより，大脳の刺激に対する情報処理過程を調べることができる。誘発電位は各感覚系（体性感覚, 視覚, 聴覚）の末梢刺激や運動によって誘発することができるが，ここでは体性感覚誘発電位と運動関連脳電位について解説する。

[2] 体性感覚誘発電位 (somatosensory evoked potential: SEP)

ヒトの四肢の末梢感覚神経を経皮的に電気刺激すると，頭皮上から記録した脳波中に一連の電位変動が記録される。これは，電気刺激によって生じたインパルスが体性感覚経路を上行するに伴って，皮質下や皮質において生じた電気活動を記録したものであり，体性感覚誘発電位（SEP）と呼ばれる。SEPは電気刺激以外の空気刺激や機械的刺激など体性感覚を誘発するさまざまな刺激によって誘発される。これらの刺激によって記録される頭皮上の電位は，主に大脳皮質のニューロンの電気活動を反映していることから，SEPは大脳皮質への体性感覚情報の流入あるいは大脳の体性感覚情報処理を反映する脳電位である[22]。

さまざまな体性感覚刺激がある中で，一般的にSEP記録には電気刺激が用いられる。その理由は，末梢神経の電気刺激は多種類の末梢神経線維を同時に刺激してしまう一方で，伝導速度が速い太い直径の線維を興奮させるため，得られる反応の振幅が大きく安定するからである。SEPを記録するために電気刺激を右手に呈示すると，短潜時成分として刺激呈示から約20ミリ秒後に刺激対側半球の頭頂部に陰性の電位が記録される。この反応はN20と呼

ばれ，その発生源は一次体性感覚野（3b）とされている。N20 は刺激後，最初に皮質で記録される電位で視床から一次体性感覚野への情報入力を反映している。この電位は刺激頻度に依存せず安定して記録することができる。また，刺激強度を上げると N20 は増大する。N20 に続き P30 も誘発されるが，P30 も一次体性感覚野起源の電位であるとされている。このことから N20 や P30 は刺激入力情報そのものを反映し，自己の体表に刺激が起こった時に記録される電位と考えられる。

これら短潜時成分に対して，長潜時成分として P100 や N140 といった電位も記録される。この二つの電位は N20 とは異なる性質を示し，刺激頻度によって反応が大きく変化する。具体的に，刺激頻度が上がるとその電位は著しく減弱してしまう（2Hz 程度でほぼ消失）。よって，短潜時成分を記録する場合には 1〜5Hz 程度の刺激，長潜時成分を記録する場合には 1Hz 以下の刺激が望ましいと思われる。また，P100 や N140 は刺激に注意を向けると反応が増大することも報告されている。つまり，P100 や N140 は能動的注意のようなトップダウン的処理と受動的注意のようなボトムアップ的処理の双方を反映する電位と推察される。P100 の発生源としては，二次体性感覚野や後頭頂皮質が候補に挙げられている。当該領域は先述したように，体性感覚情報処理において一次体性感覚野よりも高次領域にあたり，階層的な感覚情報処理に矛盾しない。さらに，N140 の発生源としては二次体性感覚野や前部帯状回が候補に挙げられている。なかでも，前部帯状回は多種の感覚刺激によって活動が誘発される多種感覚領域であり，各感覚系（体性感覚，聴覚，視覚）に起こった刺激の認知に関わっている可能性がある。このように，脳波を用いて各感覚刺激によって記録される誘発電位から，非侵襲的にヒトの感覚情報処理過程をミリ秒単位で探索することができる。

［3］運動関連脳電位 (movement-related cortical potential: MRCP)

単純な一定の随意運動（示指・中指の伸展や屈曲など）を自発的に行わせ，その運動の主動筋の表面筋電図の立ち上がりを基準にして運動前後の脳波を加算平均すると運動関連脳電位（MRCP）を記録することができる。その波形の成分にはいくつかの命名法がある[41]。その主たる成分は運動前と運動後に大別され，運動前成分はさらに早期と後期の成分に分けられる。運動前の成分は運動準備電位（readiness potential）とも呼ばれる。その早期成分は頭皮上で正中線上に最大となる緩電位（Bereitschaftspotential: BP）であり，左右対称に分布する。後期成分は運動直前になってから運動させる手足の反対側でより急峻な陰性勾配を形成し（negative slope: NS'），運動と反対側の限局した部位で最大（motor potentia: MP）となる。その後，運動による筋活動に伴う感覚フィードバック情報などを含んだ運動後電位（reafferent potential: RP）が出現する[42]。これらは，運動に伴い発生する電位であることから随意運動の準備・遂行に関わる大脳皮質活動を反映している。

これまでに各電位の生理学的意義が報告されている。はじめに，運動開始の約 1.5 秒前から立ち上がる陰性緩電位は受動的な運動では発生せず，随意運動時に特異的に先行することから，随意運動に対する準備状態を反映していると考えられている。その発生源は，一次感覚運動皮質の運動を実行する領域と補足運動野で，双方が両側性に活動するためとされてい

る。陰性緩電位につづく NS' は運動開始前約 300 ミリ秒前に，反対側の中心前部から中心後部にかけて立ち上がる急峻な陰性スロープである。NS' は運動開始時点に最も近く出現し，手の運動の場合は反対側中心前部で最大，足の運動では中心前部正中線上で最大になることから，一次運動野がその発生源と考えられる。そして，その生理学的意義は陰性緩電位同様に運動準備状態に変わりはないが，NS' はより実行する運動に特異的な準備状態を反映するものと考えられる。さらに，NS' に引き続き筋放電開始約 10 ミリ秒前に MP が出現する。最近の磁気刺激研究で，手の一次運動野刺激から約 20 ミリ秒後に筋放電が記録されることから，この電位は運動皮質の錐体路細胞の興奮を反映していると考えられている。また，運動発現後約 300 ミリ秒までに，陰性および陽性の RP が記録される。これらの電位はいずれも運動と反対側の中心前部あるいは後部に出現し，受動運動でも起こることから筋紡錘からの求心性インパルスによって生じている可能性が示唆されており，運動感覚フィードバックを反映していると考えられている。

近年，MRCP を用いて運動選手と非運動選手を比べる研究も行われている。森ら[19] の研究では，運動選手は非運動選手に比べ MRCP が短縮し，陰性電位の急峻な増大と運動野の限局した活動を認めた。これらのことから運動選手では運動に適応した神経回路の可塑的変化が起こっている可能性を示唆している。このように MRCP を用いることにより，運動学習や神経回路の可塑的変化を評価できるかもしれない。

7 運動学習

［1］運動学習とその神経基盤

動作や運動の技能獲得は，スポーツや体育の場面では合目的的にあるいは効率的に身体を動かす技術を身につけることや，細かな手仕事を行う場面では正確で繊細な動きを身につけることを意味する。しかし技能の獲得とは，体幹や手足の操作性や動きの効率性を改善することを表すだけではない。脳・神経の立場で考えると，シナプスとシナプスの選択的つながりの強化（consolidation）を示している。トンプソン（Thompson, R.F.）ら[38] は練習や反復で動きが変わるのはシナプスに可塑性（plasticity），すなわち「変わる性質」があり，生理的形態的に変化が起こるからであると指摘している。つまり，シナプスの可塑性は技能の獲得にとっては重要な機能的構造的変化を可能にする。この過程を「運動を学習する」ということで，運動学習（motor learning）という。虫明[20] は，さらに深く解説している。運動学習は運動神経系だけではなく視覚，聴覚，体性感覚などの知覚と認知も関与し，動きが未熟である場合，感覚からの情報がないと上達しないといわれ，感覚のトレーニングが重要であると指摘している。さらに動きの改善には注意や集中力が必要となってくる。動作の技能には運動技能（motor skill）だけでなく認知的技能（cognitive skill）も含まれ，その改善には運動だけでなく認知も含まれることになる。

運動学習には二つの種類がある[20]。たとえば，ピアノのように指の順序が決まっている

動作を繰り返し行って運動遂行能力を向上させようとする連続的運動学習と，ボールを目で追って道具に当てたりする動作のように，感覚情報に基づいて運動を達成するような適応的運動学習である．図3-37に示すように，新しい学習を行うときには，大脳基底核，小脳，大脳皮質の広範囲の部位が関係する．学習の時間的経過は早い学習期，ゆっくりとした学習期，学習保持に分けることができる．初期には運動技能は1回の練習内の繰り返しで改善がみられ，数回のセッションでさらに改善され，時には練習なしで改善が起こり，考えることなく運動を遂行することができるようになり，最終的には長期間練習をしなくてもその技能が保持されるようになる．それぞれの学習の質と段階によって関与する神経基盤が異なる．学習の初期には連続的学習も適応的学習も共通して海馬や側頭葉内側が活動する．その後，前頭連合野，頭頂連合野が関与する．学習が進むにつれ，連続的学習では頭頂連合野から基底核系，運動皮質へ，適応的学習では小脳系，運動皮質へと移行する．学習の種類によって関与する大脳部位が徐々に分かれてゆくことが示唆される．

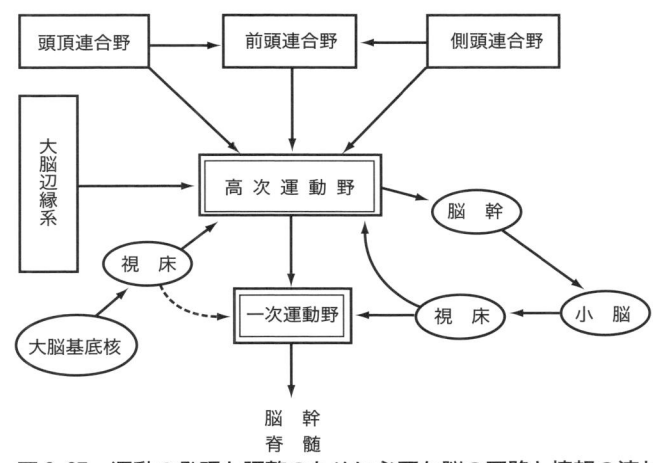

図3-37　運動の発現と調整のために必要な脳の回路と情報の流れ
(丹治順，『脳と運動』2009，共立出版[36])より引用)

[2] 運動学習における認知的技能

運動技能の獲得には上述したように認知的技能も必要である．特に認知については，ワーキングメモリという機能を挙げることができる．苧阪[24])は，ワーキングメモリ(working memory)は作業記憶／作動記憶とも呼ばれ，高次認知に果たす重要な役割が認識されてきたことを指摘し，ワーキングメモリは，脳内機構における局在問題(脳内のどこでワーキングメモリが働くか)や「注意」と「意識」の問題と関係している．つまり，目的に向かって進める運動のためにはどのように動けばよいかを前向きに考える記憶であると述べている．しかし，長く記憶を留めるのではなく，必要な動作や重要な情報を取捨選択する働きも持つといわれる．

「意識」や「注意」が身体運動とどのようなつながりがあるかは，身体像(body scheme，またはbody image)の成り立ちと関係する．岩村は[8])，身体像の成り立ちについて以下のように紹介している．運動技能の獲得のためには初期の段階には感覚のフィードバックが重要となる．そのためには動きに対して「注意」を向けることが必要である．「注意」は自分の手足の動きを意識することから始まる．意識のしかたはまず感覚神経の中でも視覚，体性感覚，聴覚によって理解することができる．この解説の中で岩村は，身体の運動や体位の変化，そ

してそれらの発達や学習を通じて，恒常的な自分自身の身体像が形成される，すなわち身体認識は身体像の成立を基礎にするという Head と Holmes (1911) の説を引用している。その成立の基盤は，姿勢や関節位置の認知から始まる。位置感覚の成立には筋紡錘，関節受容器や皮膚受容器，視覚や平衡感覚が関与している。さらに，身体像は左右，前後，上下の方向を持ち，動的に変化することによって身体の方位が決められ，定位が可能になるといわれる。この身体像は成長する中で育まれるもので，身体活動や運動によって確立される。よって運動技能の開発はこの身体像の拡大から始まると考えることができる。

苧坂[24]は認知過程に関わる「意識」の階層構造を解説している。その中で運動と関係する視点は，アウェアネス（awareness）つまり「気づき」であると指摘している。運動技能獲得には「気づき」も重要であることになる。その働きは感覚や知覚の「覚」に近く，運動も含む特定のものやことに向かう志向的な意識である。ふつうわれわれが目覚めて日常生活を送っているときのきわめてありふれた状況下での意識でもある。現在，意識の概念は知覚・運動的アウェアネスにまで拡張されると考えている。

運動的アウェアネスとは，言い換えると「動きに対する意識」であり，注意を向けて初めて「気づく」ことになる。その情報は感覚からの情報が基礎となり，運動系への出力を変えていくことになる。上述した「注意」や「意識」には身体像が深く関与している。われわれはほとんど意識しないで身体活動をしている。しかし，新しい運動つまり，新しい技能を身につけるには身体を意識して動かすことになる。それは，身体像を多様に増大することから始まると考えられる。さらに運動技能の獲得は一方で多くの感覚を動員して，注意や意識によって身体像を変化させることになる。身体像の運動学習は運動技能だけではなく認知的学習となるのはこれらの理由によると理解できる。

また，運動の学習者の視点から運動学習をみると，ミラー・ニューロン・システムは重要な働きをする。ミラー・ニューロンは Rizzolatti ら[29]によって最近発見された。同様の研究をしていた久保田[14]は，運動前野腹外側部にミラー・ニューロンが集まり，ある行動を自分が行っても他人が行っても見るだけで，運動前野腹外側部が働くことから，「ミラー・ニューロン・システム」とは，見ているだけで運動がしやすくなるシステムであると指摘している。そして，運動野や運動前野は言葉で説明できない記憶を司る部位であり，前頭前野は言葉で説明できて理解できる記憶を司る部位であるとして，両者の違いを説明している。松波[16]は，運動前野について述べている中で，「運動を観察する場合でもその運動が『意味のある運動なのか』『意味のない運動なのか』が問題となる。観察後にその運動を真似することが要求されているのかどうかが重要である」と指摘している。

このようなミラー・ニューロンが運動前野腹外側部に存在することが明らかになってきた。指導者が小さな子どもたちに運動の技術を教えるには「ことば」を使った説明より「動きを見せて」その後「まねをさせる」ことが，子どもや未熟練者によりうまく運動技能を伝える可能性が示唆されることとなった。このことは，経験的に体育授業でスポーツや運動を教えるときに教師が示範を見せ，次に真似をさせてきたことの脳科学的な裏づけになるものといえよう。

（松本直幸・丸山敦夫）

【引用・参考文献】

1) Barker, R.A. ほか，服部孝道監訳，『一目でわかるニューロサイエンス』，2000 年，9 頁，メディカル・サイエンス・インターナショナル．
2) Brodmann, K., Vergleichende Lokalistionslehre der Grosshhirnrinde in ihren Prinzipien dargestellt auf Grund des Zellenbaues. 1909, Johann Ambrosius Barth Verlag.
3) Bear, M.F. et al., Neuroscience Exploring the Brain (Third Edition). 2007, Lipincott Williams & Wilkins.
4) Dum, R.P. & Strick, P.L., The origin of corticospinal projections from the premotor areas in the frontal lobe. J Neurosci 11: 667-689, 1991.
5) Imamizu, H., Kuroda, T., Miyauchi, S., Yoshioka, T. & Kawato, M., Modular organization of internal models of tools in the human cerebellum. Proc Natl Acad Sci U S A 100:5461-5466, 2003.
6) Ito, M., Long-term depression. Ann Rev Neurosci 12:85-102 , 1989.
7) 伊藤正男ほか，『脳神経科学』，2003 年，433-450, 494 頁，三輪書店．
8) 岩村吉晃，『タッチ』，2001 年，116 頁，医学書院．
9) Jeffress, L. A., A place theory of sound localization. J Comp Physiol Psychol 41:35-39 , 1948.
10) Kandel, E.R. et al., Principles of Neural Science. 2000, McGraw-Hill.
11) Kawato, M., Furukawa, K. & Suzuki, R. A hierarchical neural-network model for control and learning of voluntary movement. Biol Cybern 57:169-185, 1987.
12) 川人光男，『脳の計算理論』，1996 年，457 頁，産業図書．
13) 貴邑冨久子・根来英雄，『シンプル生理学（改定 6 版）』，2008 年，南江堂．
14) 久保田競，『バカはなおせる』，2006 年，アスキー．
15) Marieb, E.N. et al.，林正健二・小田切陽一訳，『人体の構造と機能』，1997 年，199 頁，医学書院．
16) 松波謙一ほか，『最新 運動と脳』，2000 年，75-76, 108-124, 191-195 頁，サイエンス社．
17) McArdle, W.D. et al., Essentials of Exercise Physiology. 2007, p.377, Lippincott williams & wilinks.
18) Moll, L. & Kuypers, H.G., Premotor cortical ablations in monkeys: contralateral changes in visually guided reaching behavior. Science198:317-319, 1977.
19) 森昭雄ほか，『臨床脳波』，2004 年，473 頁，永井書店．
20) 虫明元ほか，久保田競編『学習と脳』，2007 年，7-8, 65-105, 143 頁，サイエンス社．
21) Mushiake, H., Inase, M. & Tanji, J., Neuronal activity in the primate premotor, supplementary, and precentral motor cortex during visually guided and internally determined sequential movements. J Neurophysiol 66:705-718, 1991.
22) 西平賀昭ほか，『運動と高次神経機能』，2005 年，84 頁，杏林書院．
23) 大地陸男，『生理学テキスト』，1992 年，168 頁，文光堂．
24) 苧坂直行，『脳とワーキングメモリ』，2000 年，1-18 頁，京都大学学術出版会．
25) 小澤瀞司・福田康一郎（総編集），『標準生理学（第 7 版）』，2009 年，医学書院．
26) Penfield, W. & Rasumussen, T., The Cerebral Cortex of Man: Clinical study of localization of function. . 1950, p.214, Macmillan.
27) Powers, S.K. et al., Exercise Physiology. 2001, p.118, McGraw-Hill.
28) Purves, D. et al., Neuroscience (Fourth Edition). 2008, Sinauer.
29) Rizzolatti, G., Fadiga, L., Gallese, V. & Fogassi, L. Premotor cortex and the recognition of motor actions. Brain Res Cogn Brain Res 3:131-141, 1996.
30) Sainburg, R. L., Ghilardi, M. F., Poizner, H. & Ghez, C., Control of limb dynamics in normal subjects and patients without proprioception. J Neurophysiol 73:820-835, 1995.
31) 坂井建夫・岡田隆夫，『解剖生理学 人体の構造と機能 [1]』，2009 年，医学書院．

32) Schmidt, R. ほか著，内園耕治ほか訳『神経生理学』1979 年，7 頁，金芳堂.
33) Shima, K. & Tanji, J., Role for cingulate motor area cells in voluntary movement selection based on reward. Science 282:1335-1338, 1998.
34) Siegel, A. ほか著，前田正信監訳，『エッセンシャル神経科学』，2008 年，丸善.
35) 田岡三希ほか，『神経研究の進歩』，2004 年，239 頁，医学書院.
36) 丹治順，『脳と運動―アクションを実行させる脳―』第 2 版，2009 年，口絵，45 頁，共立出版.
37) 寺沢宏次，『脳のしくみがわかる本』，2007 年，22 頁，成美堂出版.
38) Thompson, R.F. et al., Cellular processers of learning and memory in mammalian CNS. Ann Rev Neurosci 447-947, 1983.
39) Williams, R.W. and Herrup, K., The control of neuron number. Ann Rev Neurosci 11:423-453, 1-88.
40) 柳澤信夫ほか，『臨床神経生理学』，2008 年，44 頁，医学書院.
41) 柳澤信夫ほか，『神経生理学を学ぶ人のために』，1990 年，医学書院.
42) 矢澤省吾ほか，『臨床検査』，2009 年，1049 頁，医学書院.

第4章

筋の構造と機能

1 筋の種類と構造

［1］筋の種類

　筋は，骨格筋（skeletal muscle），心筋（cardiac muscle），平滑筋（smooth muscle）の3種類に分けることができる（表4-1）。生体内で担う機能は，骨格筋は骨に付着し体を動かすこと，心筋は血液ポンプとして作用すること，平滑筋は内臓や血管を形づくり，消化機能や血液の運搬を補助することである。また，骨格筋は自分の意志で動かすことができるため随意筋と，一方，心筋と平滑筋はそれができないため不随意筋とも呼ばれる。身体運動の主体となるのは骨格筋であり，ヒトでは全身に430数個の骨格筋が存在し，体重の40％前後を占めている。

表 4-1　筋の種類と役割

名　称	神経との関わり	役　割
骨格筋	随意筋	骨に付着し，身体を動かす
心　筋	不随意筋	血液を循環させる
平滑筋	不随意筋	内臓や血管を形づくる

［2］骨格筋の構造

❶ 全体構造

　骨格筋の両端には腱があり，腱は骨に付着している。多くの筋では，中央付近が最も太く，この部位を筋腹という（図4-1）。また，両端の細い部分のうち体の中心に近いほうは筋頭，中心から遠いほうは筋尾と呼ばれる。筋にはいろいろな形をしたものがあり，形状に応じて名前がつけられている[14]。

　筋は細長い細胞が束になってできており，この細胞のことを筋線維（muscle fiber）という。筋線維の直径は平均で約 50 μm，長さはさまざまでほんの数ミリメートルのものから 15 cm に及ぶものまである。筋線維はそれぞれが平行に規則正しく並んでいるが，これは結合組織からできている筋膜によって束ねられているためである[8]（図4-2）。最も外に位置する外筋周膜（epimysium）は，筋全体を覆っている。筋の内部は数十本の筋線維がひとくくりになっており，これを覆う筋膜が内筋周膜（perimysium）である[12]。内筋周膜で束ねられたかたまりを筋束という。さらに，1本1本の筋線維は，筋内膜（endomysium）に覆われている。

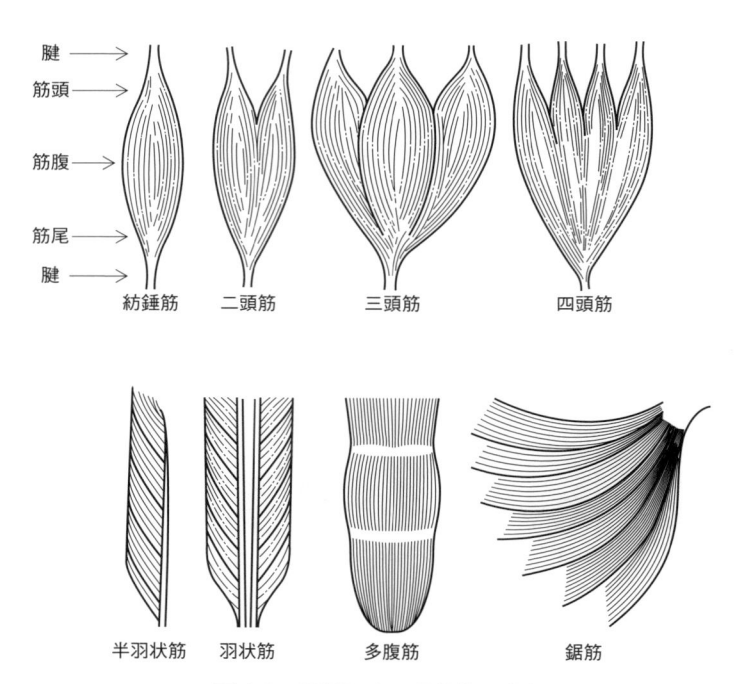

図4-1 形状による骨格筋の分類
筋の形状はさまざまで，筋頭が複数あるもの，筋線維が鳥の羽根のように配列しているものなどがある（ロルフ・ヴィルヘード著，金子公宥監訳『目で見る動きの解剖学』，1988年，大修館書店[14]を参考に作図）

❷ 筋線維の構造

(1) 筋鞘

筋線維を直接覆う膜を筋鞘（sarcolemma）といい，基底膜（basement membrane）と形質膜（plasma membrane）の二重構造になっている[4]（図4-3）。形質膜（細胞膜）はリン脂質からできており，膜を貫通するように，ナトリウム（Na^+）チャンネル，カリウム（K^+）チャンネル，Na^+-K^+ポンプが存在する。これらのチャンネルあるいはポンプは，静止電位や活動電位を発生させる役割を担っている。形質膜のところどころに，膜が陥没して筋線維の内部に落ち込んだ管がある。この管は横行小管（T管）と呼ばれ，活動電位を筋細胞内部へと伝える作用を持つ。

(2) 筋原線維

筋原線維（myofibril）は筋収縮を起こす器官であり，収縮要素とも呼ばれる（図4-3および図4-4）。直径は1～2 μmであり，1本の筋線維中には，数百本から数千本の筋原線維が含まれている。筋原線維を電子顕微鏡などで拡大してみると，黒い部分（A帯）と白い部分（I

図4-2 骨格筋の構造
筋は結合組織である筋膜で覆われている。筋膜には，外筋周膜，内筋周膜，筋内膜の3種類がある（勝田茂・和田正信『最新スポーツ医学』1990年，光文堂[8]を参考に作図）

図 4-3 筋線維の構造
筋原線維が, 収縮を起こす器官である（図では, 実際の縮尺とは異なり筋原線維が大きく描かれている）。
T －横行小管
SR －筋小胞体
TC －終末槽
(山本啓一・丸山工作『筋肉』, 1986 年, 化学同人[22] を参考に作図)

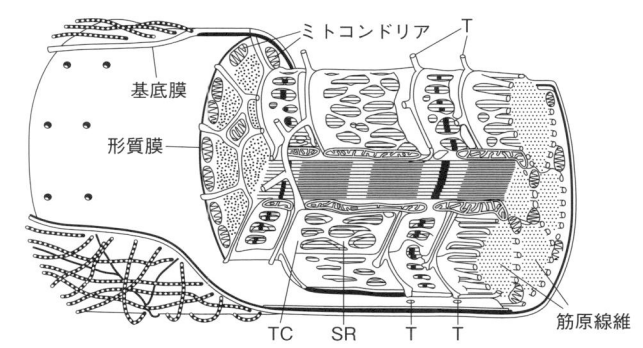

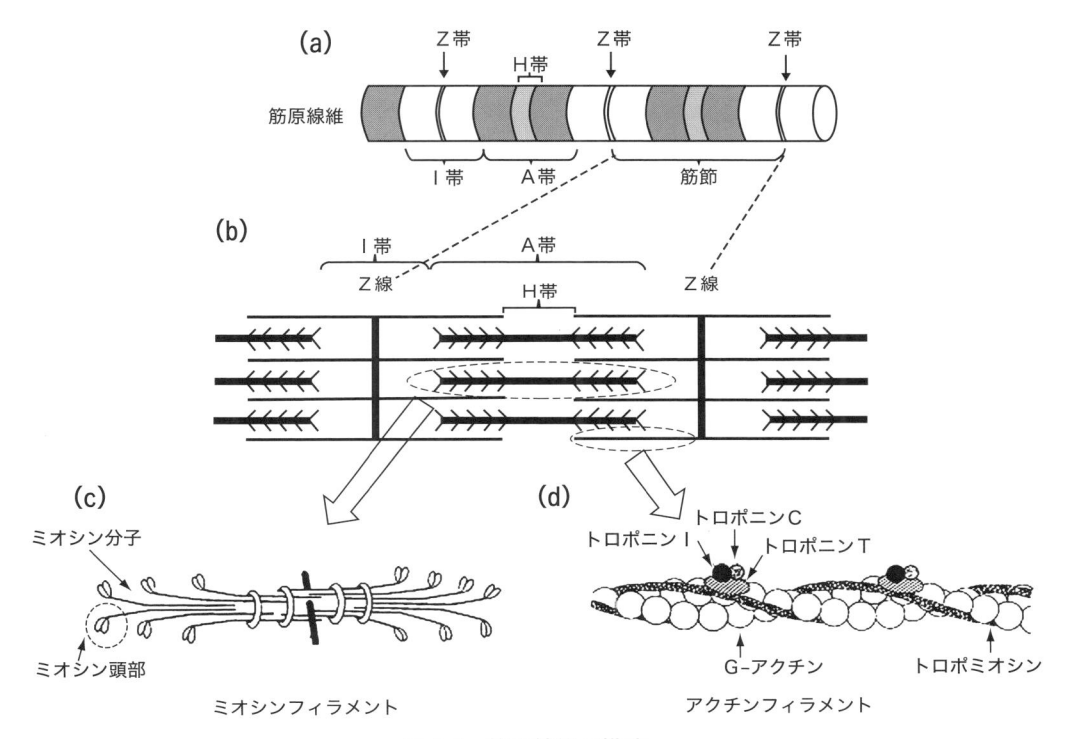

図 4-4 筋原線維の構造
筋原線維の主成分は, アクチンフィラメントとミオシンフィラメントである。
(山本啓一・丸山工作『筋肉』, 1986 年, 化学同人[22], および杉晴夫『筋肉はふしぎ』2003 年, 講談社[17] を参考に作図)

帯）が交互に並んでいることが観察される（図 4-4a, b）。これは, 以下に述べる 2 種類のフィラメントが, 規則正しく配列されているためである[17)22)]。

直径約 15 nm のミオシンフィラメント（myosin filament）は, 多数のミオシン分子からできている（図 4-4c）。ミオシン分子は膨らんだ部分（ミオシン頭部）と細長いロッドからできており, ロッドが絡み合ってフィラメントを形成している。ミオシン頭部は, アクチンフィラメントに向かって突き出るように配置されており, 条件が整うとアクチンフィラメントと強く結合することができる。

直径約 6 nm のアクチンフィラメント（actin filament）の主成分は, 球体の G - アクチンである（図 4-4d）。G - アクチンは数珠のように連なり, らせん状に重合しフィラメントを形成

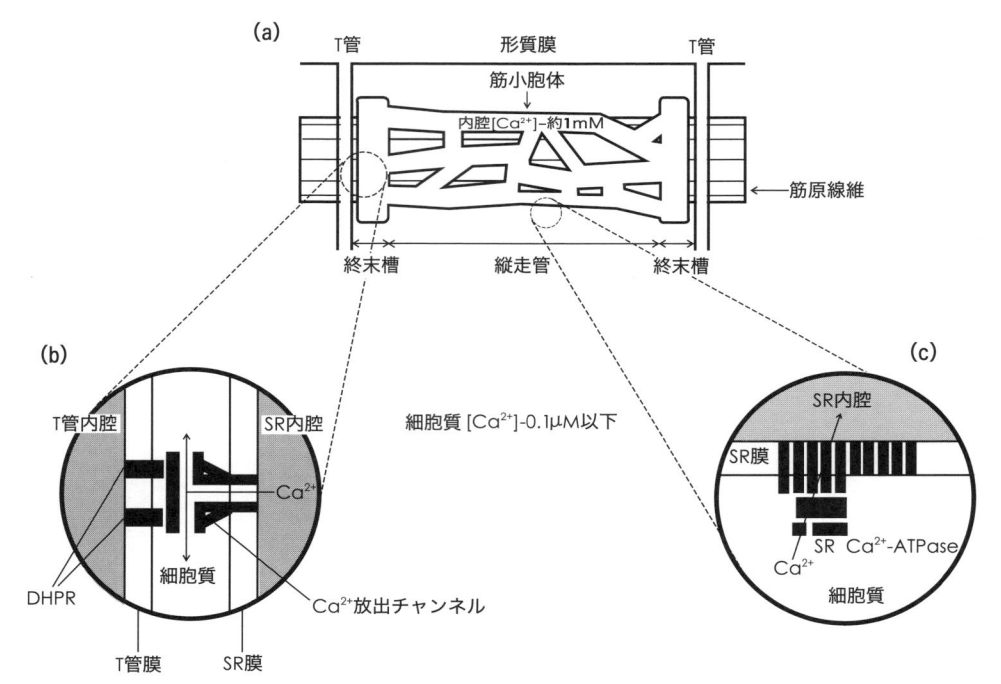

図4-5 筋小胞体
筋小胞体は，構造的に終末槽と縦走管に分けることができる。筋小胞体の内腔には，カルシウムが貯蔵されている。SR：筋小胞体，DHPR：ジヒドロピリジン受容体，[Ca^{2+}]：カルシウム濃度，T管：横行小管。（和田正信『身体トレーニング』2009年，真興交易医書出版部[19] を改変）

している。フィラメントの溝に当たる部位には線維状のトロポミオシン（tropomyosin）が存在する。さらに，トロポミオシンには，トロポニン（troponin）が結合している。トロポニンは，T，CおよびIの3成分からなる複合体である。アクチンフィラメントは，Z線から左右に突き出るように伸びている。Z線からZ線までを筋節（サルコメア：sarcomere）と呼び，筋原線維の基本構造となっている（図4-4a）。

(3) 筋小胞体

筋原線維を覆っている袋状の膜器官を筋小胞体（sarcoplasmic reticulum: SR）という（図4-3および図4-5）。SRは機能と構造から二つの部位に分けることができる[19]。両端のやや膨らんだ部位を終末槽と，終末槽と終末槽に挟まれた部位を縦走管という（図4-5a）。T管に隣接して位置する終末槽には，カルシウム（Ca^{2+}）放出チャンネルが（図4-5b），一方，縦走管にはCa^{2+}ポンプとして機能するSR Ca^{2+}-ATPaseが多数存在する（図4-5c）。SRはCa^{2+}の貯蔵庫である。通常，筋細胞内に存在するほとんどのCa^{2+}は，SRの袋の中（内腔）にあり，SRの外側（細胞質）のCa^{2+}濃度はきわめて低く保たれている。

(4) ミトコンドリア

アデノシン三リン酸（adenosine triphosphate: ATP）は，細胞が直接用いることのできる唯一のエネルギー源である。長さ約2 µmのミトコンドリア（mitochondria）では，酸素を用いた反応を通して，アデノシン二リン酸（adenosine diphoshate: ADP）と無機リン酸（inorganic phosphate: Pi）からATPが産生される。ミトコンドリアは，外膜と内膜の二重の膜でできて

図 4-6　ミトコンドリア
ミトコンドリアは，内膜と外膜の二重の膜でできている。ここで，酸素を用いた反応を通して ATP が産生される。ATP：アデノシン三リン酸，Pi：無機リン酸，ADP：アデノシン二リン酸。（シーブ L.G. 著，駒野徹他訳『基礎生化学』1989 年，化学同人[16]に加筆）

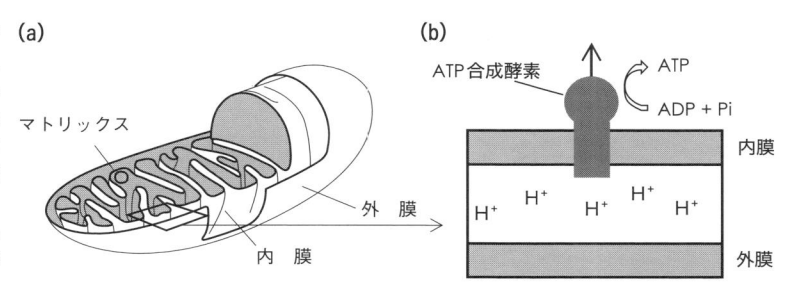

おり，内膜はきわめて密に折りたたまれている[16]（図 4-6a）。内膜の内部はマトリックス（何かが生み出される場所を意味する）と呼ばれ，ATP 産生に必要な多くの酵素が含まれている。一連の反応により，水素イオン（H$^+$）は内膜と外膜の間の空間に蓄積され，そのため外部に出ようとする圧力が生じる（図 4-6b）。内膜には ATP 合成酵素があり，この圧力によって H$^+$ が酵素を貫通する際に発生するエネルギーを用いて，ATP が合成される[17]。

2　筋収縮のメカニズム

筋原線維の収縮・弛緩は，細胞内の Ca^{2+} 濃度によって制御されている。安静時では細胞質中の Ca^{2+} 濃度は 0.1 µM 以下であり，このとき，筋原線維は弛緩状態にある。一方，SR から Ca^{2+} が放出され Ca^{2+} 濃度が 1〜2 µM 以上に高まると，筋原線維は最大の張力を発揮する。活動電位が筋線維に到達してから，筋原線維が収縮・弛緩するまでの過程を興奮・収縮連関（excitation-contraction coupling）という。以下に興奮・収縮連関の詳細を示す。

[1] SR による Ca^{2+} の放出

T 管には，ボルテージセンサーであるジヒドロピリジン受容体（dihydropyridine receptor: DHPR）が存在する（図 4-5b）。DHPR が活動電位を感知すると，シグナルが SR の Ca^{2+} 放出チャンネルへと送られ，チャンネルが閉から開となる。すると，チャンネル 1 個当たり 240 個 Ca^{2+}/msec の速度で，SR 内腔から細胞質へと Ca^{2+} が放出され，筋形質の Ca^{2+} 濃度は 2〜10 µM に上昇する。

[2] 弱い結合状態

細胞質の Ca^{2+} 濃度が低いときは，トロポニンは G-アクチンとミオシン頭部の間に入り込むように位置し，このためアクチンフィラメントとミオシンフィラメントは弱くしか結合できない（図 4-7b）。これが弛緩時の状態である（図 4-7a）。ミオシン頭部は構造タンパクであると同時に，ATP を ADP と Pi に分解する酵素（ミオシン ATPase）でもある。筋原線維が弛緩状態にあるとき，ミオシン ATPase の作用によって，ATP はすでに分解されており，分解産物である ADP と Pi は酵素に結合している（図 4-7b）。

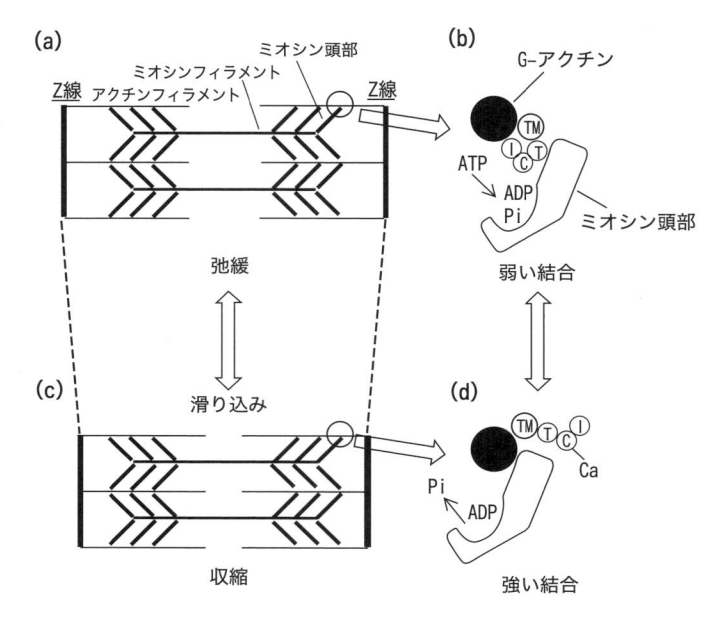

図 4-7 筋原線維の収縮
細胞質のカルシウム（Ca²⁺）濃度が高まり，トロポニンCとCa²⁺が結合すると，ミオシン頭部とアクチンが強い結合状態となる．それとほぼ同時に，アクチンフィラメントとミオシンフィラメントがお互いに滑り込むように移動し，筋原線維の収縮が起こる．TM：トロポミオシン，I：トロポニンI，C：トロポニンC，T：トロポニンT，Pi：無機リン酸，ATP：アデノシン三リン酸，ADP：アデノシン二リン酸．

［3］強い結合状態とフィラメントの滑走

　SRからCa²⁺が放出され細胞質のCa²⁺濃度が高まると，Ca²⁺はトロポニンCと結合する．すると，トロポニンの位置がずれると同時に，PiがミオシンATPaseから解離し，弱い結合状態から強い結合状態へと移行する（図4-7d）．このような変化が起こると，ミオシンフィラメントとアクチンフィラメントが互いに滑るように移動し，筋節の長さが短縮する（図4-7c）．このような筋原線維の収縮の仕組みを滑り説（sliding theory）という．スライディングが起こるとき，ミオシン分子の構造が変化することは間違いないが，具体的にどのような変化が生じているのかは不明である．

［4］SRによるCa²⁺の取り込み

　上述のように，SRの縦走管に存在するSR Ca²⁺-ATPaseはCa²⁺ポンプであり，ATPの持つエネルギーを利用して，細胞質に放出されたCa²⁺をSR内腔に取り込む（図4-5c）．SRによるCa²⁺取り込みが開始され，細胞質中のCa²⁺濃度が低下すると，Ca²⁺はトロポニンCから解離する．すると，再び弱い結合状態となり，筋原線維は弛緩する（図4-7a）．強い結合状態から弱い結合状態へ移行するとき，ミオシンATPaseに残っていたADPが酵素から離れ，新しいATPがADPとPiに分解され，ミオシンATPaseに取り込まれる（図4-7b）．収縮中，多量のATPが消費されるが，その大部分がミオシンATPaseとSR Ca²⁺-ATPaseで使用される．

3 筋線維の種類と収縮特性

［1］筋線維の種類

ヒトの骨格筋線維は，遅筋（slow-twitch: ST）線維と速筋（fast-twitch: FT）線維に大別され，FT線維はさらにFTa線維とFTb線維に細分される[8]。また，ST線維はtype I 線維，FT線維はtype II 線維と呼ばれることもある。

［2］収縮特性

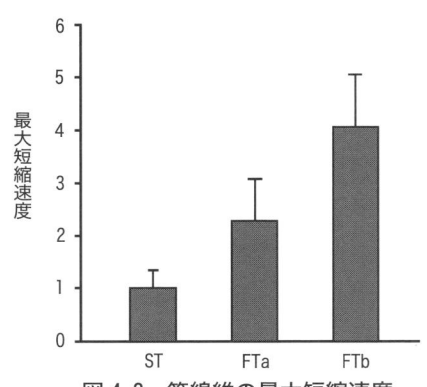

❶ 最大短縮速度

筋線維の最大短縮速度は，平均値ではFTb＞FTa＞STの順で高く，ST線維と比較するとFTb線維では約4.1倍，FTa線維では約2.3倍である[3]（図4-8）。しかしながら，同一のタイプの線維であっても，比較的大きな違いがみられ，FTa線維の例では，最も遅いものと最も速いものとでは，3倍以上もの開きがある。最大短縮速度の主な決定因子は，ミオシンATPaseの活性（ATPを分解する速度）であり，活性が高いものほど短縮速度は高い。

❷ 等尺性最大張力

単位断面積当たりの等尺性最大張力は，ST線維よりFT線維のほうが高いが，最大短縮速度にみられるほどの大きな差異はない[3]（図4-9）。また，FTa線維とFTb線維間には，違いがみられない。FT線維のほうが発揮張力が大きいのは，ST線維より筋原線維がよく発達しているからである。

❸ 疲労耐性

図4-10は，ヒトの筋線維を3000回収縮させたときの張力の変化を示している[6]。収縮後張力は，FTb線維ではほとんど0となるが，ST線維では数パーセント，FTa線維では10数パーセント程度しか低下しない。FTb線維は，きわめて疲労しやすい（疲労耐性が低い）線

図4-8 筋線維の最大短縮速度

最大短縮速度は，平均値ではFTb＞FTa＞STの順で高い。短縮速度は，ST線維の値を1としたときの相対値で表してある。値は平均 ± 標準偏差である。（Bottineli et al., 1996[3] のデータをプロット）

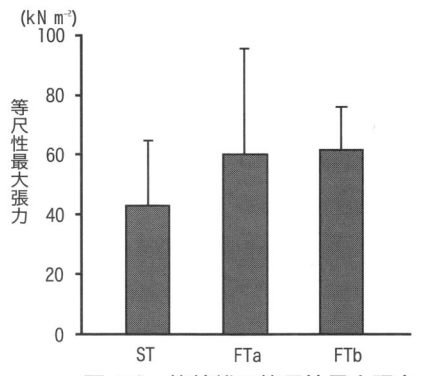

図4-9 筋線維の等尺性最大張力

数値は筋線維の単位断面積当たりの値であり，平均 ± 標準偏差である。（Bottineli et al., 1996[3] のデータをプロット）

維であるといえる．疲労耐性は，筋線維に存在するミトコンドリアの量（ミトコンドリアの数と個々のミトコンドリアの大きさ）によって変化し，その量は ST > FTa > FTb 線維の順で高い．

[3] 筋線維組成

ほとんどの骨格筋では，3種類のタイプの線維が混在しており，それぞれの割合のことを筋線維組成（muscle fiber composition）という．筋線維組成は，同一の個体内であっても筋によって異なる[15]（図4-11）．また，解剖学的に同一の筋であっても，比較的大きな個体差がみられる場合が多い．たとえば，歩いたり走ったりするときの主働筋である外側広筋や腓腹筋では，ST線維の占める割合は平均では約50％であるが，ST線維あるいはFT線維を極端に多く含んでいる（80％以上）ものもみられる．FT線維におけるFTa線維とFTb線維の比率は，通常はほぼ1：1である．例外は下肢のヒラメ筋であり，だれでもがST線維を多く含んでいる．また，ST線維以外はすべてFTa線維である．

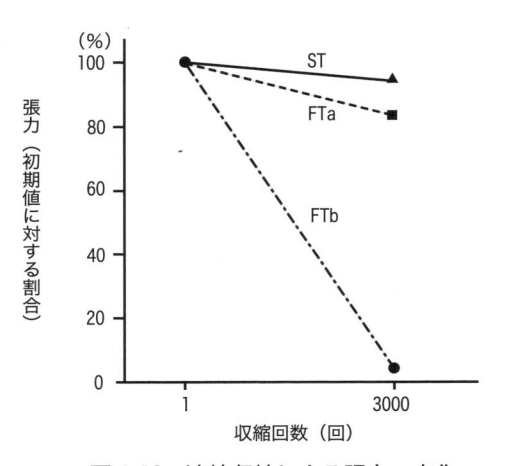

図 4-10　連続収縮による張力の変化

筋線維を3000回収縮させると，FTb線維ではほとんど張力を発揮しなくなるが，ST線維やFTa線維では，数パーセントから10数パーセント程度しか張力は低下しない．（Garnettほか，1978[6]）を改変）

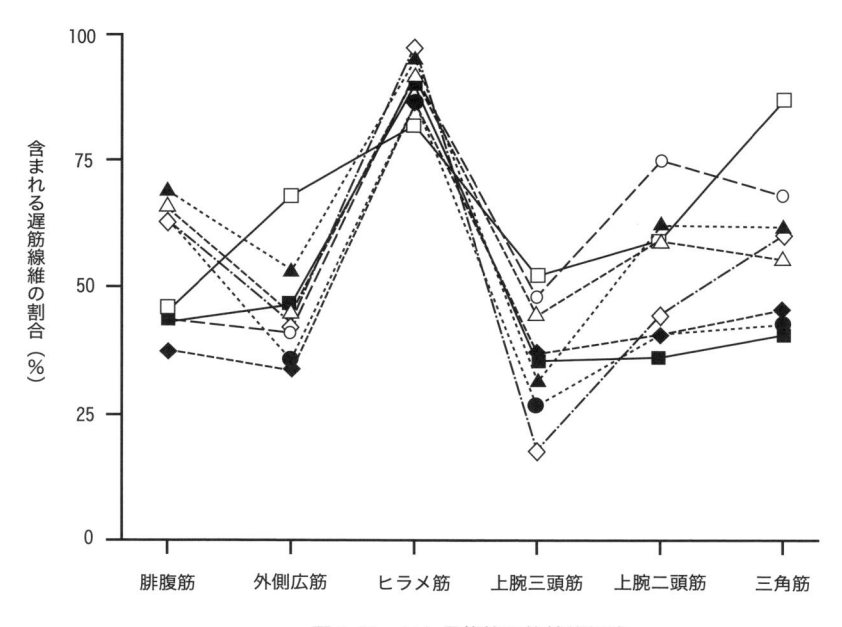

図 4-11　ヒト骨格筋の筋線維組成

筋線維組成は，同一の個体内であっても筋によって異なるし，解剖学的に同じ筋であっても個人差がみられる．線でつながれたものは，同一人物の筋の値である．（Saltin and Gollnick, 1983[15]）を改変）

4 筋の収縮様式と筋力

[1] 筋の収縮様式

　筋の収縮様式は，静的収縮（static contraction）と動的収縮（dynamic contraction）に大別される（図4-12）。静的収縮は筋の長さが変化しないことに（図4-13b），これに対して，動的収縮は筋の長さが変化することに特徴がある。静的収縮は，等尺性収縮（isometric contraction）とも呼ばれる。動的収縮は，短縮性収縮（concentric contraction）と伸張性収縮（eccentric contraction）に分けられ，前者は筋長が短縮しながら（図4-13a），後者は伸張しながら行う収縮である[21]（図4-13c）。また，動的収縮の特殊な様式として，等張性収縮（isotonic contraction）と等速性収縮（isokinetic contraction）がある。等張性収縮とは一定の張力を発揮しながら行う収縮，等速性収縮とは一定の収縮速度で行う収縮である。

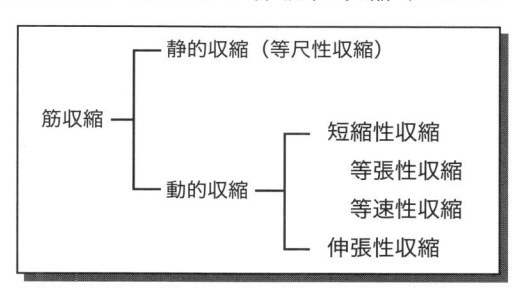

図4-12　筋の収縮様式の分類
筋収縮は，静的収縮と動的収縮に大別される。

[2] 各収縮様式の特徴

❶等尺性収縮

　等尺性収縮（静的収縮）の例としては，動かない壁を押す，握力計を握る，ダンベルを一定の位置に保持するなどがあげられる（図4-13b）。このタイプの収縮は関節の角度によって，筋が発揮できる張力が変化することに特徴がある。肘屈曲運動では，肘関節角度が約100度のときに最大の筋力が発揮されるが，関節角度がこれより大きくても小さくても，発揮可能な筋力は低下する[21]（図4-14）。

❷短縮性収縮と伸張性収縮

　肘屈曲運動の上腕二頭筋では，ダンベルを持ち上げるときに短縮性収縮が（図4-13a），ダンベルを下ろすときに伸張性収縮が行われる（図4-13c）。動的収縮における最大筋力は，運動の速度に大きく影響される。短縮性収縮では，運動速度が速くなればなるほど筋力が低下するのに対して，伸張性収縮では逆に増加する[7]（図4-15）。同じ張力を発揮する場合，短縮性収縮

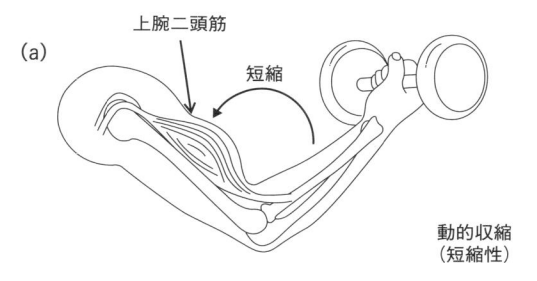

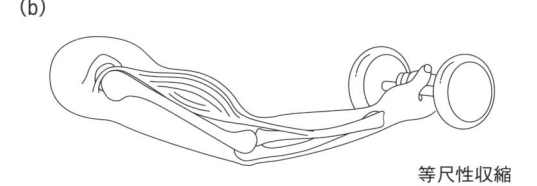

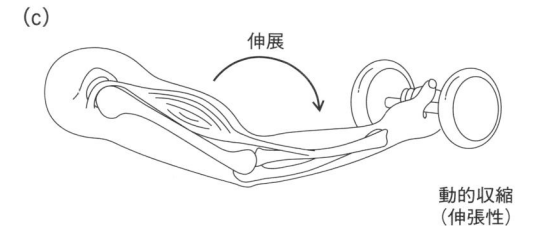

図4-13　静的収縮と動的収縮の例
動的収縮は，短縮性収縮と伸張性収縮に分けられる。

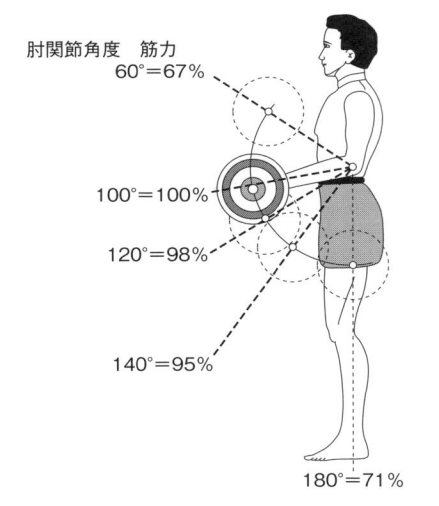

図4-14　関節角度が等尺性最大筋力に及ぼす影響

肘屈曲運動では、肘関節角度が約100度のとき、最も大きな筋力を発揮することができる。
（Wilmore and Costill, 1994 [21]）を参考に作図）

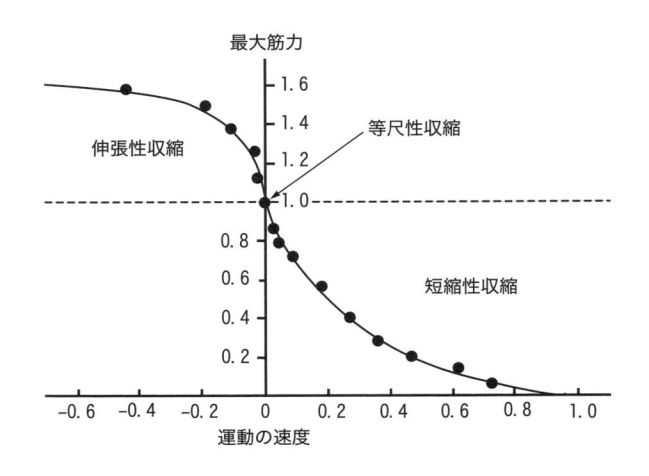

図4-15　ヒト肘屈筋における運動速度と最大筋力の関係

短縮性収縮では運動速度が増加すると、発揮筋力は減少する。一方、伸張性収縮では逆に、運動速度が増加すると筋力は増加する。筋力は最大等尺性筋力を1.0としたときの相対値で、速度は短縮性収縮における最大値を1.0としたときの相対値で表されている。（福永哲夫『筋の科学事典』2002年、朝倉書店[7]）を改変）

に比べて伸張性収縮のほうがエネルギー消費量は少ない。しかし、筋原線維などに損傷が生じ、これらが原因で長期的な筋力の低下を招くことがある。また、収縮終了後、しばらくしてから筋肉痛（遅発性筋肉痛）が起こることも特徴の一つである。

❸等速性収縮

　水泳のクロールを行ったときの水中での腕の動きが、等速性収縮に近い動きである。特殊な機器を用いると、厳密な意味での等速性収縮を行うことができる。スポーツの場面では、動的収縮でかつ特定の関節角度で大きな張力を発揮することが要求される場合がある。これらの機器では、運動中のすべての関節角度の筋力を測定することができるため、スポーツ選手にとって有用な評価が可能となる。

❹等張性収縮

　一定の重さの物体（バーベルなど）を等速度で上げ下げする運動が、等張性収縮に近い動きである。しかし、通常行われる運動では等速度を保つのは難しいし、またそれができたとしても、関節角度によって筋が発揮する張力は変化する。したがって、生体内で等張性収縮が行われることは、厳密にはごくわずかである。

[3] 伸張‐短縮サイクル

　台から地面に飛び降りて、すぐに真上にジャンプする運動（ドロップジャンプ）を行ったときの大腿四頭筋の動きを考えてみよう。着地したときの反動を吸収するため、大腿四頭筋は着地後伸張性収縮を強いられる。衝撃が完全に吸収されると、すぐに短縮性収縮に移行する。このような運動を伸張‐短縮サイクル（stretch-shortening cycle: SSC）という。一方、あらかじめ地面で膝を曲げ静止した状態からのジャンプ（スクワットジャンプ）では、伸張性収

縮の局面はない。

ドロップジャンプとスクワットジャンプを比較すると，ドロップジャンプのほうが2倍近く高く跳び上がることができる[9]（図4-16）。この原因としては，ドロップジャンプでは，1) 伸張反射が起こり，短縮局面での筋の収縮力が増強されること，2) 伸展時に腱に蓄えられた弾性エネルギーが利用されることなどがあげられる。プライオメトリック（plyometric）トレーニングとは，伸張 - 短縮サイクルを積極的に利用した筋力トレーニングである。

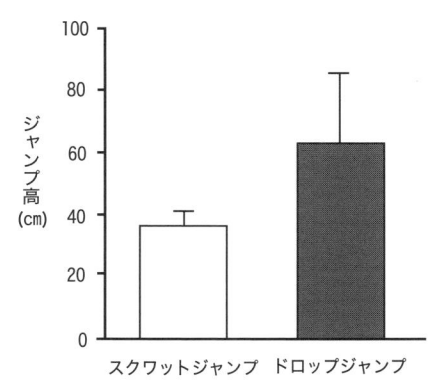

図4-16　伸張 - 短縮サイクルがジャンプ高に及ぼす影響

ジャンプ高はスクワットジャンプよりドロップジャンプのほうが大きい。値は平均 ± 標準偏差である。（Komi & Bosco, 1978[9]を改変）

5 運動単位と動員

［1］運動単位

筋線維を支配する運動神経細胞（運動ニューロン : motor neuron）は脊髄にある。運動ニューロンからでた神経線維は，幾重にも分岐し筋線維に到達する（図4-17）。一つの運動ニューロンと，それが支配する一群の筋線維をまとめて運動単位（motor unit）という。運動単位がこのような構造をとるため，ある運動ニューロンが興奮すると，運動単位に含まれるすべての筋線維が収縮することになる。

一つの運動単位に含まれる筋線維タイプは，すべて同一である（図4-17）。したがって，運動単位にはST線維，FTa線維およびFTb線維を含む三つのタイプが存在することになる（ここでは，それらをST運動単位，FTa運動単位，FTb運動単位と呼ぶことにする）。一つの運動単位に含まれる筋線維の数（神経支配比 : innervation ratio）は，運動単位のタイプによって異なり，下肢筋の場合，ST運動単位では約200本程度，FTa運動単位あるいはFTb運動単位では300〜800本程度である[21]。上腕二頭筋は，約20万本の筋線維で構成されている。仮に神経支配比の平均が400本であるとすると，この筋には500個の運動単位が含まれていることになる。

［2］筋線維の動員

運動ニューロンは，中枢からのインパルスを受けると興奮し，支配している筋線維にインパルスを送る。しかし，インパルスを受ければ常に興奮するかというとそうではなく，ある一定以上の強さのインパルスが来たときのみ興奮し，それ以下の強さの場合はまったく反応しない。どの程度の強さのインパルスが来たら興奮するかは，運動ニューロンの細胞体のサイズに左右され，細胞体が小さいものほど興奮性が高い（興奮しやすい；図4-17）。このこと

をサイズの原理（size principle）という。

いま，三つの運動単位で構成されており，いずれの運動ニューロン（運動ニューロンa，bおよびc）も3本の筋線維を支配している筋があると仮定しよう（図4-17）。運動ニューロンの細胞体のサイズはc＜b＜aの順で大きい。したがって，中枢からのインパルスが徐々に強くなると，最初に運動ニューロンcが興奮し，続いて運動ニューロンb，運動ニューロンaの順で興奮する。運動ニューロンcだけが興奮している状況下では，それに支配される3本の筋線維しか収縮に動員されず，筋の発揮する張力は小さい。それに対して，運動ニューロンcに加え，運動ニューロンaも運動ニューロンbも興奮しているときは，筋に含まれる9本すべての筋線維が動員され，最大の張力が発揮される。

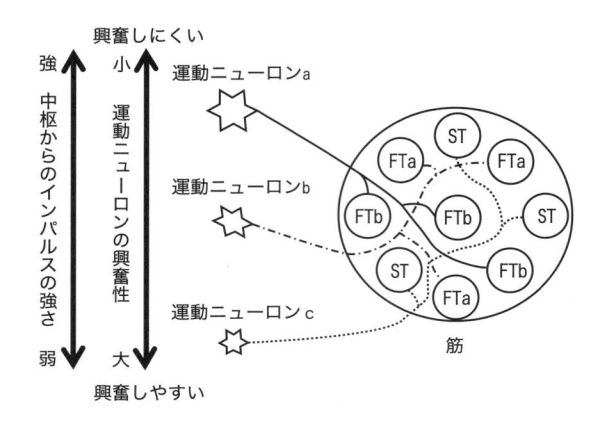

図4-17 運動単位の動員
一つの運動単位に属する筋線維のタイプは，すべて同一である。図の例では，運動ニューロンaはFTb線維を，運動ニューロンbはFTa線維を，運動ニューロンcはST線維を支配している。運動ニューロンの興奮性は細胞体のサイズに影響を受け，サイズが小さいものほど興奮しやすい（図では運動ニューロンcが最も興奮性が高い）。

細胞体の大きさはニューロンごとで異なるが，運動単位のタイプ別に一定の傾向がみられ，平均ではST運動単位＜FTa運動単位＜FTb運動単位の順で大きい（図4-17）。したがって，行う運動の強度を高めるために，中枢からのインパルスが漸増すると，まずST線維が，続いてFTa線維，FTb線維の順で収縮に動員される[21]。

6 筋パワーとスポーツ

［1］筋パワー

❶パワー

多くのスポーツにおいて，筋が発揮するパワー（筋パワー）は，運動パフォーマンスに大きな影響を与える因子となる。「パワー」とは，単位時間になされる仕事量であり，以下の計算式で算出される。

$$\text{パワー}(W) = \frac{\text{仕事}(J)}{\text{時間}(s)} = \text{力}(N) \times \frac{\text{距離}(m)}{\text{時間}(s)} = \text{力}(N) \times \text{速度}(m/s)$$

W：ワット，J：ジュール，N：ニュートン，m：メートル，s：秒

したがって，筋パワーは，発揮張力と短縮速度の積で表すことができ，これらの二要素を総合的に評価したパラメーターであるといえる。

❷筋線維のタイプとパワー

図4-18は，ヒトの筋線維における短縮速度と筋力およびパワーの関係を示したものであ

る。パワーは筋力と短縮速度の積であるため，筋力あるいは短縮速度のどちらか一方だけが大きくても，筋パワーは大きくなるとは限らない。FT線維，ST線維のどちらにおいても，それぞれの最大収縮速度の約3分の1で筋線維が短縮するとき，筋パワーは最大になる[5]。収縮速度の違いによって，パワーの規定要因が異なってくるため，ここでは，1) 短距離を全力で走るような運動におけるパワー（高速パワー），2) マラソンのような長時間継続して行う運動におけるパワー（中速パワー），および，3) ウエイトリフティングのような重い物をゆっくり動かす運動におけるパワー（低速パワー）に区分して，それぞれの決定因子について述べることとする。

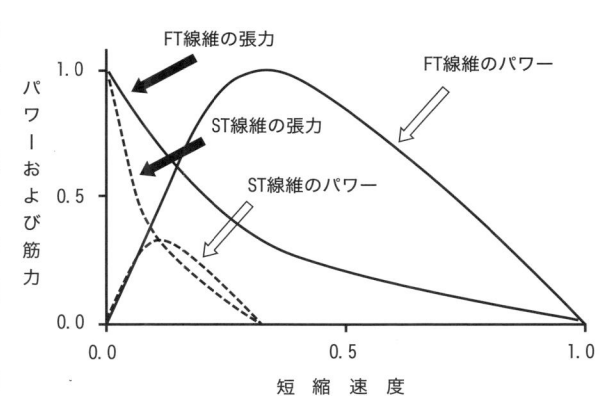

図 4-18 ヒト骨格筋線維における収縮速度とパワーおよび筋力との関係

筋力は，短縮速度が高くなるほど低下する。パワーは，最大収縮速度の約3分の1で最大となる。短縮速度，筋力およびパワーは，FT線維の最大値を1.0としたときの相対値である。(Faulkner et al., 1986[5] を改変)

[2] 筋パワーの決定要因

❶高速パワー

FT線維とST線維を比べると，最大パワーおよび最大パワーが発揮されるときの短縮速度は，FT線維のほうが約3倍高い[5]（図4-18）。そのため，FT線維を多く含む筋ほど，高い短縮速度で大きなパワーを発揮することができる。図4-19は，等速性の膝伸展運動を行ったときの張力と，外側広筋に含まれるFT線維の割合の関係を表したものである。縦軸は，速度を伴った力であるので，パワーとみなすことができる（パワー＝力 × 速度）。運動の速度が低い場合（図4-19a）より高い場合（図4-19b）のほうが，回帰直線の傾き（115度/秒

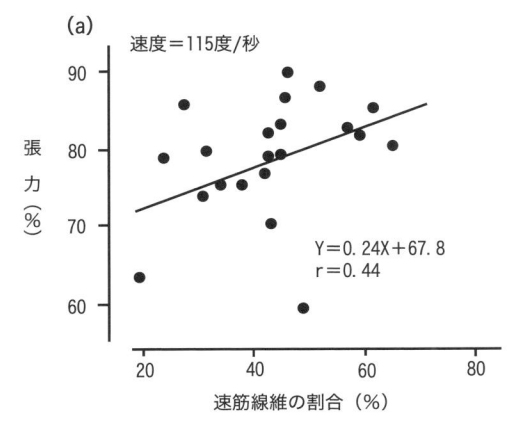

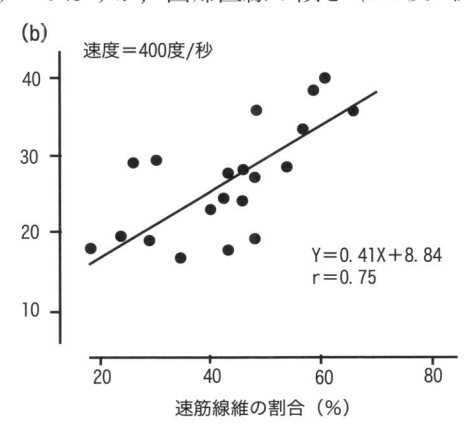

図 4-19 筋線維組成と等速性収縮力の関係

速筋線維の占める割合が高いほど，等速性収縮における張力は大きくなる。運動の速度が低い場合と比べ (a)，高い場合のほう (b) が速筋線維の重要性が高まる。縦軸は最大等尺性収縮力を100％としたときの相対値である。(和田[18] より)

−0.24, 400度/秒−0.41)および相関係数 (115度/秒−0.44, 400度/秒−0.75) が高い。このことは，1) 大きな高速パワーを発揮するためには，FT線維を多く含むことが重要であること，および，2) 筋の短縮速度が高くなればなるほど，FT線維の割合が筋パワーを大きく規定することを意味する。実際，陸上競技の短距離走の一流選手の脚筋には，高い割合でFT線維が含まれている（図4-20）。

❷ 中速パワー

マラソンのような持久的な競技種目では，高いパワーを発揮することよりも，一定のパワーを長時間発揮し続けることのほうが重要である。FT線維と比べるとST線維のほうが，疲労耐性が高い（図4-10）。したがって，中速パワーにおいても高速パワーの場合と同様に，筋線維組成がカギを握る。全身持久能力の指標である最大酸素摂取量は，単位時間当たりの仕事量であり，中速パワーの指標とみなすことができる。図4-21に示さ

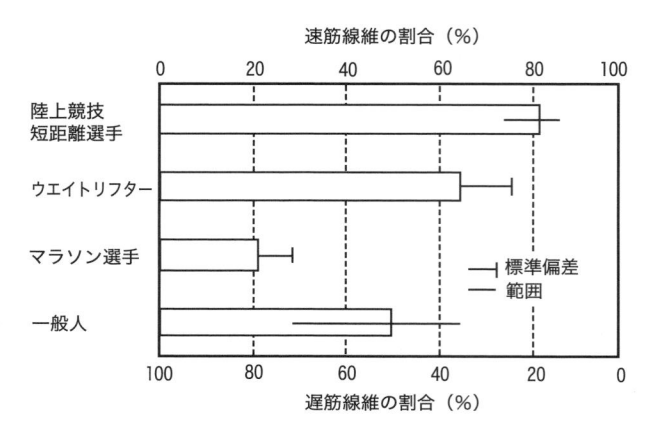

図 4-20　一流スポーツ競技選手の筋線維組成
一流スポーツ選手は，競技の運動特性に適合した筋線維組成を持っている。（和田[18]より）

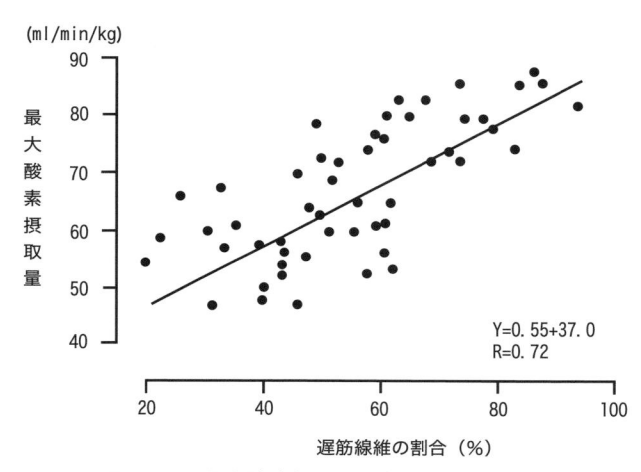

図 4-21　最大酸素摂取量と筋線維組成の関係
遅筋線維の占める割合が高い者ほど，最大酸素摂取量が大きい。（和田[18]より）

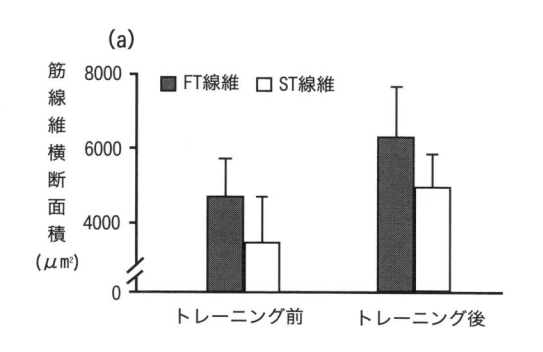

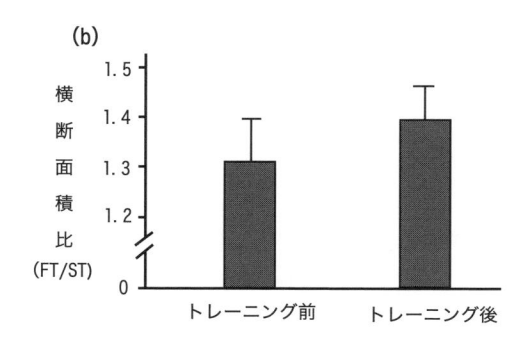

$Y=0.55+37.0$
$R=0.72$

図 4-22　6ヶ月のウエイトトトレーニングによる筋線維横断面積の変化
トレーニングによって，FT線維，ST線維の両方で肥大が起こる (a)。しかし，その肥大率は，FT線維のほうが若干大きい (b)。値は平均 ± 標準偏差である。（MacDougall, 1986[11] を改変）

れるように，脚筋に含まれる ST 線維の割合と最大酸素摂取量との間に正の相関関係があり，ST 線維の重要性が裏づけられる。

❸ 低速パワー

　低速パワーでは，短縮速度がきわめて低いため，等尺性収縮に近い様式の収縮を行うことになる。最大等尺性収縮力は，筋の横断面積にほぼ比例する。筋の横断面積は，結合組織の部分を除くと，「筋線維横断面積 × 筋線維数」である。この二つのうち，大きく変化するのは，筋線維横断面積すなわち個々の筋線維の大きさである。ウエイトトレーニングを行うと，筋線維が肥大し筋線維横断面積が増すため[11]（図 4-22 a），低速パワーが向上する。ST 線維，FT 線維ともトレーニングによって肥大するが，その肥大率は FT 線維のほうが若干高い（図 4-22 b）。したがって，筋全体の肥大という面からは，FT 線維を多く含んでいたほうが，理論的には有利である。しかし，筋線維のタイプを問わず，個々の筋線維をいかに高い比率で肥大させるかという面のほうが大きなウエイトを持つため，筋線維組成が及ぼす影響はさほど大きくはない。実際，一流のウエイトリフターの筋が，極端に高い割合の FT 線維を含んでいるわけではない（図 4-20）。

7　筋疲労と筋損傷

[1] 疲労と損傷

　筋に収縮を繰り返し負荷すると，筋の収縮機能（発揮する張力あるいはパワーなど）はやがて低下する。このような現象は日常生活でごく普通にみられるが，筋細胞内をよく観察すると，機能の低下に伴い器官の損傷が起こる場合と起こらない場合とがある。ここでは，前者を筋損傷（muscle damage）と，後者を筋疲労（muscle fatigue）と呼ぶことにする。

[2] 筋疲労の要因

❶ 高強度運動による疲労

(1) 乳酸性アシドーシス

　筋細胞内の pH は，安静時ではほぼ 7.1 に保たれているが，数分以内で疲労困憊に至る運動を行うと 6.5 前後にまで低下する。これは，解糖系（glycolytic pathway）の代謝が亢進し，乳酸（lactic acid）が産生されるためである（乳酸は，水溶液中では H^+ を放出する）。乳酸の蓄積によって，pH が低下する現象を乳酸性アシドーシス（lactic acidosis）といい，長い間，筋疲労の主要な要因であると考えられてきた。しかし，最近の研究によって，生理的条件に近い温度下（30℃以上）では，pH の低下は，筋の収縮機能にほとんど影響を与えないことが明らかになった（図 4-23）。

(2) クレアチンリン酸の減少

　運動強度がきわめて高く，30 秒以内で疲労困憊となってしまうような運動では，アデノシン三リン酸（ATP）はクレアチンリン酸（phosphocreatine: PCr）から供給される（図 4-24 a）。

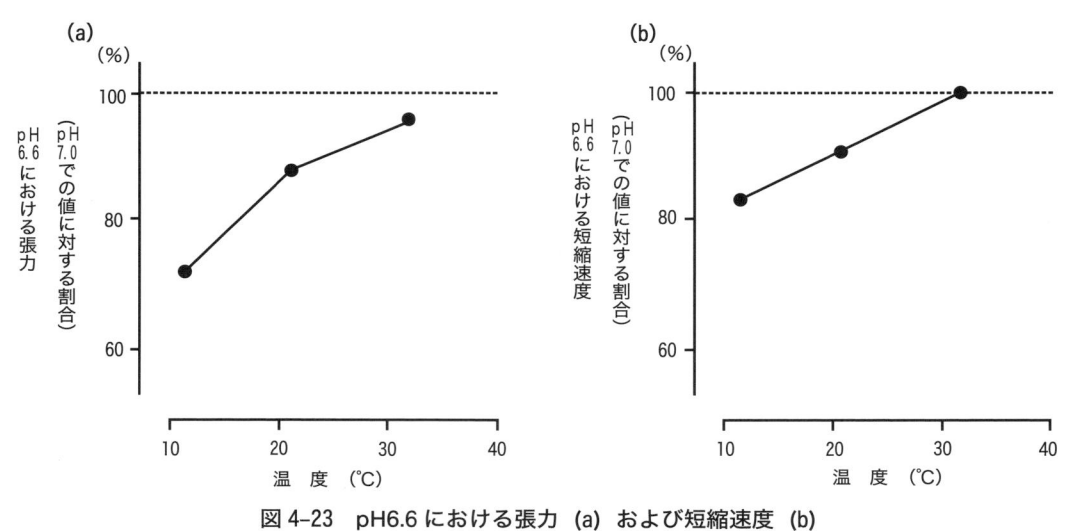

図 4-23　pH6.6 における張力 (a) および短縮速度 (b)

温度が低い条件下では，pH の低下によって張力および短縮速度は大きく低下するが，30℃ 以上の条件下では，両パラメーターとも pH 低下の影響をほとんど受けない。縦軸は，pH 7.0 のときの値を 100% としたときの相対値である。(Westerblad et al., 2002 [20]) を改変)

このため，運動中 PCr は漸減し，ほぼ枯渇状態となる（図 4-24b）。すると，十分な ATP が供給されなくなり，筋疲労が起こる。

(3) 無機リン酸の蓄積

安静時では，筋細胞内の無機リン酸（Pi）の濃度は 1〜3 mM であるが，強度の高い運動を行うと最大 30 mM 程度にまで高まる。これは，クレアチンキナーゼ（creatine kinase: CK）が関与した反応において，Pi が過剰に産生されるためである（図 4-24 a の反応 [2]）。高強度運動による筋疲労では，Pi の蓄積に起因する次のような現象が，張力低下の主な原因となる [20]。1) Pi の濃度が高まるとその一部は，高濃度の Ca^{2+} が存在する筋小胞体（SR）内腔へと流入する（図 4-5）。2) Pi は Ca^{2+} と結合しやすい性質を持っており，内腔において Pi-Ca^{2+} 結合物が形成される。3) 結合物となった Ca^{2+} は，細胞質へと放出されない。4) そのため，SR Ca^{2+} 放出チャネルが開口しても，細胞質の Ca^{2+} 濃度が十分高まらず，張力の低下が起こる（筋原線維の収縮力は Ca^{2+} 濃度によって制御されている：筋収縮のメカニズム参照）。Pi が蓄積しない CK 欠損動物では（図 4-24 a の反応 [2] が起こらないため，Pi は蓄積しない），収縮を繰り返しても収縮時 Ca^{2+} 濃度および張力は低下しない [20]（図 4-25）。このことは，Pi

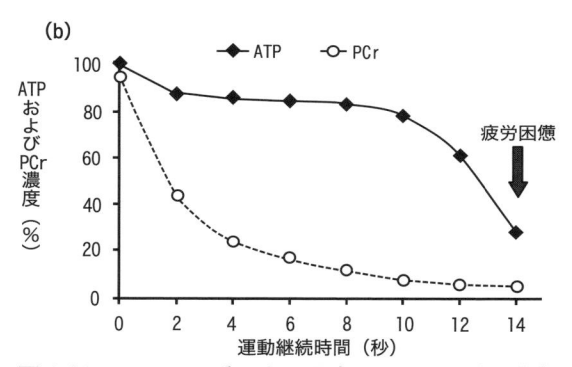

図 4-24　ATP-PCr 系による反応 (a) および運動中の ATP と PCr の濃度の変化 (b)

高強度運動では，ATP は PCr から供給される (a)。PCr が枯渇状態になると，十分な ATP が供給されなくなる (b)。ATP；アデノシン三リン酸，PCr；クレアチンリン酸，Cr；クレアチン，Pi；無機リン酸。(Wilmore and Costill, 1994 [21]) を改変)

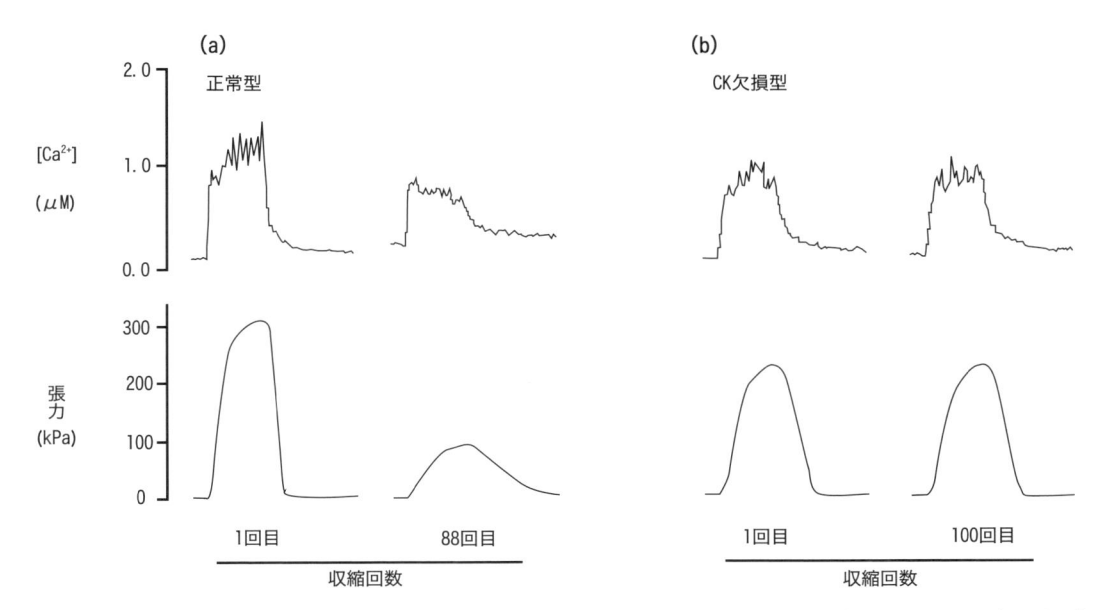

図 4-25　正常型 (a) およびクレアチンキナーゼ (CK) 欠損型マウス (b) の筋線維における張力および収縮時 Ca²⁺ 濃度（[Ca²⁺]）の変化

正常型では，収縮を繰り返すと，収縮時 [Ca²⁺] と張力の低下が起こる (a)。一方，CK 欠損型では，そのような変化が起こらない (b)。これは，CK 欠損型では，無機リン酸 の蓄積が生じないためである。(Westerblad et al., 2002 [20]) を改変)

の作用を裏づける事実である。

❷ 長時間運動による疲労

（1）ミトコンドリアの量

ミトコンドリアでは，酸素を利用して ATP が産生され，この反応は酸化的リン酸化（oxidative phosphorylation）と呼ばれる。長時間運動では，酸化的リン酸化によって，需要に応じた ATP が供給され続けることが，運動を継続するうえで必須である。したがって，ミトコンドリアを多く含んでいれば，酸化的リン酸化を介して，より多くの ATP を供給できることになる。需要に対して ATP の供給が下回ると，前述の Pi の蓄積が始まるため，筋疲労が起こる。ST 線維が高い疲労耐性を有している（疲労しにくい）のは（図 4-10），ミトコンドリアを豊富に含んでいるためである。

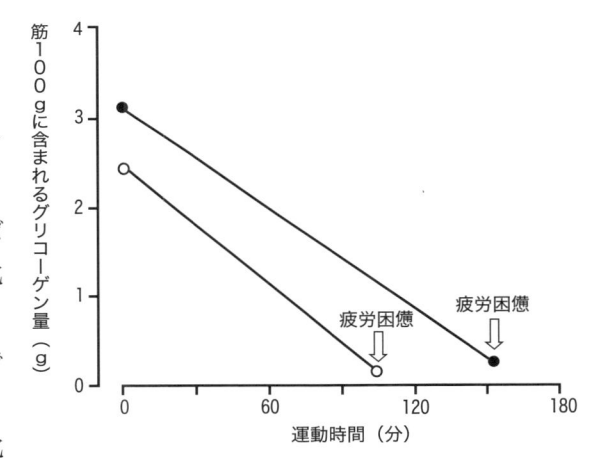

図 4-26　持久的運動（強度－75％最大酸素摂取量）における筋グリコーゲン量の変化

疲労困憊状態に達したとき，筋グリコーゲンはほとんど枯渇している。また，運動前の筋グリコーゲン量が多いほど，疲労困憊に至るまでの運動時間が長い。(Bergström et al., 1967 [2]) を改変)

（2）筋グリコーゲンの減少

マラソンのような長時間運動では，Pi の蓄積が起こらなくても筋疲労が生じることがある。このような運動では，疲労困憊時には，筋に含まれるグリコーゲン（glycogen）は，例

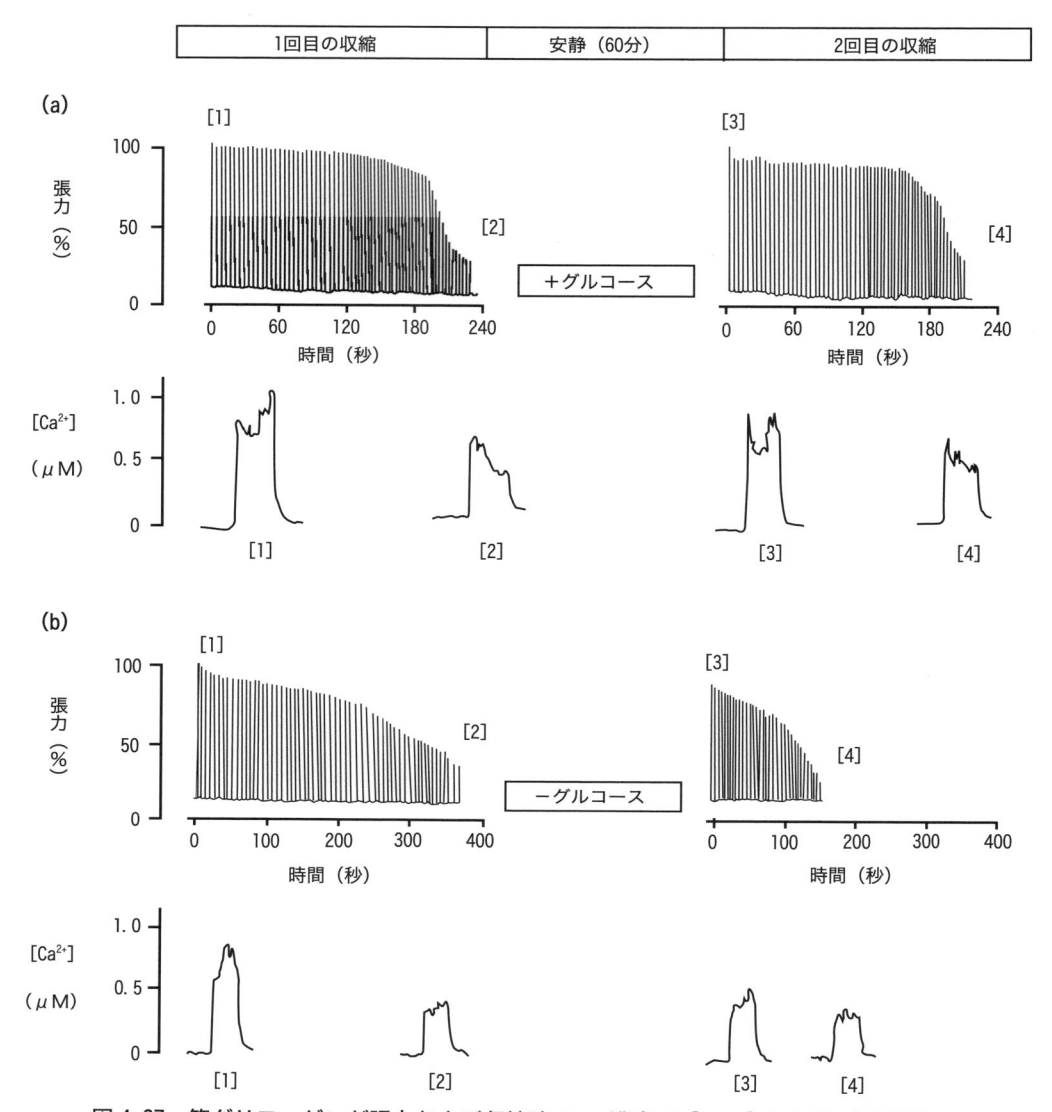

図4-27 筋グリコーゲンが張力および収縮時 Ca^{2+} 濃度（[Ca^{2+}]）に及ぼす影響

グルコースを含む溶液中で安静を保つと，2回目の収縮までに，張力および収縮時 [Ca^{2+}] は回復するが (a)，グルコースを含まない溶液中では (b) 回復しない。（Chin and Allen, 1997[4]) を改変）

外なくほぼ枯渇している（図4-26）。また，運動前の筋グリコーゲン量が多いほど，運動継続時間が長い。これらのことは，筋グリコーゲンの減少が筋疲労の要因であることを示すものである。

　グリコーゲンは，どのようなメカニズムで筋疲労を誘起するのであろうか。図4-27 は，1時間の安静をはさんで，筋線維を2回収縮させたときの張力と収縮時 Ca^{2+} 濃度の変化である。安静時の条件には2通りがあり，条件1では筋線維はグルコースを含む溶液中に（図4-27 a: +グルコース条件），条件2ではグルコースを含まない溶液中（図4-27 b: -グルコース条件）に置かれた。1回目の収縮で減少した筋グリコーゲン，張力および収縮時 Ca^{2+} 濃度は（図4-27 a, b-[2]），2回目の収縮開始までに，+グルコース条件では元のレベルにまで回復するの

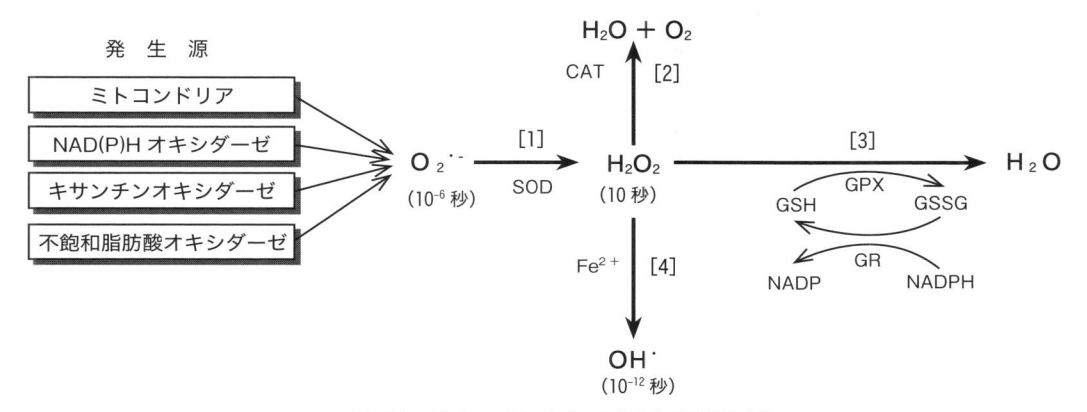

図4-28 筋内で産生される主な活性酸素種

筋内で産生される主な活性酸素種は，スーパーオキシド（$O_2^{·-}$），過酸化水素（H_2O_2），ヒドロキシルラジカル（$OH·$）などである。産生されたスーパーオキシドは，酵素（SOD，CAT，GPXなど）の働きで，水と酸素に変換される。過酸化水素は，2価の鉄イオン（Fe^{2+}）と反応すると，最も毒性の強いヒドロキシルラジカルになる。括弧中の時間は，細胞内における各活性酸素種の発生から消滅までの時間である。SOD；スーパーオキシドジスムターゼ，CAT；カタラーゼ，GPX；グルタチオンペルオキシダーゼ，GSH；還元型グルタチオン，GSSG；酸化型グルタチオン，GR；グルタチオンリダクターゼ。（Allen et al., 2008 [1]）を改変）

に対して（グリコーゲンはグルコースから合成される），－グルコース条件では十分回復しないことがわかる（図4-27 a, b-[3]，図4-27にはグリコーゲンの結果は示されていない）。

筋グリコーゲンの約80％は細胞内の器官に結合しており，それによって器官の構造は堅固に保持されている[1]。安静時では，ジヒドロピリジン受容体（DHPR）やCa^{2+}放出チャンネルにもグリコーゲンが付着しており（図4-5），その状態でこれらの器官は正常に機能している。筋グリコーゲンが減少すると筋が疲労するのは，これら二つの器官に付着しているグリコーゲンが低減すると器官の構造が変化し，DHPRからCa^{2+}放出チャンネルへのシグナル伝達が，十分に行われなくなるためであると考えられている。

❸ 共通の要因（活性酸素種）

活性酸素種（reactive oxygen species: ROS）とは，通常の酸素より反応性の高い酸素化合物の総称である。筋細胞内で産生される主なROSとしては，スーパーオキシド（$O_2^{·-}$），ヒドロキシルラジカル（$OH·$），過酸化水素（H_2O_2）があげられる。源は，スーパーオキシドであり，さまざまな発生源からこのROSが産生される（図4-28）。酵素（スーパーオキシドジスムターゼ，カタラーゼ，グルタチオンペルオキシダーゼ）の働きにより，スーパーオキシドは過酸化水素に（図4-28[1]），過酸化水素は水と酸素に変換される（図4-28[2], [3]）。また，過酸化水素は2価の鉄（Fe^{2+}）と反応すると，ヒドロキシルラジカルになる（図4-28[4]）。ここにあげた三つのROS間では，その毒性は，ヒドロキシルラジカル＞スーパーオキシド＞過酸化水素の順で高い。

安静時ではROSの産生量は少なく，スーパーオキシドは比較的早く水と酸素に変換される。しかし，筋収縮中ではその産生量が増加するため，アミノ酸や脂質と反応し，細胞内器官の機能の低下を招くことがある。この変化が，高強度運動および長時間運動の両方において，筋疲労の原因となる。Na^+-K^+ポンプ，SR Ca^{2+}-ATPaseあるいは筋原線維は，ROSによる修飾を受けやすい器官である[1]。

[3] 筋損傷の要因

❶ ポッピングサルコメア

短縮性収縮や等尺性収縮に比べて，伸張性収縮後では甚大な筋損傷がみられる場合が多い．図4-29は，伸張性収縮直後の筋原線維を電子顕微鏡で観察した画像である．周辺部の筋節（サルコメア）は正常であるが，中央部のものだけはその構造にみだれがみられる．なぜこのように一部の筋節だけに損傷が起こるのであろうか．伸張性収縮を行うと，筋節には，外部からの力と自分自身が縮もうとする力の二つが働き，きわめて大きな機械的ストレスがかかる．多数ある筋節の機械的な強度は必ずしも同じではなく，中には他と比べ弱いものがある．伸張性収縮時にこれらが外力に耐えきれなくなると，破壊されると考えられている．これをポッピングサルコメア（popping sarcomere）説という（popとははじけるという意味）．

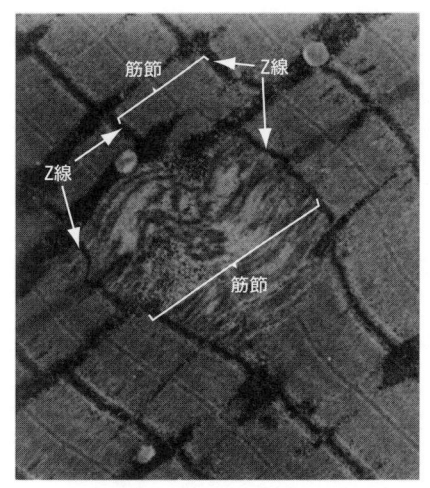

図4-29 伸張性収縮直後の筋の電子顕微鏡写真
中央部の筋節に構造の崩壊がみられる．
(Newham et al., 1983 [13] から：19,000倍)

❷ カルパイン

短縮性収縮と比べ伸張性収縮では，収縮後の張力の低下の程度が大きいばかりではなく，その回復に長時間を要する（図4-30）．タンパク分解作用を持つカルパイン（calpain）は，Ca^{2+}濃度の上昇によって活性化される酵素である．伸張性収縮後にみられる長期に渡る張力の低下に，このカルパインが関与していると考えられている．伸張性収縮を行うと，細胞外

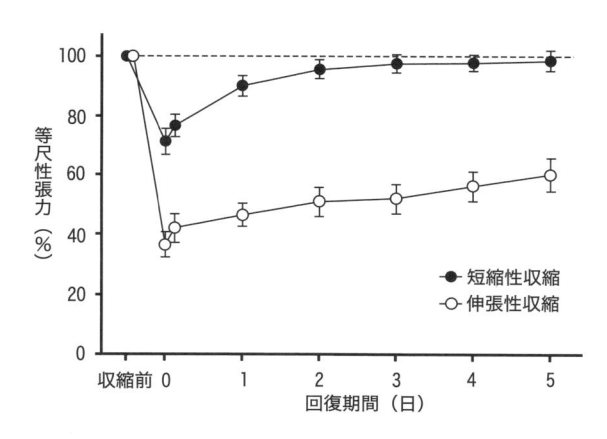

図4-30 短縮性収縮および伸張性収縮に伴うヒト肘屈曲力の変化
短縮性収縮と比べ伸張性収縮では，収縮後の張力の低下が大きいばかりではなく，その回復に長時間を要する．値は平均±標準誤差である．(Lavender and Nosaka, 2006 [10]) のデータをプロット）

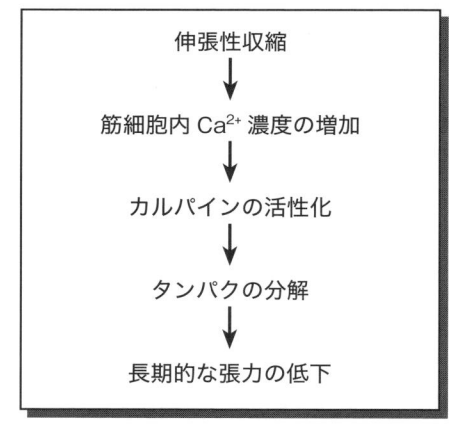

図4-31 カルパインの作用
伸張性収縮を行い筋細胞内のCa^{2+}濃度が増加すると，カルパインが活性化される．活性化されたカルパインは，筋タンパクを分解し，器官の機能低下を誘起する．分解されたタンパクの再生には時間がかかるため，張力の低下が継続する．

部からCa^{2+}が流入したり，筋小胞体のCa^{2+}取り込み・保持機能が低下したりして，細胞内のCa^{2+}濃度が高まり，この酵素が活性化される。カルパインによっていったんタンパクが分解されると，それに代わる新たなものが合成され，適切な位置に組み込まれなければならないため，機能の回復に時間がかかるのである（図4-31）。

（和田正信，神崎圭太，倉谷麻衣）

【引用・参考文献】
1) Allen, D.G. et al., Skeletal muscle fatigue: cellular mechanisms. Physiol. Rev. 88:287-332, 2008.
2) Bergström, J. et al., Diet, muscle glycogen and physical performance. Acta Physiol. Scand. 71:140-150, 1967.
3) Bottineli, B. et al., Force-velocity properties of human skeletal muscle fibres: myosin heavy chain isoform and temperature dependence. 1996, J. Physiol.495:573-586.
4) Chin, E.R. and Allen, D.G., Effects of reduced muscle glycogen concentration on force, Ca^{2+} release and contractile protein function in intact mouse skeletal muscle. J. Physiol. 497:17-29, 1997.
5) Faulkner, J.A. et al., Power output of fast and slow fibers from human skeletal muscle", p. 81-94, In: Jones, N. L. et al. eds. "Human muscle power. 1986, Human Kinetics.
6) Garnett, R.A.F. et al., Motor unit organization of human medical gastrocnemius. J. Physiol.287:33-43, 1978.
7) 福永哲夫編，『筋の科学事典―構造・機能・運動―』，2002年，505頁，朝倉書店．
8) 勝田茂，和田正信，「筋」，17-28頁，黒田善雄ほか編，『最新スポーツ医学』，1990年，文光堂．
9) Komi, P.V. and Bosco, C., Utilization of stored elastic energy in leg extensor muscle by men and women. Med. Sci. Sports10:261-265, 1978.
10) Lavender, A.P. and Nosaka, K., Changes in fluctuation of isometric force following eccentric and concentric exercise of the elbow flexors. J. Appl. Physiol.96:235-240, 2006.
11) MacDougall, J.D., Morphological changes in human skeletal muscle following strength training and immobilization. pp.269-288, In: Jones, N. L. et al. eds. "Human muscle power", 1986, Human Kinetics.
12) McComas, A.J., Skeletal muscle. 1996, pp.1-400, Human Kinetics.
13) Newham, D.J. et al., Ultrastructural changes after concentric and eccentric contractions of human muscle. J. Neurol. Sci. 61:109-122, 1983.
14) ロルフ・ヴィルヘード著，金子公宥監訳，『目で見る動きの解剖学』，1988年，103頁，大修館書店．
15) Saltin, B. and Gollnick, P.G., Skeletal muscle adaptability: significance for metabolism and performace. pp.555-631, In: Peachey, L.D. ed., Handbook of physiology, section 10, 1983, American Physiological Society.
16) シーブL.G.著，駒野徹ほか訳，『基礎生化学』，1989年，423頁，化学同人．
17) 杉晴夫，『筋肉はふしぎ』，2003年，199頁，講談社．
18) 和田正信，「筋パワー」，453-458頁，山崎昌廣ほか編，『人間の許容限界』，2005年，朝倉書店．
19) 和田正信，「筋小胞体」，97-101頁，宮村実晴編，『身体トレーニング』，2009年，真興交易医書出版部．
20) Westerblad, H. et al., Muscle fatigue: lactic acid or inorganic phosphate the major cause?. News Physiol. Sci.17:17-21, 2002.
21) Wilmore, J.H. and Costill, D.L., Physiology of sports exercise. 1994, pp.1-549, Human Kinetics.
22) 山本啓一，丸山工作，『筋肉』，1986年，124頁，化学同人．

第5章

運動とエネルギー

1 筋収縮とエネルギー産生

　筋収縮には莫大なエネルギーが必要である。歩行のような軽運動でも安静時の3〜5倍，ジャンプやダッシュ運動では瞬間的に数十倍のエネルギーを必要としているがこれらのエネルギーはすべてアデノシン三リン酸（adenosine triphosphate: ATP）という高エネルギー結合を持つ物質でまかなわれている。図5-1に示したように，ATPはアデニール基に三つのリン酸が結合しているがリン酸どうしの結合に高エネルギーが含まれている。このATPがアデノシン二リン酸（adenosine diphosphate: ADP）に分解するときにエネルギーが生まれる（さらにADPからアデノシン一リン酸（adenosine monophosphate: AMP）に分解するときもエネルギーが供給され，このエネルギーはADPからATPに再合成するために使われる）。

　しかし骨格筋に貯蔵されている全ATP量はわずかで，歩行で数十メートルの移動ができる程度にすぎないし，ジャンプやダッシュであればたかだか1〜2秒で消耗してしまう。もしそれらを使いきってしまえば，筋収縮を継続できない。そこで身体はATPを一定に保つように即座にADPをATPに再合成する巧妙な仕組みを持っている。

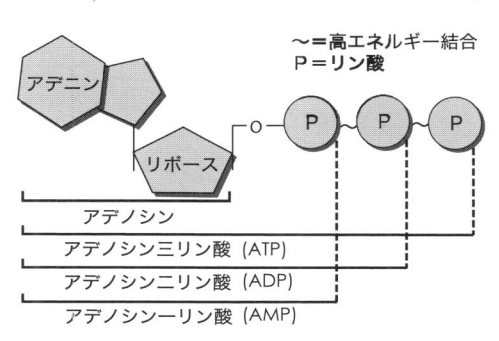

図5-1　アデノシン三リン酸（ATP）の構造

[1] 無酸素性エネルギー産生

　軽強度の運動であればATPの再合成に必要なエネルギーは，後ほど詳しく述べるように酸素で食物から得たエネルギー源を酸化してまかなう。しかし呼吸を止めても数十秒の全力疾走が可能である。それは酸素がない状態でも（無酸素性：anaerobic）ATPを合成できるからである。このように無酸素性にATPを再合成する仕組みには非乳酸性機構と乳酸性機構の二つの機構がある。瞬発的に爆発的なエネルギーを供給できるのは無酸素性エネルギー供給機構のおかげである。

❶ 非乳酸性機構（ATP-CP系）

骨格筋にはATP以外にクレアチンリン酸（creatine phospate: CP）という高エネルギーリン酸化合物がある。その量はATPの約3～5倍である。ATPが分解すると即座にCPが分解しATPを再合成するエネルギーを供給する（図5-2）。図5-3にはダッシュ時のATPとCPの変化を示した。運動開始とともにCPの分解が起こり，数秒でCP量が著しく低下している。量的にはCPで6～8秒の全力疾走をまかなわれる程度である。

❷ 乳酸性機構

非乳酸性機構に加え，無酸素性に糖（グリコーゲンやグルコース）を分解してATPを再合成する（図5-4）。この過程を解糖といい，糖から十数段階の化学反応を経てATPを再合成するエネルギーを得る。解糖の最終産物が乳酸であるので乳酸性機構と呼ばれる。

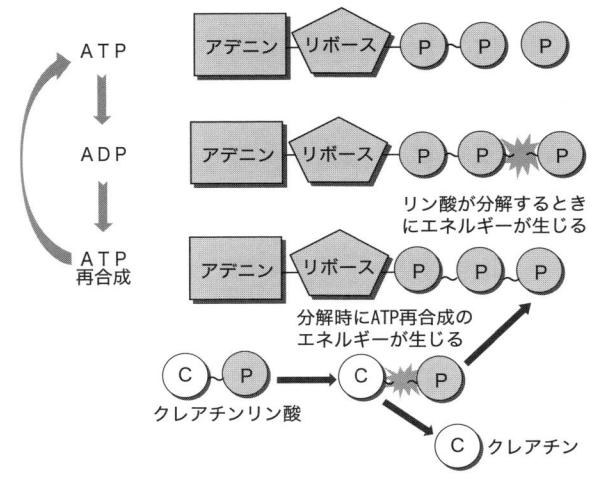

図5-2　クレアチンリン酸 (CP) によるATPの再合成

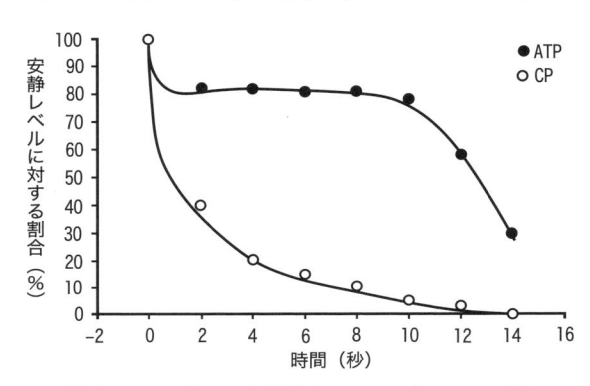

図5-3　スプリント運動時のATPとCPの変化
(Wilmore, J.A. et al., Phyciology of Sport and Exercise. 1994[17] より)

身体は食物から摂取した糖（エネルギーが豊富に含まれている）を肝臓と骨格筋にグリコーゲン（グルコースが数珠つなぎになっている）として貯蔵している。また血中にはグルコースが存在するがこれは食物の消化吸収したものと肝臓のグリコーゲンが分解したものである。骨格筋は貯蔵しているグリコーゲンや血中のグルコースを利用して無酸素状態でも乳酸性機構により即座にATPを再合成できるので，爆発的なエネルギーを必要とする運動を数十秒間続けることができる。

乳酸性機構は非乳酸性機構と比べてはるかに複雑である。筋収縮でATPが分解すると骨格筋内に貯蔵されているグリコーゲンが分解し，また血中から取り込まれたグルコースがグルコース6リン酸になる。グルコース6リン酸が図5-4に示されたように分解されピルビン酸を経て乳酸になる過程でATPの再合成に必要なエネルギーが供給される。それぞれの化学反応には特有の酵素が必要である。

ところで，無酸素状態ではグリセルアルデヒド-3-リン酸から1, 3ビスグリセリン酸に変化するときNADという補酵素に水素を受け渡す必要がある（図5-4）。解糖ではピルビン酸にまで分解される過程でATPの再合成が行われるが，ピルビン酸から乳酸に変化するのはNADHから水素を抜き取りNADにもどさなければ解糖が進まないからである。

グルコース6リン酸からピルビン酸にまで分解される過程で1モルのグルコース6リン酸

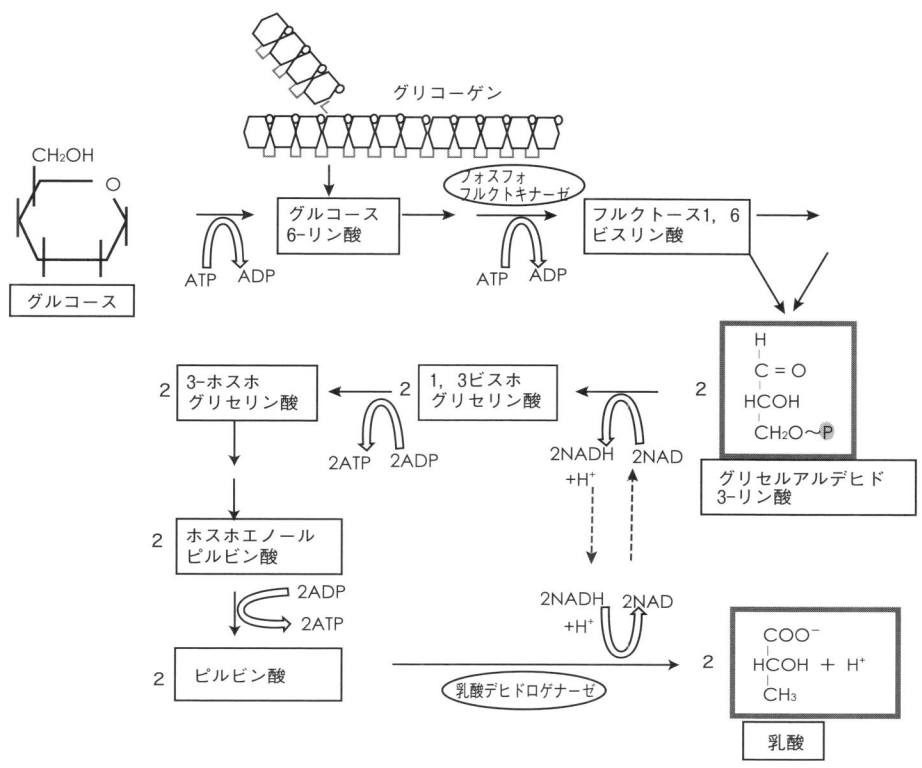

図 5-4 乳酸性機構による ATP の再合成

から3モルの ATP が合成される。ただしグルコースはグルコース6リン酸になる過程で ATP を消耗する。したがって，1モルのグルコースからは解糖で2モルの ATP が産生される（一方グリコーゲンはグルコース6リン酸に分解されるときに ATP の消耗がないので3モルの ATP が産生される）。

❸ピルビン酸

非乳酸性機構と乳酸性機構によ

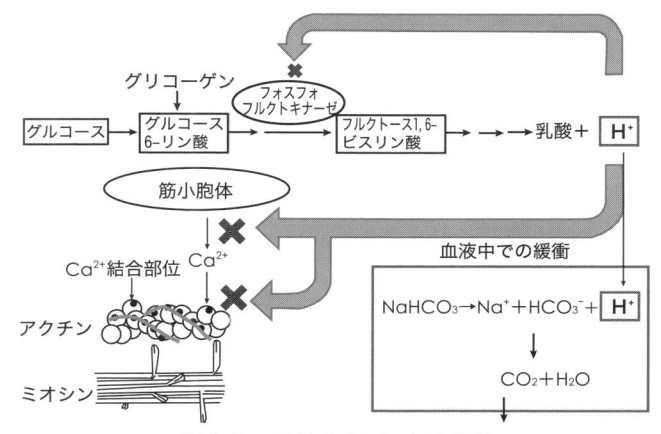

図 5-5 水素イオンによる疲労

ってかなり高いパワーを1〜2分発揮できる。しかしそれ以上長くなると疲労のため運動を中止せざるをえない。なぜだろう？

400 m を全力で走るような激しい運動をすると，乳酸性機構の動員で乳酸が安静時に比べて25倍ほど蓄積する。乳酸が蓄積すると水素イオン（H^+）を解離する（乳酸 $CH_3CH(OH)COOH \rightarrow CH_3CH(OH)COO^- + H^+$）（図 5-5）。水素イオンが過剰に蓄積し，筋肉は酸性に傾く。実際に筋内の pH は安静時の7.0から激しい運動時には6.4まで下がる。このような状態では，次のような仕組みで筋収縮ができなくなる。水素イオンは解糖のスピードを

制御している酵素（律速酵素）であるフォスフォフルクトキナーゼ（phosphofructkinase: PFK，フルクトース6リン酸からフルクトース1,6二リン酸の反応を触媒する）を阻害し，解糖でのエネルギー供給が抑制されてしまう（図5-5）。水素イオンはさらに筋収縮を直接阻害する（水素イオンは筋小胞体のカルシウム結合能力を増強するため筋小胞体からのCa^{2+}の放出量が減少する。加えてアクチンとミオシンの連結を阻害する）（図5-5）。このように激しい運動で蓄積する乳酸そのものは害ではないが，解離する水素イオンによって疲労が起こるので運動を中止せざるをえない。

しかし，筋肉内あるいは血中には過剰に水素イオンが蓄積し酸性に傾くのを防ぐ機構がある。それを緩衝という（図5-5）。たとえば血中に存在する重炭酸イオン（HCO_3^-）は，乳酸から水素イオン（H^+）が解離すると次のように反応し，水素イオン濃度を下げる。

$$HCO_3^- + H^+ \rightarrow H_2O + CO_2$$

陸上競技の400 m，水泳競技の100 m，あるいはスピードスケートの500 mなどで高いパフォーマンスを発揮できる一流選手は緩衝能力が高い。

［2］有酸素性エネルギー産生

骨格筋は長い時間活動するためにATPの安定供給がなされなければならないが，それを担うのが有酸素性エネルギー産生である。空気中から取り込んだ酸素で消化吸収した栄養素（糖ばかりでなく脂肪やときにはタンパク質も）を水と炭酸ガスまで分解しATPを再合成してエネルギーを生み出す仕組みである。これは骨格筋細胞内の小器官であるミトコンドリアの中で行われる。持久力は酸素の取り込み量とともにミトコンドリアの量や機能に依存することになる。その過程はきわめて複雑であるが，いわば生命の根幹にかかわるのでしっかり理解したい。

❶ 糖の利用

有酸素状態でも最初のステップは同じステップを経る。無酸素性エネルギー産生の乳酸性機構ではグルコース6リン酸からピルビン酸に分解する過程でATPが再合成された。酸素の存在下ではピルビン酸はミトコンドリアに取り込まれ，アセチルCoAと呼ばれる化合物に変換される。続いてTCAサイクル（またはクレブスサイクル）と電子伝達系と呼ばれる複雑な反応系を通して水と炭酸ガスまで分解し，膨大なATPを再合成するエネルギーを得る。無酸素性エネルギー産生の乳酸性機構では1モルのグルコース6リン酸からわずか3モルのATPを供給するにすぎなかった。しかし，有酸素性には1モルのグルコース6リン酸から39モルものATPを供給できるのである（図5-6）。

(1) TCAサイクル

アセチルCoAがクエン酸に変換され複雑な一連の反応で分解する過程である。このサイクルで少量のATPと水素炭素が生成される（炭素は酸素と結合しCO_2になる）。

(2) 電子伝達系

解糖とTCAサイクルで生成された水素がNADとFADと呼ばれる補酵素と結合し，ミトコンドリアの内膜に運ばれる。ここで水素はミトコンドリアの内膜の酵素に電子を渡し，い

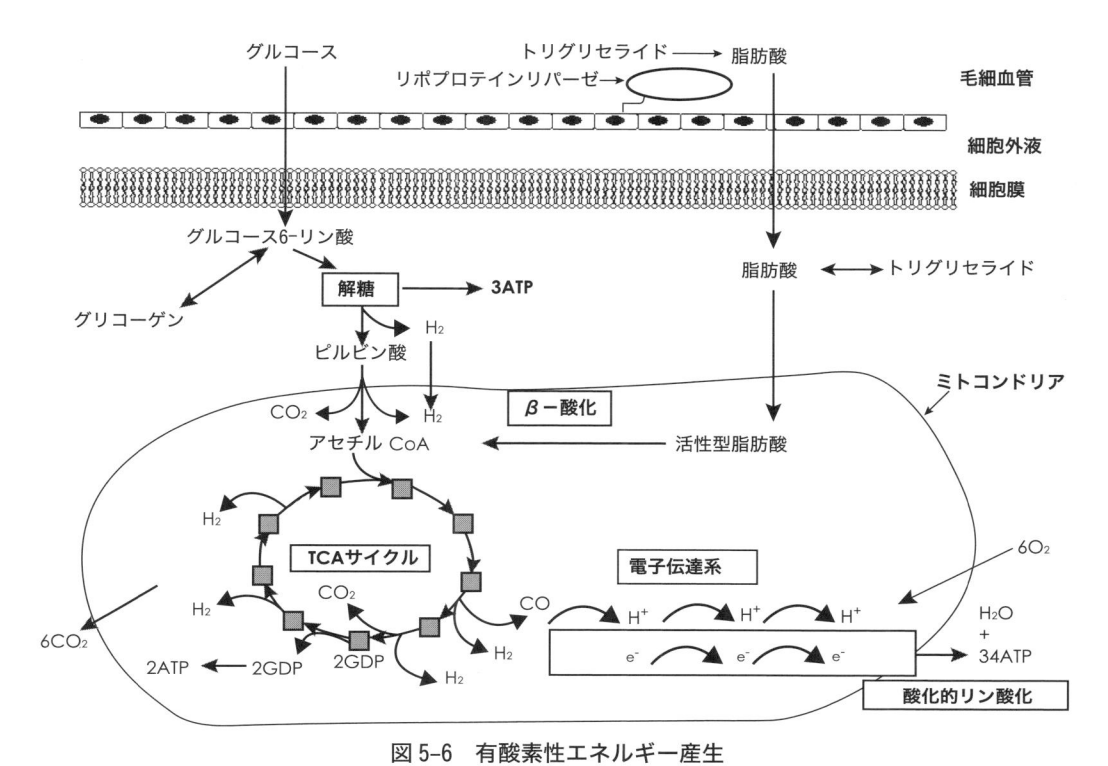

図 5-6 有酸素性エネルギー産生
ミトコンドリア内でTCAサイクルと電子伝達系により多量のATPが再合成される。水素（H_2）はNADまたはFADにより運ばれる。

くつかの反応を経て最終的に酸素と結合し水となる。この過程を電子伝達系という。このときに生じるエネルギーを利用しATPを合成する。この最終反応を酸化的リン酸化と呼ぶ。

❷脂肪の利用

　有酸素性では脂肪からもATPの再合成のエネルギーを得ている。グリコーゲンによるエネルギー貯蔵量は限られているが（およそ2000kcal），脂肪によるエネルギー貯蔵量（脂肪組織1kgあたり7000kcal）は膨大である。長時間運動時にグリコーゲンを使い切ってしまえば運動を中止せざるを得ない。したがって，マラソンのような長時間の持久力は脂肪をエネルギーとして利用できる能力に依存する。エネルギーとしての脂肪はトリグリセライド（グリセロール基に三つの脂肪酸が結合したもの）で，体脂肪組織に多く貯蔵され，リパーゼの働きでグリセロールと脂肪酸に分解され血中に拡散する。また，血中にも少量ではあるがトリグリセライドが存在している。血中のトリグリセライドは骨格筋の毛細血管壁に存在するリポプロテインリパーゼの働きで脂肪酸とグリセロールに分解される（図5-6）。血中の脂肪酸は骨格筋内に存在する脂肪輸送タンパク質で骨格筋内に取り込まれ，エネルギーとして使われるか，再び脂肪に合成され貯蔵される（なお血中のグリセロールは肝臓にとりこまれグルコースに変換される（糖新生））。

　脂肪酸はミトコンドリア内で酸化され多くのATPを再合成する。その過程はミトコンドリアの膜を通過する反応とβ-酸化と呼ばれる反応で最終的にアセチルCoAを遊離し，糖と同様TCAサイクルと電子伝達系で酸化的リン酸化反応を受け多くのATPを再合成する。

2 生命維持・身体活動のためのエネルギー量

[1] 基礎代謝量

覚醒状態で身体が生命維持のために最低限必要なエネルギー需要量を基礎代謝量という。適度な温度環境で少なくとも12時間以上の絶食と8時間以上の睡眠直後にベッドに仰臥した状態で計測する。

基礎代謝量は除脂肪体重量に比例する。筋肉量が多い人は基礎代謝量が高いし、男性に比べて脂肪の多い女性は同じ体重であれば基礎代謝量は低い。

また、基礎代謝量は体表面積に比例する。体表面積が広ければ広いほど皮膚から体熱が奪われるので、体温を一定に保つためにそれに比例して熱産生が行われ、基礎代謝が増える。

[2] 安静代謝量

厳密に基礎代謝量を測定するには前日からベッド安静にしなければならない。実際それは非常に困難なために、基礎代謝量の測定に準じ、早朝空腹時に座位安静状態で計測された代謝量を安静代謝量と定義している。

[3] 食餌誘発性体熱産生

摂取した食餌の消化、吸収、輸送、代謝、貯蔵に使われるエネルギー代謝量をいう。それは1日のトータルエネルギー消費量のおよそ10%程度に相当する

[4] Mets

運動時の代謝量を安静代謝量で除した値である。運動強度の指標として広く使われている。さまざまな身体活動時のMets強度を表5-1に示した（1 Mets = 3.5 ml/kg・分）。

表5-1 さまざまな身体活動時のMets強度

メッツ	歩行 km/時	ランニング km/時	ベンチステップ運動 cm	回数 (beats/分)
3	4	2	20	10（40）
4	5強	3	20	15（60）
5	6強	4	20	20（80）
6		5	20	25（100）
7		7	20	30（120）
8		8	25	30（120）
9		9	30	30（120）
10		10		

Mets強度の運動を持続した時間をかけた値、Mets・時は運動量を表す。Mets・時 1 Mets・時はおよそ1 kcal/kgであるのでエネルギー換算が容易にできる利点がある[脚注1)]。

たとえば4 Metsのウォーキングを1時間継続したとしよう。これは4 Mtes・時であるから4 kcal/kgである。8 Metsのジョギングを30分行った場合も4 Mets・時である。身体活動に伴う

---

1) 1 Metの酸素の消費量は3.5 ml/kg・分 × 1 Mets × 60分 = 211 ml/kg = 0.211 L/kgである。酸素1Lの酸化でまかなえるエネルギー量は糖の場合5 kcal、脂肪の場合4.7 kcalである。運動中のエネルギー源がすべて糖あるいは脂肪でまかなえたとすると、トータルのエネルギー消費量は次のようになる。

　糖の場合　　：0.21 L/kg × 5 kcal/L=1.055 kcal/kg
　脂肪の場合：0.21 L/kg × 4.7 kcal/L=0.992 kcal/kg

　実際には、どちらがどれだけ燃えるかは食事とのタイミング、運動強度、時間によって異なるので、1 Mets・時はおよそ1 kcal/kgと考えてさしつかえない。

エネルギー消費量はいずれも，

4 Mtes・時のエネルギー消費量＝

4 Mets・時× 1 kcal/kg ×体重（kg）

このエネルギー消費量は安静時のエネルギー消費量も含まれるので身体活動に伴う正味のエネルギー消費量は若干異なる。図5-7に示したように，安静時のエネルギー消費量は4 Mets・時の場合1 Mets・時であるが8 Mets のジョギングの際には0.5 Mets・時である。したがって，正味のエネルギー消費量は8 Mets・時のジョギングのほうが若干多くなる。

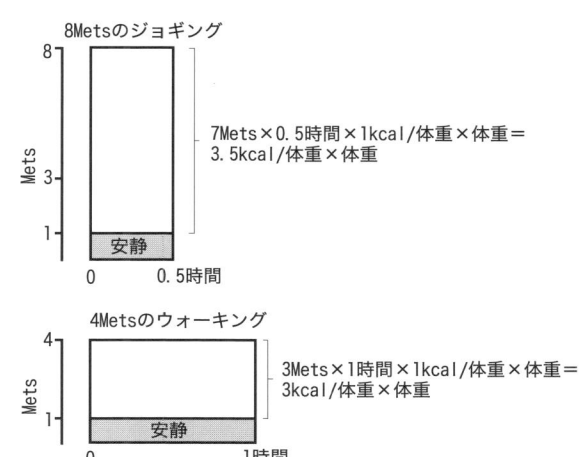

(田中宏曉)

図5-7　4 Mets のウォーキングと8 Mets のランニングを Mets・時行った場合の身体活動に伴う正味のエネルギー消費量

3　運動のためのエネルギー量

ヒトは，座位安静時，体重1kg 当たり毎分およそ3.5 ml の酸素を摂取している。運動時には，主体となる骨格筋に加え，呼吸筋，心筋，脳など，活動に関与するすべての組織や器官のエネルギー消費が安静時の数倍から数十倍に増加する。しかし，各組織や器官別にエネルギー消費量を測定することは困難なため，運動中や運動後の呼気ガス濃度と換気量を測定することで，全身の酸素摂取量をエネルギー消費量として評価する場合が多い。

[1] 酸素借と酸素負債

運動を開始すると酸素摂取量が増加するが，運動開始初期には酸素必要量と酸素供給量との間に差が生じる（図5-8a）。この運動初期の酸素摂取の不足分を酸素借という。この酸素借は，運動終了後に返済することになり，運動終了後，徐々に安静レベルまで戻るまでの酸素摂取量の総和を酸素負債という。借りた酸素量を運動後に負債として返済する，ということから酸素借は酸素負債に等しいと考えられていた。しかし，実際に

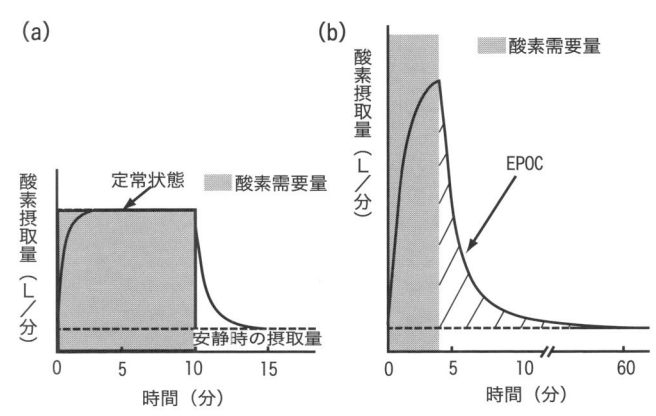

図5-8　最大下 (a) および超最大運動強度 (b) における酸素摂取量と酸素需要量の関係

いかなる運動も運動開始直後は，酸素摂取量と酸素需要量は不均衡の状態にある。両者の不均衡分は無酸素性エネルギー供給系によって充当される。

測定すると，特に高強度の運動では酸素負債が酸素借を大きく上まわることが明らかとなった。その理由としては，クレアチンリン酸の再補充やグリコーゲンの再合成に利用されるほか，運動による体温の上昇，カテコールアミンや甲状腺ホルモンの増加による脂肪酸燃焼の亢進などが考えられている。したがって，酸素借＝酸素負債という概念では説明できない事象が観察されるようになり，酸素負債という用語とは別に，運動後に持続する酸素摂取量の高値を EPOC (excess post-exercise oxygen consumption) と表すようになった[4]。

[2] 酸素需要量

酸素需要量は，酸素借＋酸素摂取量で表される。運動を開始すると酸素摂取量は増加し，最大下の運動強度では，3～4分経過すると一定となる。これを定常状態という（図5-8a）。定常状態が出現する運動では，運動に必要な酸素量と実際に摂取される酸素量が等しくなる。したがって，酸素需要量は，運動初期の酸素借と運動中に摂取した酸素摂取量の総和である。一方，最大下の運動でも最大に近い強度，あるいは最大以上の強度では，酸素の供給が不足し定常状態が出現しない。そのため，運動に必要な酸素量を評価できない。このような場合は，最大下の運動時では運動強度に比例して酸素摂取量が増加する，という関係を一次回帰式に示し，定常状態が得られない強度の運動でも外挿法により酸素需要量の推定を行う（図5-9：トレッドミルスピードと酸素需要量の関係）。この推定法は，運動強度が変化しても機械的な効率は等しい，という前提に立っており，実際に測定した報告ではトレッドミルランニング時の機械的効率は速度を上げても大きな差を認めていない[11]。

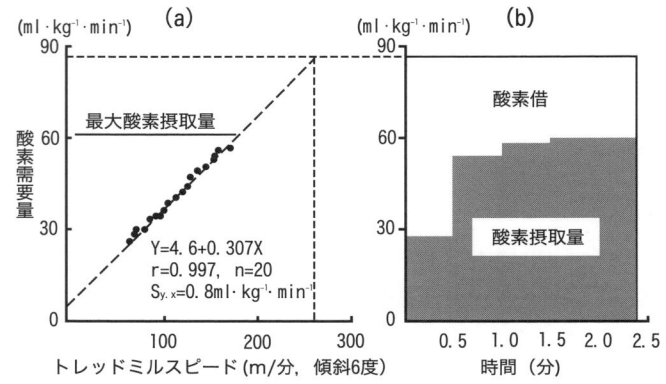

(a) 酸素需要量はトレッドミルランニング速度比例の関係にある。
(b) 酸素借は，酸素需要量 - 酸素摂取量の積分値で求める。

図 5-9 酸素借の測定原理

2分から3分程度で疲労困憊に至るようなトレッドミルランニングを行い，酸素摂取量とトレッドミル速度の一次関係式を求め，外挿法により超最大運動時の酸素需要量を推定する。

回帰式: $Y = 4.6 + 0.307X$, $r = 0.997$, $n = 20$, $S_{y,x} = 0.8 \text{ ml} \cdot \text{kg}^{-1} \cdot \text{min}^{-1}$

[3] 酸素摂取量

運動中の酸素摂取量は，①換気量と酸素摂取率の積，あるいは，②心拍出量と動静脈酸素較差の積で求めることができる。一般的に広く用いられている方法は，①の肺でのガス交換を測定する方法である。具体的な測定には，呼気量をダグラスバックやフローセンサーなどを用いて測定し，呼気ガス濃度（酸素と二酸化炭素）は，質量ガス分析器などを用いて測定する（図5-10）。

酸素摂取量は運動強度に比例して増加するが，ある強度以上になると酸素摂取量の増加率が低下して（leveling off），やがて増加が認められなくなる（plateau）。このときの酸素摂

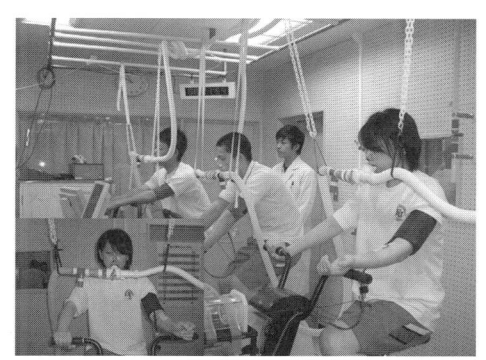

図5-10 運動負荷試験の酸素摂取量測定例

図5-11 ダグラスバック（左）と質量分析器（右）

取量の最高値を最大酸素摂取量（maximal oxygen uptake: $\dot{V}O_2max$）と表し，有酸素作業能の指標や健康度の指標として広く用いられている。

❶ 最大酸素摂取量の測定

(1) 運動負荷装置

運動負荷試験に用いられる装置として，自転車エルゴメーター，トレッドミル（ランニングエルゴメーター），スイムミル（スイムエルゴメーター），ローイングエルゴ

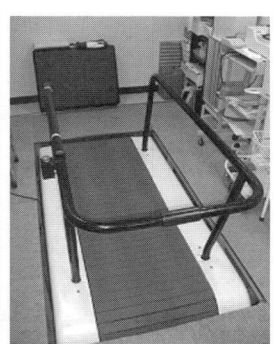

図5-12 運動負荷試験に用いる自転車エルゴメーター（左）とトレッドミル（右）

メーターなどがある。エルゴメーターとは，一定の物理的運動負荷を与えることができる装置のことである。運動負荷試験には，それぞれの運動様式に従い，正確な負荷を制御できる機器を用いることが重要である（図5-12）。

一般的に，トレッドミルを用いて測定した最大酸素摂取量は，自転車エルゴメーターに比べて10％ほど高いことが知られている。これは，動員される筋肉量の違いや運動様式の慣れが関係している。したがって競技者を対象とした測定には，トレーニング様式を考慮して運動負荷装置を選択する野が望ましい。たとえば自転車競技者であれば，自転車エルゴメーターを，陸上長距離選手ではトレッドミルを，水泳選手ではスイムミルを選択する。

(2) 運動負荷方法

運動負荷試験では，目的別にいろいろな負荷方法（プロトコール）が用いられる。①単一段階の固定負荷法，②負荷を一定の時間（3～4分）ごとに連続して増加させる連続式漸増負荷法，③休息をはさみ，負荷を増加させる間欠式（断続的）漸増負荷法，④負荷を数秒～1分ごとに連続して増加させるramp負荷法（連続式漸増負荷法），などがある（図5-13）。

①の固定負荷法は，一定負荷量に対する生体反応，たとえば一定スピードでランニングを行ったときの酸素摂取量からランニングの経済性を比較する場合に用いられる。②と④の漸増負荷法は，最大酸素摂取量を測定する負荷方法として一般的に用いられている。③の間欠式漸増負荷法は，運動中の生体反応を測定したいが，測定法の困難さから実際に測定できな

①固定負荷法　　②連続漸増負荷法　　③間欠式漸増負荷法　　④ramp負荷法

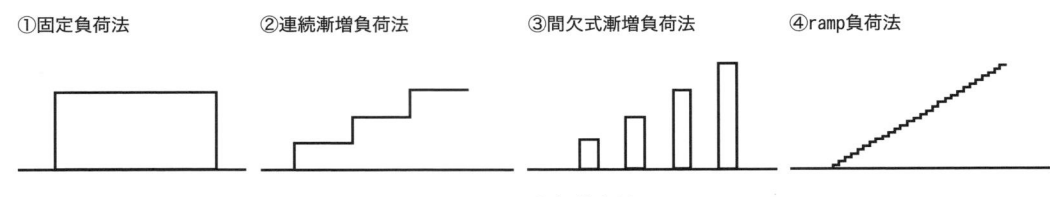

図 5-13　運動負荷方法

い場合に，運動直後に測定することで運動中の反応を推定する場合などに用いられる。

❷ 直接法による最大酸素摂取量の測定

対象者を疲労困憊（exhaustion または all-out）に追い込みながら，先述した運動負荷装置や測定機器を用いて，呼気ガス濃度，換気量，心拍数，血中乳酸値および自覚的運動強度（あるいは主観的運動強度，rating perceived exertion: RPE）を測定する。最大酸素摂取量の判定基準として広く用いられている方法は，①酸素摂取量のプラトーあるいはレベリングオフ，②呼吸商が1.10以上，③年齢別予測最大心拍数の10拍/分以内，④血中乳酸値が8.0 mmol/L以上，⑤RPEが18以上，などが用いられている（表5-2）[12]。

❸ 間接法による最大酸素摂取量の測定

最大酸素摂取量を直接法で測定するためには，自転車エルゴメーターやトレッドミルなどの運動負荷装置，呼気ガス分析機器，判定基準として用いられる血液乳酸測定機器など，高価な機器を揃える必要がある。また，これらの精密機器を巧みに操作するための測定技術の獲得や測定環境を一定にするための恒温室の設置などがデータの精度管理のため求められる。したがって，実際に測定可能な施設は限られている。そのため，フィールドテストなどで推定する方法が開発されてきた。また，最大酸素摂取量は持久力の指標であるばかりでなく，生活習慣病の罹患リスクとの関連性も認められており，一般健常者を対象とする場合には，簡易でかつ安全な測定方法が求められる。

(1) 12分間走による推定法

アメリカ空軍医のクーパー（Cooper, K.H.）[6]は，12分間に走った距離から最大酸素摂取量を推定した。高価な機器は必要とせず，12分間で評価できることから，多人数を一度に測定する点で優れている。しかし，中高年者や心疾患リスクのある人には危険を伴うため，だれでも実施可能なテストとはいえない。

(2) 20 mシャトルランテスト

新体力テストにも採用されているテストで広く利用されている推定法である。測定方法は，20 m間隔で2本の平行線を引き，一方の線からスタートし漸増するリズムに合わせた往復走を疲労困憊に至るまで実施する。折り返しの総回数から最高疾走距離を求め，最大酸素摂取量の推定式に代入することで求められる。推定式はいくつか報告されているが，20 mシャトルランテストを最初に報告したリーガー（Leger, L.A.）ら[9]の推定式は以下のとおりである。

$$\dot{V}O_2max\ (mL/kg/min) = 5.857x - 19.458$$

この方法も全力を出し切るテストであるため，12分間走と同様，"だれにでも"というわけにはいかない。

表 5-2　最大酸素摂取量決定のためのクライテリア

指標	定義	MSSE 1993-4	MSSE 2005-6	四つの学術雑誌* 2005-6
記述なし		7	22	128
$\dot{V}O_2$ のプラトー	特記なし	3	7	28
	完全なプラトー	1	0	2
	≤ 2.1 mL/kg/min	4	1	10
	≤ 100 mL/min	0	0	5
	≤ 150 mL/min	3	1	14
	≤ 200 mL/min	0	1	2
	≤ 280 mL/min	1	0	0
血中乳酸値	≥ 10 mmol/L	0	0	3
	≥ 8 mmol/L	1	1	6
呼吸商	≥ 1.20	0	0	1
	≥ 1.15	0	0	9
	≥ 1.13	1	0	0
	≥ 1.12	0	0	1
	≥ 1.10	7	13	55
	≥ 1.08	0	0	1
	≥ 1.05	2	0	3
	≥ 1.00	4	1	5
心拍数	プラトー	1	1	4
	年齢予測最大心拍数の ± 5 拍/分	3	3	3
	年齢予測最大心拍数の ± 10 拍/分	0	1	16
	年齢予測最大心拍数の ± 15 拍/分	1	0	0
	年齢予測最大心拍数の 100% 以上	2	1	13
	年齢予測最大心拍数の 95% 以上	0	1	8
	年齢予測最大心拍数の 90% 以上	3	1	11
	年齢予測最大心拍数の 85% 以上	0	1	3
	年齢予測最大心拍数の 1 標準偏差内	0	0	1
	年齢予測最大心拍数に近似	0	0	1
RPE	≥ 19	―	1	1
	≥ 18	―	2	5
	≥ 17	―	0	1
その他		―	5	30

Howley らのレビューに Midgley ら[12] が加筆。
MSSE: Medicine and Science in Sports and Exercise
＊：インパクトファクターをもとに "sports science" と "applied physiology" について四つ雑誌を抽出
―：Howley らの論文には記述なし

(3) トレッドミルランニングテスト

このテストにはトレッドミルが必要となるため，どこでも行えるテストではないが，呼気ガス分析器などの高価な装置を必要としないという利点がある。ブルース（Bruce, R.A.）ら[5]は，3 分ごとに速度と傾斜角度を漸増させ，疲労困憊に達するまでの持続時間（x：秒）から最大酸素摂取量を推定する方法を考案した。

$$\dot{V}O_2max\ (ml/kg/min) = 6.70 - 2.82 \times k + 0.056\ x \quad (k は係数：男 1，女 2)$$

トレッドミルランニングテストのほかに，自転車エルゴメーターを用いた方法もある[15]。

(4) ステップ台および自転車を用いたテスト

オストランドとリミング（Åstrand, P.O. & Ryhming, I.）[2] によって 1954 年に開発されたノモグラムがよく知られている。これは，ステップテストや自転車駆動中に得られた心拍数と仕

第5章 運動とエネルギー

事率との関係から酸素摂取量を推定する方法である。この方法は、心拍数と仕事率との関係は直線関係であること、同性、同年齢であれば最高心拍数はほぼ等しいという前提に基づき、6分間の運動負荷中の最後の1分間の心拍数を測定値として、ノモグラムを用いて算出する。初期のノモグラムは限られた年齢層から得られたデータをもとに作成されたが、後に年齢補正の修正式が発表されている[3]（図5-14）。

ステップテストは、ステップ台の高さや昇降するリズムを漸増することで、廉価でどこでも気軽に行うことができる運動負荷試験である。仕事率は、台高×毎分当たりの昇降回数×体重で求めることができる。アメリカスポーツ医学会のガイドラインに示された推定式を用いると、仕事率に対する推定酸素摂取量を算出することができる。仕事率と運動時の心拍数は比例の関係にあることを利用し、疲労困憊に至らない最大下の運動負荷でも運動時の心拍数変化から年齢ごとの推定最高心拍数に相当する仕事率を求め、換算式を用いて最大酸素摂取量を推定することができる[1]（表5-3）。トレッドミル走行時の仕事率と酸素摂取量との関係式も報告されており、最大下の運動負荷試験による最大酸素摂取量の推定が可能である。ただし、年齢に

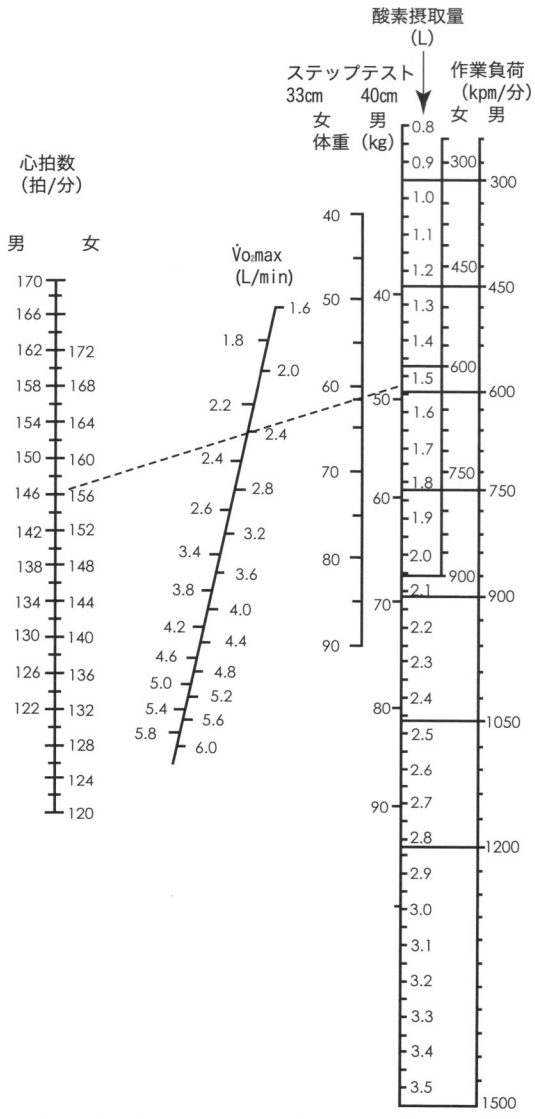

図5-14 オストランドらが開発した $\dot{V}O_2$max 推定ノモグラム

表5-3 ステップ昇降時の予測酸素摂取量と Mets（アメリカスポーツ医学会, 2006, 南江堂[1] より作成）

台高	昇降回数									
	10		15		20		25		30	
	$\dot{V}O_2$	Mets	$\dot{V}O_2$	Mets	$\dot{V}O_2$	Mets	$\dot{V}O_2$	Mets	$\dot{V}O_2$	Mets
20	8.3	2.4	12.4	3.6	16.6	4.7	20.7	5.9	24.9	7.1
25	9.5	2.7	14.2	4.1	19.0	5.4	23.7	6.8	28.5	8.1
30	10.7	3.1	16.0	4.6	21.4	6.1	26.7	7.6	32.0	9.2
35	11.9	3.4	17.8	5.1	23.8	6.8	29.7	8.5	35.6	10.2
40	13.1	3.7	19.6	5.6	26.2	7.5	32.7	9.3	39.2	11.2
45	14.3	4.1	21.4	6.1	28.5	8.2	35.7	10.2	42.8	12.2
50	15.5	4.4	23.2	6.6	30.9	8.8	38.7	11.1	46.4	13.3

よる推定最大心拍数（220 − 年齢）には個人差が認められるため，推定した最大酸素摂取量は推定誤差を含んでいることを知っておく必要がある。

4 酸素借とパフォーマンスとの関係

　無酸素性エネルギー供給系の評価として，最大酸素借が用いられる。有酸素性エネルギー供給系の評価指標として最大酸素摂取量が用いられているが，両者を評価することは，競技者としての適性を知る有効な手段の一つである。これら二つのまったく異なるエネルギー供給系を，運動中の酸素需要量と酸素摂取量を算出することで評価できることは，パフォーマンスとの関係を検討する上で重要な点である。10秒から3分程度で疲労困憊に至るような運動中の有酸素性エネルギー供給の貢献度をみると，30秒の最大運動では約29％，1分の最大運動で約40％が，2分の最大運動では約60％に達する[10]。また，200〜1500mまでのエリート陸上競技選手を対象とした研究では，走行中の有酸素エネルギー供給の貢献度は，200m（平均22秒）で29％，400m（平均49秒）で43％，800m（平均1分53秒）で66％，1500m（平均3分56秒）で84％に達する，と報告されている[14]。運動時のエネルギー供給機構から考えると，有酸素性と無酸素性の貢献度の比率が等しくなるのは，陸上競技でたとえると400mと800mの間であり，時間でいうと1〜2分である。最大酸素借とパフォーマンスの関連性は，無酸素性エネルギー供給の貢献度（比）が高い100〜400mの記録との間に，また800m以上の競技記録は最大酸素摂取量との間に見られる。これらの結果は，エネルギー供給系の特徴から見たトレーニング処方のあり方を考える上で貴重な情報といえる。

5 酸素摂取能力とパフォーマンスとの関係

[1] 運動の経済性 ($\dot{V}O_2$submax)

　運動の経済性は，同一仕事に対する酸素摂取量で評価できる。たとえば，同じ体重の二人のランナーが同一スピードで走った場合，運動中の酸素摂取量（L/min）が等しければ，運動の経済性は等しい。逆に，同一仕事の運動を遂行するために必要な酸素摂取量が多いランナーは経済性が低い。体重が異なる場合は，体重1kg当たりの酸素摂取量（ml/kg/min）で比較するとよい。同一仕事の運動を長時間行うようなマラソン競技の場合，ランニングの経済性（running economy），すなわちより少ない酸素摂取量で走ることは，記録を短縮する重要な要素となる。
　歩行速度と酸素摂取量の関係を見ると，歩行速度の増加に伴い酸素摂取量が増加するだけでなく，逆に非常にゆっくりとしたスピードで歩く場合も酸素摂取量が増加する。すなわち，歩行速度と酸素摂取量の関係は，U字曲線を示す。酸素摂取量が最も少ないときの歩行は，運動の経済性が高く，その速度を歩行の経済速度という。
　運動の経済性は，対象者が同じ運動を行った場合でも気分や体調など個々人の状態，また

温度や湿度などの環境条件によって異なる。環境条件をほぼ一定にした場合，最大下運動の酸素摂取量 (ml/kg/min) の変動係数は，約 4 〜 7 ％程度である[18]。暑熱環境では，筋疲労に伴う運動単位の動員の違いや運動フォームの乱れに伴う骨格筋群の機械的効率の低下が影響する。

[2] 最大酸素摂取量 ($\dot{V}O_2max$)

　最大酸素摂取量がパフォーマンスの決定因子に成り得るか，数多くの研究がなされてきた。得られた結果は，予測指標になりうるという報告もあれば，まったくその関連性を認めないという報告もある。たとえば，100 m，200 m，400 m，800 m，1500 m，および 5000 m のタイムトライアルを実施し，それら平均スピードと最大酸素摂取量との関連性を見ると，400 m までの平均スピードとの関連性はまったく認められず，800 m 以上からは有意な負の相関が認められ，距離が伸びるほど相関係数は高くなる[16]。距離が増すほど，あるいは運動時間が長くなるほど有酸素性エネルギー系への依存度が増すためである。したがって，少なくとも予測因子となりうるためには，その競技が有酸素性エネルギー供給系に依存していることが条件である。しかし，高度にトレーニングされたエリートマラソン競技者のみを対象として，最大酸素摂取量とマラソンの平均スピードとの関連性を検討すると，必ずしも最大酸素摂取量が記録の予測指標にならない。この点については，先述したランニングの経済性の違いが一つの要因となる。実際，同じ最大酸素摂取量を示すランナーでもマラソンの記録は必ずしも一致しないことが数多く報告されている[13]。パフォーマンスの予測因子として，最大酸素摂取量がその候補となりうるもう一つの条件は，あくまでもランニングの経済性や後述する酸素摂取水準の違いを上回るほどの貢献度を持つ場合である。

[3] 酸素摂取水準 (%$\dot{V}O_2max$)

　酸素摂取水準とは，運動中の酸素摂取量が最大酸素摂取量の何パーセントに相当するかという指標である。コスティル (Costill D.L.) ら[7]は，フルマラソン時の酸素摂取量 (%$\dot{V}O_2max$) が，最大酸素摂取量のおよそ 75 〜 80 ％に相当すると報告している。マラソンの記録の高いランナーは，高い酸素摂取水準で走る能力を有する。たとえば，アメリカのマラソンランナーのサラザール (Salazrl, A.) の最大酸素摂取量は 70 （ml・kg^{-1}・min^{-1}）であり，当時のマラソン記録である 2 時間 8 分から推定される酸素摂取水準は 86%$\dot{V}O_2max$ であった。これは，他のエリートマラソンランナー (75 〜 80%$\dot{V}O_2max$) と比較してかなり高いレベルにある。後に，マラソンの平均走スピードは，乳酸性作業閾値 (lactate threshold: LT) のランニングスピードと高い相関を示すことが報告されており[8]，酸素摂取水準を示す別の指標として乳酸性作業閾値の有効性を示唆している。乳酸性作業閾値の評価には，疲労困憊に至るまで追い込む必要性がないことから，幅広い年齢層や体力レベルに有用でかつ安全に評価できる指標といえる。

(桧垣靖樹)

【引用・参考文献】

1) アメリカスポーツ医学会編，日本体力医学会体力科学編集委員会監修，『運動処方の指針』，2006年，南江堂．
2) Åstrand, P.O., Ryhming, I., A nomogram for calculation of aerobic capacity (physical fitness) from pulse rate during sub-maximal work. J Appl Physiol.7(2):218-21, 1954.
3) Åstrand, P.O., Aerobic work capacity in men and women with special reference to age. Acta Physiol Scand Suppl.49(169):1-92, 1960.
4) Bahr, R., Ingnes, I., Vaage, O., Sejersted, O.M., Newsholme, E.A., Effect of duration of exercise on excess postexercise O_2 consumption. J., Appl. Physiol.62(2):485-90, 1987.
5) Bruce, R.A., Kusumi, F., Hosmer, D., Maximal oxygen intake and nomographic assessment of functional aerobic impairment in cardiovascular disease. Am Heart J.85(4):546-62, 1973.
6) Cooper, K.H., A means of assessing maximal oxygen intake. Correlation between field and treadmill testing. JAMA.203(3):201-4, 1968.
7) Costill, D.L., Metabolic responses during distance running. J Appl Physiol.28(3):251-5, 1970.
8) Farrell, P.A., Wilmore J.H., Coyle E.F., Billing J.E., Costill D.L., Plasma lactate accumulation and distance running performance. Med. Sci. Sports.11(4):338-44, 1979.
9) Léger, L.A., Lambert, J., A maximal multistage 20-m shuttle run test to predict VO_2max. Eur J Appl Physiol Occup Physiol.49(1):1-12, 1982.
10) Medbø, J.I., Tabata, I., Relative importance of aerobic and anaerobic energy release during short-lasting exhausting bicycle exercise. J. Appl. Physiol.67(5):1881-6, 1989.
11) Medbø J.I., Mohn A.C., Tabata I., Bahr R., Vaage O., Sejersted O.M., Anaerobic capacity determined by maximal accumulated O_2 deficit. J. Appl. Physiol.64(1):50-60, 1988.
12) Midgley, A.W., McNaughton, L.R., Polman, R., Marchant, D., Criteria for determination of maximal oxygen uptake: a brief critique and recommendations for future research. Sports Med. 2007, 37(12):1019-28.
13) ノックス T. 著，ランニング学会訳，『ランニング事典』，1994年，大修館書店．
14) Spencer, M.R., Gastin, P.B., Energy system contribution during 200- to 1500-m running in highly trained athletes. Med. Sci. Sports Exerc. 33(1):157-62, 2001.
15) Storer, T.W., Davis, J.A., Caiozzo, V.J., Accurate prediction of VO_2max in cycle ergometry. Med Sci Sports Exerc. 22(5):704-12, 1990.
16) Weyand, P.G., Cureton, K.J., Conley, D.S., Sloniger, M.A., Liu, Y.L., Peak oxygen deficit predicts sprint and middle-distance track performance. Med. Sci. Sports Exerc.26(9):1174-80, 1994.
17) Wilmore, J.A., Costill, D.L., Phyciology of Sport and Exercise. Human Kinetics. 1994.
18) 山地啓司，橋本一隆，橋爪和夫，「トレッドミル走における持続時間と生理学応答の変動」，体育学研究 45:15-23, 2000 年．

第6章

エネルギーを決める要素

1　酸素負債能を決める要因

　激しい運動の終了直後は少なくとも数分間あるいは1時間にもわたって呼吸が荒々しくなる。このときに安静時以上の酸素（O_2）を体内に取り込んでいるが、そのO_2は、
　①運動中に産生された乳酸を分解してエネルギーに変える、
　②アデノシンとアデノシン二リン酸（ADP）をアデノシン三リン酸（ATP）に再合成する、
　③クレアチンとリン酸をクレアチンリン酸（PC）に再合成する、
　④ヘモグロビンとO_2、ミオグロビンとO_2の飽和度を安静値レベルまで回復させる、
　⑤肺胞のO_2濃度を安静時レベルまで回復させる、
といった目的がある。この運動終了後に増えた酸素摂取を酸素負債（oxygen debt: O_2 debt）、その量を酸素負債量、さらにその最大値を最大酸素負債量（maximal oxygen debt: O_2 debt max）という。

　通常、人の身体にはおよそ2リットルのO_2が存在する（貯蔵されている）。すなわち、0.5リットルは肺の中の空気の中に存在し、0.2リットルは体液の中に溶け込んでおり、1リットルは血液中のヘモグロビンと、0.3リットルは筋の中にミオグロビンと結合して存在している。

　激しい運動時にはこの貯蔵されているO_2はただちに有酸素的代謝として消費される。運動終了後は運動で消費されたこの貯蔵酸素を再び回復させるために、安静時以上のO_2を取り込むために呼吸量が増える。さらにまた、運動終了後、ATP-PC系と解糖系（乳酸系）のエネルギー代謝機構を再構築（上記②～③）す

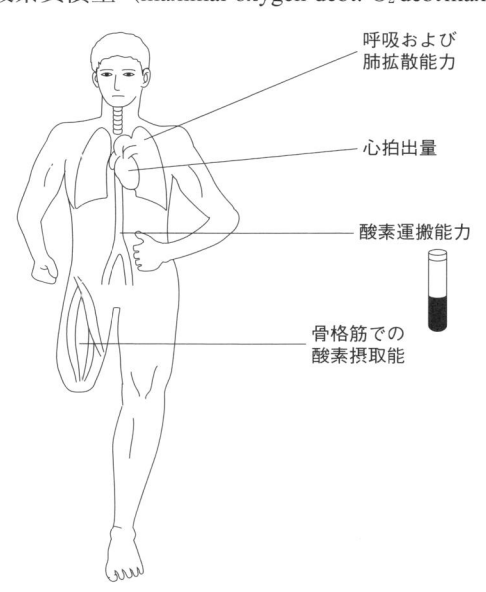

図6-1　ヒトの運動中の最大酸素摂取量を規定する要因　　（Basset, D.R. et al., 2000 より改変）

るためにおよそ9リットルのO_2を必要とする。したがって，およそ11.5リットルのO_2が貯蔵酸素の回復とエネルギー代謝機構の回復に必要になる。それがいわゆる酸素負債となる。

かなり激しい運動，たとえば，4分間の全力運動の場合，酸素摂取量は安静時の約15倍にも増加する。運動終了後も酸素摂取量が増加しており，特にエネルギー代謝機構の回復と貯蔵O_2の回復が終わるまでは，酸素負債のかなりの部分がそれに使われる。その後，酸素摂取量は徐々に低下してきて（安静時より依然高いが），乳酸の除去のために数十分にわたって酸素摂取量の増加した状態が続く。運動終了後の最初の酸素摂取量の高い状態を非乳酸性酸素負債と呼び，およそ3.5リットル程度，後半の酸素摂取量の高い状態を乳酸性酸素負債と呼び，およそ8リットル程度とされている。

したがって，仮に運動強度・運動量が相対的に等しいと仮定した場合，すなわち，人が違っても運動強度が一定だったと仮定すれば，酸素負債量は次のような要因に影響される。

① 運動中にどれだけの乳酸が産生されたか，言い換えれば，どれだけの乳酸を出すことができたか。
② 運動前にアデノシン三リン酸をどれだけ貯蔵できていて運動によってそれをどれだけ分解できたか。
③ 運動前にどれだけクレアチンリン酸を貯蔵できていて運動によってそれをどれだけ分解できたか。
④ 血液中のヘモグロビン濃度がどれくらいであるか，ヘモグロビンとO_2の結合割合はどれくらいであったか，さらには運動によってヘモグロビンからO_2がどれだけ解離できて，筋肉においてどれだけ消費されたか。
⑤ 肺の酸素の量はどれくらいであったか。

これらが酸素負債量を決める要素になってくる。この要因の優れている人ほど，酸素負債量が高いことが予想される。酸素負債が高いことは，無酸素性のエネルギー代謝能力が高いことであると考えられるので，高強度の瞬発的運動パフォーマンスの高いことが推察される。

2 酸素摂取能を決める要因

大気中のO_2が筋細胞内のミトコンドリアに到達し，そこで有酸素的代謝過程を経てエネルギーが産生されるまでには，いくつかのステップがある（詳細は第5章参照）。図6-1は最大酸素摂取量（$\dot{V}O_2max$）を規定する生理的要因を表したものである。すなわち，[1] 呼吸系，[2] 肺拡散系，[3] 循環系，[4] 酸素運搬系，[5] 組織での酸素消費系である。最初の四つは中心要因であり，五つ目は末梢要因といえる。以下に$\dot{V}O_2max$を規定するそれぞれの要因について説明する。

[1] 呼吸系

大気中の酸素を体内に取り込む最初のステップが肺換気によるものである。肺換気は筋組織内で発生した二酸化炭素を体外に排出する役割も担っている。この肺換気は一般的に呼吸

と呼ばれている。呼吸器系の解剖図を図6-2に示した。一般的に空気は鼻から肺の中に取り込まれるが、体内で必要な空気の量に対して鼻からの吸入量だけで追いつかなくなると、口での呼吸も用いられる。口呼吸に対して鼻呼吸の場合は、空気が鼻腔を通過している間に、鼻腔の内側表面に付着している無数の襞によって空気の流れが渦状になり、その結果、そこを通過する空気が暖められ、湿度も上昇することになる。また、同じく重要なことに、鼻腔を通過する空気が激しく渦巻くことによって、空気と一緒に取り込まれたゴミやホコリなどを鼻腔粘膜に接触させ、付着させることにより、空気をきれいにする効果がある。これらのことは衛生的に重要である。この鼻腔のフィルターの働きは、すべてではないがおおかたの不純物を取り除くことができ、呼吸によるウイルスの感染や炎症の発生を低下させることに貢献している。ところが、口呼吸ではそれができない。鼻や口から入った空気は咽頭、喉頭、気管、気管支、細気管支を通過して最終的には肺胞に達する。肺胞は呼吸器系の最も小さな組織である。肺胞は肺の中でのガス交換の場所である。

換気は呼吸運動によって行われ、呼吸中枢によって休みなく自動的に行われている。肺は肋骨と直接的に接触しているわけではなく、胸膜に吊り下がっている。空気の吸入と排出は、胸郭挙上・下降および横隔膜挙上・下降による（図6-3）胸腔容積の拡大の結

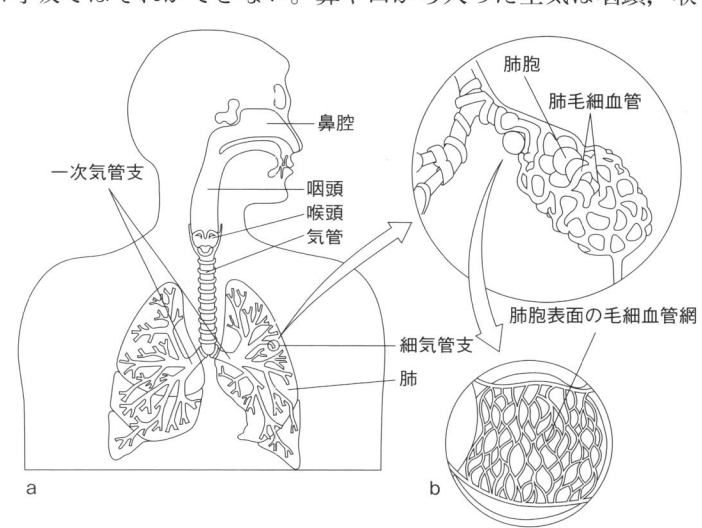

図6-2 (a) **呼吸器系の解剖図**（鼻腔, 咽頭, 気管, 気管支）
(b) **肺胞の拡大図**（肺胞と肺毛細血管の間でガス交換が行われる）
（Wilmore, J.H. et al., Physiology of sport and exercise. 2004[3] より一部改変）

大気圧＝760 mmHg

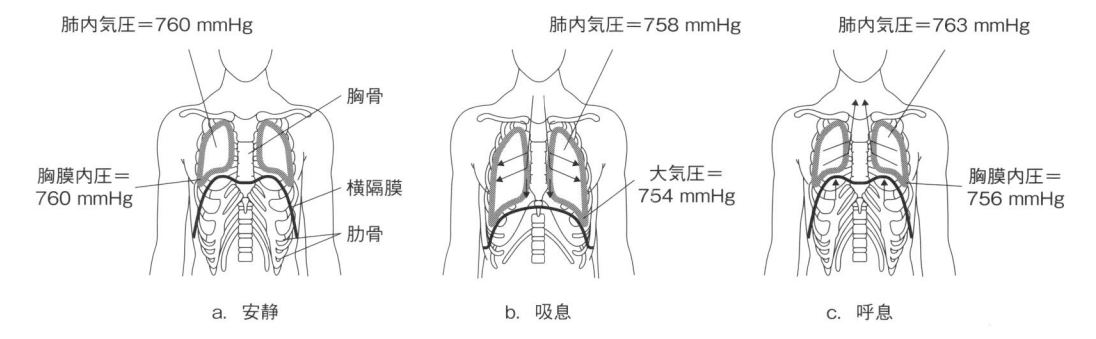

肺内気圧＝760 mmHg　　　肺内気圧＝758 mmHg　　　肺内気圧＝763 mmHg

胸膜内圧＝760 mmHg　　胸骨　横隔膜　肋骨　　大気圧＝754 mmHg　　胸膜内圧＝756 mmHg

a. 安静　　　　　b. 吸息　　　　　c. 呼息

図6-3　吸息・呼息による胸郭の大きさの変化
吸息および呼息運動では肋骨および横隔膜が動くことによって胸郭の大きさが変わる。(a) 安静時では肋骨の大きさ相当　(b) 吸息運動では肺と胸郭が拡大することにより肺内気圧が陰圧になり、空気が肺の中に入り込む　(c) 呼息運動では肺容量が低下し、空気が外に押し出される。(Wilmore, J.H. et al., Physiology of sport and exercise. 2004[3] より一部改変)

果起こる陰圧および陽圧によって完全に受動的に行われる。すなわち，肺の中の気圧が身体の外の気圧より低く（陰圧）なれば空気が肺の中に入り，肺の中の気圧が身体の外の気圧より高く（陽圧）なれば空気は肺の外に押し出されることになる。

　肺の中が陰圧・陽圧になるのはどのようにして起こるのか。吸息（空気を取り入れる）運動の場合，胸郭の挙上が必要になるが，それは主として外肋間筋および肋間挙筋の収縮による。横隔膜とともにこれらの筋を主吸息筋という。これらの働きで肺の中が陰圧になり空気が肺の中に入り込む。一方，呼息運動（空気を出す）の場合，主呼息筋，すなわち内肋間筋の収縮による胸郭の下降，および腹壁筋の収縮による横隔膜挙上によるが，その他に胸郭の自重による沈下，肺胞の弾力による縮小も関与する。これらの働きで肺の中の空気が陽圧になると肺の中の空気が押し出されることになる。

　このような呼吸機能が運動中では激しく働くことになる。特に激しい運動の場合，吸息運動は上記の他に他の筋群が活発に働くことによりなされる。その代表的なものは，斜角筋（前・中・後）や首の胸鎖乳突筋および胸筋である。これらの筋群が運動中は通常の呼吸時以上に肋骨を押し上げることによって肺容積を増大させる。

　また，呼息運動では，内肋間筋が能動的に肋骨を下げる。この運動は広背筋および腰方形筋の収縮の助けを借りている。腹直筋の収縮によって腹腔内圧が増加し，内臓を上方向にある横隔膜のほうへ移動させ，横隔膜がドーム状の形に戻りやすくなる。この一連の動きが胸郭を内側かつ下方向に引き下げ，呼息運動を助長する。

　積極的な呼吸運動に伴う腹腔内圧および胸腔内圧の変化により，心臓への静脈還流が変化する。すなわち，腹腔内圧および胸腔内圧が増加すると肺静脈および大静脈にその力が伝わり，心臓への血液運搬を助長することになる。腹腔内圧および胸腔内圧が低下するとそれらの静脈は通常のサイズに戻り，静脈内が血液で満たされる。すなわち，静脈還流は低められる。腹腔および胸腔内圧の増加は静脈を絞るように働き，静脈の搾乳運動の働きにより，血液の心臓への流れを高めることになる。これは静脈還流にとって非常に重要な要素となっている。運動中の筋収縮も同様である。

　運動との関連でいえば，このような呼吸機能が$\dot{V}O_2max$に対してどのような制限因子になっているかが重要である。より高い$\dot{V}O_2max$を得るためには高い呼吸能力を身につける必要があり，したがって，呼吸に必要な筋肉群の発達が$\dot{V}O_2max$の増加には欠かすことができないといえる。

［2］肺拡散系

　肺におけるガス交換は肺拡散と呼ばれており，主に次の二つの機能がある。
　①有酸素的エネルギー生成過程において組織で酸素が使われたことによって酸素濃度の低くなった血液を酸素で満たすこと。
　②静脈還流の二酸化炭素を取り除くこと。
　すなわち，肺拡散は大気中の酸素を拡散によって血液に取り入れ，血液の二酸化炭素を肺の外に出す二つの役目を担っている。空気は肺換気によって肺胞までたどり着き，そこで肺

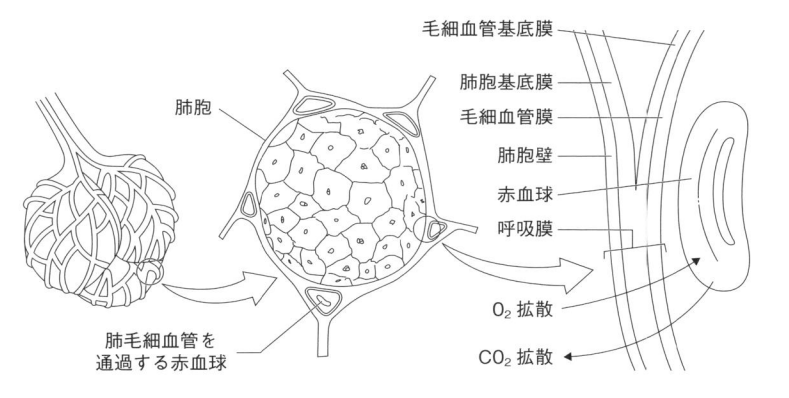

図 6-4 呼吸膜の解剖図
この膜を通じて肺胞と毛細血管の血液の間で酸素および二酸化炭素の交換が行われる。
(Wilmore, J.H. et al., Physiology of sport and exercise. 2004[3] より一部改変)

胞と血液の間の膜を通じて酸素と二酸化炭素の交換が行われる。身体のほとんどの血液は静脈環流として右心房に戻る。その血液は右心室に送られ，右心室から肺動脈によって肺に送られる。その血液は肺毛細血管の中まで浸潤する。肺毛細血管は一つひとつの肺胞をくまなく取り囲んでいるとともに，その直径は大変細いために，赤血球が単独でやっと通過できる程度である。そのことによって肺胞内の O_2 が肺毛細血管内の Hb と結合しやすくしている。

❶ 呼吸膜

肺胞の中の空気と肺毛細血管の中の血液とのガス交換は呼吸膜（肺胞毛細血管膜）を通じて行われる。図 6-4 に肺胞と肺毛細血管の模式図を示した。呼吸膜は肺胞の壁，毛細血管の壁，そしてその中間に位置する壁で構成されている。呼吸膜は非常に薄く，その厚さはわずか 0.4～0.5μm である。その結果，およそ 3 億個ある肺胞は肺毛細血管を通じて循環されている血液に隣接している状態となっている。そうはいっても呼吸膜は肺胞と血管をしっかりと隔離しており，特に何もなければガス交換はできないようになっている。

❷ ガス分圧

われわれが通常呼吸している空気は窒素（79.04％），酸素（20.93％），二酸化炭素（0.03％）の混合ガスである。それぞれのガスの圧力をガス分圧と呼んでいる。それぞれのガス分圧の合計が混合ガス全気圧である。海面レベルでの大気圧は 760 mmHg で，それを標準気圧あるいは全気圧（100％）とみなす。760 mmHg で 100％なので，各ガスの分圧，すなわち，窒素分圧（PN_2）は 600.7 mmHg，酸素分圧（PO_2）は 159.1 mmHg，二酸化炭素分圧（PCO_2）は 0.2 mmHg となる。

われわれの身体の中のガスは血漿などの水分に溶け込んでおり，ヘンリーの法則（揮発性の溶質を含む希薄溶液が気相と平衡にあるときには，気相内の溶質の分圧は溶液中の濃度に比例する）によって，ガスは分圧に比例する形で液体に溶け込んでいる。溶解性の程度は，その気体が持つ溶解性，溶け込む液体の種類，温度によって若干の影響は受けるが，血液に対してのガスの溶解性は血液の温度がほぼ一定であるので，一定に保たれている。したがって，肺胞と血液の間のガス交換の最も重要な要因はガス分圧ということになる。

呼吸膜を境にした肺胞のガス分圧と血液のガス分圧の差は分圧勾配と呼ばれる。これが肺胞と血液のガス交換の基礎となる。肺胞と血液のガス分圧が同じであればガス交換は行われない。しかし，通常，両者のガス分圧は異なるので，ガス交換が容易に行われることになる。

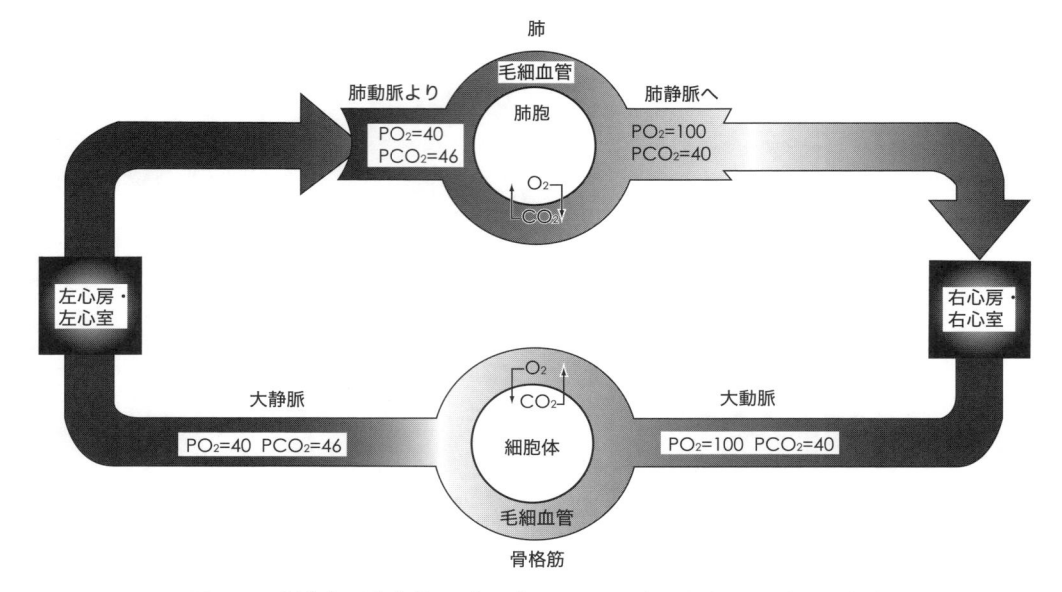

図 6-5　血液中の酸素分圧（PO$_2$）および二酸化炭素分圧（PCO$_2$）
肺におけるガス交換と毛細血管と組織におけるガス交換によってそれぞれの分圧が変化する。
（Wilmore, J.H. et al., Physiology of sport and exercise. 2004[3] より一部改変）

❸酸素の交換

　外気の標準気圧での PO$_2$ は約 159 mmHg であるが，その空気が肺胞の中まで到達すると PO$_2$ は約 105 mmHg に低下する。肺によって取り込まれた新鮮な空気は肺胞の中にあった空気と混ざり合う。肺胞の空気は水蒸気と CO$_2$ をたくさん含んでおり，その空気は体外に排出される。したがって，肺胞のガス濃度は比較的一定値を保っている（図 6-5）。

　一方，静脈血の PO$_2$ は，筋組織において O$_2$ を消費されるために低くなっており，およそ 40 mmHg 程度になっている（図 6-5）。肺胞のガス分圧に比べて 60 mmHg 低い値である。これが呼吸膜を境にした肺胞と血液の分圧勾配となる。そして，呼吸膜の両サイド（肺胞と血液）で PO$_2$ が一定になるように肺胞から血液のほうへ酸素が移動する。これが肺拡散における酸素の移動である。肺動脈血は肺胞をくまなく取り囲んでいるので，肺動脈血が肺胞の毛細血管の末端にたどり着くころには，肺動脈血と肺胞の PO$_2$ はほぼ等しい 105 mmHg になることができる。その血液が十分に O$_2$ が満たされた状態の血液ということができる。O$_2$ で満たされた血液は肺静脈を進み，心臓の左心房，左心室にたどり着いたあと，全身の組織に送られることになる。しかし，一般的に肺静脈の PO$_2$ は 100 mmHg 程度であり，肺胞の PO$_2$（105 mmHg）と 5 mmHg の差がある。この差は，およそ大動脈血の 2% が大動脈から肺に直接流れ込んでおり，肺の酸素需要に見合うようになっているためである。その 2% の血液はガス交換エリアに行くものの，実際にはガス交換が行われず，その血液が肺静脈と混ざり合うために PO$_2$ がわずかに低下することになる。

　大静脈および肺動脈は脱酸素化された血液であり，肺静脈および大動脈は酸素化された血液となる。一般的に動脈というと酸素化されたものと考えがちであるが，それは大循環（心臓から心臓へ）の場合であり，肺循環の場合は逆で，静脈が酸素化されている。

肺胞から血液へのO_2拡散の程度をO_2拡散能力といい，分圧差1mmHg当たり，1分当たり膜を通して拡散されるO_2の量として表される。安静時では肺胞と肺毛細血管内血液の分圧差1mmHg当たり，1分間でおよそ21mlのO_2が拡散される。肺動脈と肺胞のPO_2勾配は65 mmHgとなり，肺毛細血管と肺胞のそれぞれの平均PO_2の差は11 mmHgほどで，呼吸膜を通過するO_2は1分間当たり80 mlとなる。最大運動時ではO_2拡散量は安静時のおよそ3倍程度まで増加し，1分間当たり240 ml程度まで増加する。

最大運動時では，血圧上昇に伴って肺への血流配分が増加する。有酸素能力に優れた選手ではO_2拡散能力が高いが，それは心拍出量が高いこと，肺胞面積が大きいこと，そしてO_2が呼吸膜を通過する際の抵抗が少ないことなどが理由として考えられている。

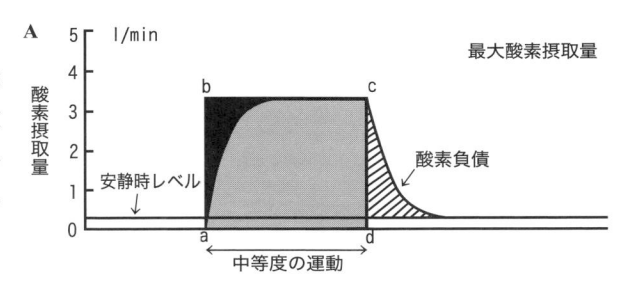

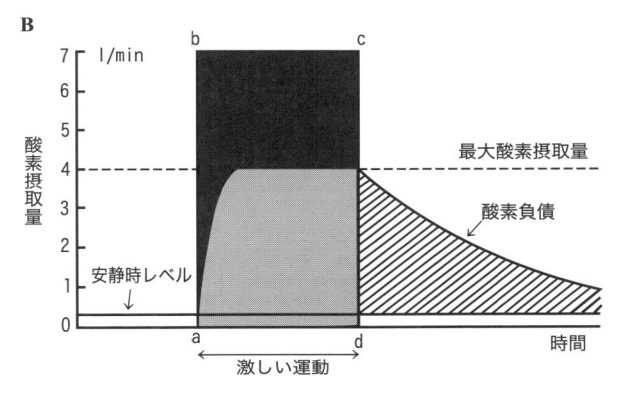

図 6-6 酸素負債とその変換
A：中等度の運動，B：激しい運動の場合
a〜dがこの運動の酸素需要量である。灰色部は運動中の不足酸素量を示す。斜線部は運動後のO_2摂取量で酸素負債という
（真島英信『生理学』1986年，光文堂[2]）より）

❹ 二酸化炭素の交換

肺毛細血管の血液と肺胞との間のCO_2交換もO_2交換と類似していて，分圧勾配の力でガスの移動が行われる。右心房へ戻る静脈還流のPCO_2はおよそ46 mmHgで，肺胞のそれはおよそ40 mmHgである。このようにわずか6 mmHgの分圧勾配であるが，CO_2の交換にはそれで十分である。それはCO_2の拡散係数はO_2の20倍ほどあり，CO_2は呼吸膜を容易に通過できる特性による。

静脈血の全圧は705 mmHgであり，乾燥状態での大気や肺胞気圧の760 mmHgに比べて55 mmHg低いが，それは血液が身体の組織を通過するとき，PCO_2の増加に比較して，PO_2の低下のほうが大きいからである。

❺ 酸素および二酸化炭素の運搬

血液中のO_2は，そのうちの約98％は赤血球のヘモグロビンと結合し，残り2％は血漿に溶解されて運搬される。血漿に溶けているO_2は血漿1L当たりわずか3 mlである。身体の血漿量が3〜5Lとすると，わずか9〜15 mlのO_2が血漿に溶けた状態で運搬されることになる。身体の大きさにもよるが，通常，身体は安静時で250 ml/分のO_2を必要とするので，血漿に溶けたO_2量だけでは足りないことになる。一方，赤血球は40〜60億個あり，その中にヘモグロビンが存在しているので，赤血球によるO_2運搬応力は血漿の運搬能力に比べ

て70倍にもなる。

❻ヘモグロビンと酸素飽和

ヘモグロビン1モルに対して4モルのO_2が結合する。O_2の結合したヘモグロビンを酸化ヘモグロビンと呼び，O_2の結合していないヘモグロビンを脱酸化ヘモグロビンと呼ぶ。ヘモグロビンへのO_2の結合程度は，ヘモグロビンとO_2の関係，すなわち，血液のPO_2，結合能力，親和性などに依存する。図6-7はヘモグロビンとO_2の解離曲線（PO_2に対するヘモグロビンとO_2のヘモグロビン飽和量）を示したものである。血液中のヘモグロビンとPO_2が高いところではヘモグロビンがO_2でほぼ完全に飽和されているが，O_2が低下すると飽和度も低下することになる。

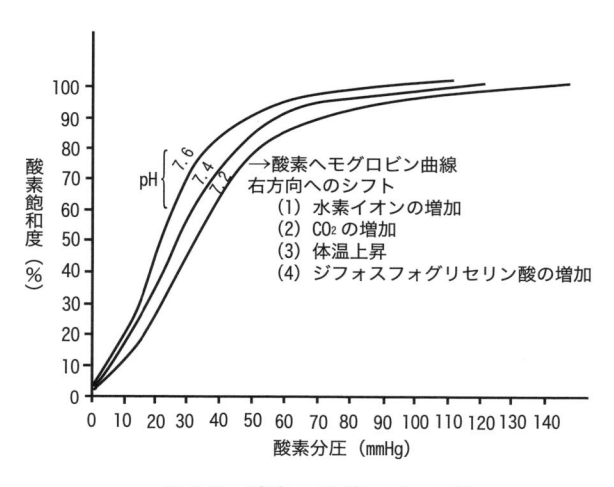

図6-7 酸素ヘモグロビン曲線

酸素ヘモグロビン曲線の右方向へのシフトは，1）水素イオンの増加，2）CO_2の増加，3）体温上昇，4）2～3DPGの増加を意味する。これをボーア効果と呼ぶ。
（Guyton, AC. et al., Text book of medical physiology. 1996[1] より引用，著者改変）

ヘモグロビン飽和度には多くの要因が関与しているが，たとえば激しい運動に伴い血液が酸性に傾けばO_2解離曲線は右方向にシフトする。このことは，組織レベルではヘモグロビンからO_2が離れやすくなることを意味している。このように血液のpHの低下により，O_2解離曲線が右方向へシフトすることをボーア効果と呼んでいる（図6-7）。通常，肺のpHは高いので肺胞を通過するヘモグロビンはO_2で十分に飽和される。しかし組織レベルではpHの低下に伴い，ヘモグロビンからO_2が解離しやすくなり，筋肉組織にO_2が供給されやすくなる。

O_2解離に影響する因子として血液の温度も重要である。血液温が高くなればO_2解離曲線は右方向にシフトし，運動時の体温上昇に伴って血液の温度も上昇すれば，O_2が効率よく筋肉組織に供給されることになる。したがって，運動時の代謝が活発になった筋肉組織に循環血液が流れることによって，血液温が上昇し，その結果O_2が組織で解離されやすくなる。肺においては血液ほど温度が高くないので，ヘモグロビンとO_2の親和性は高いことになる。

（竹田正樹）

[3] 循環系

❶心拍出量

骨格筋で消費された酸素（O_2）の1分間当たりの量を酸素摂取量（$\dot{V}O_2$ ml/min）という。一般的に，Fickの法則に基づいて，心拍出量（$\dot{Q}$）と動静脈酸素濃度較差（$CaO_2 - C\bar{v}O_2$）との積として算出され，以下の式で表される。

$$\dot{V}O_2 = \dot{Q} \times (CaO_2 - C\bar{v}O_2) \quad \cdots\cdots\cdots (1)$$

心拍出量（$\dot{Q}$）は1分間当たりに心臓から送り出される血液量，すなわちO_2供給量であり，動静脈酸素濃度較差（$CaO_2 - C\bar{v}O_2$）との積によって筋細胞でのO_2消費量を表す。

さらに，心拍出量（$\dot{Q}$）は，

$$\dot{Q} = HR \times SV \quad \cdots\cdots\cdots\cdots\cdots\cdots\cdots\cdots\cdots\cdots (2)$$

となり，心拍数（HR）と一回拍出量（SV）との積で算出される。運動中，HRは運動強度にほぼ比例して上昇する。SVは約50%$\dot{V}O_2max$で定常状態に達するが，以後，$\dot{Q}$はHRの影響を受けて運動強度とともにほぼ直線的に上昇する。$\dot{Q}$の上昇に伴って$\dot{V}O_2$は上昇する（図6-8）。

一回拍出量（SV）とは，心臓が一回拍動する際に送り出される血液量のことである。特に持久的スポーツ競技選手の心臓は肥大しているのでSVが大きい（表6-1）。この適応は，俗にスポーツ心臓と呼ばれ，左心室容量の増加と左心室壁の肥厚を伴う。スポーツ心臓ではSVが大きいので，安静時HRは低くなる（例：50拍/分程度）。

（1）式のもう一つの要素である動静脈酸素濃度較差（$CaO_2 - C\bar{v}O_2$）は，動脈血（a）と混合静脈血（$\bar{v}$）のO_2濃度の差を意味し，運動の場面であれば，活動筋でO_2がどれだけ抜き取られたかを反映している。通常，動脈血（a）のO_2濃度は約20 mlO_2/100 mlであり，たとえ高強度運動であっても，運動中にはほとんど変化しない。一方，混合静脈血（$\bar{v}$）のO_2濃度は安静時の約15 mlO_2/100 mlから運動時には5 ml O_2/100 mlほどまで低下することがある。この場合，安静時から運動時の動静脈酸素濃度較差は5 ml O_2/100 mlから15 ml O_2/100 mlとなり，筋肉でO_2が消費されていることを意味する（表6-2）。トレーニングを継続すると筋肉の中の毛細血管数やミトコンドリアの量が増えるので，動静脈酸素濃度較差が上昇し，筋肉における酸素摂取量（m$\dot{V}O_2$）が上昇する。

以上のようにm$\dot{V}O_2$は「O_2供給能力」と「O_2消費能力」とによって決定されている。なお，「O_2供給能力」には心拍出量以外にも，①血流配分，②血液のO_2運搬能力，③毛細血管網，④

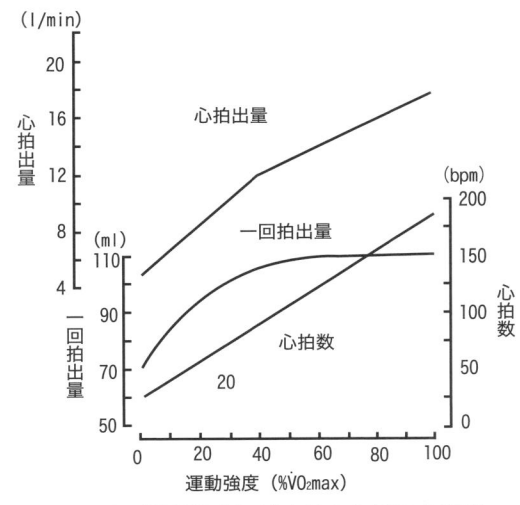

図6-8 運動強度に対する中心循環の応答
運動強度の上昇に伴って，心拍数は直線的に上昇するが，一回拍出量は中強度以上では頭打ちになる。

表6-1 一般成人と持久的運動選手の一回拍出量の比較

（単位：ml）

	安静時	最大運動時
一般成人	70～80	110～120
持久的運動選手	110～120	150～200

表6-2 安静時と最大運動時の酸素摂取量の算出例

	$\dot{V}O_2$ (ml/min)	=	SV (ml/beat)	HR (beat/min)	($CaO_2-C\bar{v}O_2$) (ml O_2/100ml)
安静時	280	=	70	80	5
最大運動時（一般成人）	2,808	=	120	195	12
最大運動時（長距離選手）	5,032	=	160	185	17

O_2拡散効率などのさまざまな要因が関与している。また,「O_2消費能力」は主に⑤ミトコンドリアでのエネルギー合成能力に依存している（図6-9）。

以下に,上記の心拍出量以外のO_2供給能力規定要因のうち,主に末梢循環因子（①〜③）について解説する。

❷筋への血流配分

運動時にはO_2や栄養を必要とする活動筋や,体温調節が必要な皮膚へ血流が優先的に配分される（図6-10）。運動とともに,激しく拍動する心臓へも多くの血流が供給される。このとき,腎臓や消化器官への血流は制限されるものの,脳への血流は維持されている。しかし近年,運動中に脳血流も増加するという報告もある。

また,運動中の骨格筋への血流量は筋の動員や筋のタイプによって変わる（図6-11,表6-3）。ランニング運動中,遅筋（ヒラメ筋）への血流量は速筋タイプの筋（腓腹筋）への血流量よりも3〜4倍多い。また,同一筋内でも腓腹筋や外側広筋の赤色部位（速筋線維と遅筋線維が混在する部位）

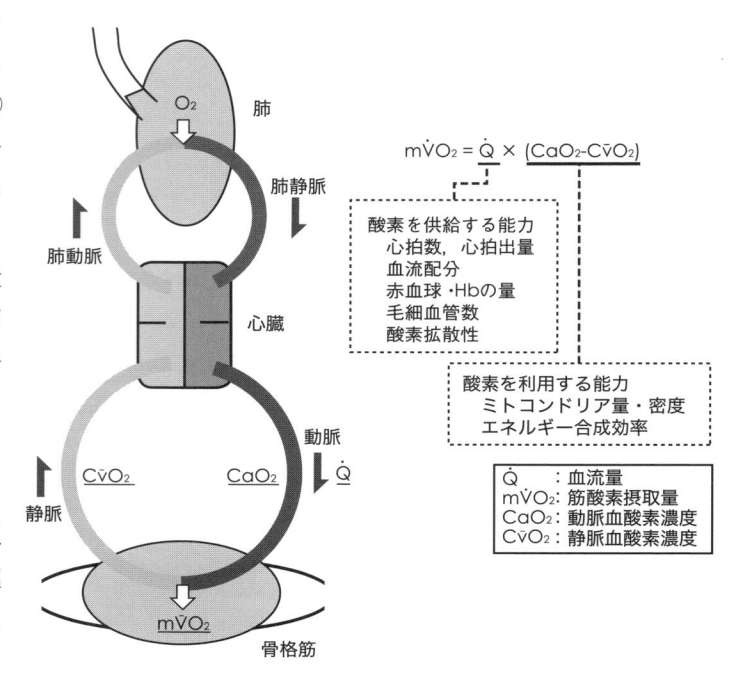

図6-9 Fickの法則に基づく骨格筋の酸素摂取量の算出と規定因子の概要

骨格筋の酸素摂取量（$m\dot{V}O_2$）は,O_2の供給能力と利用能力によって決定されている。それぞれの能力を左右する因子はさまざまにあり,これらは独立あるいは複合的に関与し,$m\dot{V}O_2$に影響を与えている。

$m\dot{V}O_2 = \dot{Q} \times (CaO_2 - C\bar{v}O_2)$

酸素を供給する能力
　心拍数,心拍出量
　血流配分
　赤血球・Hbの量
　毛細血管数
　酸素拡散性

酸素を利用する能力
　ミトコンドリア量・密度
　エネルギー合成効率

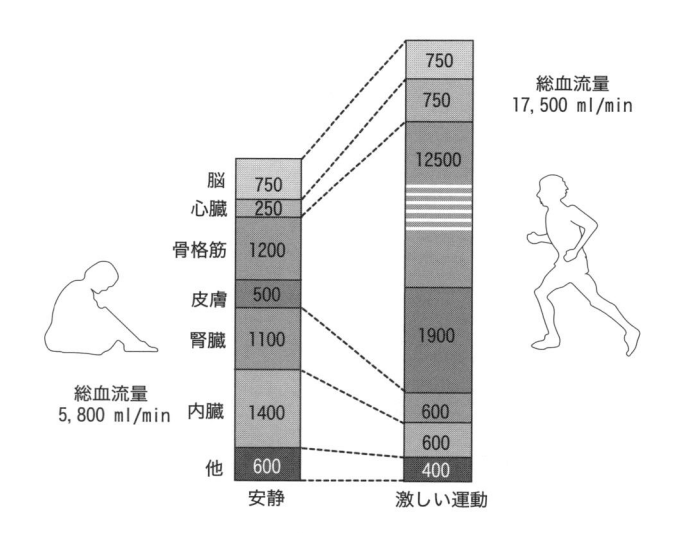

$\dot{Q}$：血流量
$m\dot{V}O_2$：筋酸素摂取量
CaO_2：動脈血酸素濃度
$C\bar{v}O_2$：静脈血酸素濃度

図6-10 安静時と運動時の血流配分

安静時に対して最大運動時には骨格筋あるいは皮膚への血流が数倍〜10倍も上昇する。また,その分,消化器系などの内臓器官への血流は制限される。

では白色部位（表層部）に比べて3〜4倍血流が多い[10]。なお,走る速度が遅いときにはヒラメ筋や赤色部位への血流量が増加し,白色部位への流量は制限される。筋への血流量と走

表 6-3　ラット下腿骨格筋の筋線維組成

骨格筋		筋線維組成（%）		
		SO	FOG	FG
ヒラメ筋	(S)	77 ± 9	23 ± 9	0 ± 0
足底筋	(P)	8 ± 4	55 ± 12	37 ± 16
腓腹筋赤色部	(GR)	34 ± 13	60 ± 06	6 ± 10
腓腹筋全体	(GM)	12 ± 6	42 ± 5	46 ± 8
腓腹筋白色部	(GW)	0 ± 0	10 ± 1	90 ± 1
前脛骨筋	(TA)	2 ± 2	29 ± 5	69 ± 6

値は平均値±標準偏差（n=3），SO：酸化系酵素活性の高い遅筋線維，FOG：酸化系酵素活性，および解糖系酵素活性の高い速筋線維，FG：解糖系酵素活性の高い速筋線維

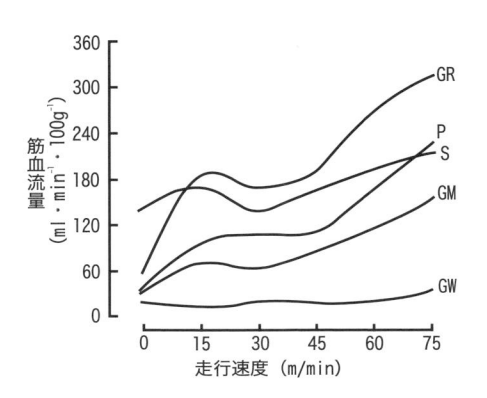

図 6-11　トレッドミル走での筋血流量の変化

ヒラメ筋（図中：S）のように遅筋線維の割合の高い筋では，低速ランニングでも血流が上昇する。遅筋線維と速筋線維が混在する筋（特にFOG 線維の多い筋）では，走速度の上昇に伴って血流量が多くなる。腓腹筋と外側広筋の表層部（主に FG 線維）では高速度時に血流がやや上昇する。（Laughlin, M.H. et al., 1982[10]）

速度の間には非常に密接な関係性がある。これには，筋線維組成に代表される筋の収縮特性と動員様式や，毛細血管の発達度の違いが影響している。

❸ 血液の O_2 運搬能力

赤血球に含まれる Hb は O_2 と結合するので，血液の O_2 運搬能力は Hb 量に依存する。したがって，Hb 量が減少すれば血液の O_2 運搬能力が低下し，m$\dot{V}O_2$ が減少する（例：貧血）。図 6-12 は，血漿を注入して急性貧血を起こしたときの運動能力変化を示したものである[3]。Hb 濃度の 40～50％の減少によって，走行時間（運動能力）が半減する。また，鉄欠乏性の貧血ラットに鉄を投与し，$\dot{V}O_2$ や持久力，ミトコンドリア酵素活性などの回復過程を検証した研究では，ヘマトクリットの回復にしたがって $\dot{V}O_2$max は改善するものの，持久力やミトコンドリアの酵素活性はヘマトクリットに追従しなかった[16]（図 6-13）。$\dot{V}O_2$max の回復とヘマトクリットの関係は，$\dot{V}O_2$ に対する Hb 濃度の影響の大きさを示唆している。

赤血球の中に存在する Hb は分子量約 65,450 のヘムタンパクである。ヘムタンパクはヘムという活性中心を持つ。ヘムには鉄（Fe^{2+}）が含まれており，その Fe^{2+} に O_2 が結合する。Hb は 4 量体（ヘムが四つ）なので最大四つの O_2 と結合できる（図 6-14）。

Hb が肺胞レベルで O_2 と結合するときに Hb 中の四つのうちのどれか一つのヘムが O_2 と結合すると，ヘム間の相互作用によって Hb 分子の全体的構造が変化し，他のヘムと O_2 との結合が促進される（アロステリック効果）。このような Hb の協調的な結合によって，その O_2 解離曲線は S 字型を示す（図 6-15）。この特性ゆえに，Hb は肺胞で最大限に O_2 を結合し，末梢組織レベルにおいては最大限に O_2 を放出することが可能になる。

O_2 輸送の働きの他にも，Hb は組織から肺へと CO_2 およびプロトン（H^+）を輸送し，組織の極端な酸性化を防ぐという血液の緩衝役としても働いている。特に，脱酸化した Hb は H^+ と強く結合する（図 6-16；点線囲い部分）。そのため，代謝過程から生成された H^+ によって組織が酸性に傾いたときには，O_2 解離曲線が右方シフトし，緩衝作用が強まる（ボーア効果：Bohr effect）。たとえば，pH が 0.8 低下しただけでも，P_{50}（飽和度 50％のときの O_2 分圧）が約 26 mmHg から約 40 mmHg へシフトし，O_2 が解離しやすい状態になる。

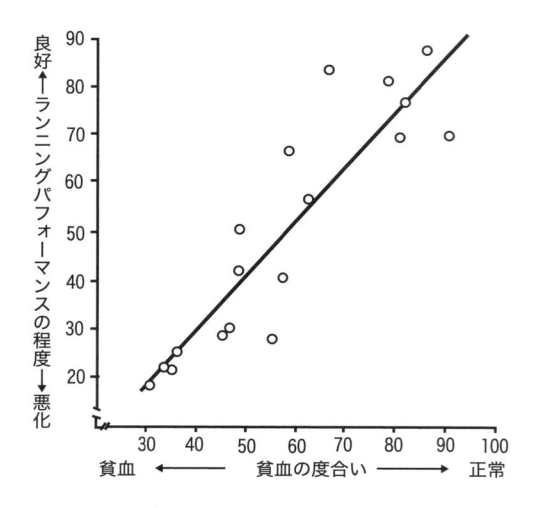

図6-12　酸素運搬能力とランニングパフォーマンスの関係
実験的に急性貧血を引き起こしたとき，その貧血の程度が大きいほどパフォーマンスが低下する。
(Wranne, B. et al., 1973 [16])

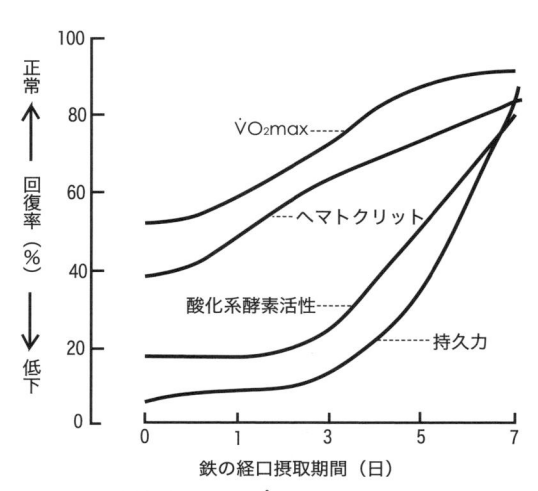

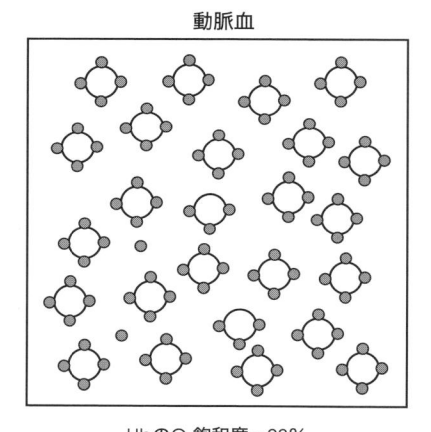

図6-13　鉄投与による$\dot{V}O_2max$，ヘマトクリット，酸化系酵素活性，持久力の回復過程
正常ラットの値を100％として表示している。鉄投与によって貧血ラットのヘマトクリットと$\dot{V}O_2max$は速やかに回復したが，酸化系酵素活性と持久力はそれらよりも遅れて回復した。(Davis, K.J. et al., 1982 [3])

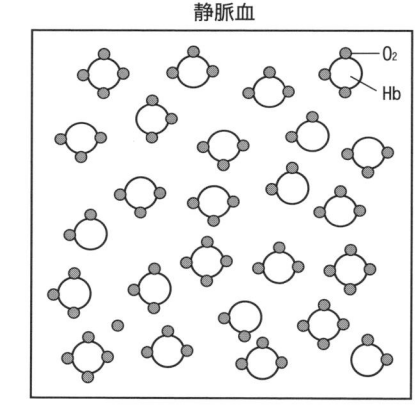

HbのO_2飽和度＝98％
O_2が結合できる100カ所のうち，98カ所にO_2が結合している。溶存酸素もわずかに存在する。

HbのO_2飽和度＝75％
O_2が結合できる100カ所のうち，75カ所にO_2が結合している。溶存酸素は98％のときよりも少なくなる。

図6-14　動脈血と静脈血を例にしたヘモグロビン飽和度の概念
ヘモグロビンは最大四つのO_2と結合できる。たとえば，Hbの飽和度が98％というのは，O_2が結合できる100カ所のうち，98カ所にO_2が結合していることである。また，血漿中には，溶存酸素がわずかに存在する。

❹ 毛細血管網

　毛細血管は筋線維を取り囲み，血液中のO_2を各筋細胞へ供給しやすくしている。つまり，毛細血管網が発達していることは，より多くのO_2を筋細胞へ供給できる状態を意味する。

　持久性トレーニングによって骨格筋の毛細血管は能動血管化し，1本の毛細血管が担う拡散面積（capillary domain area: CDA）が縮小するため，O_2拡散効率が向上する[6]。対照的に，不活動によって骨格筋内の毛細血管は非能動化し，拡散面積は拡大する[5]。

また，高強度の持久性トレーニングによって大きな内腔を持つ毛細血管が増える[8]（図6-17）。逆に，不活動によって毛細血管の内径が細くなり，赤血球が通過できない毛細血管が増える（図6-18，図6-19）[5]。

赤血球の通過性の善し悪しは，血液から筋細胞への O_2 拡散性を左右する因子となるので，こうした毛細血管の形態的変化は $m\dot{V}O_2$ の多寡に影響を及ぼす（O_2 拡散性については下段に概説）。

[4] 組織拡散系

ここでは，O_2 供給能力の要素のうち，④ O_2 拡散効率について概説する。

拡散とは物質（ここでは O_2）が高濃度の所から低濃度の所へと移動する現象であり，単純拡散と促通拡散とがある。単純拡散とは文字通り，物質が高濃度から低濃度のところへ自然に移動する現象である。一方，促通拡散は物質の拡散をサポートする輸送担体が関与した拡散のことであり，単純拡散よりも拡散性が促進される。

一般的に気体の単位は％（濃度），もしく

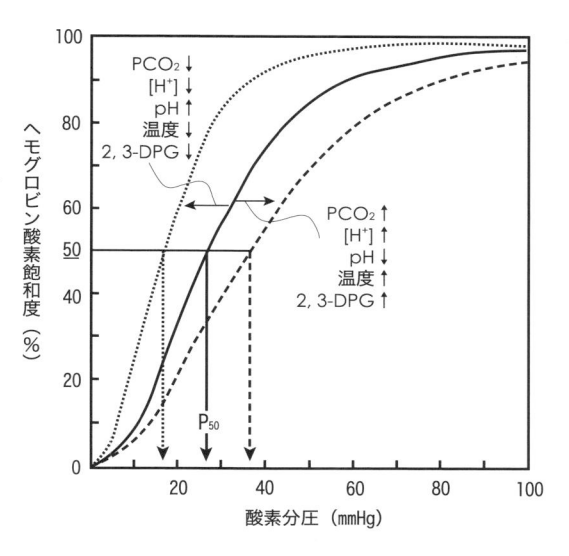

図6-15 Hbの酸素解離曲線
酸素分圧とHbの酸素飽和度との関係はシグモイド（S字）曲線の関係で表される（図中の実線，P_{50}=26.6 mmHg）。Hbの酸素解離曲線は CO_2 や H^+ 濃度の上昇（つまりpHの低下）や温度やグリセリン2.3リン酸濃度の上昇によって右方シフトする。左方シフトの場合はその逆。たとえばHbが50％飽和しているときの PO_2（P_{50}）を比べた場合，右方へシフトした場合は P_{50} が高くなる。これは O_2 がHbから離れやすくなっていることを意味する。逆に左方シフトの場合は，より低い PO_2 でも50％飽和していることになるので，Hbから O_2 が離れにくい状態を意味する。この特性ゆえに，Hbは呼吸器官で最大限に O_2 を結合し（左方シフト），末梢組織においては最大限に O_2 を放出する（右方シフト）ことが可能になる。

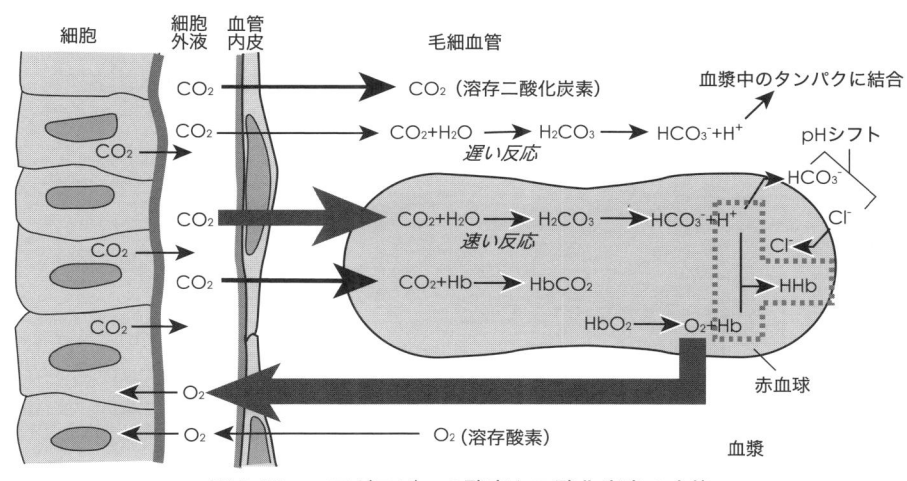

図6-16 ヘモグロビンの酸素と二酸化炭素の交換
ほとんどの O_2 が HbO_2 として運ばれる。溶存 O_2 は非常にわずかである。CO_2 の多くは HCO_3^- として血漿中に存在する（約70％）。約22％はHbに結合し（$HbCO_2$），約7％は血漿中に溶存。脱酸素化したHbは H^+ と結合しやすく，pHの緩衝役としても働く（図中の点線囲み；HHbと表示）。

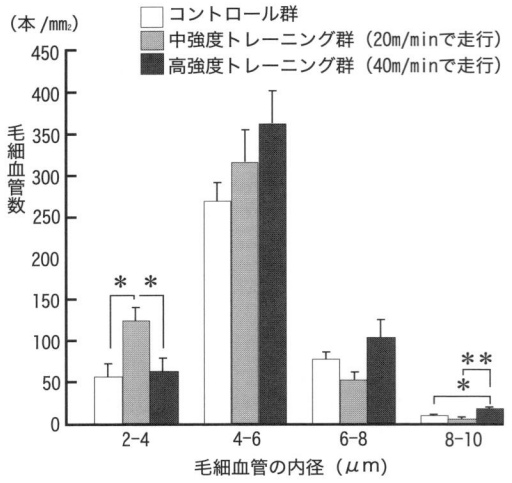

図6-17 持久性トレーニングを行ったラット骨格筋の毛細血管内腔（直径）の分布

毛細血管の内腔を計測したところ、高強度（40 m/min）で走トレーニングした骨格筋の毛細血管では、内腔の大きなものが多くなっていた。（Kano, T. et al., 1997[8]）

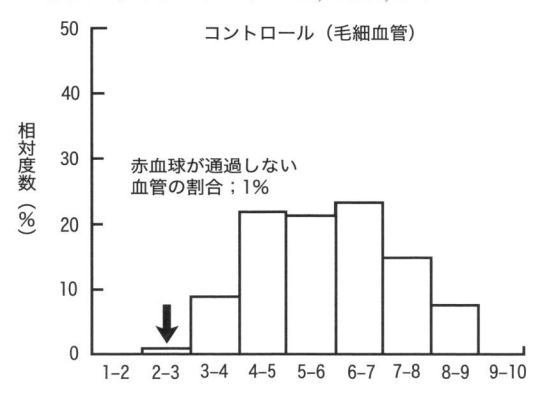

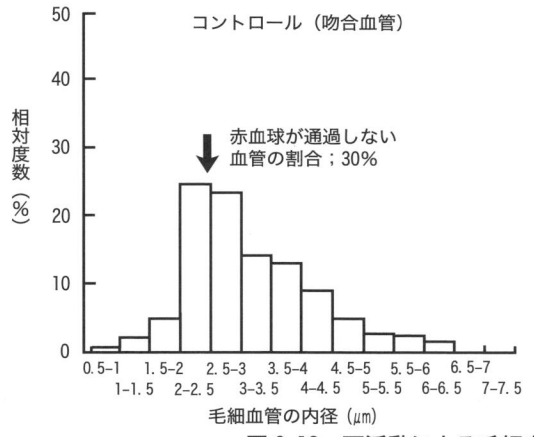

は mmHg（気圧）で表す。また、大気のように複数の気体成分からなる混合気体では、その中の一成分が持つ圧力として、分圧（partial pressure）という表現を用いる。たとえば、通常の大気には約21％の O_2 が含まれているので、大気圧（760 mmHg）に占める酸素分圧（partial pressure of O_2 : PO_2）は、

$$760 \times 0.2093 = 159.1 \text{ mmHg}$$

となる（図6-20）。大気は身体の中に吸い込まれると水蒸気で満たされるので、分圧の計算時には水蒸気圧を考慮しなければならない。つまり、体内の入り口である気道の中の PO_2 は、水蒸気圧47 mmHg（37℃）を大気圧から引き算して、

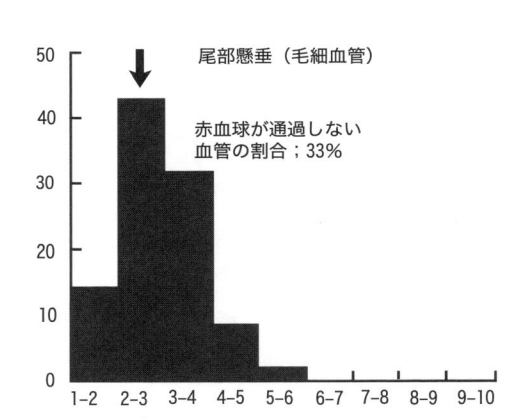

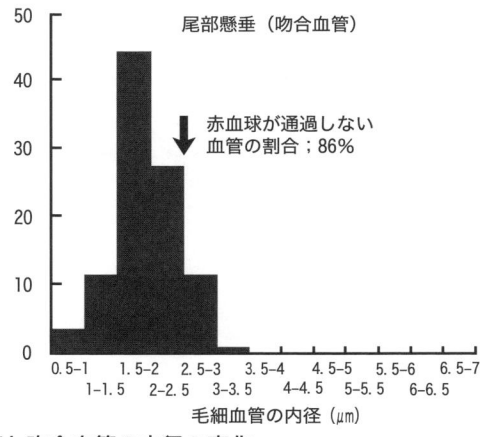

図6-18 不活動による毛細血管と吻合血管の内径の変化

尾部懸垂後の筋（黒）では正常筋（白）に比べて毛細血管と吻合血管が細くなり、分布図が左にシフトしている。また、赤血球が通過しない毛細血管と吻合血管は正常筋においてそれぞれ1％と30％に留まっていたものの、尾部懸垂後にはそれぞれ33％と86％に上昇していた。（Fujino, H. et al., 2005[5]）

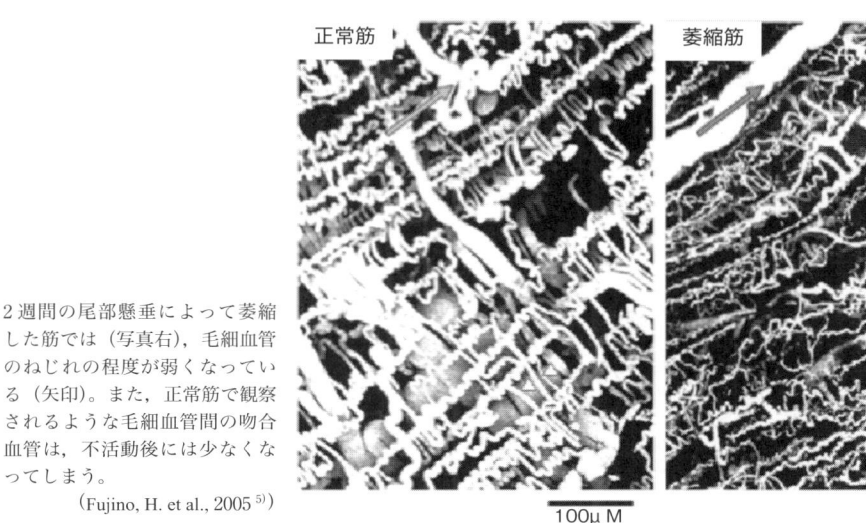

正常筋　萎縮筋

2週間の尾部懸垂によって萎縮した筋では（写真右），毛細血管のねじれの程度が弱くなっている（矢印）。また，正常筋で観察されるような毛細血管間の吻合血管は，不活動後には少なくなってしまう。

（Fujino, H. et al., 2005 [5]）

100μ M　　100μ M

図 6-19　ヒラメ筋の毛細血管網や吻合の様子（共焦点顕微鏡画像）

(760 − 47) × 0.2093 = 149.0 mmHg

として計算する（図 6-20）。

肺胞から血液に拡散した O_2 は，血液ガスとして全身に供給される。血液や筋肉にはヘモグロビン（Hb）やミオグロビン（Mb）といったヘムタンパクがあるので，PO_2 の計算は上記のように単純にはならない（以下に概説）。いずれにせよ，血液に取り込まれた O_2 は途中で周辺組織に取り込まれながら末梢組織まで進むので，血液中の PO_2 は次第に減少する。筋内の毛細血管に到達する頃には 40 mmHg 以下といわれている（図 6-20）。このような PO_2 の変化を O_2 の流れ（O_2 cascade）と呼ぶ。

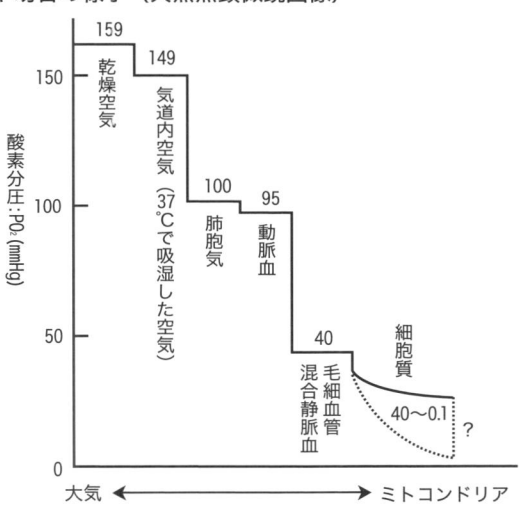

図 6-20　O_2 の流れ（O_2 cascade）

大気から吸入した O_2 は，末梢組織（例：筋細胞）に向かうにつれて低下してくる。特に毛細血管からミトコンドリアまでの PO_2 の変動については不明な点が多い。

なお，$\dot{V}O_2$ の算出には先に述べた式 (1) の他に，筋組織での拡散法則に基づいた $\dot{V}O_2$ の求め方もある（式 (3)）。式 (3) では，$m\dot{V}O_2$ は，毛細血管内の PO_2（$P_{cap}O_2$）とミトコンドリアの PO_2（$P_{mito}O_2$）の差：$(P_{cap}O_2 - P_{mito}O_2)$ と O_2 の拡散性（O_2 Conductance: DO_2）の積によって決定される（図 6-21）。

$$m\dot{V}O_2 = (P_{cap}O_2 - P_{mito}O_2) \times DO_2 \quad \cdots\cdots (3)$$

式 (3) の $(P_{cap}O_2 - P_{mito}O_2)$ は細胞内外の分圧差（PO_2 較差）ともいえ，この分圧差が大きくなればなるほど O_2 を細胞内へ拡散させる力が強くなる。運動時には，先に述べた血流配分や微小循環量が変化して筋への O_2 供給量が増すだけでなく，$P_{cap}O_2$ や $P_{mito}O_2$ も変化して $(P_{cap}O_2 - P_{mito}O_2)$ が大きくなり，$m\dot{V}O_2$ が上昇する。

図6-21　O_2 の拡散概念に基づく $m\dot{V}O_2$ の算出

骨格筋の $m\dot{V}O_2$ を考える際，拡散の概念が用いられる。$m\dot{V}O_2$ は細胞内への O_2 流入力（$P_{cap}O_2$ と $P_{mito}O_2$ の差）と O_2 の拡散性（DO_2）によって規定される。$P_{cap}O_2$ や細胞内 PO_2（$P_{mb}O_2$）は最近明らかになり始めたが，DO_2 を変動させる要因は明らかになっていない。

次に，式（3）に基づく $m\dot{V}O_2$ に対する拡散要因について説明を加える。

❶ 細胞内外の酸素分圧とその差

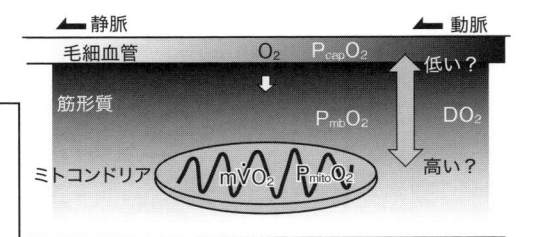

先述のように，式（3）の（$P_{cap}O_2 - P_{mito}O_2$）は筋細胞内外の分圧差であり，分圧差の拡大は O_2 を細胞内へ拡散させる力になる。最大運動時の $P_{mito}O_2$ はほぼ 0 になると仮定されているので，式（3）に基づいて運動時の $m\dot{V}O_2$ を算出する際には $P_{cap}O_2$ が主要因と考えられてきた。しかし，毛細血管からミトコンドリアまでの間には細胞質領域があるので，細胞膜を隔てた細胞内外の分圧差を定量するためには細胞質領域の PO_2 を知る必要がある。

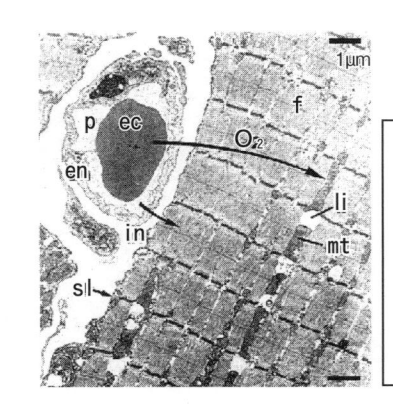

筋細胞（特に遅筋線維）の中にはミオグロビン（Mb）という Hb に似たヘムタンパクがあり，Hb と同じく O_2 と結合する。筋細胞内の PO_2 は Mb の飽和度（$S_{mb}O_2$）に平衡しているため，$S_{mb}O_2$ と Mb の O_2 解離曲線から細胞質 PO_2（$P_{mb}O_2$）を推定することができる（図6-22）。1990年代中頃から磁気共鳴法（^{1}H-MRS）や近赤外線分光法（NIRS）を用いて in vivo で $P_{mb}O_2$ を計測しようとする試みがなされている。安静時の $P_{mb}O_2$ は約 21.6 mmHg であり，筋収縮時には $m\dot{V}O_2$ の上昇に伴って $S_{mb}O_2$ が低下し，$P_{mb}O_2$ は約 2.4 mmHg まで低下する（図6-22）[15]。

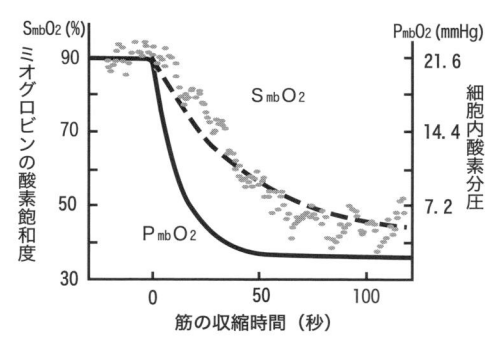

なお，動物実験では，$P_{cap}O_2$ が安静時 31.4 mmHg から筋収縮時 21.0 mmHg まで低下する（in vivo では筋膜上から観察しているので混合静脈血と毛細血管を合わせた平均 PO_2 の動態，図6-23）[1]。

❷ 酸素の拡散性

毛細血管からミトコンドリアまでの O_2 の拡散経路を考えた場合（図6-22参照），そこには，次のような拡散性を左右する因子が存在する。

図6-22　NIRS で評価した最大張力発揮時の Mb 飽和度と細胞内 PO_2 の変化

細胞内 PO_2（$P_{mb}O_2$）は，Mb 飽和度（$S_{mb}O_2$）と Mb の酸素解離曲線から算出することができる。図は筋収縮開始後の $S_{mb}O_2$ と $P_{mb}O_2$ の変化を表している。両者とも指数関数的に低下するが，Mb がいったん O_2 を解離すると（$S_{mb}O_2$ が低下し始めると），$P_{mb}O_2$ は急進的に低下する（それぞれの反応時間は 44 秒と 28 秒）。定常状態の $S_{mb}O_2$ と $P_{mb}O_2$ はそれぞれ 49％ と 2.4 mmHg であった。(Takakura, H. et al., 2010 [15])

- O_2 が Hb から離れて血漿へ溶解する過程
- O_2 が毛細血管の内皮細胞を通過し，筋細胞質内に溶解する過程
- O_2 が筋原線維の合間をくぐって，ミトコンドリアへ到達する過程
- O_2 がミトコンドリアの膜を通過して電子伝達系へ到達する過程

O_2 は水に溶けにくいことや，多くの構造タンパクがひしめく細胞内を拡散しなければならないことを考えると，上記の過程は，O_2 拡散にとって障害になる（電気回路でいう抵抗のようなもの）。式（3）の DO_2（O_2 conductance）は拡散抵抗の逆数であり，O_2 の流れやすさ・拡散性を表す係数である。つまり，DO_2 が大きければ O_2 は流れやすい（拡散しやすい）し，DO_2 が小さければ，流れにくいことを意味し，それに伴って m$\dot{V}O_2$ が変動する。

なお，O_2 の拡散性を促進する要因には，

- 能動毛細血管数の増加による拡散距離・拡散面積の縮小
- 能動毛細血管数の増加による赤血球通過時間の延長
- Mb の促通拡散

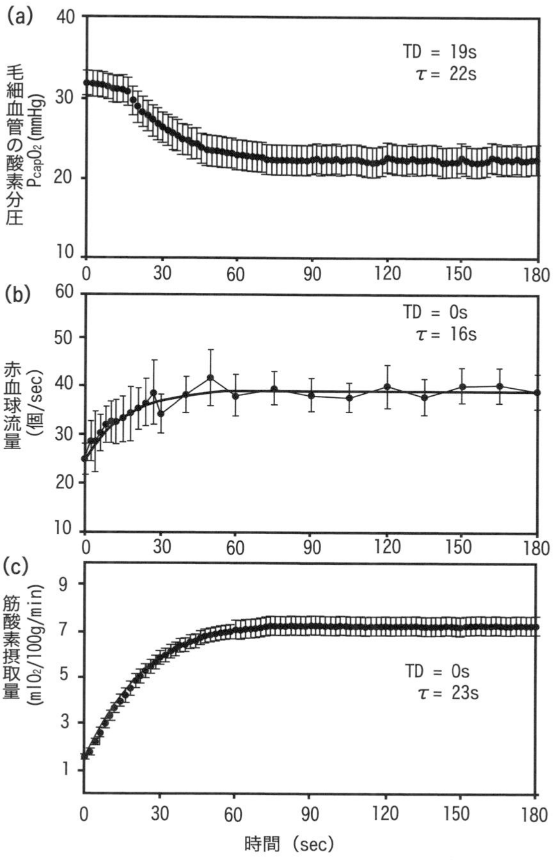

図 6-23 筋収縮時における微小循環内の平均 PO_2 および赤血球流量，m$\dot{V}O_2$ の各動態

微小循環内の平均 PO_2 は，筋収縮開始時後約19秒の遅延時間後に指数関数的に減少した（a）。赤血球流量（b）と m$\dot{V}O_2$（c）は収縮開始直後から指数関数的に上昇した。（Behnke, B.J. et al., 2002[1]）

などがあげられる。実際，持久的なトレーニングによって生じる毛細血管数の増加や Mb の量の上昇などの適応現象は，血液から骨格筋への O_2 拡散や細胞内での O_2 拡散性を促進する因子（DO_2 を上昇させ，m$\dot{V}O_2$ を引き上げる因子）として考えられる。なお，引き続き DO_2 に影響する要因を明らかにする研究が進められている。

[5] 組織の酸素消費系

ここでは，m$\dot{V}O_2$ を左右する酸素消費系の因子である⑤ミトコンドリアについて解説する。

ミトコンドリアはいわば細胞内のエネルギー工場であり，血液から細胞内へ運ばれた O_2 を利用する最終的な場所である。ミトコンドリアの能力は，m$\dot{V}O_2$ の算出式の（1）の動静脈酸素濃度較差（$CaO_2 - C\bar{v}O_2$）や，式（3）の PO_2 較差（$P_{cap}O_2 - P_{mito}O_2$）を左右する。

一般的に持久性トレーニングを継続すると，筋細胞内のミトコンドリアの数が増え，有酸素性代謝能力が向上する。骨格筋は収縮・代謝特性の異なる筋線維を含んでいるものの，ト

レーニングによるミトコンドリアの増殖はどの筋線維にも認められる（図6-24）[7]。また，脱トレーニングによってミトコンドリアは減少する。つまり，ミトコンドリアは身体の活動水準によって可逆的にその数を変化させている。

❶ミトコンドリアの呼吸調節

ミトコンドリアは血液から細胞内へ運ばれた O_2 を利用する最終的な場所であり，生体に必要な ATP を合成する細胞小器官（エネルギー産生工場）である[14]（図6-25）。

ADP はミトコンドリアの呼吸刺激因子の一つである。単離したミトコンドリアの呼吸速度は，ADP の非存在下では非常に緩やかである（State 4 と呼ぶ）。なお，State 4 のミトコンドリアに ADP を添加すると呼吸速度が著しく上昇する（State 3 と呼ぶ）。State 3 と State 4 との呼吸速度の比は呼吸調節比と呼ばれ，酸化的リン酸化能力の重要な指標である。この呼吸調節比はミトコンドリア密度が上昇すると高くなる。つまり，ミトコンドリア密度が上昇すると，わずかな量の ADP によって $\dot{V}O_2$ が上昇しやすくなる。このことは，持久性トレーニングによるミトコンドリアの密度の上昇に伴って，運動時の $m\dot{V}O_2$ が一層高くなることを一部説明している。なお，他の呼吸刺激因子には，Ca^{2+}，Pi，cAMP，Creatine Kinase 等があげられている[4]。

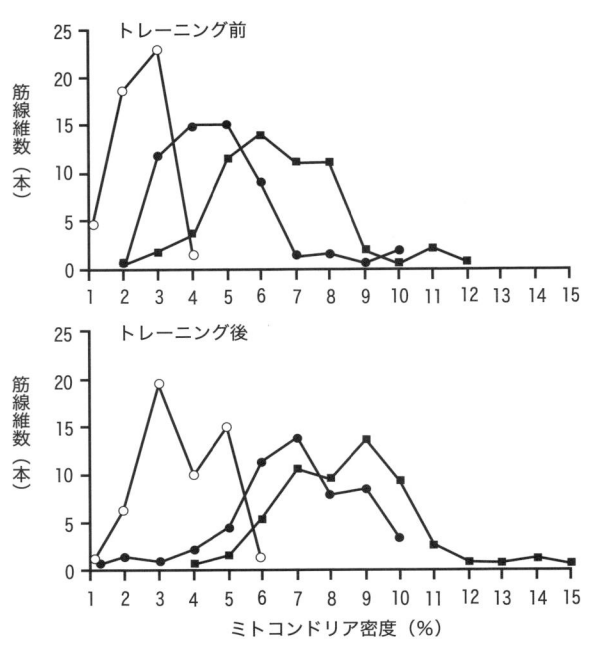

図6-24 持久性トレーニングによる筋線維タイプ別に観察したミトコンドリア量の変化

もともと遅筋線維（type I 線維，■）＞速筋線維（type IIa 線維，●）＞速筋線維（type IIb 線維，○）の順番でミトコンドリアが多い。同じタイプであっても分布は広範囲になっており，タイプ間で重複する部分もかなりある。6週間の持久的トレーニングを行うと，いずれの筋線維タイプにおいてもミトコンドリアが増加する方向に適応する。(Howald, H. et al., 1985[7])

❷エネルギー基質と酸素摂取量：P/O 比

エネルギー基質（エネルギーを生み出すための栄養素）が異なると，基質を酸化するために必要とされる O_2 の量も異なり，また，それによって ATP の合成量が異なる。再合成される ATP-1 mole に対して必要とされる酸素原子の割合を P/O 比という。

（グルコースの場合）　$C_6H_{12}O_6 + 6O_2 + 38ADP + 38Pi \rightarrow 6CO_2 + 6H_2O + 38ATP$

（パルミチン酸の場合）　$C_{16}H_{32}O_2 + 23O_2 + 129ADP + 129Pi \rightarrow 16CO_2 + 16H_2O + 129ATP$

となり，ATP を再合成するために必要な酸素原子（P/O 比）は，それぞれ，3.17 (=38÷(6×2)) と 2.80 (=129÷(23×2)) となる。

運動強度によって利用される基質が異なる（図6-26）[2]。たとえば運動強度が低い場合には脂質が利用され，強度が高くなるにつれてグルコースやグリコーゲンが利用される。50～60%$\dot{V}O_2$max の運動強度で脂質と糖の利用割合が逆転する（クロスオーバーポイント）。

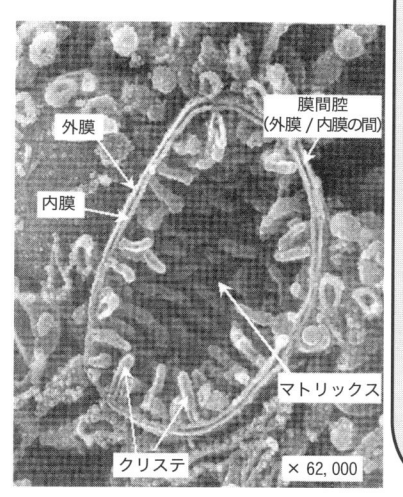

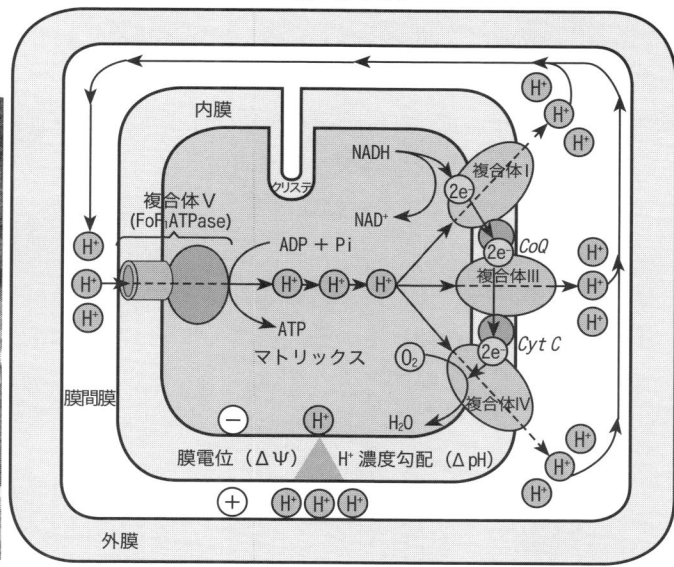

図6-25 ミトコンドリアの走査電顕画像とミトコンドリア内のH⁺循環
走査電子顕微鏡を用いるとミトコンドリアの構造（膜構造やクリステなど）が明瞭に観察できる（水野俊雄ほか，1994[14]）

❸ ミトコンドリアのバイオジェネシス

骨格筋が効率よく O_2 代謝を行いながら ATP を再合成することができれば筋の持久力が向上するばかりでなく，筋の代謝疾患（糖代謝異常，脂質代謝異常）も予防できるかもしれない。持久性トレーニングがミトコンドリアの生合成を促進することは先に紹介した（図6-25参照）。

近年，遺伝子組替実験によって，筋収縮によるミトコンドリアタンパクの生合成と O_2 代謝の活性化に PGC-1α が関与していることが明らかにされている。PGC-1α はエネルギー代謝に関わるタンパク質の転写コアクチベータである。PGC-1α の過剰発現マウスモデルでは，シトクロム c オキシダーゼ II（cytochrome c oxidase II: COX-II），COX-IV，Cyto c など電子伝達系に関わる酵素，カルニチンアシル基転移酵素（carnitine palmitoyl transferase: CPT）や中鎖アシル CoA 脱水素酵素（medium chain acyl CoA dehydrogenase: MCAD）など脂

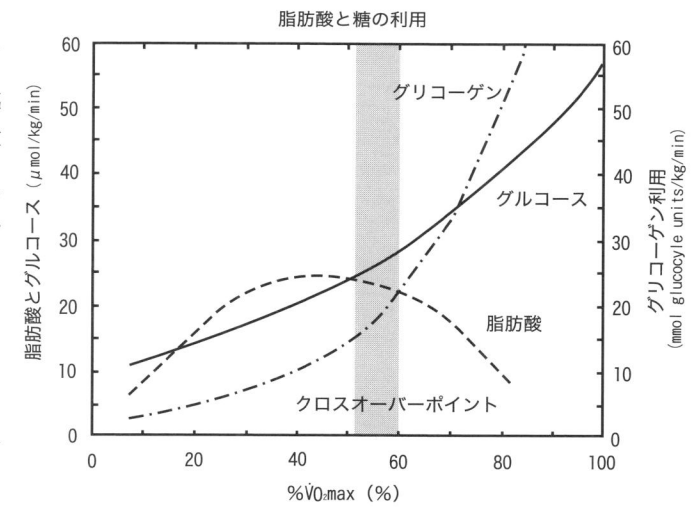

図6-26 運動強度と基質利用との関係
グルコースの利用量は運動強度の上昇に対して次第に上昇する。脂肪酸は中程度強度まではよく利用されるが，それ以上の強度では利用量を減らす。(Brooks, G.A., 1998[2])

質代謝に関連する酵素，あるいは Mb やトロポニン I slow など遅筋線維に多いタンパクの mRNA（messenger ribonucleic acid）の上昇が生じる[11]。

　筋収縮を介した PGC-1α 活性化の経路には，Ca^{2+} 依存性キナーゼ経路の活性化や AMP キナーゼ（AMP-activated protein kinase: AMPK）経路の活性化，活性酸素種（reactive oxygen species: ROS）を介した経路が示唆されている。このように筋収縮によってさまざまな経路から PGC-1α のプロモーター領域に対する転写因子が促進され，ミトコンドリア関連タンパクの発現を促す[13]。

　なお，骨格筋に PGC-1α を過剰発現させたマウスでは，筋線維の遅筋化やミトコンドリアの増殖が生じたものの，その筋内のミトコンドリアは脱共役状態であり，ATP 含量が非常に減少していたことが報告されている[11]。骨格筋の代謝能力を向上させるためには，単純にミトコンドリアを増殖させるだけでは不十分であり，その他の制御因子・発現機序を解明しなければならないのであろう。

（増田和実）

【引用・参考文献（竹田）】

1) Guyton, A.C. and Hall, J.E., Textbook of medical physiology (9th ed.). 1996, Philadelphia, Saunders.
2) 真島英信『生理学』（改訂版 18 版），1986 年，文光堂.
3) Wilmore, J.H. and Costill, D.L., Physiology of sport and exercise (3rd ed.). 2004, Human Kinetics.

【引用・参考文献（増田）】

1) Behnke, B.J., Barstow, T.J., Kindig, C.A., McDonough, P., Musch, T.I., Poole, D.C., Dynamics of oxygen uptake following exercise onset in rat skeletal muscle. Respir Physiol Neurobiol 133: 229-239, 2002.
2) Brooks, G.A., Mammalian fuel utilization during sustained exercise. Comp Biochem Physiol Biochem Mol Biol 120: 89-107, 1998.
3) Davies, K.J., Maguire, J.J., Brooks, G.A., Dallman, P.R., Packer, L., Muscle mitochondrial bioenergetics, oxygen supply, and work capacity during dietary iron deficiency and repletion. Am J Physiol 242: E418-427, 1982.
4) Devin, A., Rigoulet, M., Mechanisms of mitochondrial response to variations in energy demand in eukaryotic cells. Am J Physiol Cell Physiol 292: C52-58, 2007.
5) Fujino, H., Kohzuki, H., Takeda, I., Kiyooka, T., Miyasaka, T., Mohri, S., Shimizu, J., Kajiya, F., Regression of capillary network in atrophied soleus muscle induced by hindlimb unweighting. J Appl Physiol 98: 1407-1413, 2005.
6) Hepple, R.T., Mackinnon, S.L., Goodman, J.M., Thomas, S.G., Plyley, M.J., Resistance and aerobic training in older men: effects on $\dot{V}O_2$peak and the capillary supply to skeletal muscle. J Appl Physiol 82: 1305-1310, 1997.
7) Howald, H., Hoppeler, H., Claassen, H., Mathieu, O., Straub, R., Influences of endurance training on the ultrastructural composition of the different muscle fiber types in humans. Pfügers Arch 403: 369-376, 1985.
8) Kano, Y., Shimegi, S., Masuda, K., Sakato, H., Ohmori, H., Katsuta, S., Effects of different intensity endurance training on the capillary network in rat skeletal muscle. Int J Microcirc Clin Exp 17: 93-96, 1997.
9) Katayama, K., Sato, K., Akima, H., Ishida, K., Takada, H., Watanabe, Y., Iwase, M., Miyamura, M.,

Iwase, S., Acceleration with exercise during head-down bed rest preserves upright exercise responses. Aviat Space Environ Med 75: 1029-1035, 2004.

10) Laughlin, M.H., Armstrong, R.B., Muscular blood flow distribution patterns as a function of running speed in rats. Am J Physiol 243: H296-306, 1982.

11) Lin, J., Wu, H., Tarr, P.T., Zhang, C.Y., Wu, Z., Boss, O., Michael, L.F., Puigserver, P., Isotani, E., Olson, E.N., Lowell, B.B., Bassel-Duby, R., Spiegelman, B.M., Transcriptional co-activator PGC-1 alpha drives the formation of slow-twitch muscle fibres. Nature 418: 797-801, 2002.

12) Ljubicic, V., Joseph, A.M., Saleem, A., Uguccioni, G., Collu-Marchese, M., Lai, R.Y., Nguyen, L.M., Hood, D.A., Transcriptional and post-transcriptional regulation of mitochondrial biogenesis in skeletal muscle: Effects of exercise and aging. Biochim Biophys Acta 1800:223-234, 2010.

13) Miura, S., Tomitsuka, E., Kamei, Y., Yamazaki, T., Kai, Y., Tamura, M., Kita, K., Nishino, I., Ezaki, O., Overexpression of peroxisome proliferator-activated receptor gamma co-activator-1alpha leads to muscle atrophy with depletion of ATP. Am J Pathol 169: 1129-1139, 2006.

14) 水野俊雄, 牛木辰男, 堀内繁雄『電子顕微鏡でわかったこと―細胞の微細構造から原子の姿まで』1994 年, vol. ブルーバックス B-1022, 講談社.

15) Takakura, H., Masuda, K., Hashimoto, T., Iwase, S., Jue, T., Quantification of myoglobin deoxygenation and intracellular PO_2 during muscle contraction during Hb-free medium perfusion. Exp Physiol 95:630-640, 2010.

16) Wranne, B., Woodson, R.D., A graded treadmill test for rats: maximal work performance in normal and anemic animals. J Appl Physiol 34: 732-735, 1973.

第7章

エネルギーと身体の源

　栄養とは，生物が生存・成長に必要な物質を体外から取り入れ，それを体内で利用する営みを意味する。体外から取り入れる物質が栄養素であり，ヒトは通常飲食物として摂取している。栄養素の役割は大きく，エネルギー生産と身体構成ということができる。

1 同化作用と異化作用

　生物の身体成分は古いものが新しいものに常に置き換わっている。これを新陳代謝という。生体内では，体外から摂取した物質を材料として自らの構成成分を合成している。これを同化という。一方，身体の構成成分がエネルギー源などとして利用されるために，分解されることを異化という。成人では身体は変化していないように見える。実際には同化と異化は起きているが，身体の同化と異化のバランスがとれているため，見かけ上は変化していないように見える。これを動的平衡状態にあるという。

[1] 同化・異化と三大栄養素の代謝

　図7-1に，三大栄養素であるタンパク質，炭水化物，脂質の同化・異化における相互関係の概要を示した。消化管の膜を通過して体内へ輸送可能な大きさの物質に分解されることを消化という。すなわち，タンパク質は個々のアミノ酸，炭水化物は単糖類であるブドウ糖や果糖，脂質は脂肪酸などに分解される。そして，これらの物質が消化管の膜を通過することを吸収という。

　アミノ酸とグルコースは吸収後には血液中に入り肝臓に運ばれる。そして，肝臓で種々の代謝を受けた後，全身を循環する血流に入る。一方，脂質はそのままでは水に溶けないため，タンパク質などとともに水に馴染むリポタンパク質を形成してリンパ系に入った後，全身を循環する血液に入る。

　図7-1での同化の例としては，肝臓や肝外組織でアミノ酸からタンパク質に合成されたり，ブドウ糖からグリコーゲンが合成されることがある。脂肪組織で脂肪酸とα-グリセロリン酸とから脂肪が合成されることも同化である。

　一方，図7-1での異化の例としては，エネルギー源として利用されるために筋肉に貯蔵されているグリコーゲンが分解してグルコースが生じることや，グルコースを合成するために

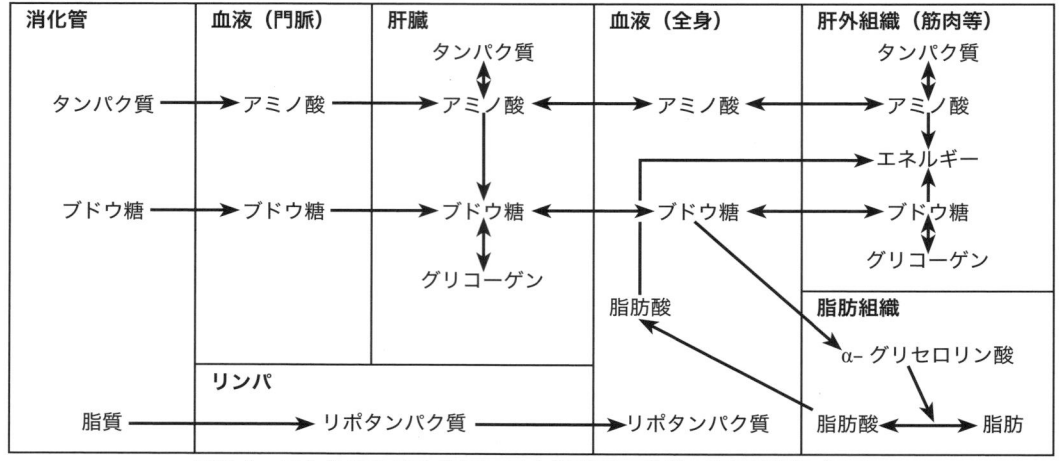

図 7-1　同化作用と異化作用；三大栄養素の代謝の相互関係の概要

タンパク質の分解によってアミノ酸が生じることなどがある。脂肪組織の脂肪が脂肪酸とα-グリセロリン酸に分解されることも異化である。

　三大栄養素はその代謝経路がそれぞれにつながっているので，体内で相互に変換可能な部分がある。しかし，一部は一方通行である。図 7-2 に相互変換の概要を示した。タンパク質は炭水化物と脂肪の両方に変換可能

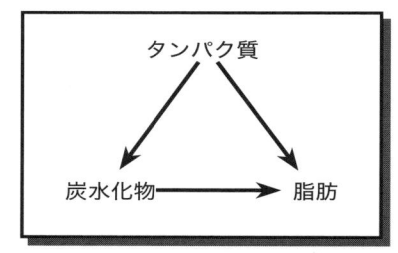

図 7-2　三大栄養素の相互変換

である。炭水化物は脂肪に変換されるが，タンパク質には変換されない。脂肪は脂肪酸とグリセロールで構成されている。グリセロールは糖新生経路によってグルコース（炭水化物）に変換されるが，脂肪酸は炭水化物には変換されない。しかし，脂肪分子の中でグリセロールの占める割合は，構成する脂肪酸の種類によって異なるが，10％前後と小さい。このため，生化学的には正確とはいえないが，脂肪は炭水化物には変換されないと表現されることが多い。三大栄養素はいずれもエネルギーを持っている。したがって，どの栄養素も過剰になったものはすべてが脂肪に変換されて体内に蓄積することになる。

[2] 体タンパク質の代謝回転速度

　表 7-1 は人体の各臓器のタンパク質の代謝回転速度（同化と異化によって物質が代謝される速度）である[17]。同一の臓器でも代謝回転の早い部分と遅い部分があり，筋肉の 60％の部分は代謝が早く 16 日間でその半分が入れ替わるのに対して，残りの 40％の部分は代謝が遅く 100 日間で半分が入れ替わる。半分が入れ替わる期間を半減期という。内臓は筋肉よりも代謝回転が早いことがわかる。

表 7-1　人体の各臓器のタンパク質の代謝回転[※1]

	代謝回転の遅い成分	代謝回転の早い成分
人体全体	47％[※2]（130 日）	53％（22 日）
脳	54％（150 日）	46％（16 日）
肝臓	3％（140 日）	97％（12 日）
腎臓	8％（180 日）	92％（11 日）
筋肉	40％（100 日）	60％（16 日）

※1：半減期
※2：代謝回転の早い成分あるいは遅い成分が，各臓器に占める割合。（片山眞之ほか『栄養生理学・生化学』，1997 年，産業図書[18]より作成）

2　身体をつくるための栄養

［1］体内でのタンパク質代謝の概要

　筋肉や内臓などの除脂肪組織は重量の約75％は水分であるが，水分以外の構成成分で最も多いのはタンパク質であり，組織重量の約20％を占める。図7-3は体内でのタンパク質の代謝経路の概要である。飲食物として摂取されたタンパク質は，基本的にはアミノ酸に消化されて吸収される。吸収されたアミノ酸は血流を介して代謝される臓器・組織に運搬され利用される。

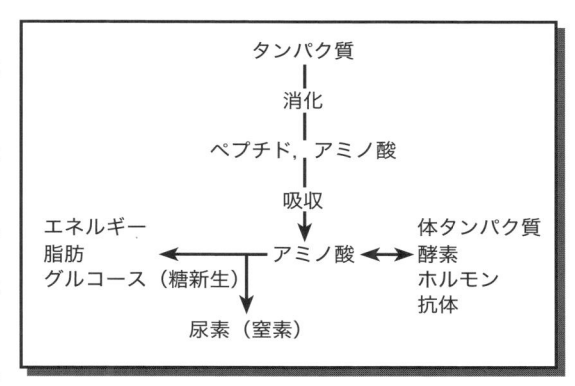

図7-3　体内でのタンパク質代謝の概要

　アミノ酸は筋肉や内臓などの体タンパク質の構成成分となる他，種々の酵素やインスリンやグルカゴンなどのペプチドホルモン，抗体などのさまざまな機能を持ったタンパク質の材料として利用される。

　一方，アミノ酸はエネルギー源として炭水化物が不足した場合に，糖新生によってブドウ糖となったり，アミノ酸自身がエネルギー源となる。アミノ酸がこれらの経路で代謝されるときには脱アミノ反応によってアンモニアを生ずる。アンモニアは肝臓で尿素に合成されることで解毒され，尿素は尿中に排泄される。尿素生成は，アミノ酸が体内でタンパク質合成以外の代謝経路で代謝された場合に増大する。

［2］身体活動時のタンパク質の必要量

　タンパク質を構成するアミノ酸は窒素を含む。このため，タンパク質の摂取必要量は窒素の摂取量と排泄量の収支である窒素出納によって評価するのが一般的である。窒素の摂取量は飲食物を，排泄量は尿，糞便などを分析することで求める。

　運動をするとタンパク質の必要量は増加するとする考え方が一般的である。図

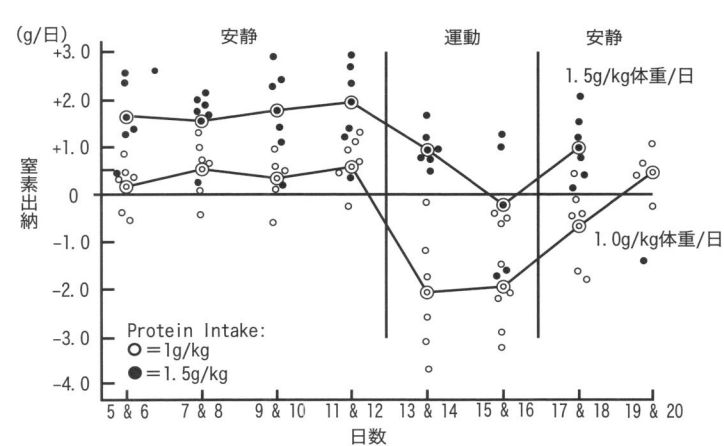

図7-4　運動が窒素出納およびヒトのタンパク質必要量に及ぼす影響
（Gontzea, I. et al., 1974 [12]）による）

123

7-4 は，運動していない場合に窒素出納を維持できる 1.0 g/kg 体重/日のタンパク質では，運動すると窒素出納を維持できないが，1.5 g/kg 体重/日では維持できることから，運動するとタンパク質の必要量が増大することを示している[12]。

しかし，タンパク質は摂取量が多ければ多いほど筋肉タンパク質合成が亢進するわけではない。筋力トレーニングを行いながら，タンパク質の摂取量を 0.86 g/kg 体重/日から 1.5 g/kg 体重/日へ増加すると，体タンパク質合成が高まる（図 7-5）[19]。しかし，2.4 g/kg 体重/日へ増加しても体タンパク質合成がさらに高まることはなく酸化が増加する。このため，体タンパク質合成を効果的に高められるタンパク質摂取量の上限は 2 g/kg 体重/日程度とされている。

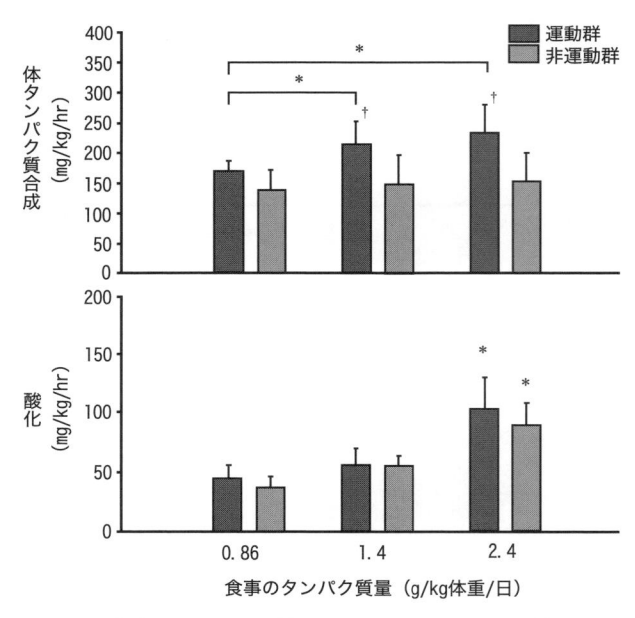

図 7-5　食事のタンパク質量と運動が体タンパク質合成および酸化に及ぼす影響
（Tarnopolsky, M.A. et al., 1986 [19] による）

［3］摂取エネルギーの重要性

タンパク質は，飢餓や炭水化物が不足した場合にエネルギー源となる。上述のタンパク質の必要量はエネルギー摂取量が充足している場合のものである。エネルギー摂取量が不足した場合，タンパク質はエネルギー源として消費されることになり，体タンパク質合成に利用できるものが減少することになる。

［4］摂取タイミングと炭水化物の効果

タンパク質は運動に近いタイミングで摂取することが筋肉タンパク質合成を促進するために効果的とされている。運動後は，①筋肉への血流量が増大しているため筋肉タンパク質の材料となるアミノ酸の供給量が増えること，②筋肉タンパク質の合成を促進するとともに分解を抑制する，インスリンに対する筋肉の感受性が高まっていること，③運動によって成長ホルモンの分泌が刺激されること，などがその理由と考えられている。

また，タンパク質は炭水化物とともに摂取すると，体タンパク質合成に利用されやすいと考えられている。摂取した炭水化物によってインスリン分泌が刺激され，これが摂取したタンパク質の体タンパク質への合成を促進するとともに，体タンパク質の分解を減少させるためである。

3 運動のエネルギー源

[1] エネルギー生産と三大栄養素の代謝経路

　図7-6は三大栄養素とエネルギー代謝経路の概要を示している。三大栄養素はいずれもエネルギー源となり得る。しかし，炭水化物と脂肪がエネルギー源としては主要であり，タンパク質はエネルギー源としてよりも身体の構成成分として重要である。

　炭水化物は飲食物から摂取されるものの他に，体内にグリコーゲンとして貯蔵されている。グリコーゲンを多く貯蔵しているのは筋肉と肝臓である。肝臓のグリコーゲンは肝臓でのエネルギー源となるだけでなく，血中へのグルコースの供給源として重要である。一方，筋肉のグリコーゲンは筋肉でのエネルギー源となるが,血中へグルコースを供給することはない。筋肉中のグリコーゲンの分解によって生じるグルコース-6-リン酸は，脱リン酸化されてグルコースとならなければ筋肉細胞の膜を通過できない。しかし，筋肉にはグルコース-6-リン酸を脱リン酸化する酵素が存在しないため，筋肉グリコーゲンは血中グルコースを供給できないのである。

　ブドウ糖は解糖系の酵素によって代謝され，1分子当たり2分子のアセチルCoAを生ずる。解糖系の代謝過程でADPがリン酸化されてATPが生成するとともに，グルコースの酸化によってNAD$^+$（ニコチンアミドアデニンジヌクレオチド）の還元物質であるNADHが生成する。図7-6に示すように，生成したNADHは酸化的リン酸化によってATP生産に関わる。NAD$^+$はビタミンB群のナイアシンから合成される。

　脂肪は脂肪酸とグリセロールに分解された後，脂肪酸はβ-酸化による代謝でNAD$^+$と

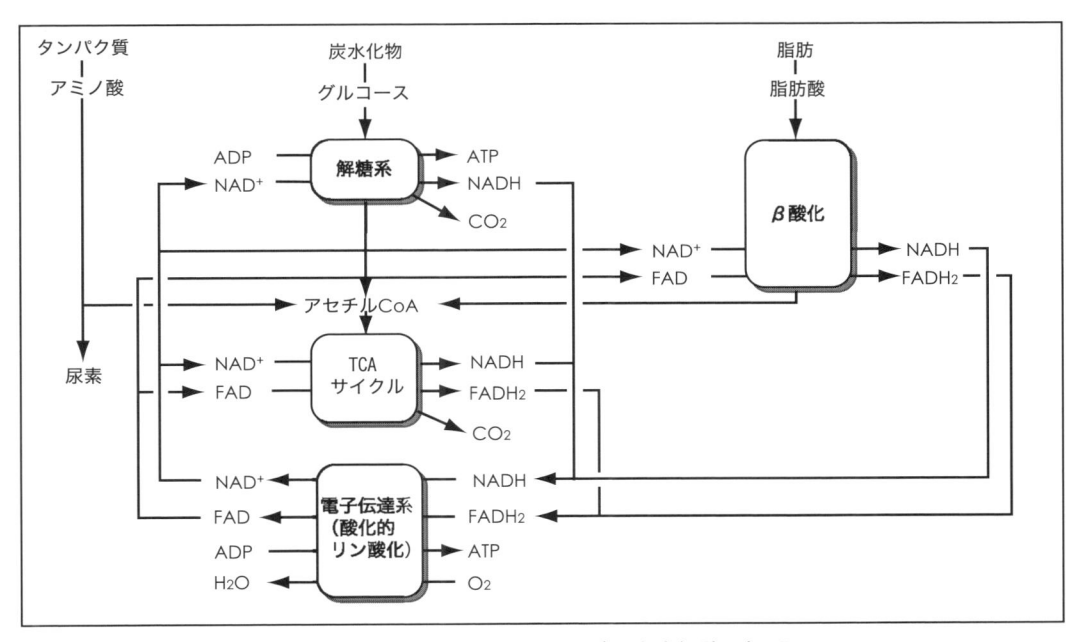

図7-6　三大栄養素とエネルギー生産経路の概要

FAD（フラビンアデニンジヌクレオチド）を，それぞれ NADH と FADH$_2$ に還元しながらアセチル CoA となる。生体内に多く存在する脂肪酸であるパルミチン酸は，炭素16個より成っているので，1分子のパルミチン酸からは β- 酸化によって8分子のアセチル CoA ができる。FAD はビタミン B$_2$（リボフラビン）から誘導される。β- 酸化によって得られた NADH と FADH$_2$ は，電子伝達系（酸化的リン酸化）での ATP 生産に利用される。

解糖系と β- 酸化によって生じたアセチル CoA はオキザロ酢酸と反応してクエン酸を生成する。クエン酸はクエン酸回路で酸化される過程で NAD$^+$ を NADH へ，そして FAD を FADH$_2$ に還元する。NADH と FADH$_2$ は，解糖系や β- 酸化で生成したものと同様，酸化的リン酸化で ATP の生産に関わる。そして，電子伝達系（酸化的リン酸化）で生成した NAD$^+$ と FAD は再び解糖系，β- 酸化，そしてクエン酸回路で水素受容体として働く。

電子伝達系（酸化的リン酸化）では，解糖系，β- 酸化，そしてクエン酸回路から NADH と FADH$_2$ によって運ばれた水素が酸素と反応して水（H$_2$O）ができる。また，図7-6 に示されているように，解糖系とクエン酸回路からは二酸化炭素（CO$_2$）が生成する。ヒトが呼吸によって酸素を取り込み，二酸化炭素を排泄するのは，この代謝過程による。生成した水は代謝水と呼ばれ，飲食物をとして摂取した水と同様に体内で利用される。

［2］乳酸生成の生理的な意義

酸素が十分に供給されない状況下でも，エネルギーを生産しなければならない場合がある。短距離走などがそうである。このとき，乳酸が生成する。図7-7 はエネルギーが生産される過程で，乳酸が生成する生理的な意義を示している。

ブドウ糖は，解糖系でピルビン酸まで代謝された後，酸素が供給されている場合（有酸素代謝）は，ピルビン酸はオキザロ酢酸とアセチル CoA に代謝されてクエン酸回路に入り，さらにエネルギー生産に利用される。

解糖系では，グリセルアルデヒド-3-リン酸が 1, 3-ビスホスホグリセリン酸に代謝されるときに NADH が生成する。酸素の供給が十分な場合は，この NADH は酸化的リン酸化によって NAD$^+$ に変換される。そして，再びグリセルアルデヒド-3-リン酸を 1, 3-ビスホスホグリセリン酸に代謝する過程で利用される。

しかし，酸素の供給が不十分な場合は，NADH を酸化的リン酸化で NAD$^+$ に変換できないため NAD$^+$ が不足してくる。その結果，グリセルアルデヒド-3-リン酸を代謝できな

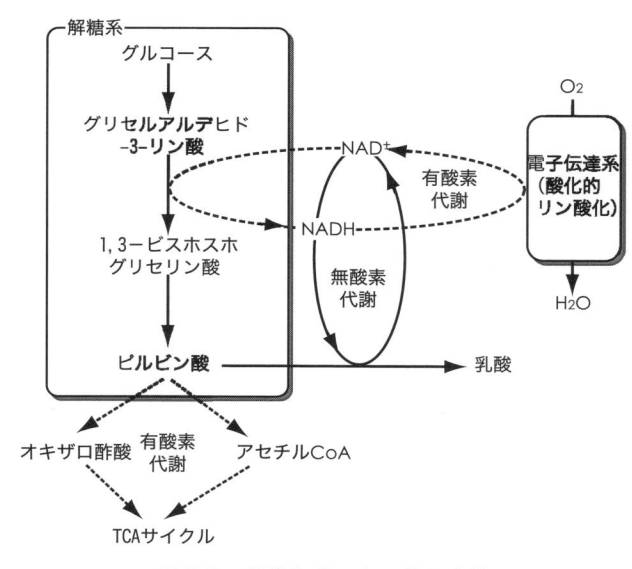

図7-7 乳酸生成の生理的な意義

くなり，解糖系でエネルギーが生産できなくなる。このとき，ピルビン酸が乳酸に代謝されることによって NADH が NAD$^+$ に変換されれば，解糖系でのエネルギー生産が維持される。このように運動中に乳酸が生じるのは，酸素供給が不十分な場合にエネルギー生産を維持するための代謝の結果である。

［3］エネルギー生産には炭水化物は必須

図 7-6 に示したように，グルコースも脂肪酸もアセチル CoA まで代謝されて TCA サイクルに入る。図 7-8 にはグルコースと脂肪が TCA サイクルに入る部分を少し詳しく示した。グルコースは，ピルビン酸からオキザロ酢酸とアセチル CoA に代謝されるので，グルコースのみでクエン酸が生成する。これに対して脂肪酸からはアセチル CoA は得られるが，クエン酸を合成するためにはグルコース由来のオキザロ酢酸が必要である。このため，脂肪がエネルギー生産に利用されるためにはグルコースが必須である。これが，体内のグルコースが枯渇（血糖値の低下やグリコーゲンの減少）すると，体脂肪が枯渇していなくてもエネルギーを生産できない理由である。

図 7-8　脂肪酸の酸化には炭水化物が必要

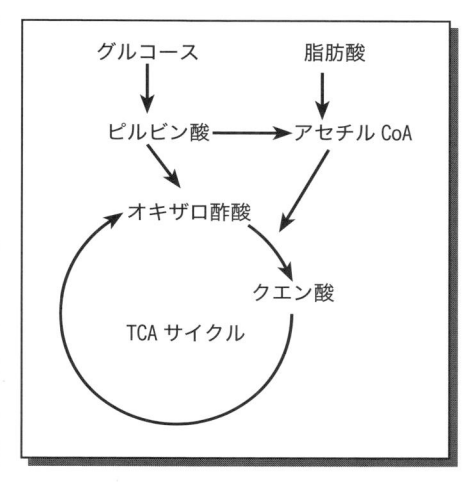

［4］体内の貯蔵エネルギー量

表 7-2 に体内に貯蔵されているエネルギー源の種類と量の標準的な例を示した。体内に貯蔵されている炭水化物のエネルギー量は約 1,000 kcal だが，脂肪のエネルギー量は約 100 倍である。1 日に必要なエネルギーは成人では 2,000 kcal 前後，スポーツ選手が 1 日のトレーニングで必要とするエネルギーは 1,000〜2,000 kcal 程度である。これらのエネルギーのすべてが炭水化物から供給されるわけではないが，炭水化物エネルギーの貯蔵量は少ない。上述のように脂肪が酸化されてエネルギーを供給するときには炭水化物が必要である。このため，貯蔵量の少ない炭水化物が不足することが，エネルギーが生産できなくなることによる疲労困憊の原因になる。

表 7-2　体内に貯蔵されているエネルギー量

		含量 (g)	エネルギー量 (kcal)
炭水化物	肝臓グリコーゲン	48	192
	筋肉グリコーゲン	189	756
	血液グルコース	3	12
脂肪		10,800	97,200
タンパク質		5,400	21,600

体重 60 kg，体脂肪率 18%，筋肉量 27 kg と仮定

［5］糖新生

炭水化物の体内貯蔵量は上述のように，それほど多いとはいえない。そこで，生体には炭水化物が不足しないように，炭水化物以外の物質からグルコースを合成する，糖新生という

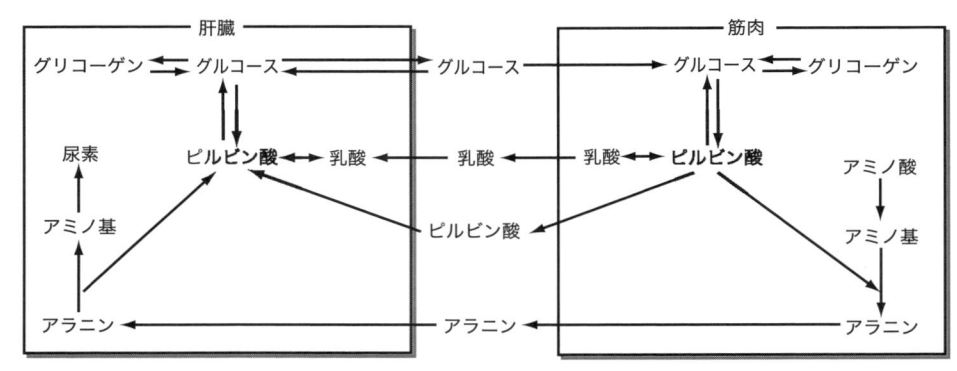

図7-9　糖新生と乳酸回路，グルコース・アラニン回路

代謝経路が存在する。

　図7-9は糖新生に関係する代謝経路をまとめたものである。肝臓でピルビン酸やアミノ酸のアラニンから糖新生によってグルコースが合成される。糖新生には，筋肉での代謝によって生じたピルビン酸やアラニンが血液によって肝臓に運ばれたものなどが基質と利用される。その他，飢餓時などの炭水化物摂取量が不足したときには，筋肉や内臓などの身体を構成しているタンパク質が分解して生ずるアミノ酸が糖新生の材料となる。また，筋肉で無酸素性エネルギー生産の結果として生成した乳酸も，肝臓での糖新生の基質となる。

［6］運動の強度および時間と炭水化物と脂肪の酸化の関係

　運動のエネルギー源として消費される炭水化物と脂肪の量と割合は，運動の強度と時間の影響を受ける。

　図7-10のように，エネルギーは運動の強度が高いほど炭水化物から供給される割合が大きくなり，相対的に脂肪から供給される割合が小さくなる[11]。逆に強度の低い運動では脂肪からの供給割合が大きく，炭水化物からの供給割合は小さい。一般に強度の低い運動の時間は長く，強度の高い運動の時間は短い。このため，強度の高い運動のほうが強度の低い運動よりも，炭水化物を酸化して得られるエネルギーの割合が大きい。

　図7-11は運動の継続時間と，炭水化物と脂肪からのエネルギーの供給割合の典型的な変化を示している[11]。運動開始後の短時間は炭水化物からの供給割合が増加するが，その後，運動の時間が長くなるにつれてエネルギーが脂肪から供給されるようになり，炭水化物からの供給割合が減少する。

　図7-11からは，運動時間が長くなると運動前よりも炭水化物の消費量が少なく

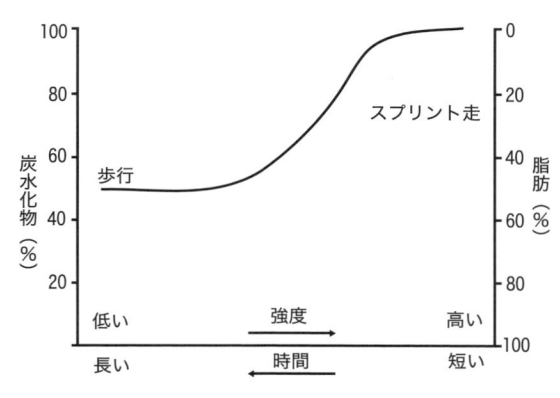

図7-10　運動の強度および時間と炭水化物と脂質からのエネルギー供給割合
（フォックス著, 朝比奈一男監訳『スポーツ生理学』1982年, 大修館書店[11]より）

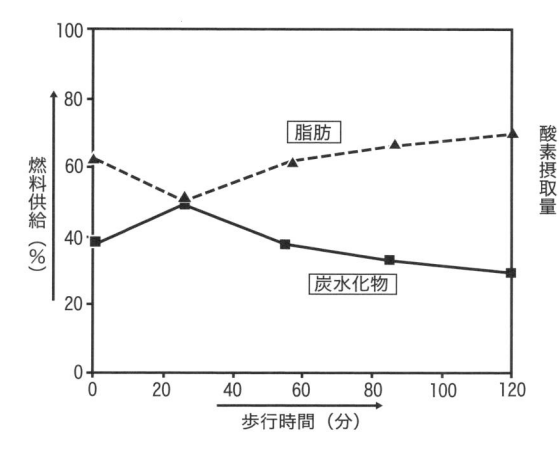

図7-11 運動時間の経過に伴う炭水化物と脂質から供給されるエネルギーの割合の変化
（フォックス著，朝比奈一男監訳『スポーツ生理学』1982年，大修館書店[1] より）

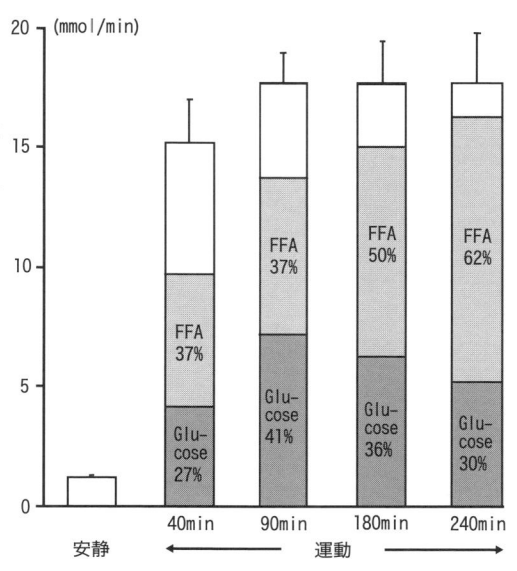

図7-12 安静時および運動時における脚の酸素摂取量と器質取り込み量
FFA: 遊離脂肪酸，Glucose: ブドウ糖
（Ahlborg, G. et al., 1974[1] より）

なるように見えるかもしれない。しかし，それは正しくない。図7-12は安静時および運動時におけるヒトの脚の酸素摂取量と基質（血中のブドウ糖と遊離脂肪酸）の取り込み量を示したものである[1]。運動時は安静時にくらべて酸素消費量が増大している。いうまでもなく酸素摂取量はエネルギー消費量の指標であるから，運動時は安静時よりもエネルギー消費量が増大していることが示されている。図7-12では安静時の脚での炭水化物と遊離脂肪酸の取り込みは示されていないが，運動時のそれぞれの取り込み量は安静時より大きいことは明らかである。そして，運動時間が延長するにつれてブドウ糖の取り込み割合が減少し，遊離脂肪酸の取込み割合が増大している。すなわち，運動時間が長くなると消費されるエネルギーのうち，炭水化物から供給される割合は減少している。しかし，安静時よりも炭水化物の消費量は増大しているのである。

4 体調を整える栄養

　ビタミンはエネルギー源や身体の構成成分とはならないもののエネルギー生産や種々の代謝に不可欠であり，ミネラルは身体の構成成分になるものもあるがさまざまな代謝調節に関わっているものが多い。ビタミンとミネラルという栄養素の役割を「体調を整える」と表現するのは，このためである。

　エネルギーの不足は，改めていうまでもなく体調に悪影響を及ぼす。なかでも炭水化物の不足はエネルギー源であるグリコーゲンの貯蔵量を減らすだけでなく，その他の体調にも影響を及ぼす。

[1] ビタミン

ビタミンは，生体の代謝に必要な微量の有機化合物で体内で必要量を合成できない物質のことをいう。ヒトのビタミンは13種類で，化学的な性質から，表7-3に示した脂溶性ビタミンと表7-4に示した水溶性ビタミンに大きく分類する。これらのうち，運動時の代謝に深く関わるビタミンとしてB群と抗酸化作用を持つものがあげられる。

❶ B群のビタミン

B群のビタミンとは表7-4のB_1からB_{12}までの8種類のことをいう。これらは補酵素である点で共通している。B群のビタミンのいくつかはエネルギー生産に関与している。このため，表7-5のような実験食を摂取させて欠乏状態にするとエネルギー生産能力の指標である無酸素性作業閾値が低下する（図7-13）[20]。また，この欠乏状態では最大酸素摂取量も減少する。身体活動量が増えるとエネルギー消費量も増えるので，エネルギー生産に関わるB_1，B_2，ナイアシンの摂取基準はエネルギー摂取量当たりで設定されている。

表7-3 脂溶性ビタミン

名称	化学名	生理作用	欠乏症
A	レチノール	成長促進，生殖機能維持，免疫機能の維持，上皮細胞の正常化，視覚作用	感染症に対する抵抗性低下，上皮細胞角化，夜盲症
D	カルシフェロール	Caの吸収促進と骨への沈着促進	くる病，骨軟化症，骨粗鬆症
E	トコフェロール	抗酸化作用	不妊，新生児・幼児における赤血球溶解
K	フィロキノン	血液凝固因子	新生児における出血性疾患

表7-4 水溶性ビタミン

名称	化学名	生理作用	欠乏症
B_1	チアミン	補酵素（チアミンピロリン酸の構成成分）	脚気，多発性神経炎
B_2	リボフラビン	フラビン酵素の補酵素（FAD, FMN）の構成成分	口角口内炎，口唇炎
B_6	ピリドキシン	補酵素 ピリドキサルリン酸の構成成分	皮膚炎
ナイアシン	ニコチン酸 ニコチン酸アミド	酸化還元酵素の補酵素（NAD, NADP）の構成成分	ペラグラ（皮膚炎，下痢，精神障害）
パントテン酸	—	補酵素（CoA）の構成成分	—
ビオチン	—	炭酸固定反応に関わる酵素の補酵素の構成成分	脱毛，神経炎，食欲不振
葉酸	プテロイルグルタミン酸	補酵素（炭素数一つの物質の活性化）	巨赤芽球性貧血（神経管閉鎖障害）
B_{12}	コバラミン	補酵素（核酸，アミノ酸の合成）	悪性貧血
C	アスコルビン酸	抗酸化作用，コラーゲン合成（副腎に多く含まれる）	壊血病

❷ 抗酸化ビタミン

運動時には酸素消費量が増大するため，体内で発生する活性酸素種の量も増大すると考えられている。また，運動で筋肉組織が損傷されることがある。この損傷された組織を修復するために損傷部位で好中球が発生する活性酸素種によって，損傷部位だけでなく周辺の組織も傷害されることがあると考えられている。このような運動による体内での活性酸素種の増大に対して，生体内の抗酸化酵素の活性が運動トレーニングによって高まり，防御能が増大することが知られている。しかし，この防御能の増大だけでは十分ではない場合があると考えられている。

表7-5 ビタミンを不足させるための実験食 （van der Beek, E.J. et al., 1988[20]）

朝　食		昼　食		夕　食		間　食	
ロールパン2個	90g	ロールパン4個	18g	飯	200g	マーガリン	50g
マーガリン		マーガリン		にんじんとグリーンピース	150g（奇数日）	紅茶	250mL
チーズ	20g	チーズ	20g	さやいんげん	150g（偶数日）	コーヒー	625mL
ジャム	14g	牛肉の燻製	15g	マーガリン	10g	砂糖	28g
		ジャム	14g	アップルソース	100g	粉乳	15g
		ピーナツバター	10g	牛肉	100g	ソフトドリンク	400mL
				ホワイトクリームまたはカレーソース	100g	ダッチハニーケーキ	30g
				ホイップクリーム	15g	ビスケット	20g
				桃または梨の缶詰	100g		

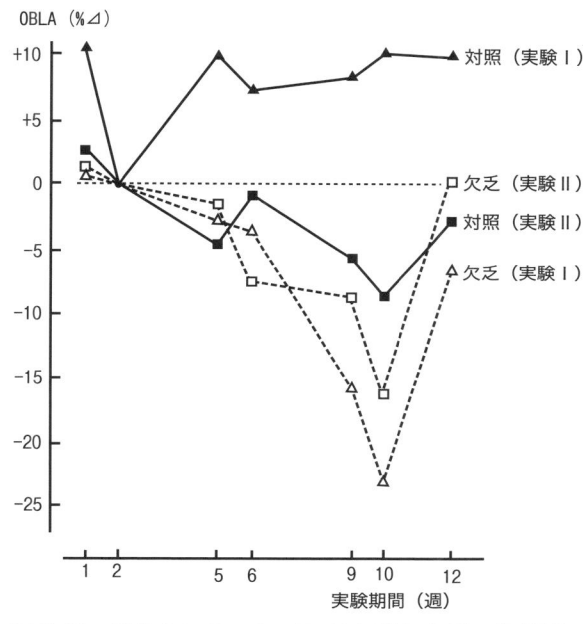

図7-13 ビタミンB₁, B₂, B₆およびC欠乏で無酸素性作業閾値が低下し，これらのビタミンを補給するとOBLAは回復する
（van der Beek, E.J. et al., 1988[20] より）

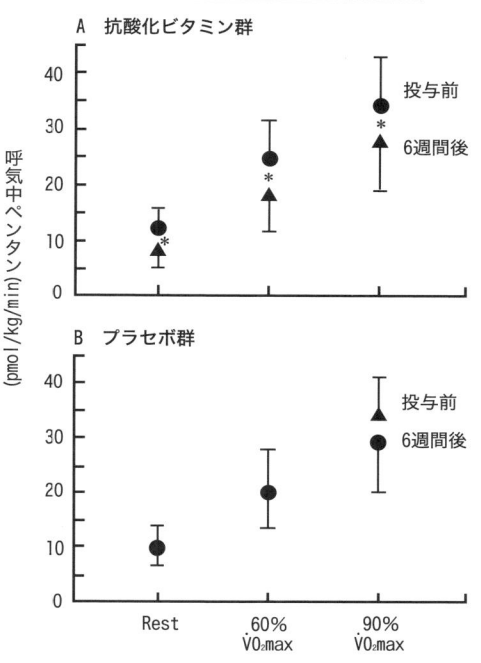

図7-14 抗酸化ビタミン摂取で安静時および運動時の脂質過酸化が低下する
（Kanter, M.M. et al., 1993[15] より）

　図7-14は，生体内での脂質過酸化の指標である呼気中ペンタンの排泄が運動で増加することから，運動で活性酸素種による過酸化反応が増大すること，そしてビタミンC（1,000mg/日），ビタミンE（582mg/日）およびβ-カロテン（30mg/日）を6週間，投与することでペンタンの排泄が減少したことから，これらの抗酸化成分が脂質過酸化を低減したことを示している[15]。表7-6に示されているように，これらの抗酸化成分の投与によって，ビタミンEとβ-カロテンの血中濃度は有意に上昇している。ここで注意すべきことは，この研究でのこれらの成分の投与量が日常的な摂取量にくらべて大量なことである。成人での推奨量はビタミンCは男女ともに100mg/日，ビタミンEは男性で7.0mg/日，女性で6.5mg/日である。ビタミンEには許容上限量が設定されており，年齢によって異なるが成人男性では800〜900mg/日，女性では650〜700mg/日である。β-カロテンはビタミンAの前駆物質で

あるが摂取基準はない。抗酸化ビタミンは，理論的には体内で活性酸素種が増加したときに生体組織を防御するために有用と考えられるものの，必要量以上に摂取した場合の効果は現時点で明らかになっているとはいえない。

表 7-6　6 週間の抗酸化ビタミンあるいは偽薬摂取前後の血清中ビタミン濃度

	例数	ビタミンE mg/dL	β-カロテン g/dL	ビタミンC mg/dL
ビタミン群	11			
投与前		0.83 ± 0.12	16.4 ± 8.9	1.29 ± 0.29
投与後		1.92 ± 0.72*	113.8 ± 56.9*	1.73 ± 0.26
偽薬群	9			
投与前		0.82 ± 0.25	14.3 ± 10.2	1.20 ± 0.36
投与後		0.92 ± 0.14	31.7 ± 9.9	1.32 ± 0.36

平均値 ± 標準偏差；* 投与前に対して P < 0.01．ビタミン群には 1 日当たりビタミン E を 592 mg，ビタミン C を 1,000 mg，β-カロテンを 30 mg，6 週間投与した。(Kanter, M.M., 1993 [15] より)

[2] ミネラル

人体は 96％が炭素，水素，酸素，窒素の四つの元素で構成されており，残りの 4％を構成する元素をミネラル（無機質，灰分）と総称する。わが国で摂取基準が設定されているミネラルは，ナトリウム（Na），カリウム（K），カルシウム（Ca），マグネシウム（Mg），リン（P），鉄（Fe），亜鉛（Zn），銅（Cu），マンガン（Mn），ヨウ素（I），セレン（Se），クロム（Cr），モリブデン（Mo）の 13 種である。これらのうち，鉄とカルシウムが身体活動量が多い場合，不足しないように注意すべきミネラルである。表 7-7 にミネラルの役割を大きく四つに分類して示した。

❶ 鉄

鉄は，酸素を運搬する赤血球中のヘモグロビンや，細胞内でエネルギーを生産する電子伝達系のチトクローム酵素の構成成分である。したがって，鉄が不足すると運動能力が低下する。

鉄欠乏性貧血はスポーツ選手に比較的多い健康問題である。図 7-15 は，ヘモグロビンやヘマトクリットにはマラソン選手やウルトラマラソン選手と一般人（対照群）で差がないが，体内の鉄の貯蔵状態の最も鋭敏な指標である血清フェリチン濃度は，マラソン選手とウルトラマラソン選手で低いことを示している[6]。すなわち，運動量が多いほど体内の鉄の貯蔵量が少ないということである。

表 7-7　ミネラルの役割

役割	ミネラル
骨や歯などの材料となり，硬さなどを与える	Ca, P, Mg など
筋肉，血液，臓器，神経，皮膚などの成分となる	Fe, S, P など
生体機能の調節：体液や細胞内液の酸・アルカリ平衡，筋肉や神経の興奮性，血液凝固作用，浸透圧の調節	Na, Cl, K, P, Ca, Zn など
酵素反応に関与	Mg, Mn, Ca, Cu など

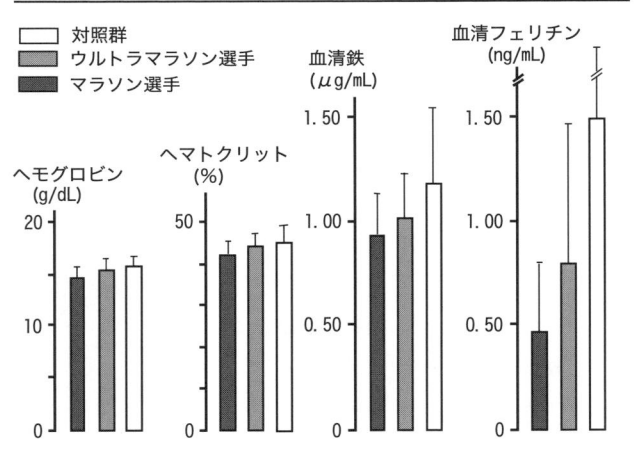

図 7-15　運動量が多いほど鉄の貯蔵状態が悪い
1 週間当たりの走行距離はマラソン選手で 211 ± 20 km，ウルトラマラソン選手で 62 ± 41 km。(Casoni, I. et al., 1985 [6] より)

表7-8はヘモグロビン濃度が正常なので貧血とは診断されないが，血清フェリチン濃度が低く鉄の貯蔵量の少ない女子選手のトレーニング効果に対して，鉄を投与したときの影響を検討した結果である[14]。鉄を投与していない対照群でも6週間の介入後に15km走行タイムが短縮しておりトレーニング効果は認められている。しかし，鉄を投与されてトレーニングを行った鉄投与群のほうが15kmの走行タイムの短縮が大きく，トレーニング効果が高い。このように，貧血とは診断されない場合でも鉄の貯蔵状態が悪いと，トレーニング効果が低いことがある。

表7-8 鉄の補給は，貧血ではないけれど鉄不足状態の女子のトレーニング効果を高める

		介入前	介入後
15km走行タイム min	対照群	31.9 ± 0.5	30.3 ± 0.7 *
	鉄投与群	33.0 ± 0.5	29.6 ± 0.6 *†
ヘモグロビン g/L	対照群	132.6 ± 3.9	130.8 ± 2.9
	鉄投与群	134.2 ± 2.6	135.2 ± 2.0
血清フェリチン μg/L	対照群	8.07 ± 0.77	8.11 ± 0.90
	鉄投与群	10.38 ± 0.82	14.52 ± 1.5 *†

*介入前に対して p<0.05；†対照群に対して p<0.05

(Hinton, P.S., 2000[14] による)

❷ カルシウム

一般的に運動習慣のある人のほうがない人よりも，骨の強さの指標である骨密度が高く骨塩量（骨のミネラル含量）が多い。しかし，長距離走の選手では，1週間当たりの走行距離が長いほど骨塩量が少ない場合がある（図7-16）[13]。これは，長距離走の選手では一般の人よりも骨の合成も分解も高いが，分解が合成を上回っている（図7-17）ためと考えられる。わが国では，カルシウムは摂取基準量を取りにくい栄養素である。日本食がカルシウムの良い供給源である乳製品を食材として用いないことが，最も大きな理由である。運動量の多い場合に骨塩量が少ないことを，カルシウムの摂取量を増やすことで改善できるとは考えられない。しかし，身体活動量の多い場合はカルシウムが不足しないように注意する必要がある。

［3］エネルギー

神経性食欲不振症，いわゆる拒食症などの摂食障害は，スポーツ選手のなかでも，特に体

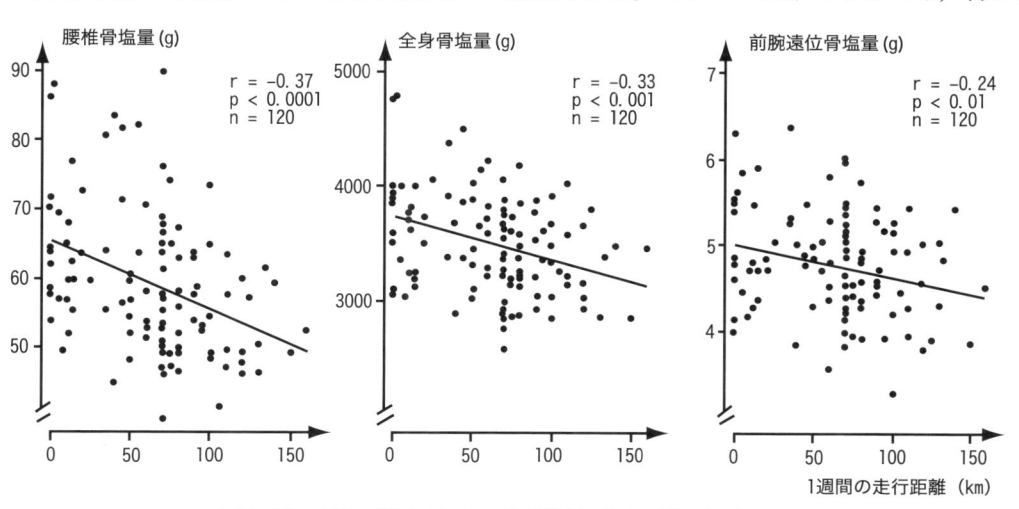

図7-16 1週間当たりの走行距離が長いほど骨塩量少ない

(Hetlannd, M.A. et al., 1993[13] より)

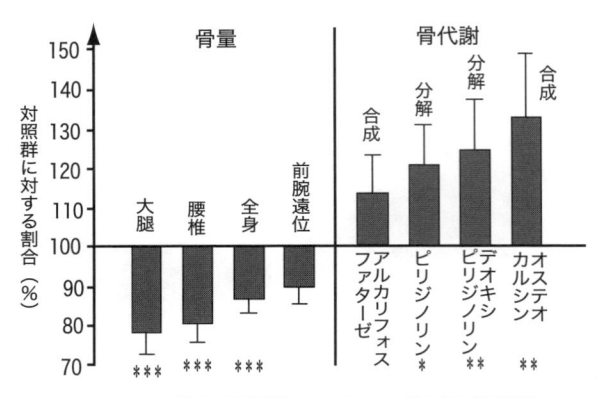

図7-17 男子長距離ランナーの骨量と骨代謝

男子長距離ランナーは骨の代謝回転が速いが、分解が合成を上回っているため骨量は少ない。(Hetland, M.A. et al., 1993[13] より)

表7-9 無月経の女子選手は骨密度とエストラジオール濃度が低い

	無月経ランナー	正常月経ランナー
腰椎骨塩密度 (g/cm^2)	1.12 ± 0.04 *	1.30 ± 0.03
エストラジオール密度 (pg/mL)	38.58 ± 7.03 *	106.99 ± 9.8
摂取エネルギー (kcal/日)	1622.7 ± 145.1	1965.1 ± 98.4
カルシウム摂取量 (mg/日)	888 ± 105	912 ± 130

平均±標準誤差　*正常ランナーに対して p<0.01

(Drinkwater, B.L., 1984[10] より)

表7-10 トレーニング以外で利用できるエネルギーが少なすぎる例

- 対象　体重56 kg，体脂肪率20%の女性
- この女性の除脂肪体重（lean body mass: LBM）は44.8 kg
- この女性が摂取エネルギーを1,600 kcalに制限
- 1時間のトレーニングで500 kcalを消費
- 日常生活利用可能エネルギーは1,600 kcal − 500 kcal = 1,100 kcal
- 1 kgのLBM当たりの利用エネルギーは，
  1,100 kcal ÷ 44.8 kg = 24.6 kcal/kg LBM

重制限のある競技・種目の選手に多い。エネルギー摂取量が極端に少ない状態が継続すると内分泌機能に悪影響をもたらす。

表7-9は無月経の女子アスリートの腰椎骨密度が，正常に月経のある女子アスリートより低いことを示している[10]。無月経のアスリートでは女性ホルモンのエストラジオール濃度が低く，骨粗鬆症の危険性が増大する閉経後の女性と類似したホルモン状態であることも示されている。

無月経の原因としては摂取エネルギーが少なすぎること，特に炭水化物の摂取量が少ないことが考えられている。摂取エネルギー量が少なすぎる例を表7-10に示した。1日の総エネルギー摂取量からトレーニングで消費するエネルギー量を差し引いたものを，除脂肪組織量で除したものを energy availability（トレーニング以外で利用できるエネルギー）と呼び，これが除脂肪組織1 kgあたり30 kcalを下回らないようにすべきであるとされている[18]。

5　回復を促進する栄養

身体活動後に回復させる対象としては，まず水分とグリコーゲンがあげられる。また，筋肉の修復も必要と考えられる。

[1] エネルギー源（グリコーゲン）

図7-18は2時間のトレーニングを連日おこなった場合の筋肉グリコーゲン量の変化を示したものである[7]。1日目のトレーニングで筋肉中のグリコーゲンは約半分に減少している。その後，炭水化物をエネルギー比で70%含んだ高炭水化物食を摂取した場合は，翌日のトレーニング前にはほぼ回復している。これに対して，炭水化物をエネルギー比で40%しか含

んでいない低炭水化物食を摂取した場合は，グリコーゲンの回復はきわめて悪い。

連日トレーニングを行うと，食事中の炭水化物量の違いによる回復の差が拡大する。低炭水化物食を摂取した場合，3日目のトレーニング前の筋肉グリコーゲンは1日目のトレーニング後よりも少ない。筋肉グリコーゲンの枯渇は，エネルギー不足で運動を継続できなくなる要因の一つである。このように，運動後のグリコーゲンの回復には炭水化物を十分に摂ることが重要である。

グリコーゲンの回復に必要な炭水化物の摂取量は，食事中の炭水化物のエネルギー比率よりも体重当たりの摂取量を目安にすべきである。摂取エネルギーが異なると，エネルギー比率が同じでも炭水化物の摂取量は異なるためである。たとえば，1日の摂取エネルギーが1,600 kcalの場合と3,500 kcalの場合，炭水化物のエネルギー比が同じ60％でも，炭水化物からのエネルギー摂取量は，それぞれ960 kcalと2,100 kcalであり，これは炭水化物量に換算すると240 gと525 gとなる。グリコーゲン回復のためには炭水化物は少なくとも5.5 g/kg体重/日は必要とされている。トレーニング量が多く消費エネルギーが多い場合にはさらに多量の炭水化物が必要とされている(表7-11)[5]。体重，トレーニング量，消費エネルギー量から必要な炭水化物量摂取量を決定する必要がある。また，運動後，短時間でのグリコーゲンの回復には，運動後は速やかに炭水化物を補給したほうが効果が高い。

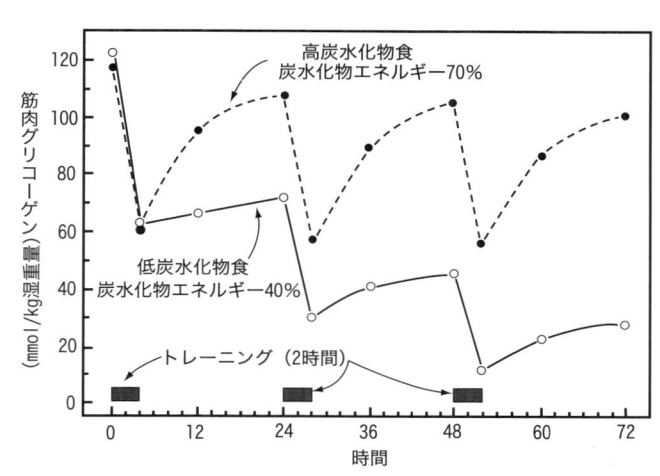

図7-18 トレーニング後の筋肉グリコーゲンと減少と回復
トレーニングで筋肉グリコーゲンは減少し，回復には炭水化物を摂取することが重要である。(Costill, D.L., 1985[7]より)

表7-11 運動後の炭水化物摂取の目安 (Burke, L.M. et al., 2004[5]より)

トレーニングの強度・時間など	炭水化物摂取量
運動直後から4時間まで	1～1.2 g/kg 体重を何回かで
トレーニング時間が中程度で低強度の場合	5～7 g/kg 体重/日
中～高度の持久的トレーニング	7～12 g/kg/日
非常に激しいトレーニング（4～6時間）	10～12 g/kg/日以上

[2] 水分

運動前後の体重変化のほとんどは体水分量の変化による。たとえば，運動後に体重が2 kg減少していたら体水分がほぼ2 kg減少している。運動中に1 kgの水分を補給したとき，運動後の体重減少量が2 kgだったら，発汗などで失われた水分量は3 kgである。運動後は運動で減少した体重1 kg当たり1.2～1.5 Lの水分を補給することが勧められている。回復過程での代謝物を尿中に排泄するために水分が不足しないようにするためである。

大量に脱水した場合の水分補給には後述のようにナトリウムが必要である。運動後に食事をする場合は通常，脱水状態の回復に必要なナトリウムは食事から摂取できると考えてよい。

しかし，運動後に食事をしない場合は飲料にナトリウムを含んでいる必要がある。飲料に必要なナトリウム量は約 40 〜 80 mg/100 mL，食塩換算で 0.1 〜 0.2％である。

[3] 筋肉

運動は筋肉タンパク質の分解を亢進する。また，トレーニングの目的に筋肥大が含まれることがある。これらの目的のためには材料となるタンパク質の補給が必要である。筋肉タンパク質合成のための栄養については，「2 身体をつくるための栄養」で述べたことが当てはまる。

6 運動パフォーマンスを高める栄養

運動能力を高めるための必要条件の一つは，必要な筋力，筋持久力を獲得することであろう。筋肉合成のための栄養についてはすでに述べたとおりである。その他の必要条件として，運動に必要なエネルギーを補給することと水分補給がある。

[1] 運動前の栄養

❶グリコーゲンローディング

炭水化物が不足してエネルギーが生産できなくなることが疲労困憊の原因となる。このため，運動前にグリコーゲンの貯蔵量を高めることが持久運動能力を向上させることに役立つ。

図 7-19 は，運動前の筋肉グリコーゲン貯蔵量が多いほど，疲労困憊するまでの時間が延長することを示している[3]。運動前の筋肉グリコーゲン貯蔵量は食事内容によって異なることがわかる。筋肉グリコーゲンは，グリコーゲンの材料となる炭水化物の多い食事を摂取した場合で多く，炭水化物の少ないタンパク・脂肪食を摂取した場合に少ない。

運動前に筋肉グリコーゲンを増やしておくことは，疲労困憊するまでの時間を延長するだけでなく，持久的な運動の後半にも強度の強い運動を行えることに寄与する。図 7-20 は，運動前の筋肉グリコーゲンが多い場合（3.5 g/100 g 筋肉）と少ない場合（1.7 g/100 g 筋肉）の運動能力を，30 km ランニングの記録で比較したものである[16]。前半の記録には二つの場合で大差は認められない。しかし，後半にな

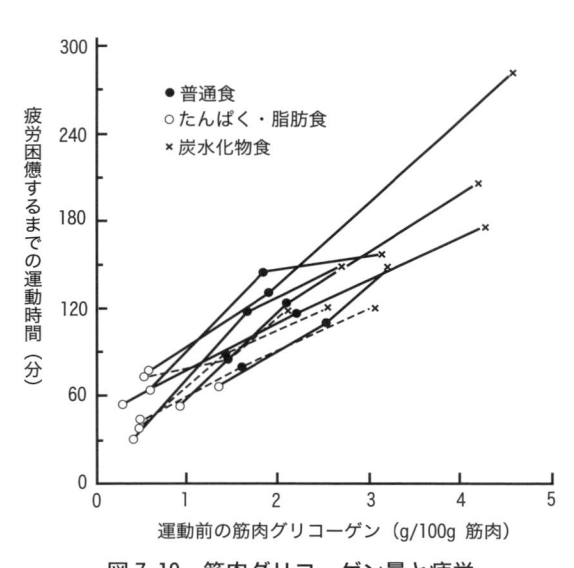

図 7-19 筋肉グリコーゲン量と疲労
運動前の筋肉中グリコーゲン量が多いと疲労困憊するまでの時間が延長する。(Bergström, J. et al., 1967[3] より)

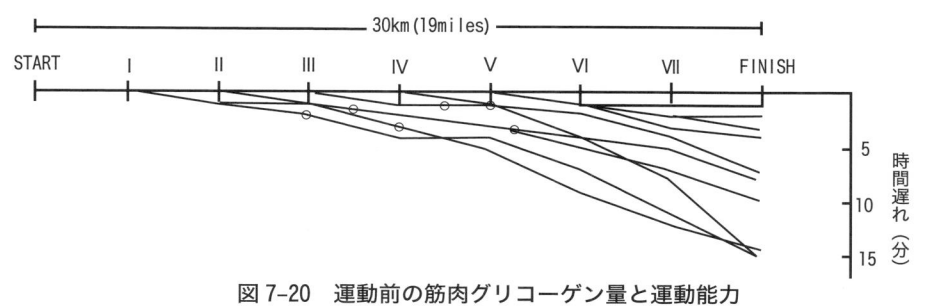

図7-20 運動前の筋肉グリコーゲン量と運動能力
運動前の筋グリコーゲンが少なくても，30 kmランニングの前半では記録の遅延は明らかではないが，後半以降で記録の遅延が顕著になる。(Karlsson, J., 1971[16] より)

ると運動前のグリコーゲンが少なかった場合に記録の低下が顕著になっている。

筋肉グリコーゲン貯蔵量を増大するためには炭水化物を多く摂取することが効果的だが，グリコーゲンローディングでは摂取量を増やすだけではなく，次に述べるような研究結果に基づき，事前に筋肉グリコーゲンを枯渇させることがある。図7-21は，2人の被験者（J.B.とE.H.）がそれぞれ片方の脚だけで自転車運動を疲労困憊するまで行った後，高炭水化物食を摂取した場合の筋肉グリコーゲン量の変化である[4]。運動によってグリコーゲンを枯渇させた脚（図中の実線）でグリコーゲンの増加が著しく，運動しなかった脚（図中の破線）では増加が見られない。

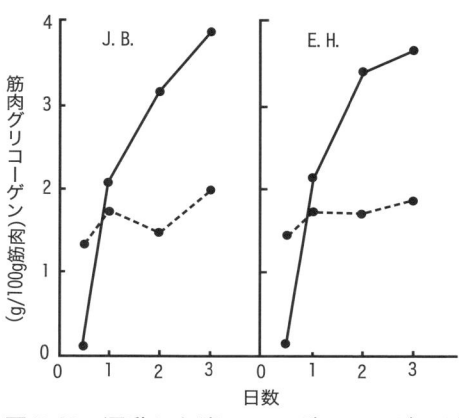

図7-21 運動した脚でのみグリコーゲンが増加する (Bergström, J. et al., 1966[4] より)

グリコーゲンを枯渇させる運動を行う場合は，試合の3日ほど前に実施することが多い。しかし，この枯渇は必ずしも必要ではないとの研究がその後に発表されており，枯渇させるための運動は必須ではないとする考えもある。このため，グリコーゲンローディングは試合の3日ほど前から，炭水化物摂取量を通常の1.5倍程度に増やして行うことが多い。

運動前にグリコーゲンの貯蔵量を増やすことは持久力向上に有効である。しかし，どんな運動にとっても必要というわけではなく，運動が60〜90分以上にわたって継続し，運動中に炭水化物を摂れないような場合に用いるとよいと考えられている。

❷運動直前の炭水化物

炭水化物が枯渇することで疲労困憊することのない競技では，必ずしも競技前に炭水化物を摂る必要はない。激しい運動が60分以上続く場合は競技前に1〜4 g/kg体重の炭水化物を摂取するとよいとされている。

運動直前に炭水化物を摂取すると，分泌されたインスリンと運動という二つの刺激によって血糖値が一過性に低下しすぎる場合がある。しかし，このような血糖値の低下はだれにでも起きるわけではない。練習時などに反動性の低血糖になりやすいのかどうか確認しておくとよい。

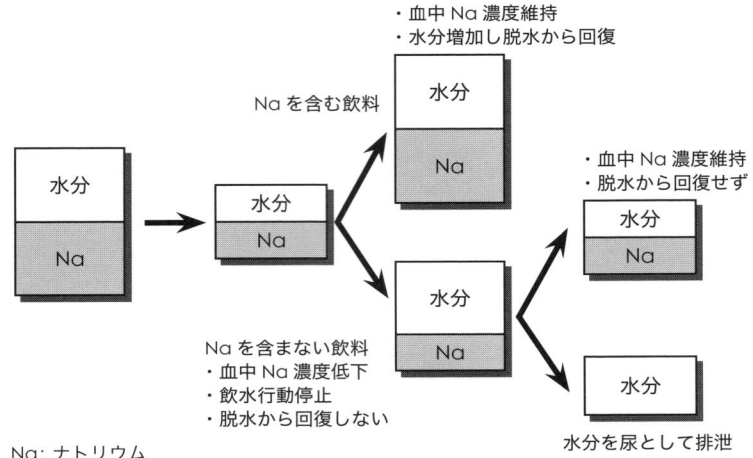

図 7-22　自発的脱水—血液の浸透圧を維持するための仕組み

❸ 水分

　運動を開始する 60 〜 90 分前に 250 〜 500 mL 飲用することが勧められている。60 〜 90 分前に飲用するのは，不要な水分が運動が始まるまでに尿として排泄されるようにするためである。気温が高い場合は多めに飲用するなど，飲用量は調整する。運動が 1 時間以上継続し，運動中に水分補給する機会のない場合には，運動の直前に補給しても構わない。

［2］運動中の栄養

❶ 水分とナトリウム

　水分は，運動中に体重が 2 ％以上減少しないように補給する。補給すべき量は気温や湿度などに影響されるが，1 時間当たり 500 〜 1,000 mL 程度が標準的である。

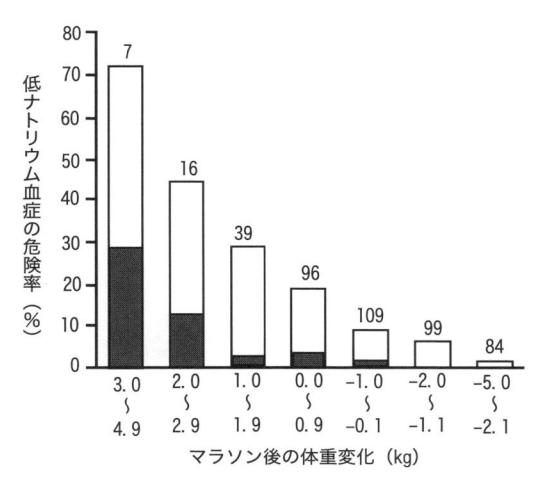

図 7-23　マラソン後の体重変化とナトリウム血症
マラソン後の体重増加が大きいほど低ナトリウム血症の危険性が高い。グラフの上部の数字はそれぞれのカテゴリーの人数，グラフの黒い部分は重篤な低ナトリウム血症の割合。（Almond, C.S. et al., 2005[2]）より）

　長時間の運動で発汗量も多い場合の水分補給ではナトリウムが必要である（図 7-22）。発汗で水分とナトリウムが減少したときに，ナトリウムを含まない飲料を摂取すると血液の水分量は増加するがナトリウムは増加しない。このため，血中ナトリウム濃度が低下する。ナトリウムは血液の浸透圧を維持するための主要な電解質なので，血中ナトリウム濃度が低下して血液浸透圧が低下しすぎることは危険である。そこで，血中ナトリウム濃度の低下を防止するために，無意識のうちに飲水行動が停止したり，過剰な水分が尿として排泄されたりして脱水状態から回復しない。これを「自発的脱水」という。これに対して必要な量のナトリウ

ムを含む飲料を摂取すると血液の水分とともにナトリウムが増加するため，浸透圧が維持されたまま血液量が増大して脱水状態から回復する。「自発的脱水」を防止するために必要なナトリウムは0.1～0.2％の食塩水とされている。

水分は，運動中に体重が増加するほど補給しないようにする。低ナトリウム血症の危険性が高まるためである。図7-23はマラソンでの調査の結果，マラソン後に体重の増加量が大きいほど低ナトリウム血症の頻度が高いことを示している[2]。マラソン後に体重が3～4.9kg増加した人の70％が低ナトリウム血症であり，この抽出調査の結果から完走した15,000人のうち1,900人が低ナトリウム血症の可能性があったと報告されている。スポーツ飲料にはナトリウムが含まれているが，その濃度は血液中のナトリウム濃度よりも低いため，体重が増加する（すなわち体液量が増加する）ほど飲用すると血中ナトリウム濃度は低下する。

❷ 炭水化物

長時間の運動では，運動中に炭水化物を摂取することで血糖値の低下を防止して，疲労困憊するまでの時間を延長することができる（図7-24）[9]。

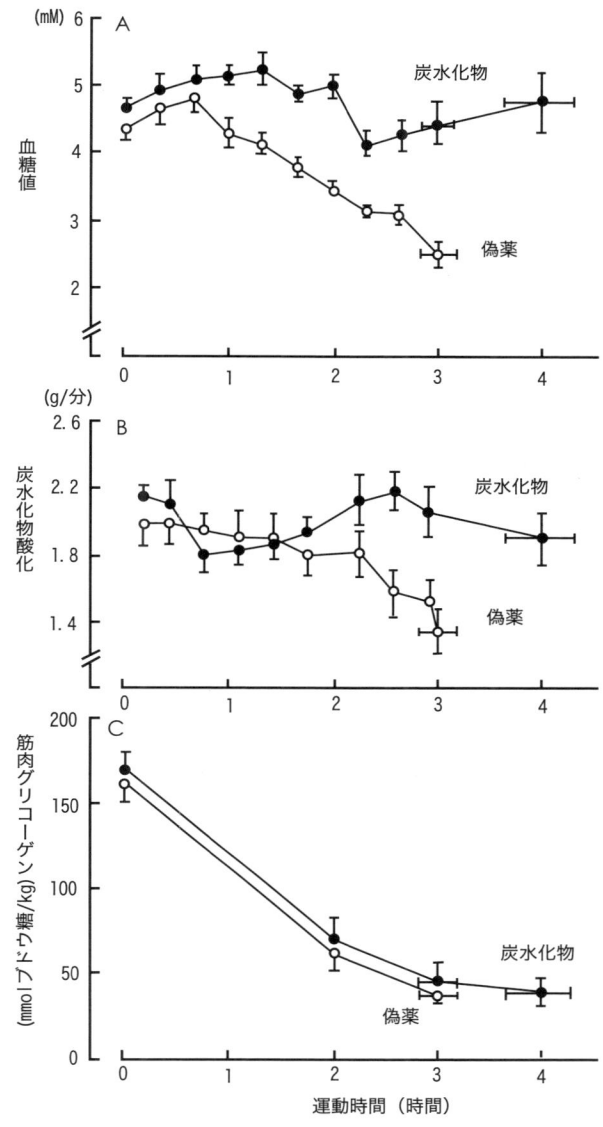

図7-24 炭水化物あるいは偽薬を20分ごとに摂取したときの血糖値，炭水化物酸化および筋肉グリコーゲンの変化（Coyle, E.F. et al., 1986[9]より）

図7-24からは，筋肉グリコーゲンが減少した後も炭水化物を補給して血糖値を維持することによって，炭水化物酸化が維持されて持久力が増強されていることがわかる。

長時間の運動時に血糖値を維持するためには，炭水化物を1時間当たり30～60g摂取することが必要である。表7-12は，網掛けで示した量の炭水化物濃度が4～8％の飲料を摂取することで，運動時に必要な炭水化物が補給できることを示している[8]。たとえば，炭水化物濃度6％の飲料を1時間当たり667mL飲用すれば，炭水化物を40g，水分を667mL補給できる。このため，スポーツ飲料の糖質濃度は4～8％に設定されている。

表7-12　運動1時間当たりの水分および炭水化物の摂取量と飲料の炭水化物濃度との関係

		1時間当たりの炭水化物補給量			
		30g/h	40g/h	50gh	60gh
飲料の炭水化物濃度	2%	1500mL	2000	2500	3000
	4%	750	1000	1250	1500
	6%	500	667	833	1000
	8%	375	500	625	750
	10%	300	400	500	600
	15%	200	267	333	400
	20%	150	200	250	300
	25%	120	160	200	200
	50%	60	80	100	120

注）網掛けで示した量の炭水化物濃度が4〜8％の飲料を飲用すると，運動1時間当たりに必要な30〜60gの炭水化物と600〜1,000mLの水分を補給できる。市販のスポーツ飲料の炭水化物濃度は5〜6％程度のものが多い。　　　　（Coyle E.F. et al., 1986[8]）より）

[3] 運動後の栄養

運動後は運動で消費したものを補給する必要がある。補給すべきものおよび方法などについては，「5回復を促進する栄養」で述べたことが当てはまる。

（岡村浩嗣）

【引用・参考文献】

1) Ahlborg, G., Felig, P., Hagenfeldt, L., Hendler, R., Wahren, J., Substrate turnover during prolonged exercise in man. Splanchnic and leg metabolism of glucose, free fatty acids, and amino acids. J. Clin Invest. 53:1080-90, 1974.
2) Almond, C.S., Shin, A.Y., Fortescue, E.B., Mannix, R.C., Wypij, D., Binstadt, B.A., Duncan, C.N., Olson, D.P., Salerno, A.E., Newburger, J.W., Greenes, D.S., Hyponatremia among runners in the Boston Marathon. N. Engl. J. Med.352:1550-6, 2005.
3) Bergström, J., Hermansen, L., Hultman, E., Saltin, B., Diet, muscle glycogen and physical performance. Acta Physiol Scand.71:140-50, 1967.
4) Bergström, J., Hultman, E., Muscle glycogen synthesis after exercise: an enhancing factor localized to the muscle cells in man. Nature.210(5033):309-10, 1966.
5) Burke, L.M., Kiens, B., Ivy, J.L., Carbohydrates and fat for training and recovery. J. Sports Sci. 22:15-30, 2004.
6) Casoni, I., Borsetto, C., Cavicchi, A., Martinelli, S., Conconi, F., Reduced hemoglobin concentration and red cell hemoglobinization in Italian marathon and ultramarathon runners. Int. J. Sports Med.6:176-9, 1985.
7) Costill, D.L., Carbohydrate nutrition before, during, and after exercise. Fed. Proc.44:364-8, 1985.
8) Coyle, E.F., Montain, S.J., Carbohydrate and fluid ingestion during exercise: are there trade-offs? Med. Sci. Sports Exerc.24:671-8, 1992.
9) Coyle, E.F., Coggan, A.R., Hemmert, M.K., Ivy, J.L., Muscle glycogen utilization during prolonged strenuous exercise when fed carbohydrate. J. Appl. Physiol.61:165-72, 1986.
10) Drinkwater, B.L., Nilson, K., Chesnut, C.H. 3rd, Bremner, W.J., Shainholtz, S., Southworth, M.B., Bone mineral content of amenorrheic and eumenorrheic athletes. N. Engl. J. Med.311:277-81, 1984.
11) エドワード・フォックス著，朝比奈一男監訳，『スポーツ生理学』，1982年，43頁，大修館書店．
12) Gontzea, I., Sutzescu, P., Dumitrache, S., The influence of muscular activity on nitrogen balance and on the need of man for proteins. Nutr. Rep. Int.10:35-43, 1974.

13) Hetland, M.L., Haarbo, J., Christiansen, C., Low bone mass and high bone turnover in male long distance runners. J. Clin Endocrinol Metab.77:770-5, 1993.
14) Hinton, P.S., Giordano, C., Brownlie, T., Haas, J.D., Iron supplementation improves endurance after training in iron-depleted, nonanemic women. J. Appl Physiol.88:1103-11, 2000.
15) Kanter, M.M., Nolte, L.A., Holloszy, J.O., Effects of an antioxidant vitamin mixture on lipid peroxidation at rest and postexercise. J. Appl Physiol.74:965-9, 1993.
16) Karlsson, J., Saltin, B., Diet, muscle glycogen, and endurance performance. J. Appl Physiol.31:203-6, 1971.
17) Loucks, A.B., Energy balance and body composition in sports and exercise. J. Sports Sci.22: 1-14, 2004.
18) 片山眞之・片山洋子,『栄養生理学・生化学』, 1997 年, 136 頁, 産業図書.
19) Tarnopolsky, M.A., Atkinson, S.A., MacDougall, J.D., Chesley, A., Phillips, S., Schwarcz, H.P., Evaluation of protein requirements for trained strength athletes. J. Appl Physiol.73:1986-95, 1992.
20) van der Beek, E.J., van Dokkum, W., Schrijver, J., Wedel, M., Gaillard, A.W., Wesstra, A., van de Weerd, H., Hermus, R.J., Thiamin, riboflavin, and vitamins B-6 and C: impact of combined restricted intake on functional performance in man. Am. J. Clin. Nutr.48:1451-62, 1988.

第8章

運動と神経内分泌系

● はじめに

　負荷を漸増させるトレッドミルで走ってみよう。だんだんペースを上げると呼吸が荒くなり，運動継続に赤信号が灯る。このとき，血中には乳酸やアンモニアなど，種々の代謝産物が増加し始め，pH値も低下し始める。このとき，脳とからだを共に活性化するホルモンが血中に分泌され，筋や肝臓に蓄えられたエネルギー源（グリコーゲンなど）を分解し，必要なエネルギーを供給する。もしこのホルモンが分泌されなければ，低血糖になり昏睡してしまうかもしれない。このホルモンはどこから来て，どこに作用するのだろうか？　こうしたホルモン分泌を統括するシステムを内分泌系というが，その統合中枢は脳（間脳）の視床下部にある。視床下部には種々のペプチドをつくる神経が局在しており，多くのペプチドホルモンを作り，多くは脳下垂体前葉に分泌し（神経内分泌），他は下垂体後葉まで運ばれた後，そこから血中へと分泌される。前者は視床下部からのペプチドホルモンを受けると，ホルモンの種類に応じて異なる細胞が応答し，5種類のホルモン（成長ホルモンなど）を合成し，血中に分泌する（内分泌）。これらのホルモンは，糖‐脂質のエネルギー貯蔵庫である肝臓や脂肪細胞，循環の要である心筋細胞や容量血管，水分代謝の要としての腎臓などに運搬される。これらの器官（標的器官と呼ぶ）の細胞には，ホルモンの種類に応じた特異的な受容体が備わっており，ホルモンによる刺激作用を受け止めると，細胞内の酵素を次つぎに変化させることで情報を伝達し，最終的には核からの情報を転写・翻訳することで種々の生理作用を惹起させる。では視床下部の興奮に端を発する運動時の情報伝達の起源はどこにあるのか？　それはまだ不明の点が多いが，少なくとも，大脳皮質の運動野や島皮質からの遠心性信号に加え，活動筋からの求心性信号が，視床下部に統合されて運動時の種々のホルモン応答を惹起する可能性がある。また，運動を繰り返し行うと（トレーニング），ホルモン分泌応答も変容する。これは，ホルモンの標的臓器自体の変容（筋細胞自体の肥大や受容体数の増加など）など，偶然が必然に変わる運動適応の反映ともみることができる。

　ここでは，脳の視床下部が起点となり，全身の内分泌腺を標的器官として行われる情報伝

達を神経内分泌系と呼び，それらが運動時にどう応答しホルモンを分泌するのか。特に運動との関係が深まりつつあるストレスに関連したホルモンを中心にその分泌様式やトレーニングによる変容について概説する。

[1] 内分泌器官とホルモンの働き

❶ホルモンとは？

内分泌（endocrine）の概念は，もとは 1904 年に Bayliss と Starling の提唱に端を発する。ホルモンと呼ばれる化学物質（Hardy による命名でギリシャ語の覚醒素）が分泌細胞から血液中に放出される現象を意味し，導管へ分泌する膵臓や唾液腺などの外分泌（exocrine）とは区別される。現在の定義は以下のとおりである。

①内分泌腺で産生・貯蔵され，刺激に応じて血液中に分泌される。
②血液を介して運搬される。
③標的細胞を持つ。高い親和性で特異的な受容体を持つことできわめて低濃度のホルモンで作用が発現する。
④代謝の調節を行う。代謝反応の基質にはならず触媒作用により反応を促進または抑制する。

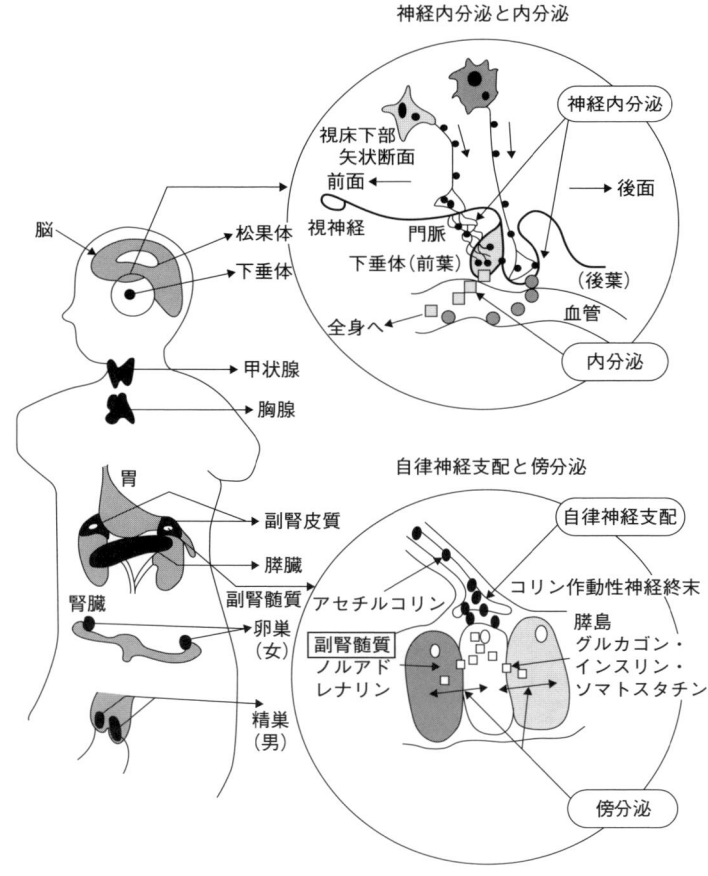

図 8-1 ヒトの内分泌器官（腺）と分泌様式 (征矢, 1996)

❷ ホルモン分泌様式

ホルモンは以下のように古典的な分類に加えて新たな概念も入り複雑化している（図8-1）。

1) **内分泌**：古典的には内分泌腺（下垂体，甲状腺など）から血管内へ分泌されたホルモンが標的器官の細胞に作用する内分泌型を意味するが，今では神経内分泌（neuroendocrine）や旁分泌（paracrine）なども内分泌学の範疇に入れられている。

2) **神経内分泌**：視床下部の神経分泌細胞の細胞体で合成したペプチドホルモンをその軸索内を凝集された形（ヘリング体）で正中隆起部（下垂体前葉への共通経路）や下垂体後葉にまで輸送し（軸索輸送），貯蔵させた後，種々の刺激に応じて下垂体門脈内や下垂体動脈内に放出することにより下垂体（前葉・後葉）に作用することである。

3) **旁分泌**：膵臓の3種類の細胞を例にとると，D細胞由来のソマトスタチンが隣り合うα細胞（グルカゴン分泌細胞），β細胞（インスリン分泌細胞）に向け，ギャップ結合を通過して局所的に作用することである。

4) **体性神経と自律神経**：両者は共に，シナプスの最終となる神経‐筋接合部あるいは神経節でアセチルコリン（Ach）を分泌し，Ach受容体を介して臓器（筋や副腎髄質など）に情報を伝達する。

❸ ホルモンの種類

ホルモンは，その化学構造からステロイドホルモンとアミノ酸をもとにしてつくられるペプチドホルモンやアミン類など3種類に大別される（図8-2）。

1) **ペプチドホルモン**：アミノ酸どうしのペプチド結合（-C(=O)-NH-）が基本構造になる。図のように，核内を転写したmRNAが核外に出て粗面小胞体に接着したリボゾーム上で翻訳され，ペプチドとして合成される。粗面小胞体からいったん細胞質内に分泌された大分子ペプチド鎖は小胞体の内腔に取り込まれ，ゴルジ装置に送られた後濃縮され，最終的に，タンパク質分解酵素の働きで活性型のホルモンに転換され細胞外に分泌される（開口分泌）。

2) **ステロイドホルモン**：ステロイド骨格とも呼ばれるシクロペンタヒドロフェナントレン核を基本構造に持つ。ステロイドは精巣，卵巣，副腎皮質でつくられるが，いずれも細胞内外の酢酸に由来するコレステロール（炭素数27, C_{27}）から作られる（de novo合成）。コレステロールは，ミトコンドリア内でプレグネノロン（C_{21}）に変わる。それ以降は，滑面小胞体，そして再びミトコンドリア内で行われる。副腎皮質や卵巣（黄体）ではプレグネノロンから副腎皮質ホルモン（糖質および鉱質コルチコイド）コルチコイドとプロゲステロンが生成される。精巣では，炭素数が2個減少してアンドロゲン（C_{19}）がつくられ，卵巣や胎盤では芳香族化されエストロゲンが生成される。

3) **カテコラミンおよび甲状腺ホルモン**：カテコラミン（catecholamine）と甲状腺ホルモンはアミノ酸のタイロシン（tyrosine）から生成される。カテコラミンとはアドレナリン（adrenaline: A），ノルアドレナリン（noradrenaline: NA），ドーパミン（dopamine）の三つを総称したものである。これは，カテコール基（ベンゼン環に水酸基が2個ならびに，ドーパミンが結合したもの）を持つことを意味する。血中に放出されるNAは主に自律神経由来，Aは副腎髄質由来（副

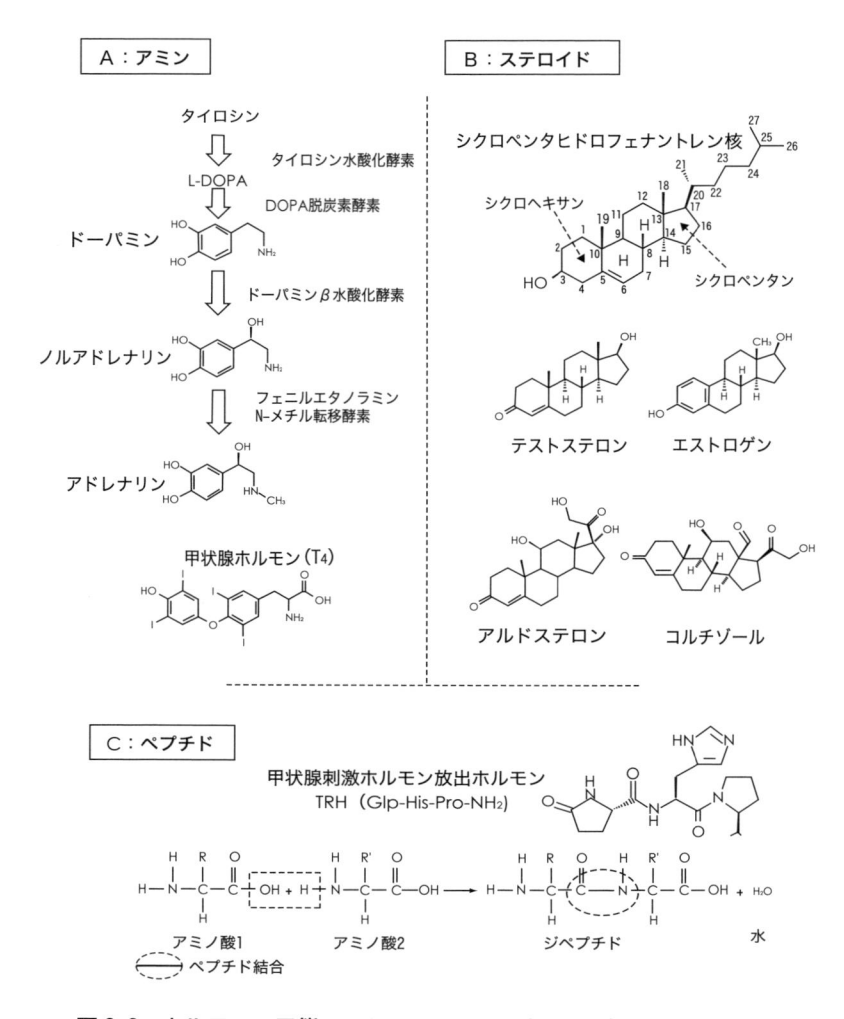

図8-2 ホルモンの三態：アミン，ステロイド，ペプチド（征矢作図）

腎由来の NA は A の 20％以内）と考えてよい。こうした調節は交感神経系の NA 作動性ニューロンでも起こる。甲状腺ホルモンには 3', 5', 3, 5 位にヨウ素を持つチロキシン（T_4）と 3, 3, 5 位にヨウ素を持つトリヨードチロニン（T_3）がある（生理活性は T_3，T_4）。

❹ 血中のホルモンの動態

多くのホルモンの血中濃度は一定ではなくパルス状（脈動的）である。ヒト成長ホルモン（GH）の分泌は入眠直後に分泌速度（濃度変化/時間）が最大となる。雄ラットでは 3.3 時間おきのウルトラディアン（超日性：ultradian）分泌パルスを示す。副腎皮質からのコルチゾールは朝の覚醒前後で最高となり，夕方から夜間睡眠時に最低となるサーカディアン（概日性：circadian）リズムを示す。黄体形成ホルモン（LH）も 30〜40 分おきの超日的分泌パターンを示し，排卵直前には最大分泌（LH サージと呼ばれる）を示す。こうした脈動的な分泌特性は，視床下部視交叉上核の神経が持つ生体時計の機能あるいは視床下部ニューロン自体の自発放電性などに起因するとみられている。

血中のホルモン濃度は，①結合タンパク質と結合したもの，②遊離したもの，③肝臓での

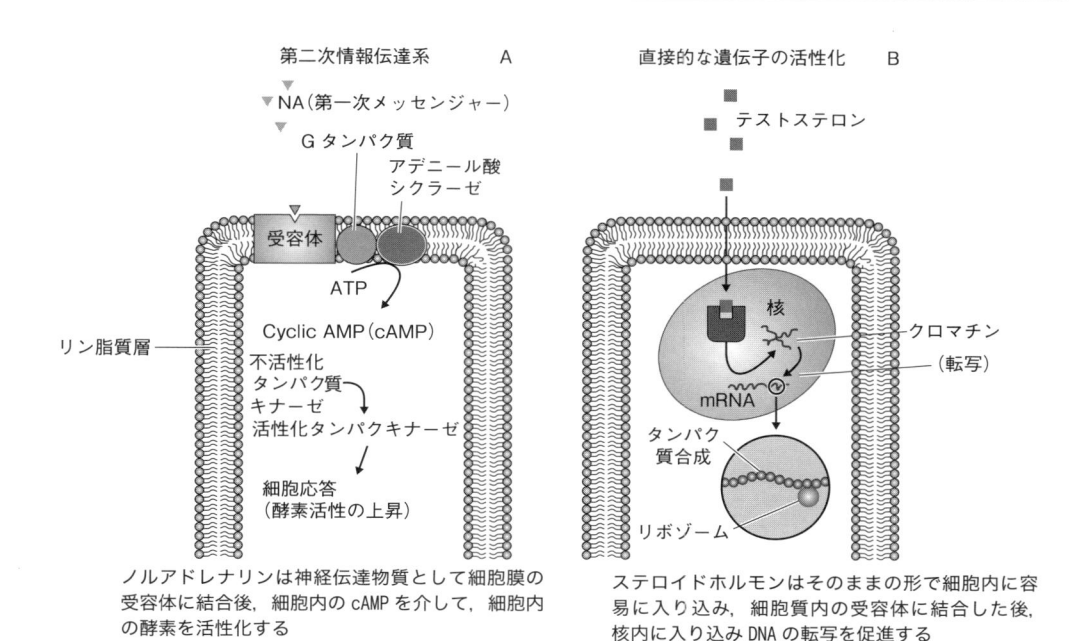

図 8-3　細胞内情報伝達様式の模式図
A：ペプチドホルモンに典型的な第二次情報伝達系，種々の酵素の作用による一連の情報伝達（カスケード）を解した核内への情報伝達，B：ステロイドホルモンに特徴的な細胞内受容体への結合を解した，核内への情報伝達

（Plowman & Smith, Exercise Physiology for health, fitness, and performance. 2011, p.726 の図を著者改変）

分解などで決まるが，さらに，④生物学的半減期（$t_\frac{1}{2}$：血中最大濃度が2分の1に減少するまでの時間）も考慮する必要がある。また，それぞれの様態で意味が異なることも注意すべきである。たとえば，ホルモンの遊離型は血中の総量の数パーセントであるが生理活性は強い（例，$T_3 > T_4$）。また，カテコラミンやコルチゾールなどはトレーニング適応により肝臓での分解や臓器への吸収が増加しうることから，濃度変化が小さい場合，単純に血中濃度の増減をホルモン分泌量の増減とみるのは危険である。一方，生物学的半減期は，血中ホルモンの生物活性度を示す指標として重要であり，ペプチドやタンパクホルモンでは5～60分と長いのに対し，カテコラミンは1分以内と短い。さらに，結合タンパク質を持たないアミノ酸誘導体である甲状腺ホルモンの場合，$t_\frac{1}{2}$は7日と長い。こうした半減期の長いホルモンの場合は，短時間の運動では分泌したとしてもそれが検出できない可能性がある。

❺ 細胞におけるホルモンの作用機序

細胞質内や核内に存在する一部のホルモン受容体（核内受容体：nuclear receptor）を除き，多くの受容体は細胞膜上に存在する（細胞膜受容体：membrane receptor）。甲状腺ホルモンやステロイドホルモン（副腎皮質ホルモン，アンドロゲン，プロゲステロンなど）のような脂溶性ホルモンは細胞膜に溶け込み，細胞内で拡散後，核内受容体と結合する。一方，カテコラミンや多くのペプチドホルモンは，水溶性であり，細胞膜の疎水性領域を越えて細胞内に侵入できない。そのため，水溶性ホルモンの情報は細胞膜受容体を介して細胞内へと伝達される（図 8-3）。

細胞膜受容体は，①イオンチャネル内蔵型受容体（アセチルコリンなどの伝達物質の受容で

イオンチャンネルが開閉する），②Gタンパク質共役受容体（Gタンパク質はGTPと結合して細胞内情報伝達に関わる），ならびに③細胞増殖因子型受容体の3種類に大別される．カテコラミンや多くのペプチドホルモンが結合するGタンパク質共役受容体は，Gタンパク質を介してアデニール酸シクラーゼなどの酵素やイオンチャネルを刺激し，細胞機能を調節する．図にはないが，細胞増殖因子型受容体では，インスリンや成長因子（IGF-Iなど）などの伝達物質が受容体と結合すると，受容体自身がタイロシン残基を特異的にリン酸化して細胞内に情報を伝達する．受容体以降の細胞内情報伝達については後述する．

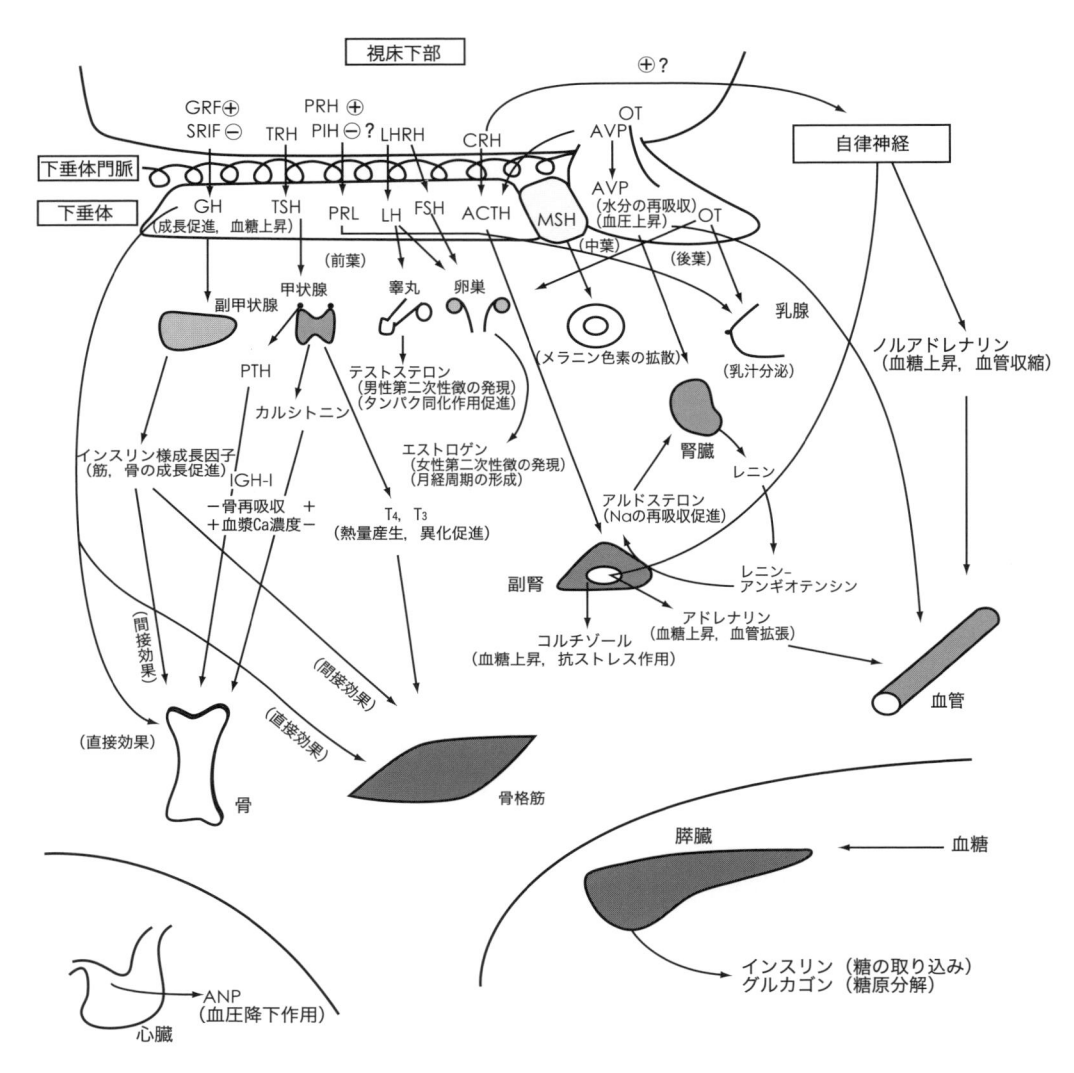

視床下部の神経ホルモン（神経ペプチド）：GRH：GH放出ホルモン，SRIF：GH分泌抑制因子（ソマトスタチン），TRH：TSH放出因子，PRH：プロラクチン放出因子，PIH：プロラクチン放出抑制因子，LHRH（GnRH）：黄体形成ホルモン放出因子，CRH：コルチコトロピン（副腎皮質刺激ホルモン放出因子）
下垂体後葉ホルモン：AVP：アルギニン・バソプレッシン，OT：オキシトシ
下垂体前葉ホルモン：GH：成長ホルモン，TSH：甲状腺刺激ホルモン，PRL：プロラクチン，LH：黄体形成ホルモン，FSH：ろ胞刺激ホルモン，ACTH：副腎皮質刺激ホルモン
下垂体中葉ホルモン：MSH：メラニン刺激ホルモン

図8-4 視床下部を起点とした内分泌系 (征矢, 1996)

［2］主なホルモン分泌と生理作用と視床下部調節

　図8-4には，主なホルモンと生理作用ならびにその視床下部調節について示した。ホルモンの多くは下垂体前葉から分泌されるが，それらはいずれも視床下部の神経がつくる神経ペプチドによる調節を受ける。視床下部には灰白質からなり，何らかの神経の中継点となっている神経細胞群があり，これを神経核（nucleus）と呼ぶ。

❶視床下部-ACTH

　実験動物で副腎を摘出し，生理的濃度のGCを補充しておいても，この動物に有害な刺激を与えると死んでしまうことから，この上昇は生命維持に不可欠とされる。この有害な刺激は当初ストレッサーと呼ばれたが（Selye），現在，医科生理学ではACTHを増加させる有害刺激をひっくるめて"ストレス"（stress）と呼んでいる（図8-5）。

　図8-6は下垂体（上）と副腎（下）におけるACTHおよびGCの合成・分泌機構について示している。下垂体前葉では，細胞膜の異なる受容体（CRH-RとAVP-R）を介して，細胞内に情報が伝達され，cAMPやCa^{2+}が増加すると次つぎに酵素を活性化し，ACTH合成（CRHの作用のみ）や分泌（CRH/AVP）が起こる。一方，副腎皮質の束状層（および網状層）の細胞では，血中ACTHが細胞膜受容体を介して細胞内に取り込まれ，代謝されることでコレステロールを供給し，それを生地としてミトコンドリア内でプレグネノロンをつくる。これはいったん滑面小胞体中に移行し，11-デオキリコルチゾールに変換された後，再度ミトコンドリア内に移行し，GCまたはミネラルコルチコイド（MC，別名，アルドステロン）に変換，分泌される。

　CRHはACTH産生細胞にあるCRH_1型受容体を介して細胞内cAMPを増加させ，細胞内Ca^{2+}濃度増加によるACTH放出を促す。同時にCRHはACTH前駆物質であるプロオピオメラノコルチンの遺伝子転写を促進することがわかっている。AVPはCRHとは異なる機構で，IP_3（イノシトール三リン酸）を介し細胞内Ca^{2+}を増加させてACTH放出をする。AVPの

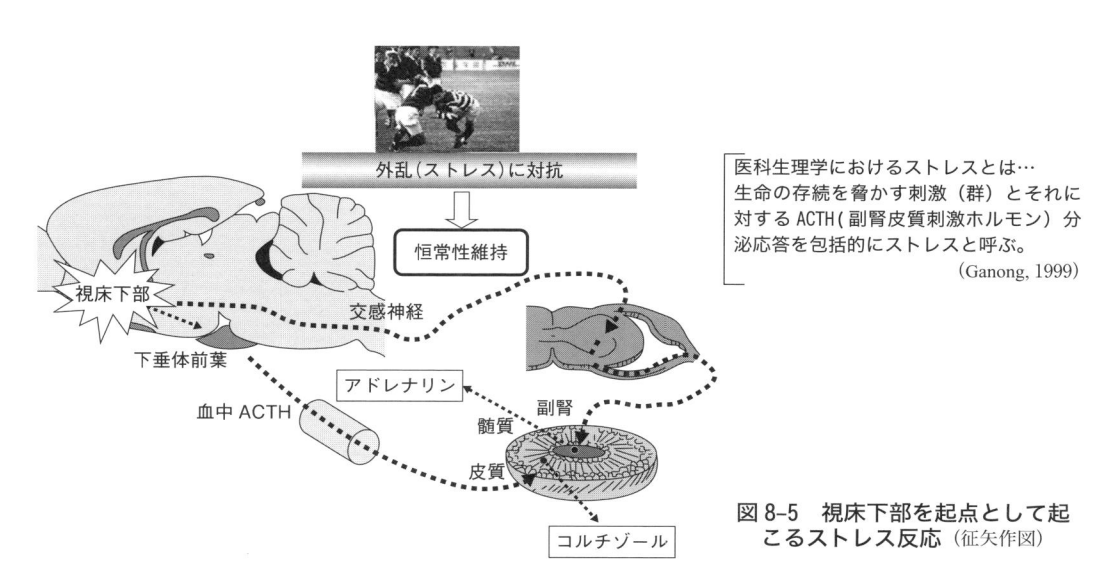

医科生理学におけるストレスとは…
生命の存続を脅かす刺激（群）とそれに対するACTH(副腎皮質刺激ホルモン)分泌応答を包括的にストレスと呼ぶ。
（Ganong, 1999）

図8-5　視床下部を起点として起こるストレス反応（征矢作図）

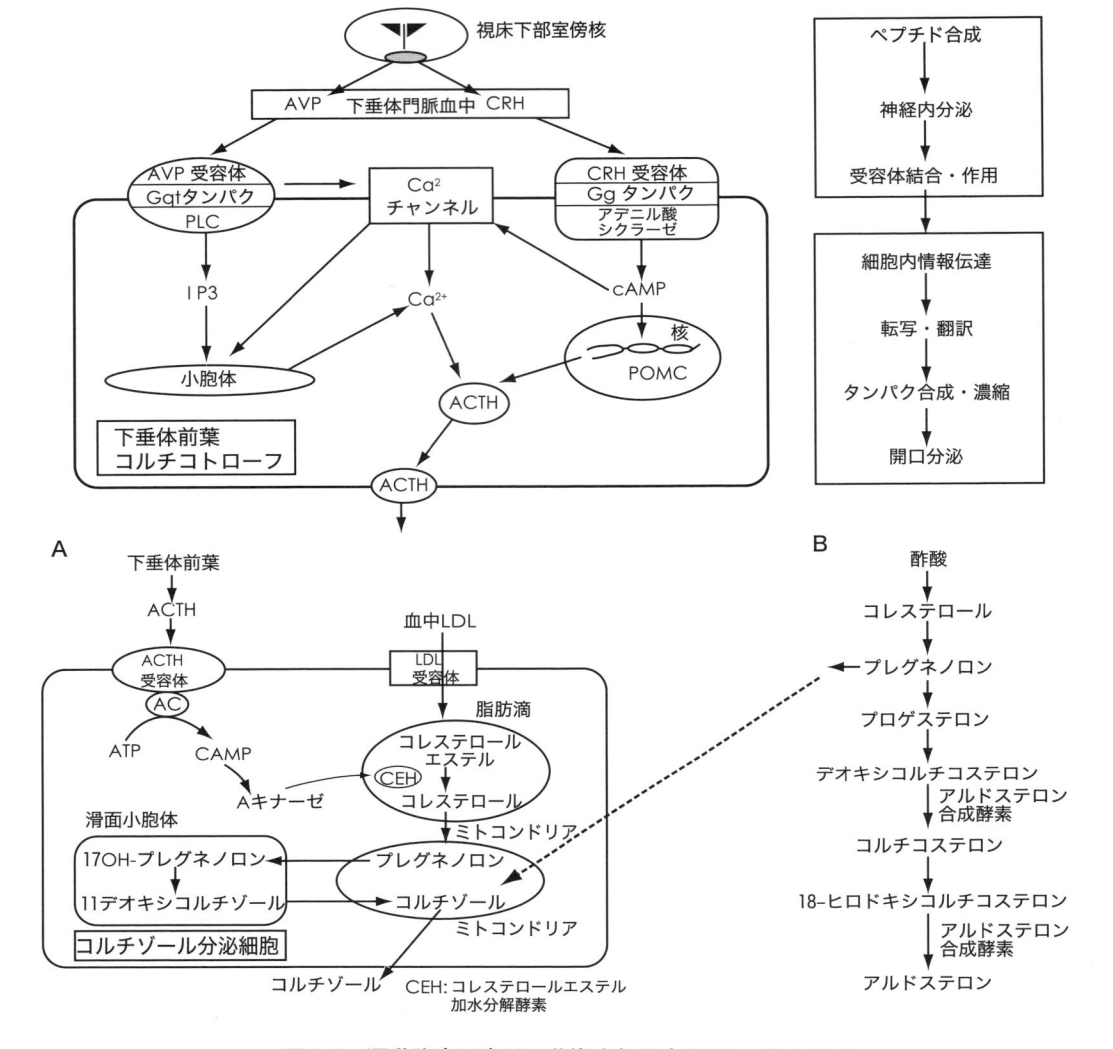

図8-6 運動強度に応じて分泌されるホルモン（征矢作図）

ACTH分泌能はCRHに比較して弱いが，CRHと同時にACTH産生細胞に作用することで相乗効果を持つことが確認されている。

❷視床下部 - 甲状腺ホルモン

TRH（甲状腺刺激ホルモン放出ホルモンはGuillemanとSchally（ノーベル医学生理学賞受賞）により最初に同定された三つのアミノ酸からなる視床下部由来のペプチドである。TRHは前視床下部野の神経で作られ，軸索を輸送されると，神経末端（正中隆起部）に貯蔵され，刺激に応じて下垂体門脈血中に分泌され（神経内分泌），最終的に下垂体前葉のTSH産生細胞を刺激してTSH（甲状腺刺激ホルモン）を分泌させる（図8-4）。

❸視床下部 - 成長ホルモン

骨・筋の発育を促すGH分泌は，視床下部の神経がつくる促進性（GRH）と抑制性（SRIF）の二つの神経ペプチドにより二重調節を受ける（図8-4）。GRHは視床下部弓状核，SRIFは

視床下部の室周核の神経で合成され，下垂体門脈→下垂体前葉の GH 産生細胞→ GH 分泌を刺激する。GRH と SRIF 分泌薬や作用のバランスが変わることで脈動的な GH 分泌パルスは修飾される（GH 分泌のピーク値や分泌量の増減など）。

❹ 視床下部 - 性ホルモン

男女の性行動を司るテストステロンとエストロゲン分泌，さらには，精子形成や排卵を促すシステムは，視床下部視束前野で合成される LRRH（GnRH: ゴナドトロピン放出ホルモン）に端を発し，下垂体前葉に作用からの LH（黄体形成ホルモン）と FSH（ろ胞刺激ホルモン）分泌により調節されている（図 8-4）。

［3］運動 - ホルモン分泌連関

❶ 運動強度の影響

運動は強度や時間，様式によりホルモンを分泌させる。中でも，運動強度はホルモン分泌要因として最も重要である。図 8-7 は運動強度に依存して増加する典型的なホルモンの分泌特性を示す。ACTH/ コルチゾールなどを含む下垂体ならびに自律神経 - 副腎軸ホルモンが血中に増加し始めるのは，乳酸閾値に相当する 50 ～ 60％，いわゆる乳酸閾値（LT）付近であり，心拍数でいえば 110 ～ 130 拍 / 分を超える強度に相当する。このとき，ACTH 分泌がストレスかどうかの指標となることから，運動はこの強度を超えればストレス（運動ストレス）となる（ストレスの定義については図 8-5 参照）。その際，下垂体前葉からは ACTH，GH，プロラクチン（PRL），TSH，中葉由来のβエンドルフィン，下垂体後葉由来のバソプレッシン（AVP）やオキシトシン（OT）などがある。ランニングや自転車漕ぎなど，ダイナミックな運動の際には，その強度の増加に伴いエネルギー需要が高まり，その要求を満たすために，筋や肝臓に貯蔵された糖・脂質が分解され，必要な ATP が供給される。また，心拍出量の増加を高め，より多くの血液を筋に送るため（血流再配分），血中へのカテコラミン（主にアドレナリンとノルアドレナリン）や AVP 分泌が増加する。興味深いことに，心臓からは血圧効果作用を持つ心房性ナトリウム利尿ホルモン（ANP）が分泌され，循環動態のバランスをとっている。ANP の分泌閾値はカテコラミンや AVP よりも低強度で生じることから，高血圧症に低強

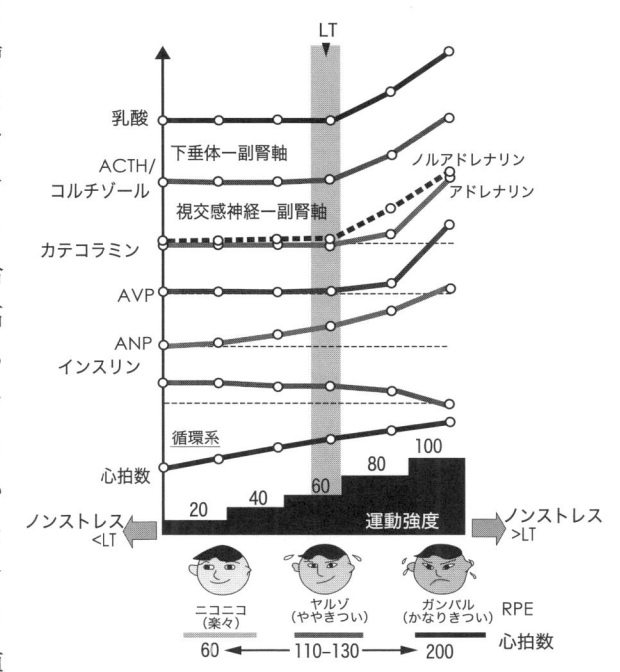

図 8-7　運動強度に応じて分泌されるホルモン
LT（乳酸閾値）は，ホルモン分泌の閾値ともいえる

度運動を奨励するよりどころにもなっている。また，交感神経末端からのノルアドレナリン，副腎髄質らはアドレナリン，そして副腎皮質からは GC とミネラル（電解質）コルチコイド（アルドステロンとも呼ぶ）がそれぞれ分泌される。

❷ 運動時間の影響

　運動強度が LT より低ければ，20〜30分程度の運動では ACTH/コルチゾールやカテコラミンなどストレスホルモン関連ホルモンの分泌は起こらない。しかし，あらかじめ12時間の絶食（夜間）を行い，その後最大酸素摂取量の40％強度の運動を行わせると，開始2時間目から上記ホルモンの血中濃度がいずれも増加する。このタイミングには個人差があるが，低血糖が進行し3.3mMを下回る時間が上記ホルモン分泌の閾値となる。その際，ブドウ糖を補給するとこの分泌増加が消失することから，低強度・長時間運動における ACTH/コルチゾールやカテコラミン分泌には低血糖が関与する。低血糖は，視床下部や脳幹（糖感受性神経）の興奮を経由し，視床下部室傍核を活性化することで CRH-ACTH 分泌応答を促すと考えられる。最近，口腔内にブドウ糖あるいは炭水化物（人工甘味料は効果なし）を含ませて運動させると，パフォーマンスが増加することが明らかとなった（Chmbers, 2009）。その際，ACTHやカテコラミンがどうなるかは不明だが，口腔内には炭水化物を感受する受容体（実態は不明）が存在し，脳内報酬系（ドーパミン系）や運動系を介する経路が関与する可能性が示唆された。他に，長時間運動時の暑熱環境は，脱水（発汗による）による血漿量の減少や浸透圧を亢進させるので，ストレス関連ホルモンの分泌を増加させると考えられる。

［4］運動時のストレスホルモン応答と調節機構

　運動時に分泌されるホルモンの多くは視床下部調節を受ける。しかし，その機構は未だ決着をみない。ここでは，比較的よく研究がなされている ACTH やカテコラミンなどいわゆるストレス応答に関連したホルモンの分泌機構を例に述べてみよう。

❶ 運動 - ACTH 分泌における視床下部 AVP

　室傍核には，背外側部の大細胞系と内側部の小細胞系があり，そこで作られた CRH と AVP が共に軸索を通して運ばれ，正中隆起部を介して下垂体門脈血中に分泌され（神経内分泌），下垂体前葉を刺激し，ACTH の合成・分泌を促進する。一方，視索上核（SON）の大細胞系でも AVP が作られ，下垂体後葉に運ばれ，そこから血中へと分泌される。興味深いことに，この途中で一部が下垂体前葉に漏れ出て，それらも ACTH 分泌を刺激することがわかっている。では，運動時の ACTH 分泌はどのように調節されるのだろうか？　Alexander ら（1991）[2]は，ウマの下垂体静脈内にカテーテル留置を施し，連続採血を可能にした状態でウマを走らせた。下垂体静脈血の採取は，血中ホルモンに加え視床下部から神経内分泌される種々のペプチドを同時測定できる点で優れている（ラットやマウスでは不可能）。実験の結果，トロッティングからギャロッピングへと走速度の増加に伴いACTH分泌が急激に増加したが，その際 AVP 分泌は増加したが，CRH 分泌はほとんど変わらないことが明らかとなった（図8-8）。これは，ウマの走運動時の ACTH 分泌は，視床下部 AVP と関係することを示唆する。

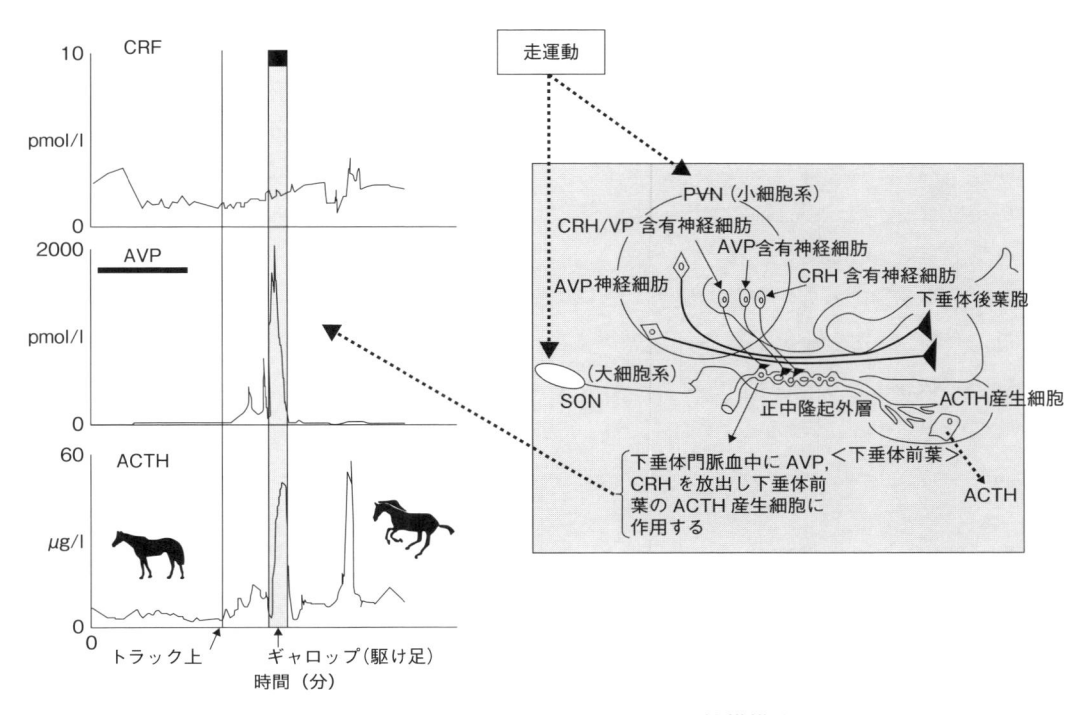

図 8-8　運動時のホルモン分泌における脳機構模式図

(Alexander, S.L., 1991 を著者改変)

　では，実際にヒトではどうなのだろうか？ Smoak ら（1991）[19] は，運動による ACTH 分泌に CRH が関与するかをみるために巧みな薬理実験を行った．あらかじめ運動前に CRH を静脈内投与することで CRH 受容体を占有しておき，運動時に増加する CRH の作用が出にくい状態にして最大運動を行わせた．興味深いことに，そうした事前の CRH 投与は，その後の運動に対する ACTH 分泌を高めることはあっても減ずることはなかった（図 8-9）．

　このように運動時の ACTH 分泌に関しては，多くのストレスで重要な働きを持つ CRH ではなく AVP の関与が強い．その意義はいまだに不明だが一つの大胆な仮説を示す．CRH 刺激が AVP 刺激と比べ最大 ACTH 分泌速度が遅い点（CRH では 30 分後に分泌が最大になる一方，AVP では 5 分と短い）に着目すると，AVP を介したストレス応答のほうが健康科学的に好ましいとも考えられる．ストレス応答は最終的に血中 GC を介してからだを刺激する．その際，おしなべて長期化すると負

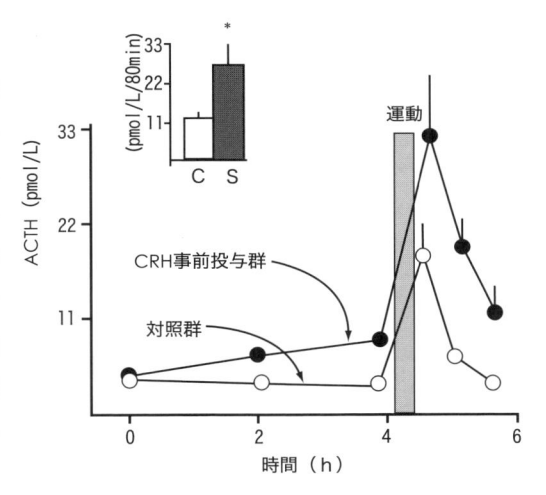

図 8-9　CRH および生理食塩水をそれぞれ静脈内 (iv) に投与し，下垂体の CRH 受容体を占有した状態で高強度・間欠的運動を行わせた際の血中 ACTH 分泌応答の比較

(Somak, et al., J Clin Endocrinol Metab 73: 302-306, 1991 を著者改変)

の作用（細胞への傷害や細胞死）が発現しやすい。特に海馬はGC受容体が多く、慢性ストレスへの曝露は海馬の神経細胞死を招き、うつ病にもつながるとされる。調整不良のうつ病で自殺した患者の前頭葉でCRHやその受容体増加が報告され、さらに視床下部においてAVPの増加はCRH濃度を低減させる作用を持つ。したがって、慢性ストレスで抑うつ傾向の人びとが中強度運動を短時間行うことは、視床下部のCRHの過剰を是正し、正常化させる効果を享受できるかもしれない。

❷ 運動 - ホルモン応答の個人差の要因：GCに対する感受性

最近、ヒトでHPA軸や下垂体後葉系のGCに対する感受性に個人差があることが報告されている。Petrides（1994）[17]らは、あらかじめデキサメタゾン（GCの類似薬）を投与し、高強度運動を行わせたところ、ACTH分泌が強く抑制される被験者と抑制が弱い被験者に分けられることを発見した。この個人差のメカニズムはわからないが、彼らは3割から5割の人はGCの感受性が低いと推定している。

❸ 中枢と末梢からの二重調節

図8-7に示した通り、多くの人びとが行う30分以内の運動条件を考えると、その強度依存性にACTHやアドレナリンなどストレス関連ホルモンの分泌応答が生じる。その際、多くの研究から、運動野や島皮質などを起始部とした上位中枢から視床下部への入力（中枢指令）と、活動筋や腱などからの求心性信号の入力が脳幹を通り視床下部に統合され、その信号伝達により視床下部が興奮すると考えられている（図8-10）。

(1) 中枢指令の証拠

神経・筋遮断薬（ツボクラリン）を用いて検討されている。ツボクラリンは、筋力発揮を減弱させることから、投与後に投与前と同じ筋力発揮をしても相対的負荷が増し、筋求心性入力が同じでも中枢指令が亢進する状態をつくることができる。実際にツボクラリンを投与して動的運動を行わせると、血漿A，NA，ACTHの増加は投与前よりも有意に大きくなることから、中枢指令の重要性が示唆される。しかし、中枢指令と筋求心性入力どちらが重要かは不明である。

(2)（筋）求心性入力の証拠

運動時の心血管系の応答やストレス反応の一部は、軸索伝導速度が遅いグループⅢおよびグループⅣ求心線維を介した信号伝達により行われる。これらの感覚神経は、骨格筋内にポリモーダル受容器といわれる受容器を持つ。これは自由神経終末として存在し、筋内の機械的歪み、化学変化や熱によって興奮する。ヒトではこのグループⅢ，Ⅳ求心線維を介した求心性入力を減弱させる硬膜外麻酔を用いて運動させると、対照群に比べ血中ACTH分泌応答が減弱する。動物実験でも、麻酔下においたラットで電気的に導出した筋収縮（テタヌス）は、反射的にACTH分泌や交感神経活動の興奮を惹起することから、活動筋による求心性調節が示唆される。

❹ 運動強度に依存した視床下部の活性化

ところで、実際の運動時に視床下部はどう活性化されているのだろうか。征矢ら（2007）[20]は、ラットの視床下部スライスにおいて、細胞興奮（脱分極）のメルクマールとなるc-Fosタン

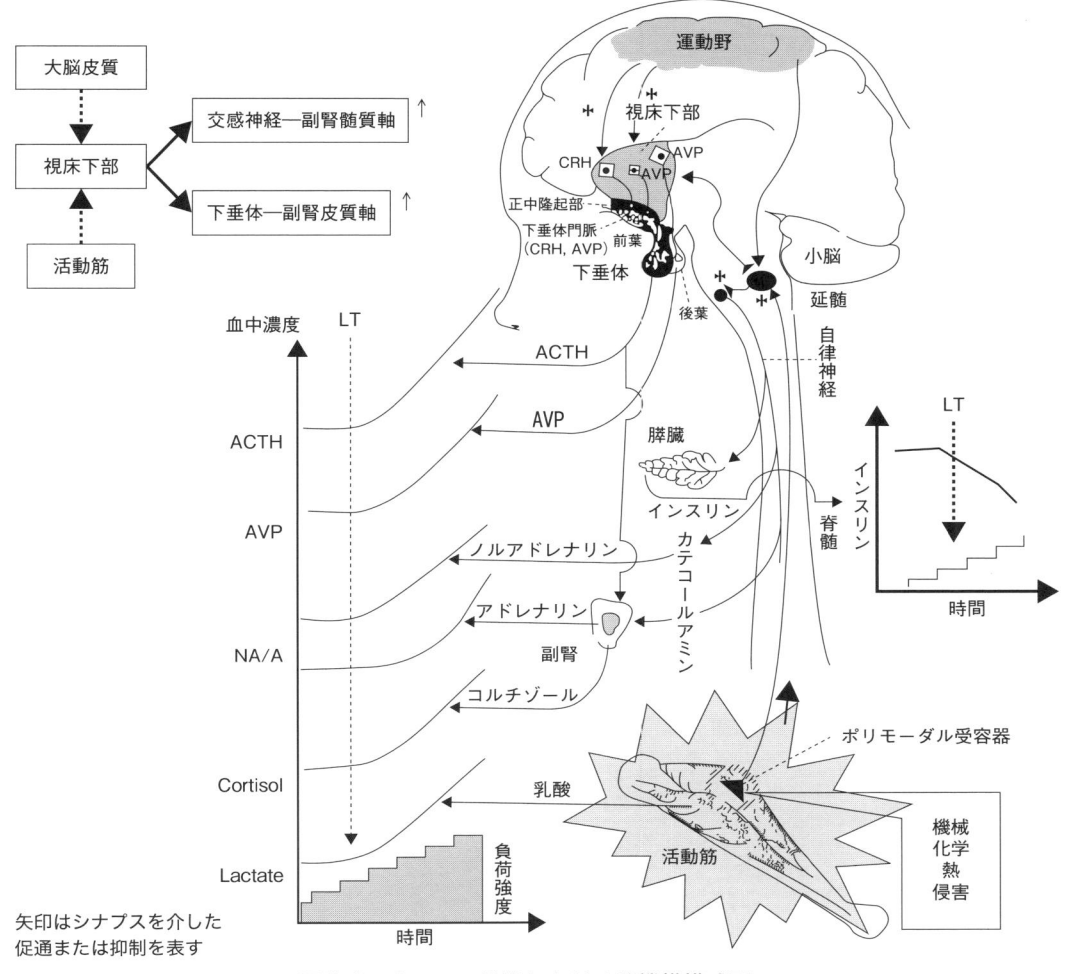

図8-10 運動時のホルモン分泌における脳機構模式図 (征矢, 1991)

パク質の発現を組織化学的に解析することで調べている。実験に用いた雄ラットのLT（ここでは分速20 m）を基準として，それよりも低い速度と高い速度で30分の走運動を行わせた。その結果，LT以下の速度で走らせてもc-Fosタンパク質は安静時と比べて不変だが，LT以上の速度になるとc-Fosタンパク質の発現は有意に増加した（図8-11）。ACTHの放出因子であるAVP産生神経が局在する視床下部室傍核（PVN）やSONでもこのc-Fosタンパク質は共に発現することから（図8-12），これらのAVP神経がLT以上の運動で活性化し，下垂体前葉へのAVP分泌を高めることが示唆される[16]。

❺ 運動時のストレス反応とパフォーマンス

Van Dijkら（1994）[23]は，薬物の局所注入により室傍核（PVN）の機能を麻痺させた後，ラットをトレッドミル走行させ，交感神経-副腎髄質軸，HPA軸，血中グルコースに対する影響を検討した。その結果，血漿AとGCの低下，グルコースの低下が見られたことから，運動時の交感神経-副腎髄質軸，HPA軸の活性化およびそれによる糖新生に室傍核が重要な役割を担っていることを示唆する。また，Scheurinkら（1990）[18]は，ラットを水流つき

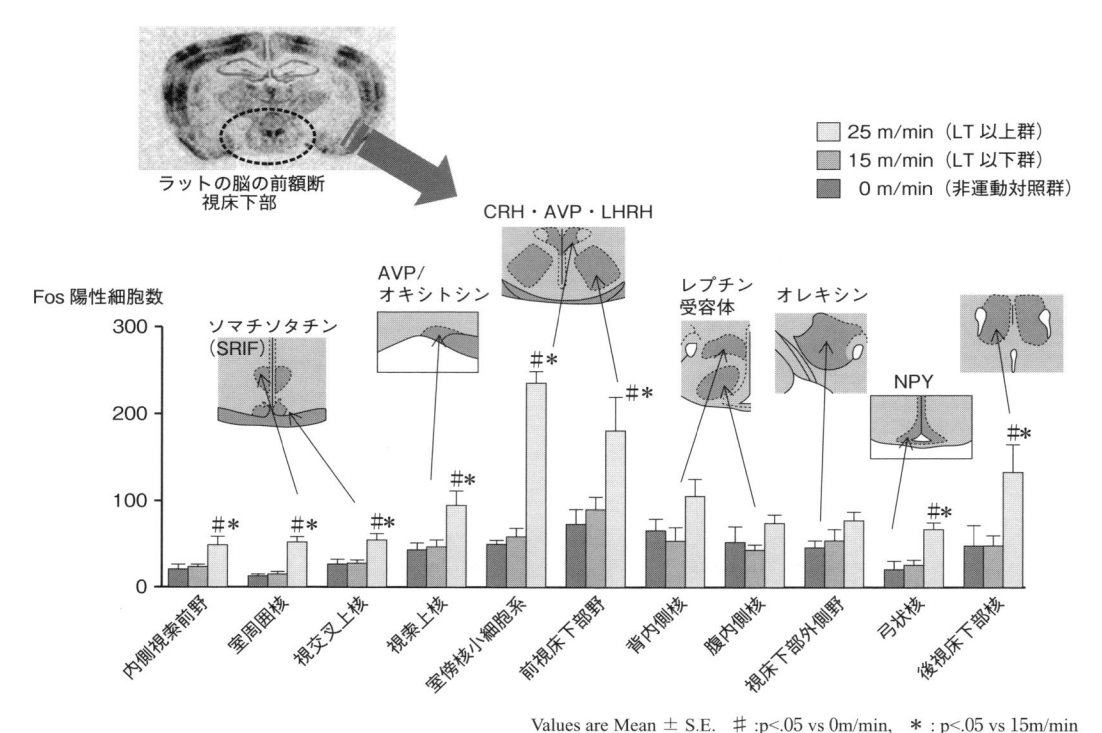

第 8 章　運動と神経内分泌系

図 8-11　運動強度に依存した視床下部の活性化パターン（征矢ら，2007）

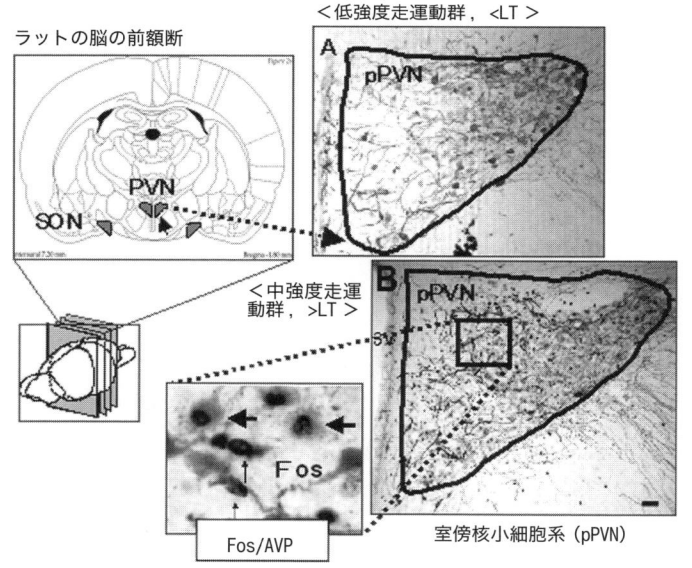

Values are Mean ± S.E.　#：p<.05 vs 0m/min，　*：p<.05 vs 15m/min

図 8-12　LT 以上の強度で AVP 神経に発現が増加する c-Fos タンパク質

薄い灰色に染まる AVP 神経の内部に黒色に染まる Fos タンパク質が確認できる。

のプールで 15 分間泳がせる実験モデルを用いて，室傍核，腹内側核，外側視床下部に α，β 受容体（A と NA の受容体）の拮抗薬を注入し，血中グルコース濃度変化を対照群と比較すると，運動中増加した血中グルコース濃度の一部が有意に低下した。これは，上記の脳部位（神経核）が，NA および A 作動性調節を介して運動時のエネルギー代謝に関与することを示唆している。このように，実際の運動遂行にあたって重要なエネルギー代謝は，視床下

部によって調節を受けており，パフォーマンス発揮に視床下部の活性化が必要不可欠であることがわかる。

❻ トレーニングによるストレス適応

運動トレーニングがうまくいけば，絶対的運動強度に対するACTH分泌応答など多くのホルモン応答が減弱するなど運動適応が起こる。その背景として，筋線維の肥大や酵素活性などによる運動器系の機能向上により，同一強度の運動遂行におけるエネルギーや酸素に対する需要が低下し，活動筋からの求心性入力が減弱することが一因として考えられる。しかし，相対的運動強度に対する応答はいまだに曖昧である。カテコラミン分泌（特にノルアドレナリン）の場合，トレーニングすることで相対的同一強度の運動に対する分泌応答が亢進することも報告されている。これは，運動することで筋線維の活性化や動員を高め，運動効率を高めるための適応とも考えられるが，詳細は不明である。

一方，運動が長時間で激しく行われると，運動適応に時間がかかり，場合によっては適応できずに病的状態にさえなりうる（不適応）。そういうときは，セリエが示した汎適応症候群（general adaptation syndrome: GAS，副腎肥大，胸腺萎縮，胃潰瘍など三兆候がみられる）に陥っている可能性があり，休養をとるなどケアが必要である。ヒトでも動物でも，中・高強度のトレーニングを繰り返し行うと4週間で副腎の肥大，胸腺の萎縮，そして，血漿GC濃度が増加する一方，さらにトレーニングが継続し，うまく適応した場合（たとえば10週間），上記の兆候はすべて消失する（図8-13）。もちろん，体調を崩し，食欲や体重減少も起こる場合もある。人でも，よく走る長距離ランナーの特性として，下垂体のCRHに対する

A：♂ラットの場合
～4週間のLTトレーニングで生じるGASは10週間で消失～

a) 4週間トレーニンググループ

b) 10週間トレーニンググループ

B：ヒトの場合
～ヒトでもコルチゾール分泌は4週間で頂値となる二相性変化～

異なる走速度で4週間または10週間の走運動を行わせた際の血中コルチコステロン濃度の適応変化（征矢，未発表）

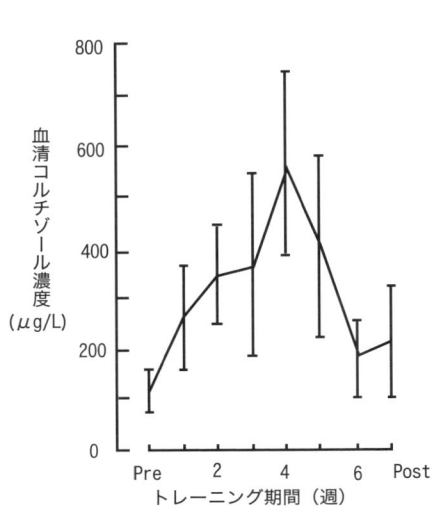

ヒトに90%$\dot{V}O_2$max, 560 kcal の持久的運動を行わせた際の血清コルチゾール濃度の時間経緯（田畑ら，1989）

図8-13　運動トレーニングによる副腎皮質ホルモン分泌応答の適応

ACTH 分泌反応の低下および血中 GC の負のフィードバックに対する下垂体感受性の低下が報告されており，軽度のうつ病とも類似する。日本の陸上長距離界は月間 1,000km 以上を走るランナーが多く成功例もあるが，意欲低下や抑うつで戦線離脱する選手も少なくないことから，走りすぎによるストレス不適応に留意すべきである。

[5] その他のホルモン分泌と運動

❶運動と（抗）利尿系ホルモン

(1) 心房性ナトリウム利尿ペプチド（atrial natriuretic peptide: ANP）

ANP は心房から分泌されるホルモンで（図8-14, ①），腎臓に作用し，ナトリウム利尿を引き起こし（図8-14, ① -a），循環血液量を減らす働きと血管を拡張させる働きもあり（図8-14, ① -b），血液量と血圧を調節するホルモンである。運動中の ANP はバソプレッシン，レニン・アンギオテンシン・アルドステロンなどのホルモンとは対照的に低強度の運動でも分泌され，運動強度が強くなるにしたがって上昇する。ANP の分泌は，心房の伸展により刺激され，運動においては筋ポンプによる帰還血流量の増大が心房の伸展を引き起こし（図8-14, ①），ANP の分泌刺激となる。また，浸透圧の変化やカテコラミン，体温の上昇，心拍数の上昇も ANP の分泌刺激となる可能性も示唆されている。運動時の ANP 分泌の生理学的意義については不明である。

ANP はナトリウム利尿を引き起こし，循環血液量を減らす働きの他，血管を拡張させる働きもあり，高血圧患者の中には有酸素性トレーニング後に血漿容積の低下と ANP の低下とともに降圧効果が認められ[8]，身体的トレーニングに対する ANP の適応が観察されている例もある。しかし，身体的トレーニングにより血漿容積が増大し，右心房圧が上昇しても，ANP はトレーニングによって必ずしも増加するわけではなく安静時，運動時ともに一致した見解は得られていない。

(2) レニン-アンギオテンシン-アルドステロン系（renin-angiotensin-aldosterone system: RAAS）とバソプレッシン（arginine vasopressin: AVP）

レニンはタンパク分解酵素で，腎臓で生成・分泌され（図8-14, ②），肝臓で産生され血中にあるアンギオテンシノーゲンからアンギオテンシン I をつくる（図8-14, ② -a）。アンギオテンシン I はアンギオテンシン変換酵素によりアンギオテンシン II に変換され（図8-14, ② -b），アンギオテンシン II には血管を収縮させる働き（図8-14, ② -c），そして，アルドステロンの分泌を促進する働きがある（図8-14, ② -d）。アルドステロンは副腎皮質から分泌されるホルモンで，ナトリウムを体内に貯留する働きがある（図8-14, ② -e）。RAAS の最も上流にあるレニンを分泌刺激するものは，腎血流の低下であり（図8-14），傍糸球体の輸入細動脈の圧受容体が腎血流の低下による腎糸球体内圧の低下を感知し，レニンの分泌を促進する（図8-14, ②）。また，腎交感神経活動の亢進が傍糸球体のベータ受容体を刺激しレニンの分泌を促進する。

AVP 分泌の末梢作用としては，体液維持，血圧上昇，糖新生の促進など，運動時に有利な作用がある。視床下部にある浸透圧受容器が浸透圧の変化を感受し（図8-14, ③），それ

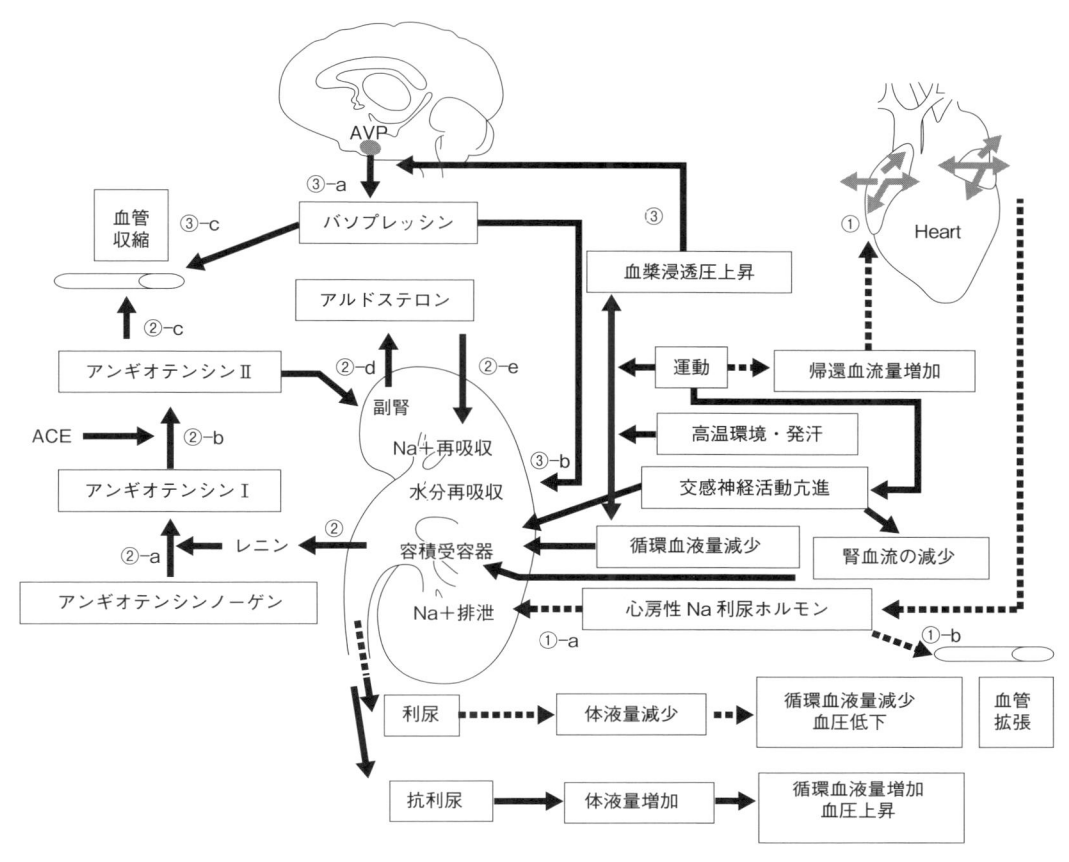

図 8-14 運動に伴う体液調節ホルモン

を下垂体後葉に神経インパルスにより伝えることから始まる。AVP は下垂体後葉から分泌される抗利尿ホルモンで（図 8-14, ③-a），腎臓集合管における水再吸収を促進し（図 8-14, ③-b），血液量を保持する働き，また，細動脈の血管平滑筋に作用し，血管を収縮させ，血圧を上昇させる働きもある（図 8-14, ③-c）。AVP 分泌の主な調節因子は血漿浸透圧の変化であり，漸増負荷運動中の血漿 AVP の変化と血漿浸透圧の変化に高い関連性がある他（図 8-15），体温の上昇，アンギオテンシン II，末梢神経の刺激などの因子も運動時の血漿 AVP の上昇に関与していると考えられている。

(3) 運動と RAAS および AVP

運動中の RAAS および AVP は，平常温度環境下における比較的低強度の運動では安静時レベルから大きな変化は認められないが，レニン活性，アンギオテンシン I および II，アルドステロン，AVP は，運動強度が最大酸素摂取量の 40 〜 60％強度に達すると上昇し始め，それ以上は運動強度にしたがって上昇する。高温環境下での長時間の運動は，レニンおよびアルドステロンの上昇，腎血流と糸球体濾過量の低下，尿中ナトリウム排泄の低下，尿容量の低下が顕著に起こり，RAAS および AVP はナトリウムをはじめとする電解質や体液の損失を抑え，細胞外液容量を保護する重要な役割を果たす。

身体的トレーニングにより絶対的同一強度の運動に対するレニン活性および AVP はトレ

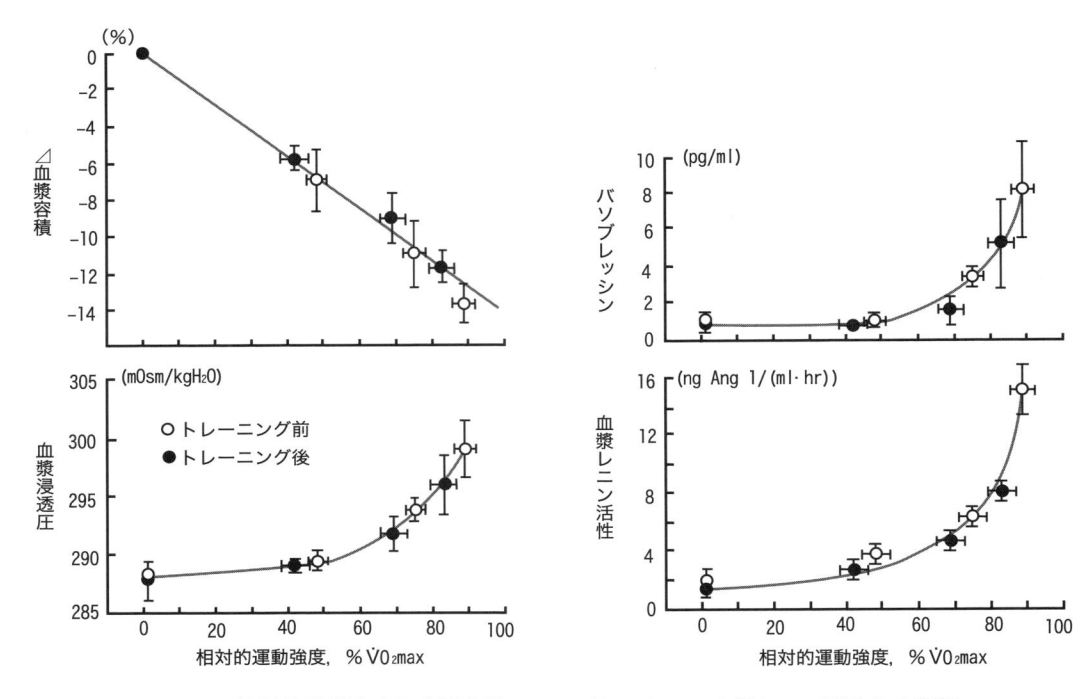

図8-15 相対的運動強度と血漿容積，バソプレッシン，血漿レニン活性との関係
(Convertino, V.A. et al., 1983 より)

ーニング後に低下する（図8-15）[4]。しかし，トレーニングによって有酸素性作業能力が改善することを考慮に入れると，相対的同一強度の運動に対するレニン活性およびAVPは影響を受けない（図8-15）[4]。同様に，相対的同一運動強度の運動に対するレニンの下流にあるアンギオテンシン・アルドステロンの反応はトレーニングにより変化しないと考えられ，トレーニング量よりもむしろ血漿浸透圧が運動中のRAASおよびAVPの分泌を決定づけると考えられる（図8-15）[4]。

(4) エンドセリン-1（endothelin-I: ET-I）

ET-Iは血管内皮細胞で産生される強力な血管収縮物質であり，血圧調節や血流分配に重要な働きをしている。また，ET-Iは血管平滑筋を増殖させる働きもある。ET-I分泌は，トロンビン，アンギオテンシンIIやAVP，エピネフリンなどの生理活性物質や低ずり応力などの物理的刺激により促進され，一方，一酸化窒素やANP，プロスタサイクリンなどの血管拡張因子はET-Iの分泌を抑制する。

運動中の血中ET-Iは，運動強度が強くなるのにしたがって上昇する。運動中，ずり応力の増加や一酸化窒素の生成などが起こると予想される活動肢では，血中ET-I濃度は安静時レベルと差はないが，逆に非活動肢の静脈血では上昇する。また，運動による内臓血流の低下がエンドセリン受容体拮抗剤にて軽減することから推察すると，運動による血流再配分にET-Iが重要な役割を果たしていることが考えられる。さらに，高温環境下の運動における脱水と血漿容積の低下がAVP濃度の上昇とともにET-I濃度の上昇を引き起こし，反対に水分補給によりこれらの変化が軽減することから，ET-Iは体液調節にも関与している可能性が

ある。

　有酸素性運動による身体的トレーニング後，安静時において一酸化窒素の増加と対照的にET-Iは低下する。さらに，有酸素性トレーニング後にはエンドセリン受容体拮抗剤の動脈伸展性に対する急性効果が軽減する。つまり，有酸素性トレーニングによる動脈硬化の改善にはET-Iが一部関与していることを示している[14]。これらのことから，ET-Iは血管トーヌスを高める働きに加え，血管平滑筋を増殖させる作用を有し，有酸素性トレーニングが動脈硬化に対して有効に働くことの一つの要因はET-Iの低下であることが示唆されている。

❷運動と成長ホルモン軸

(1) GH/IGF-I

　GHは脳下垂体のGH産生細胞で産生・分泌され，その分泌はGHRH（視床下部）とソマトスタチン（SRIF）の二重調節を受ける（図8-16）。最近では，胃由来のGhrelinも新たな分泌促進因子として見い出された。GHの作用を伝える受容体（GHR）は，ほぼすべての組織にみられ，GHがGHRと結合することで，細胞内シグナル系が活性化され，タンパク合成を促進する。一方GHは，肝臓でのIGF-I合成を促進し，血漿中に分泌されたIGF-IはGHの分泌を抑制する。

　IGF-Iは，IGFRI（type 1 IGF receptor）およびインスリン受容体（前者と比較して100倍程度親和性が低い）に結合してタンパク合成を促進する一方，アポトーシスを抑制する。

(2) 運動GH/IGF-I軸

　GHはLT強度を閾値として分泌が亢進する。運動誘発性のGH分泌促進は運動後も約2時間程度持続する。多くの研究で，さまざまな母集団（若齢者，高齢者，トレーニング者，非トレーニング者，やせ型，肥満型，GH過剰症，GH欠損症など）や運動様式（持久性，レジスタンス，スプリント，マラソン，間欠的運動など）が検討されたが，運動によるGH分泌増加のメカニズムは依然明らかではない。一過性の運動（30分から2時間）では，運動中に遊離型IGF-I濃度は変化せず，回復期間ではむしろ減少するという報告もある。また，運動後の総IGF-I動態は増加もしくは変化しないという報告がされている。

　一方，約3週間から6カ月間の長期的な運動トレーニングでは遊離型IGF-Iは減少するとの見解が強く，その理由として長期的なトレーニングにより血中から末梢組織へのIGF-I輸

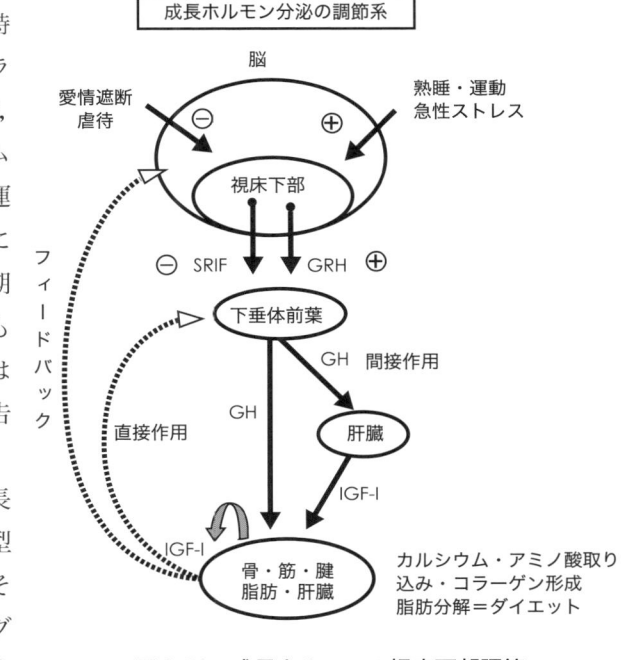

図8-16　成長ホルモンの視床下部調節

送が高まるとされる。一方，遊離型 IGF-I は総 IGF-I と比較して異化反応（飢餓状態）に対し敏感とされることからも，長期的な身体的トレーニングで生ずるエネルギー状態の変化が関係している可能性もある。

（3）運動による筋肥大と GH/IGF-I 軸（図 8-17）

GH は意外にも運動誘発の筋肥大に関係しないという見解が強い。たとえば，血中 GH レベルの低下した高齢者でもレジスタンス運動が筋肥大を引き起こす。一方，肝臓で産生されて血中に放出された循環型 IGF-I だけでなく，局所的に産生された IGF-I が運動性筋肥大に重要とされる。血漿 IGF-I に変化がなくても運動が活動筋での IGF-I mRNA 発現を促進する。肝由来の IGF-I 産生欠損マウス（LID：対照群と比較して血中 IGF-I が 20％減少，GH が過剰に分泌される）を用いた実験では，16 週間の長期レジスタンス運動によるトレーニング後，LID マウスでも局所 IGF-I mRNA 発現が増加し，ワイルドタイプのマウスと同様に筋肥大が起こる[15]ことから，血中の IGF-I に関係なく，局所 IGF-I が促進されれば筋肥大が起こる可能性が高い。また，この局所 IGF-I の増加は血中 GH の影響さえも受けない可能性がある[25]。

GH: 成長ホルモン
cIGF-1: circulating IGF-I: 血中インスリン様成長ホルモン
mIGF: muscular IGF-I: 筋由来インスリン様成長ホルモン

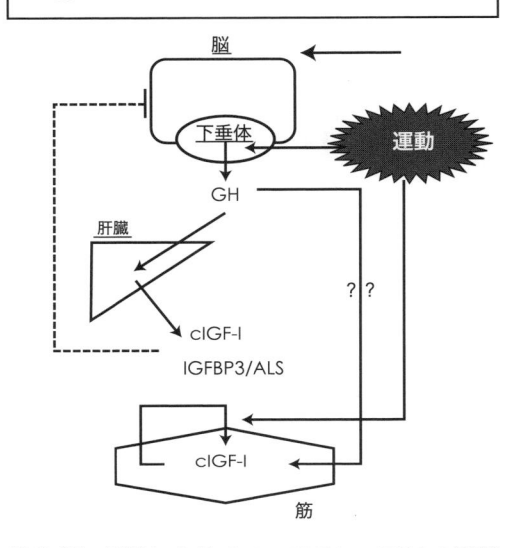

図 8-17 運動による GH，cIGF-I, mIGF-I の影響

これらのことから，運動誘発性の筋肥大にとって筋自体で IGF-I 発現が上昇することも重要だが，それ以上に運動すること自体がより重要といえそうだ。Lee ら[12]は，ラットを用いウイルス投与により IGF-I 発現を高めた場合とそこにレジスタンス運動を加えた場合とで後肢の筋肥大の割合を比較したところ，対照群と比較して前者での筋肥大が 14.8％増だったのに対し，後者では 31.8％も増加したことを報告した。局所での IGF-I 産生を高めるだけではなく，実際にレジスタンス運動を行うことで筋肥大の効果が上がるということである。また，運動に模した機械的な負荷が IGF-I レセプターを介さずとも，細胞内のシグナル伝達系を活性化し筋肥大をもたらすことが明らかにされている。Spangenburg ら[22]は，機械的負荷は IGF-I レセプターを介さず，細胞内シグナル（Akt や p70^{S6K} など，IGF-IR 下流のシグナル経路が活性化することで筋肥大をもたらすことを報告した。果たして運動により上昇する血中 GH はどのような役割があるのだろうか？　依然として残る古くて新しい疑問である。最近，GH は筋の代謝以外の運動の継続時間といった運動能力を規定する一要因となることが示唆されている。Kjaer のグループからは，骨・筋よりも，コラーゲンなど細胞外マトリックスに作用するとする論文[5]も出ており，今後の検証に期待が集まる。

❸ 運動と性ホルモン軸（テストステロン）

テストステロンはステロイドホルモンの一つである。主な産生部位は睾丸のライディッヒ細胞であり，視床下部の性腺刺激ホルモン放出ホルモン（GnRH），下垂体前葉から性腺刺激ホルモンである黄体ホルモン（LH）によって分泌が促される。テストステロンは副腎などからも分泌されるが，血中テストステロンのほとんどはこのライディッヒ細胞から分泌される。血中テストステロン濃度が高まるとGnRHやLHの分泌が抑制されることでテストステロンの分泌は制御されている。血中テストステロンの大部分は性ホルモンと特異的に結合するグロブリン（SHBG）と結合しており，遊離テストステロンは全体の3％程度に過ぎないが，この遊離テストステロンが生理活性をもたらすため，非常に重要である。

（1）運動とテストステロン

テストステロンには強いタンパク質同化作用がある。筋力トレーニングによりテストステロン濃度は上昇し，骨格筋肥大や筋力の増大に重要な役割を果たすとされる。テストステロンが生理活性をもたらすために必要なアンドロゲン受容体（AR）発現もまた運動により増加する。ラットにおけるAR発現量は筋線維タイプによって異なり，長指伸筋では有意に増加させるが，ヒラメ筋では減少する。ヒトにおいてもレジスタンストレーニングによってARが増加することが報告されている。

テストステロンはエリスロポエチンや骨格筋の乳酸トランスポーターを刺激する。したがって，筋肥大だけでなく，持久力パフォーマンスの向上にもテストステロンの関与が想定される。実際，中強度の持久的トレーニングにより血中テストステロンは増加する。しかし，高強度の持久的トレーニングでは血中テストステロンが慢性的に低下し，生殖機能不全や生殖機能の低下を引き起こすことが報告されている[6]。

Topic 1　スイミング時のAVP分泌

走運動時には血中AVPは増加するが，人でも動物でもスイミング時には血中AVP増加がみられない。ラットでは，情動ストレスによって血漿AVPは抑制されることがわかっている（Onaka, 2000）。人では水圧による昇圧反射がAVP分泌を抑制している可能性があるが想定の域を出ない。ネズミの場合は恐怖対象である外敵に対してすくみ（呼吸以外の運動を抑制する）行動を通じて外敵が去るのを待つのに対し，体の大きなウマは走って逃げるしかないため，恐怖刺激は走るために有利になるような神経内分泌反応が起こるとする進化論的説明がなされ興味深い。事実ウマに情動ストレスを負荷するとストレスなしに比べパフォーマンス（走行時間）が増加する。

Topic 2　筋肥大は血中テストステロン濃度に依存するのか？

テストステロン合成阻害剤（Goserelin）を投与すると血中の遊離テストステロン濃度は低下し，同じレジスタンストレーニングを行うことができてもトレーニングに対する適応性は減弱する（図8-18）[11]。つまり，内因性のテストステロンが運動による筋肥大に不可欠なホルモンであることを示唆する。しかし，レジスタンス運動によって血中で増加するテストス

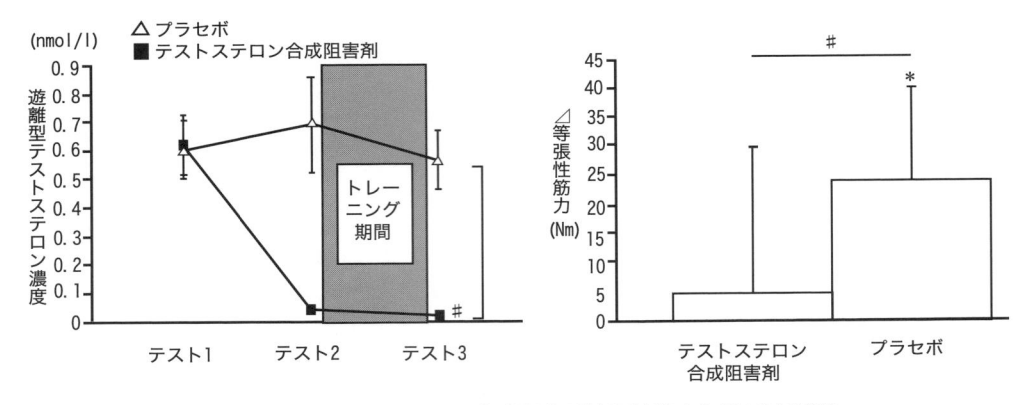

図8-18　テストステロン合成阻害が等張性筋力に及ぼす影響
左図：安静時における各テスト後の遊離型テストステロン濃度変化
　　　テスト1；薬剤処方前，テスト2；薬剤処方3週間後（トレーニング前），テスト3；筋力トレーニング8週間後
右図：トレーニング後の等張性筋力の変化量（トレーニング後－トレーニング前）．データは平均と標準偏差

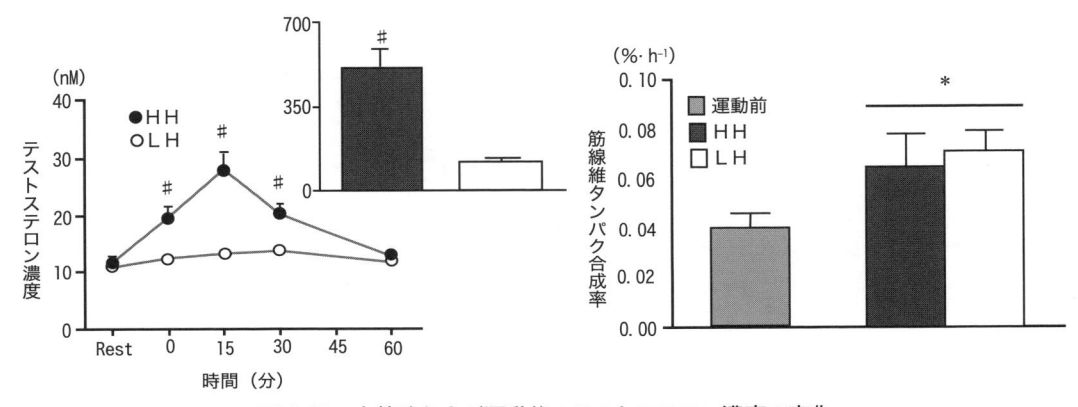

図8-19　安静時および運動後のテストステロン濃度の変化
運動中に動員する筋量を変えることでホルモンの分泌応答を調節した．HH（high hormone：高テストステロン濃度群，ホルモンの分泌を促す腕と脚のトレーニング），LH（low hormone：低テストステロン濃度群，ホルモンの分泌が基礎レベルで維持される腕のみのトレーニング）（West, D.W. et al., 2009 から引用）

テロンや他のアナボリックホルモン（GH，IGF-I）は，タンパク質合成やシグナル伝達系を高めているわけではなく[3]，筋肥大にも影響しない[1]かもしれない．たしかにドーピングのように生理的濃度以上のアンドロゲンが投与された場合は，血中テストステロン濃度の増加は筋肥大に深く関与する．しかし，血中テストステロンが増加しない運動でもタンパク質合成が亢進することから（図8-19），筋肥大において血中テストステロン濃度の増加は必須ではない[24]．つまり，トレーニングによる運動適応にステロイドホルモンは必要であるが，その作用に濃度依存性はないと思われる．一方，骨格筋にもステロイド合成能は存在し，走運動により合成能は高まる[10) 13)]とされる．果たして，局所（骨格筋）で産生されているアナボリックホルモンが筋肥大に関与するかどうかは不明である．

Topic 3　持久力トレーニングに伴うテストステロン濃度低下は運動適応か？
　長距離ランナーでは血中テストステロン濃度が低下する．しかし，そのような高強度の持

久的運動トレーニングによるテストステロン濃度の低下は，持久的パフォーマンスを向上させるために必要な適応なのかもしれない。テストステロン濃度が低下すると，性腺刺激ホルモン濃度の増加が起こる。性腺刺激ホルモンはホルモン感受性リパーゼの発現促進や活性化を引き起こし，それによる遊離脂肪酸の利用の増加は筋や肝臓のグリコーゲンを温存させる。長期間の脂肪の利用の利用増加は体重の減少と運動の効率向上にもつながる。仮説の域を出ないが，そのような仮説も興味深い（図8-20）[3]。ツールドフランスで7連覇を遂げたアームストロングは睾丸ガンで睾丸を摘出してから驚異的にパフォーマンスが向上した。マラソン選手などにみられる慢性的なテストステロン濃度の低下は，過度なストレスに対する不適応ではなく，パフォーマンスを向上させるための適応なのかもしれない。

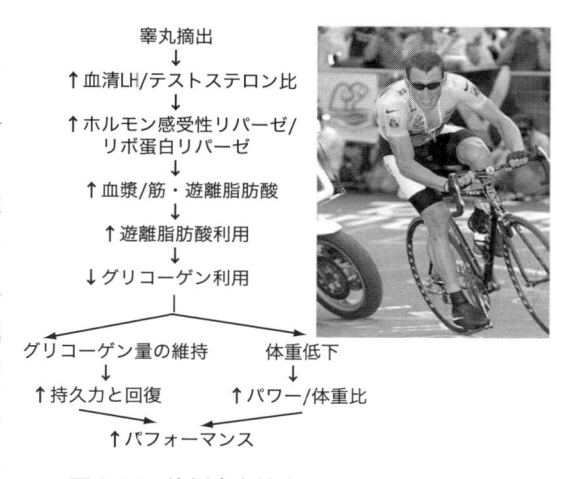

図8-20 片側睾丸摘出による生化学的変化
片側睾丸摘出はエネルギー代謝を変化させる血清HPGホルモン濃度の変化を引き起こし，ホルモン感受性リパーゼとリポタンパクリパーゼのタンパク発現と活性を上昇させ，結果として，遊離脂肪酸の筋への供給と利用を促進する。これにはグリコーゲンの温存に伴う持久力と回復力の向上，体重減少によるパワー/体重比の二つの効果があり，パフォーマンスの向上へ寄与するとされる。

（征矢英昭・井出幸二郎）

【参考文献】

1) Aizawa, K. et al., Acute exercise activates local bioactive androgen metabolism in skeletal muscle. Steroids.75(3):219-223, 2010.

2) Alexander, S.L. et al., The effect of acute exercise on the secretion of corticotropin-releasing factor, arginine vasopressin, and adrenocorticotropin as measured in pituitary venous blood from the horse. Endocrinology.128(1):65-72, 1991.

3) Atwood, C.S. and Bowen, R.L. Metabolic clues regarding the enhanced performance of elite endurance athletes from orchiectomy-induced hormonal changes. Med Hypotheses.68(4):735-749, 2007.

4) Convertino, V.A. et al., Plasma volume, renin, and vasopressin responses to graded exercise after training. J Appl Physiol.54(2):508-514, 1983.

5) Doessing, S. et al., Growth hormone stimulates the collagen synthesis in human tendon and skeletal muscle without affecting myofibrillar protein synthesis. J Physiol.588(Pt2):341-351, 2010.

6) Grandys, M. et al., Endurance training of moderate intensity increases testosterone concentration in young, healthy men. Int J Sports Med.30(7):489-495, 2009.

7) Harridge, S.D., Plasticity of human skeletal muscle: gene expression to in vivo function. Exp Physi.ol. 92(5):783-797, 2007.

8) Kinoshita, A. et al., Changes of dopamine and atrial natriuretic factor by mild exercise for hypertensives. Clin Exp Hypertens A.13(6-7):1275-1290, 1991.

9) Kjaer, M. et al., Role of motor center activity for hormonal changes and substrate mobilization in humans. Am J Physiol.253(5 Pt 2):R687-695, 1987.
10) Kraemer, W.J. et al., Effects of heavy-resistance training on hormonal response patterns in younger vs. older men. J Appl Physiol.87(3):982-992, 1999.
11) Kvorning, T. et al., Suppression of endogenous testosterone production attenuates the response to strength training: a randomized, placebo-controlled, and blinded intervention study. Am J Physiol Endocrinol Metab. 2006;291(6):E1325-1332.
12) Lee, S. et al., Viral expression of insulin-like growth factor-I enhances muscle hypertrophy in resistance-trained rats. J Appl Physiol.96(3):1097-1104, 2004.
13) Lucia, A. et al., Reproductive function in male endurance athletes: sperm analysis and hormonal profile. J Appl Physiol.81(6):2627-2636, 1996.
14) Maeda, S. et al., Involvement of endothelin-1 in habitual exercise-induced increase in arterial compliance. Acta Physiol (Oxf).196(2):223-229, 2009.
15) Matheny, R.W. et al., Serum IGF-I-deficiency does not prevent compensatory skeletal muscle hypertrophy in resistance exercise. Exp Biol Med (Maywood).234(2):164-170, 2009.
16) Ohiwa, N. et al., Possible inhibitory role of prolactin-releasing peptide for ACTH release associated with running stress. Am J Physiol Regul Integr Comp Physiol.292(1):R497-504, 2007.
17) Petrides, J.S. et al., Exercise-induced activation of the hypothalamic-pituitary-adrenal axis: marked differences in the sensitivity to glucocorticoid suppression. J Clin Endocrinol Metab.79(2):377-383, 1994.
18) Scheurink, A.J. et al., Paraventricular hypothalamic adrenoceptors and energy metabolism in exercising rats. Am J Physiol.259(3 Pt 2):R478-484, 1990.
19) Smoak, B. et al., Corticotropin-releasing hormone is not the sole factor mediating exercise-induced adrenocorticotropin release in humans. J Clin Endocrinol Metab.73(2):302-306, 1991.
20) Soya, H. et al., Threshold-like pattern of neuronal activation in the hypothalamus during treadmill running: establishment of a minimum running stress(MRS) rat model. Neurosci Res.58(4)341-348, 2007.
21) 征矢英昭,「運動中の水分・体温調節」, 勝田茂編,『運動生理20講』, 1993年, pp.51-60, 朝倉書店.
22) Spangenburg, E.E. et al.,,A functional insulin-like growth factor receptor is not necessary for load-induced skeletal muscle hypertrophy. J Physiol.586(1):283-291, 2008.
23) van Dijk, G. et al., Effect of anaesthetizing the region of the paraventricular hypothalamic nuclei on energy metabolism during exercise in the rat. Acta Physiol Scand.151(2):165-172, 1994.
24) West, D.W. et al., Resistance exercise-induced increases in putative anabolic hormones do not enhance muscle protein synthesis or intracellular signalling in young men. J Physiol.587(Pt 21):5239-5247, 2009.
25) Yamaguchi, A. et al., Local changes of IGF-I mRNA, GH receptor mRNA, and fiber size in rat plantaris muscle following compensatory overload. Jpn J Physiol.53(1):53-60, 2003.

第9章

運動と免疫

[1] 免疫系とは

　免疫系は体の中に侵入する病原性微生物やガン化した細胞などの異常細胞を破壊あるいは無害化して排除する仕組みである。免疫系は必要なときに必要最小限の反応で病原性微生物から効率よく体を守るシステムである。免疫系の一部が遺伝的に欠損すると普通なら軽症ですむ感染症が生命の危機につながるような重篤な免疫不全症になることがある。一方，免疫系が過剰に反応しても生命の危機につながることがある。「免疫力を高める」という言葉が使われるが，単に量の多寡では適切な免疫状態であることを判定はできない。

　排除・無害化に当たっては，大きく三つのステップで免疫応答が起こる（図9-1）。
①排除すべき相手（標的）の認識

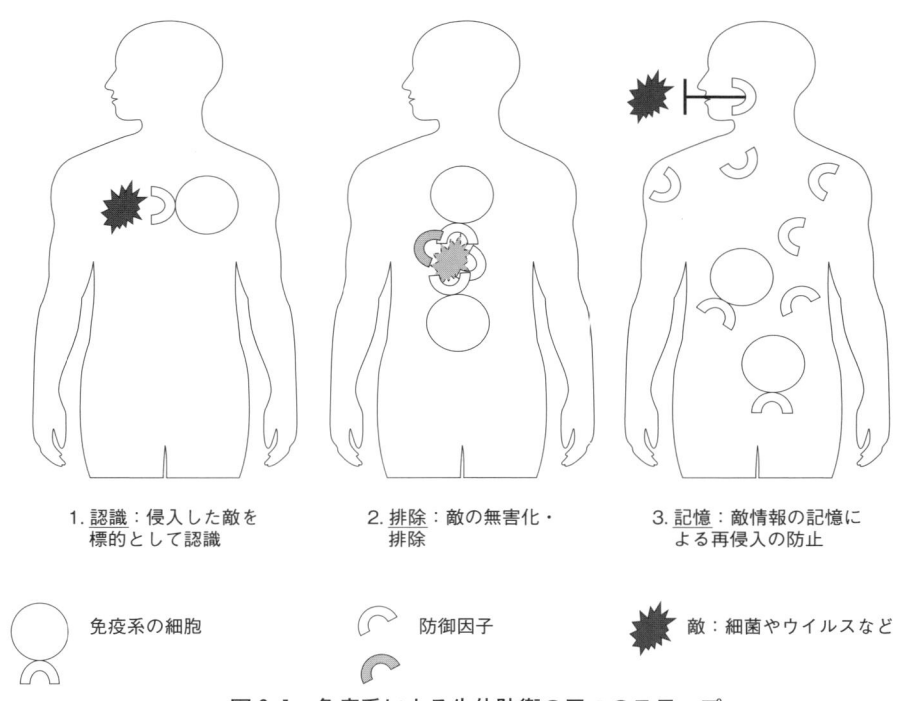

1. 認識：侵入した敵を標的として認識
2. 排除：敵の無害化・排除
3. 記憶：敵情報の記憶による再侵入の防止

○ 免疫系の細胞　　⌒ 防御因子　　※ 敵：細菌やウイルスなど

図9-1　免疫系による生体防衛の三つのステップ

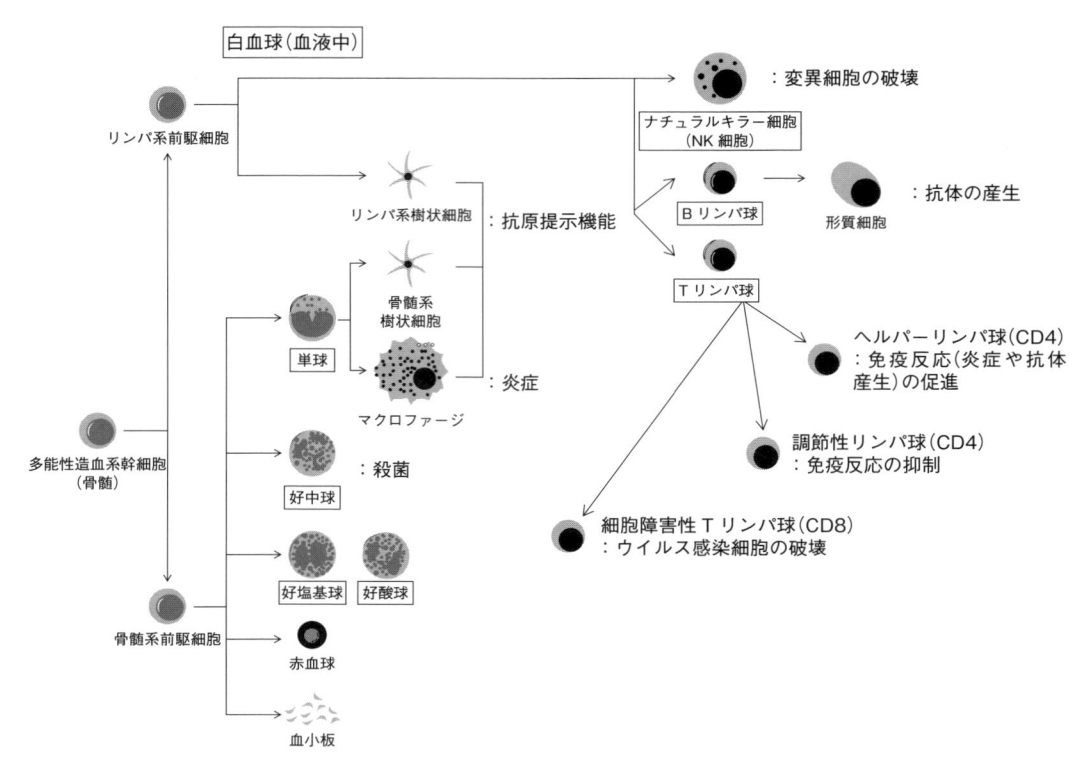

図9-2　免疫担当細胞

②病原性微生物や異常細胞の破壊・無害化
③標的が再度体内に侵入したときに，初回よりも迅速な対応を可能にするための標的の記憶

以上，三つの一連の反応を起こすのが免疫系である．ただしいずれの反応も単純ではなく，標的になる病原性微生物あるいは異常細胞の特徴に合わせてさまざまな反応が起こる．

これらの複雑な反応を起こすのは，

①白血球の中の好中球，リンパ球，NK細胞，単球，樹状細胞，マクロファージなどの免疫担当細胞（図9-2）
②免疫担当細胞などが分泌して他の免疫担当細胞の機能を調節（活性化・抑制など）するサイトカイン（図9-3）
③免疫担当細胞などが分泌するエフェクター分子といわれる標的を攻撃する因子（図9-3）
④免疫担当細胞の成熟の場や免疫反応を起こす場であるリンパ節，脾臓，扁桃腺などの免疫臓器（図9-4）

などである．本章ではまず免疫系の標的（ターゲット）になるような主要な病原性微生物とそれらに対する免疫系の反応について解説する．続いて免疫反応に必要な上記四つの要素を簡単に紹介した後に，免疫反応の三つのステップについてその仕組みを解説する．最後に運動や身体活動が免疫担当細胞や免疫応答に及ぼす影響を述べる．

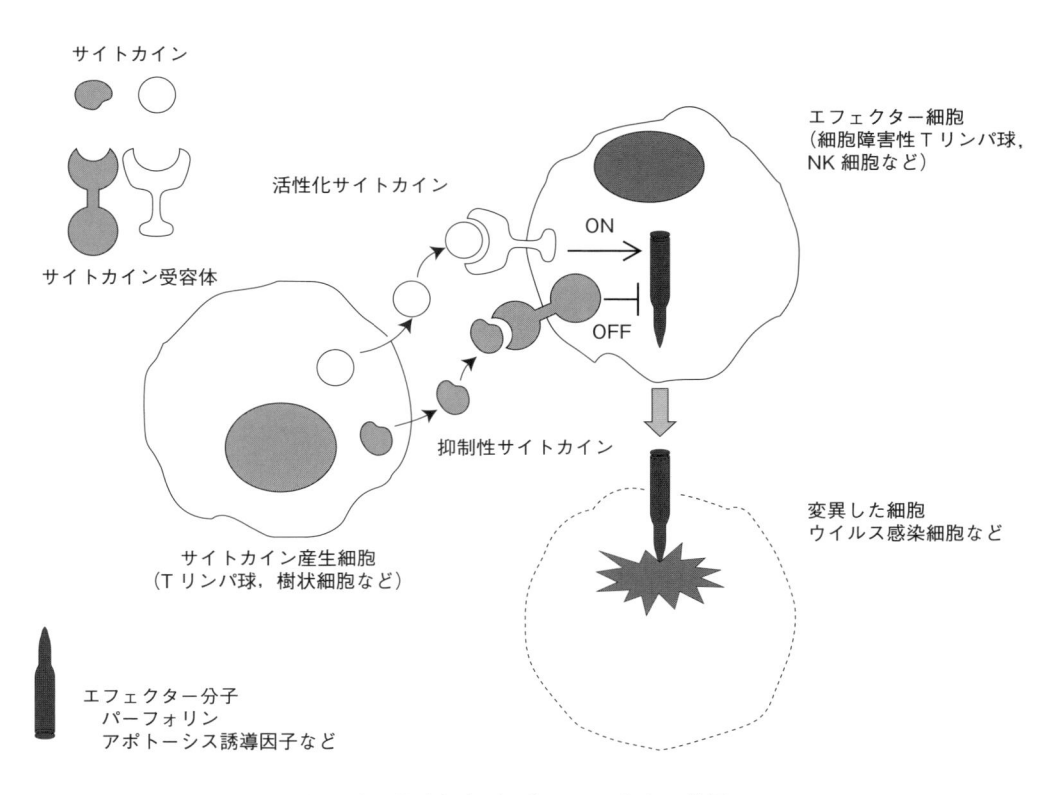

図9-3　サイトカインとエフェクター分子

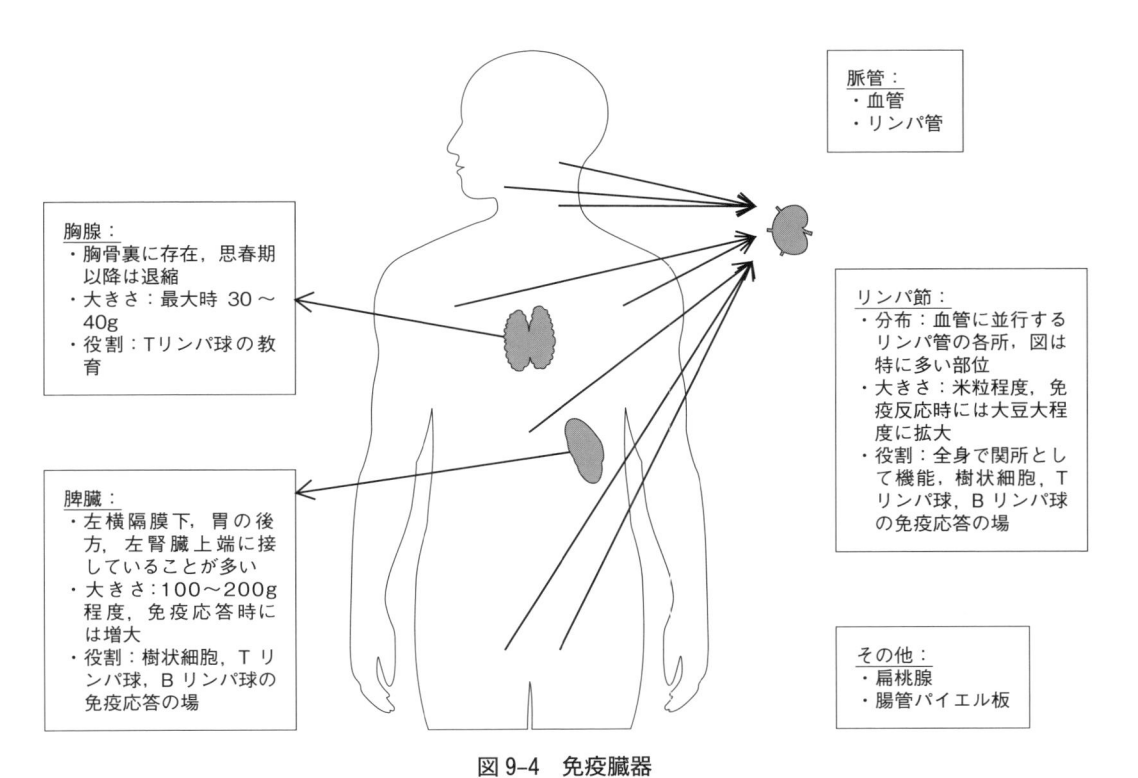

図9-4　免疫臓器

[2] 主要な病原性微生物

　ここでは代表的な感染性の病原性微生物であるウイルスと細菌について紹介する。一般にカゼ（軽症上気道感染症の総称）をひく原因は「カゼの菌」といわれることが少なくないが，カゼの80～90％がウイルス感染によることを考慮すると「カゼの菌」という表現は的外れである。免疫系の両者への対処も大きく異なる。ウイルスは細胞内に侵入して病原性を発揮するのに対して，細菌は細胞の外で毒素などにより病原性を発揮する（図9-5）。病原性微生物としては他に真菌（カビ）や原虫などもあるが，ここでは触れない。まずここではウイルスと細菌の特徴とそれらに対する感染防御反応について説明する。

❶ウイルス

（1）ウイルスの特徴

　ウイルスはウイルスの遺伝情報を担う核酸（DNAまたはRNA）とそれを取り囲むタンパク質からなる感染性粒子である。細胞質がないため細胞とはいえず，ウイルス単独での代謝は行わず，またウイルスだけで複製を行うこともできない。ウイルスは細胞に侵入（感染）してはじめて複製し，できあがったウイルス粒子が細胞外に出て他の細胞に感染していく。いわば寄生生物である。細胞はウイルスに乗っ取られ，ウイルスタンパク質や核酸の合成に利用される。ウイルスが図のように細胞を破壊してしまう場合と細胞を破壊せずにウイルス産生工場として利用する場合がある。ヒトに感染するウイルスは数百種類以上あるといわれている。ほとんどのウイルスの大きさは直径1μm未満であり，細菌の100分の1未満であることが多い。

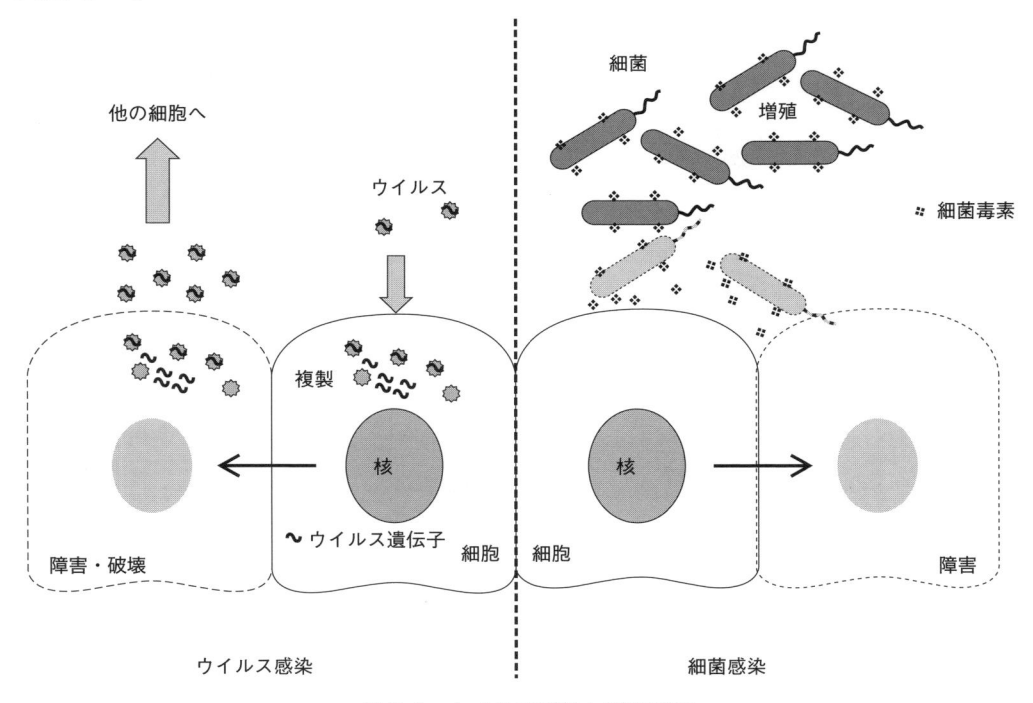

図9-5　ウイルス感染と細菌感染

(2) ウイルス感染

細胞にウイルスが侵入する際には，細胞表面のタンパク質や糖鎖に結合してから細胞内に侵入する。ウイルスの侵入口になるようなタンパク質や糖鎖のことをウイルス受容体と呼ぶ。AIDS（後天的免疫不全症）の原因になる HIV（ヒト免疫不全症ウイルス）はTリンパ球上のタンパク質をウイルス受容体とするためTリンパ球に感染する。肝炎ウイルスは肝臓の細胞表面にあるタンパク質をウイルス受容体として感染する。ウイルスはその種類によって感染する臓器・組織が異なる（臓器・組織特異性）が，これはこのようにウイルス受容体の分布に依存することが多い。ウイルス受容体になるタンパク質はそれぞれの機能を持っており，わざわざウイルス感染のためにあるわけではない。

(3) 細胞のウイルス感染に対する初期防御（図 9-6）

感染細胞はウイルスの核酸（RNA または DNA）に反応してインターフェロンというサイトカインを産生する。インターフェロンは他の細胞に作用しウイルスの複製を妨げるとともに，ウイルスを認識して免疫反応を始動させる樹状細胞を活性化する。樹状細胞はリンパ節や脾臓に移動してリンパ球などの他の免疫系の細胞群を活性化し，ウイルス排除に必要な免疫応答の引き金を引く。また，脳の視床下部に作用し体温のセットポイントをあげ，体温を上昇させウイルスにとって不利な環境をつくる。「カゼは万病の元」といわれる。これはウイルス感染症の初期症状の多くがインターフェロンを介するためウイルスの種類を問わず共通であることが多いためでもある。その後の症状はウイルスが感染する臓器に依存する。

(4) ウイルス感染に対する免疫系の対応（図 9-7）

第一は細胞障害性リンパ球でウイルスに感染している細胞を破壊することである。ウイルス産生の場を奪うが，自分の細胞も破壊するため，感染が広範に広がっていると重症の臓器障害を起こすことになる。劇症肝炎はその例の一つである。

NK 細胞は樹状細胞からの指令なしにウイルス感染細胞を破壊することができる。NK 細胞が遺伝的に欠損した人はヘルペスウイルスあるいはサイトメガロウイルス感染症が重症化することが知られているので，これらのウイルスに感染した細胞を攻撃して破壊するものと考えられている。

第二はウイルスに結合するタンパク質「抗体」を産生することである。抗体はウイルス粒子の表面に特異的に結合する。ちょうどウイルス受容体の結合部位を邪魔するような抗体ができれば，ウ

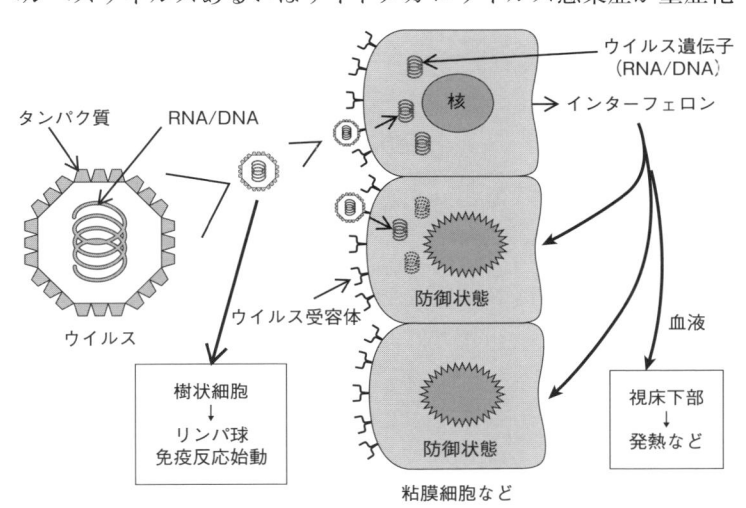

図 9-6　ウイルスとウイルス感染防御

図 9-7　ウイルスと免疫応答

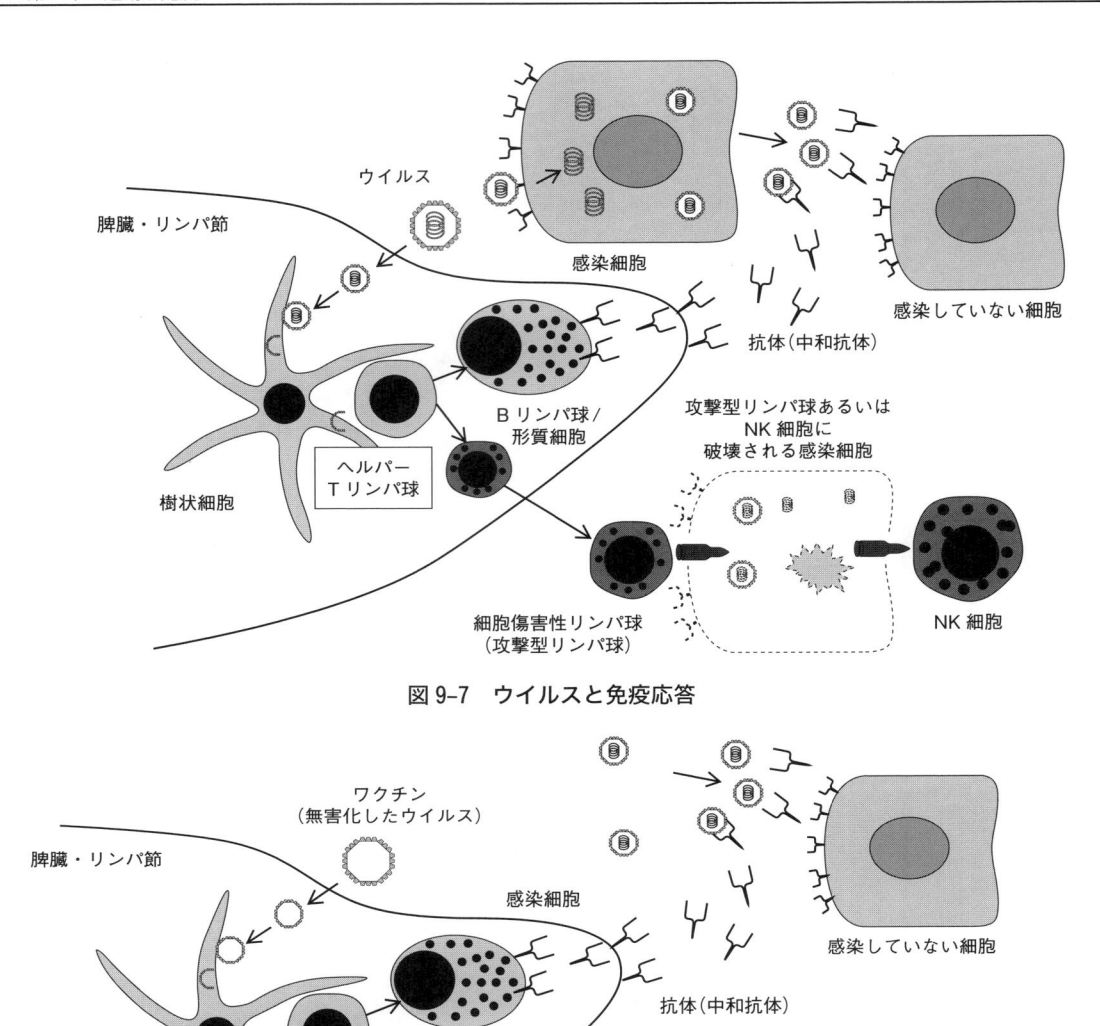

図 9-8　ワクチンによる防御

イルスはもはや細胞内に侵入できなくなる。このような抗体を中和抗体という。麻疹，風疹などのウイルスが二度罹りしないのは，最初の感染時にできた抗体が，二度目の感染時には速やかに産生され，この抗体がウイルス粒子とウイルス受容体の結合を妨げるからである。ワクチンはこの仕組みを人為的に利用するものである（図9-8）。ただしB型・C型肝炎ウイルス，HIVなどに感染したときは抗体が産生されても，ウイルスが排除されない慢性感染状態が続くことがある。これはこのときに産生される抗体がウイルスとウイルス受容体の結合を阻害しないからである。

(5) ウイルスの不顕性感染

ウイルス感染が起こっても症状がでない場合がある。ウイルスが細胞に感染しても直接細胞障害を起こさず，インターフェロンも産生されず，かつ免疫系がウイルスに対して反応を起こさない場合である。出生時に母体からB型肝炎ウイルスが感染した新生児のように免疫系が未熟な場合は，B型肝炎ウイルスを標的として認識しなくなるいわゆる不顕性感染の状態になる。B型肝炎ウイルスに感染しながらも一生B型肝炎を発症しない場合もある。ただし肝臓ではB型肝炎ウイルスは産生され続け，他人に感染することもある。一方，免疫系が成熟するにしたがってB型肝炎ウイルスを標的として認識する場合もあり，このときは感染している肝臓細胞が徐々に破壊されB型慢性肝炎になる。ヘルペスウイルスやサイトメガロウイルスなども細胞内にとどまり，慢性感染状態になることが知られている。

❷ 細菌

(1) 細菌の特徴

結核菌，病原性大腸菌，肺炎球菌をはじめとして人に感染する細菌はウイルス以上に多くの種類がある。形状は大きく分けて棒状の桿菌，球状の球菌あるいはピロリ菌のようなラセン形のものに分けられる。細胞壁を持ち，核はないが，DNAを遺伝子として持ち，独立した代謝系を有している。ウイルスと異なり独立した細胞であり環境さえ適していれば分裂増殖する。抗生物質は細菌の細胞壁の合成を妨げる薬であり，細菌感染には有効であるが，ウイルス感染には直接役立たないことが多い。

(2) 細菌感染症（図9-5）

すべての細菌に病原性があるわけではなく，腸内細菌のように共生し宿主の役に立っているものもある。細菌感染症は細菌そのものや細菌が作る毒素に対する生体反応によってかえって細胞や組織が障害されてしまうことによって起こる。ほとんどの細菌は動物あるいはヒトの細胞外で増殖するが，結核菌やチフス菌のように細胞内に侵入して増殖する細菌もある。

(3) 細菌に対する免疫応答（図9-9）

1）皮膚による防御：細菌に対する最大のバリアは皮膚である。火傷により広範囲にわたって皮膚が損傷すると容易に細菌感染症が起こってしまう。

2）好中球による防御：皮膚の損傷が小さい傷程度の場合は皮膚の表面の角質に含まれるケモカインというサイトカインの一種が毛細血管に流れ込む。皮膚のケモカインは血液中の白血球のうち好中球を皮膚の損傷部位に集めて，侵入してきた

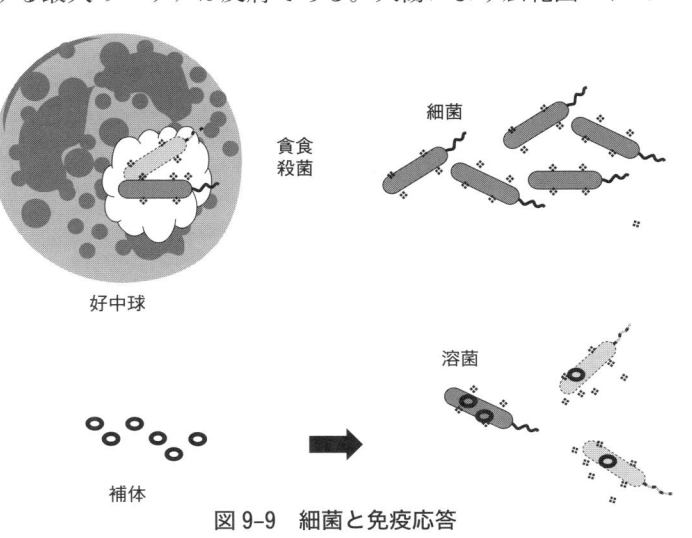

図9-9 細菌と免疫応答

細菌を食べて殺菌する（炎症反応）。血管の中に侵入した細菌には血中に豊富に含まれる補体というタンパク質が結合し溶菌が起こる。

　3）**免疫応答による防御**：補体だけで処理しきれない場合には，細菌あるいは破壊された細菌の一部がもともと皮膚やリンパ節に存在する樹状細胞に取り込まれる。以後はウイルスに対する応答と同様に樹状細胞はリンパ管を通ってリンパ節に移動して，侵入した細菌の情報をリンパ球に伝える。リンパ球は侵入した細菌に結合する抗体や白血球を活性化させるサイトカインを産生する。抗体が細菌表面に結合するより効率的な補体による殺菌あるいは好中球や単球による貪食が効率的に行われ防御力が強化される。

　4）**毒素の減少**：毒素の産生元の細菌が少なくなれば毒素による細胞障害が起こらなくなる。ちなみに抗生物質によって一度に大量の細菌が破壊されると毒素が一挙に血液中に放出され，毒素による広範な血管の傷害，敗血症が起こることがある。

［3］免疫系の構成要素

❶ 免疫担当細胞（図 9-2）

（1）食細胞

　細菌などを細胞内にとりこむ食作用（貪食）を示す好中球，単球，マクロファージなど。好中球は血液内を巡回し，マクロファージは肝臓や肺などの臓器や皮膚などの組織に常在する。骨の改築を行う破骨細胞もマクロファージの一種である。貪食された細菌は活性酸素やタンパク分解酵素によって殺菌される。好中球の殺菌作用は強力である。マクロファージの殺菌活性はそれほど強くないが，貪食に伴いさまざまなサイトカインを分泌して他の免疫担当細胞の機能の調節を行う。マクロファージが分泌するサイトカインには他の食細胞やリンパ球をその場に集めるケモカイン，他の免疫担当細胞を活性化し炎症を起こさせるサイトカイン，逆に炎症を終息させる抑制性サイトカインがある。マクロファージは分泌するサイトカインを通じて炎症などの免疫反応の調節をしている。

（2）抗原提示細胞

　抗原提示とは侵入してきたウイルスや細菌などの情報をリンパ球に伝える作用である。侵入してきた病原性微生物のみを標的とする免疫反応を起こしたり，侵入した病原性微生物の情報をリンパ球が記憶する最初の反応である。樹状細胞が最も強力な抗原提示機能を持つといわれている。マクロファージの一部やBリンパ球も抗原提示機能を持つ。

（3）リンパ球

　Tリンパ球とBリンパ球がある。Tリンパ球のTは胸腺（thymus）のTである。これはTリンパ球が胸腺で成熟することに由来している。

　1）**Tリンパ球**：大きく分けて免疫反応の調節を行うヘルパーリンパ球と，細胞を攻撃する細胞傷害性リンパ球に分けられる。ヘルパーリンパ球は他の免疫担当細胞に作用し，これを活性化させたり抑制したりする。免疫反応が終息するときには，抑制性のリンパ球およびそれが分泌するサイトカインが必要である。

　2）**Bリンパ球**：抗原に遭遇すると抗体を産生する形質細胞に分化する。ワクチンに反応し

て抗体を作るのはこの細胞である。はしかや風疹が二度罹りしないのは，はしかや風疹のウイルスに対する抗体が長期にわたって産生され続けるからである。

(4) NK細胞

ガン化した細胞やウイルス感染細胞のうちの一部を認識して破壊する細胞障害性のリンパ球の一種。ただしリンパ球と異なり抗原を認識しないで，変異した細胞を認識する機構を持っている。NK細胞欠損症では健常人ではほとんど起こらないサイトメガロウイルスやヘルペスウイルス感染症が重症化することが知られている。

❷ サイトカイン（図9-3）

免疫担当細胞などが分泌する細胞間伝達物質の総称。サイトカイン（cytokine）のサイト（cyto）は細胞，カイン（kine）は活性化物質の意味である。

(1) インターロイキン

リンパ球が分泌する因子として発見されたためインターロイキン（interleukin: IL, 白血球間活性化物質の意）と呼ばれ，発見された順に番号がつけられている。現在IL-1からはじまり35以上のILが知られている。免疫応答の調節には不可欠である。免疫担当細胞を活性化するものもあれば，逆に抑制するものもある。最近，さまざまなILが免疫担当細胞以外からも産生されることが明らかになっている。IL-6は運動時に骨格筋からも産生される。骨格筋のように免疫系外の組織で産生されるサイトカインの役割についてはまだ明らかになっていないことが多い。

(2) ケモカイン (chemokine)

サイトカインのうち免疫担当細胞の遊走作用（chemotaxis）を誘導して，特定の部位に細胞を集積させるものである。現在40種類以上のケモカインが知られている。

(3) 成長因子 (growth factor)

細胞を分裂増殖させる働きがあるものは成長因子（growth factor）と呼ばれることがある。インシュリン様成長因子（IGF），線維芽細胞増殖因子（FGF）あるいはトランスフォーミング成長因子（TGF）などがよく知られている。ILの中にも増殖因子として作用するものも多数あり，主として造血系細胞に作用するためヘマトポイエチンといわれている。

❸ 抗体と免疫系エフェクター分子

(1) 抗体（図9-10）

Bリンパ球が分化した形質細胞が産生するエフェクター分子。抗体が結合する相手は抗原といわれる。通常抗体は抗原のアミノ酸数個分の構造違いを認識することができる。この場合の認識とは，抗体と抗原の立体構造が一致して抗体が抗原に結合することを意味する。たとえば，ウイルス受容体を抗原として認識する抗体ができればウイルスが受容体に結合することを邪魔するので，細胞内に侵入するのを未然に防ぐことができる。抗体にはIgG，IgA，IgM，IgE，IgDなどが知られている。このうちIgAは唾液や消化液に分泌され，粘膜面での防御に重要である。病原性微生物や非生物までを認識することが可能な多様な抗体を作ることができるのは，免疫系に特徴的なメカニズムがあるからである。Tリンパ球は抗体を産生しないが，T細胞受容体という抗体分子と似たような構造の受容体を細胞表面に持っており，

図9-10　抗体

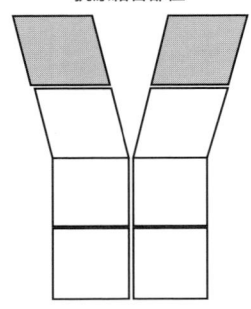

- Bリンパ球の抗原結合部位の遺伝子は5つの部分の再構成により100万種類以上のパターンを作ることによって多様な抗原に対応。
- 一つのBリンパ球およびそのクローンからは一つのパターンの抗体しかできない。
- Tリンパ球の抗原受容体であるT細胞受容体も同じように多様性を獲得する。

この受容体が抗体同様多様な抗原を認識している。抗体やT細胞受容体の抗原結合部位は免疫系の発達途上で五つ以上の遺伝子領域が再構成されてできあがる。したがって，成熟した一つのTリンパ球あるいはBリンパ球とそれらが分裂して増殖したクローン細胞からは，一つの抗原にしか反応できないリンパ球ができる。ただし，遺伝子再構成のパターンは100万種類以上といわれ，多様な抗原への対応を可能にしている。

(2) 細胞障害を誘導するエフェクター分子（図9-3）

ガン化した細胞やウイルスに感染した細胞が免疫系に認識されると細胞障害を起こす以下のような分子の攻撃を受ける。

1) パーフォリン：細胞障害性細胞（NK細胞など）が変異した細胞を破壊するときに分泌されるタンパクで，標的細胞の細胞膜に穴をあける。補体に類似している。

2) アポトーシス誘導因子：細胞障害性リンパ球が分泌する。標的細胞にアポトーシスという自爆反応を引き起こす。

❹ 免疫臓器（図9-4）

(1) 胸腺

Tリンパ球の教育と成熟を担当しており，自分の成分に反応するTリンパ球を除去する。思春期をすぎると退縮してしまう。

(2) 脾臓・リンパ節

樹状細胞，Tリンパ球，Bリンパ球などの免疫応答の場であり，抗体産生も行われる。皮膚や粘膜で感染が起こるとその場所から心臓に近いところのリンパ節が腫れることがあるが，これはそこのリンパ節で樹状細胞やリンパ球による免疫反応が起こり，特定の抗原に対するリンパ球が増殖していることなどを反映している。

[4] 免疫応答の三つのステップ（図9-1）

すでにウイルスの場合と細菌の場合に分けて説明をしたが，免疫系の立場から簡単にまとめてみる。認識・排除・記憶の三つのステップが起こるが，はじめて侵入する微生物にはまだ免疫記憶がないため自然免疫系が対応し，標的の認識を行い，可能なら排除を行う。自然免疫系で対応しきれないときは適応免疫系へと引き継がれていく。さらに，その病原性微生物の侵入を記憶しておく。二度目以降に同じ病原性微生物の侵入があったときには，適応免疫系すなわちリンパ球や抗体が認識を行い迅速な無害化・排除が行われる。

❶ 自然免疫系

はじめて遭遇する病原性微生物などに対する抗体はまだないので，最初は病原性微生物な

どに共通の病原因子関連分子パターン（pathogen-associated molecular pattern）を抗原提示細胞や食細胞の細胞表面の toll like receptor（TLR）などのパターン認識受容体が認識する。その結果貪食や殺菌などの無害化や破壊などの処理が行われる。このフェーズを自然免疫応答という。

❷ 適応免疫系

自然免疫応答で処理しきれない場合は，リンパ球に抗原提示を行い，認識した病原性微生物や細胞だけを標的に抗体や細胞障害性リンパ球を用いて標的の特徴に合わせた最も効果的な方法で排除を試みる。ウイルスと細菌では大きく異なることは上述した通りである。またTリンパ球のうちヘルパーリンパ球はサイトカインの分泌を通じて食細胞を活性化したり，細胞障害性リンパ球を活性化する働きもある一方，ある程度免疫反応が進行したら，むしろこれを抑制するような調節性リンパ球が活性化し，抑制性サイトカインを分泌して免疫応答を終息に向かわせることが知られている。活性化タイプと調節性タイプのバランスが崩れると，感染症を起こしやすくなったり，逆に免疫過剰による障害が起こることが知られている。

❸ 免疫記憶

適応免疫系は攻撃と同時に抗原を記憶するリンパ球を脾臓やリンパ節に留めておき，一度侵入した微生物などが再度体内に侵入したときに，初回よりも迅速な対応を行う。ワクチンはこの反応を利用している。したがって，病原性微生物でも抗原が違うものには対応できない。インフルエンザウイルスのワクチンがたまに効果がないのは，異なる構造の複数のウイルスが流行するときがあるからである。

［5］運動時の免疫系の変化（図9-11）

運動時にはさまざまな免疫系の変化がみられる。比較的長い時間あるいはきつい運動を行うと，血中の好中球やＮＫ細胞の増加，血中リンパ球の減少，血中 IL-6 の増加，唾液中のIgA の減少などがみられる。これらの増減は運動にともなうアドレナリンや副腎皮質ホルモンなどの内分泌系や交感神経などの自律神経活動の結果起こるが，観察されている変化そのものは防御反応としての免疫応答の改善や決定的なダメージには結びつかない。

唾液中 IgA の減少とカゼのひきやすさとの関連が指摘されている。しかし，IgA 欠損症でもカゼをひきやすいということがない場合が多く，IgA の多寡は直接ウイルスの侵入とは関連がない可能性がある。唾液中 IgA の多寡がスポーツ選手の体調と関連するのは，IgA の多寡が自律神

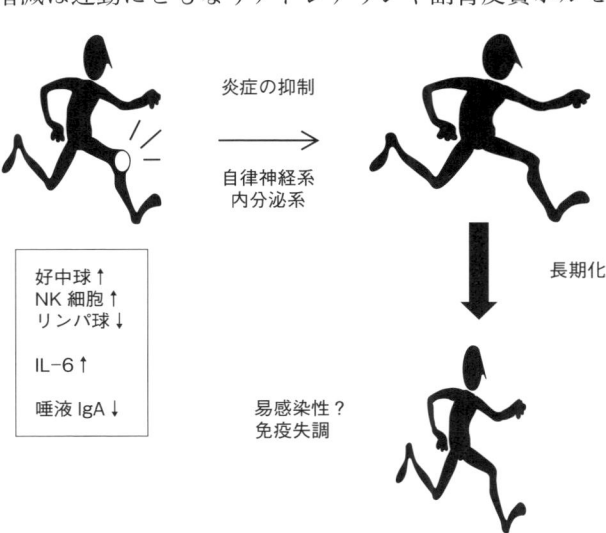

図 9-11　運動時の免疫系の変化

経の状態を反映することによるのかもしれない。

　血中の細胞の増減も多くの場合，体内分布の変化による一過性の変化である。血中で増加しているということは免疫応答の場である脾臓やリンパ節や各臓器ではむしろ減少している可能性もある。長期にわたれば免疫応答とって不利な可能性があるが，短期間であれば通常数日かかる免疫応答に大きな影響はない。

　IL-6は造血因子ヘマトポイエチンとして発見され，その後炎症反応の誘導には欠かせないサイトカインであることが明らかになった。最近，骨格筋は収縮するだけでもIL-6を産生することがわかり，筋肉で分泌されるIL-6のことをマイオカインと呼んでいる。ただしこのIL-6は炎症反応を起こすものではなく，糖やグリコーゲンの代謝との関連が指摘されているが，まだその役割は明確になっていない。

　このように一回の運動時にみられる変化は，免疫応答の結果起きる変化ではなく自律神経・内分泌系の変化と関連するものが多い。長時間の運動や，一過性のきつい運動（高強度の運動）時に分泌されるアドレナリンなどのカテコールアミンは，自然免疫，適応免疫いずれの免疫応答をも一時的に抑制し，遅延させる。これは運動時に炎症が起きた場合，炎症による発赤・腫脹・発熱などのために運動機能が低下してしまうのを防ぐためではないかと考えられている。けがをしても炎症によって腫れてくるのは，運動を終了してしばらくたってからである。運動機能の低下は野生動物であれば死につながる危機を招きかねないからだと考えられている。ただし，オーバートレーニングのような慢性疲労状態は交感神経活動の持続的な亢進が起こり，消耗からの回復のための副交感神経系が抑制された状態になる。このような状態では一過性の運動に伴う免疫応答の抑制状態が続くことになり，感染症に対する防御機能が低下したり，炎症の制御がうまくいかなくなり（免疫失調），長期化したりする可能性が指摘されている。

（永富良一）

【引用・参考文献】

1) Charles, A., Janeway, Jr.P., Walport, M., Travers, P., Shlomchik, M.J. 編，笹月健彦訳，『免疫生物学―免疫系の正常と病理―』（第5版），2003年，南江堂．
2) Gleeson, M., Immune function in sport and exercise. J Appl Physiol.103(2):693-9, 2007.
3) 永富良一，「スポーツ免疫学からみた感染症」，臨床スポーツ医学 21(12): 1317-1321, 2004.
4) 永富良一，「運動ストレスと免疫―NK細胞の変動とその意義―」，日本臨床スポーツ医学会誌 14(1): 56-61, 2006.

第 10 章

運動処方とトレーニング

1 トレーニングの原理

[1] トレーニングの目的（健康づくりかパフォーマンスか）

「運動処方」という概念は，アメリカのクラウスとラーブ（Kraus, H. & Raab, W.）[8]が「運動不足病（hypo-kinetic disease）」を記し，その中で「投薬処方箋（drug prescription）」に準じた言葉として「運動処方（exercise guideline）」を用いたことに始まる。その最も有名な運動処方としてクーパー（Cooper, K.H.）の「エアロビクス理論」がある。わが国では各官公庁，地方自治体などで，男女や年齢，実施種目や体力レベルに応じた運動処方が数多く提示され，最近では国立健康・栄養研究所による「健康づくりのための運動指針2006―生活習慣病予防のために―」が最新の基準[12]として提示されている。メタボリック・シンドロームに代表される生活習慣病の予防と改善の「健康づくり」のためには，「食事‐運動‐休養」の生活習慣改善が主要なものとなる。

一方，競技スポーツにおける「トレーニング」では，パフォーマンスの向上を目的とした運動スキルの継続的発現とそれを支えるエネルギー補填‐供給系の改善を目的とした理論と実践の体系で，これまで長期にわたる研究成果の蓄積と検証が数多くなされている。また，健康づくりを目的とした運動処方においても，一定水準の運動能力の改善とその維持を図ることが基本となっており，持久的能力や筋力向上などに関わるトレーニングの理論と実践は「ガイドライン」としてきわめて重要である。本章でもそれらの主要なトレーニング方法について概説する。

[2] 目的に応じたトレーニングの原理

アスリートのトレーニングでは競技力の向上が主要な課題であるが，健康づくりのための運動処方においては，第一義的には身体の形態や機能の一定水準への改善が求められる。

健康づくりのためにはウォーキングやジョギングが広く実施されているが，高齢者や肥満（過体重）者での運動実施は筋組織や関節・靱帯組織にストレスを与え，かえって運動障害

を誘発することがある。そ高齢者や肥満者では日常生活動作（activity of daily living: ADL）が可能な水準への復帰を含め，軽体操やヨガ，ステップ運動や水中ウォーキングなどが用いられる。

　肥満や過体重の改善のためには「運動‐食事‐睡眠」のトータルな生活改善プログラムが求められ，この要素はアスリートでも同様に重要である。一定期間反復する運動実施や食事内容を考慮した生活リズムの改善が糖や脂質代謝のパターンを変容させることはよく知られている。また，形態や機能の一定の改善後は，その水準を「維持」するのか，「向上」をめざすのかで以降の運動実施プログラムは異なってくる。肥満や過体重，糖や脂質代謝異常の改善のための運動や食事プログラムの継続的実施では，一定の健康レベル（日常生活動作の改善や体重減少を含む）の「維持」が主要な課題である。たとえば，毎日1時間程度のウォーキングやゆっくりとしたランニングなどの全身的運動が求められる。

　一方，ロードレースへ参加する場合は，一定レベル以上の強度で運動を継続できる体力の向上が求められ，ボールゲームでは，前提となるスポーツスキルの獲得とともにスピードやパワーの改善が課題となる。レースやゲームへの参加は「成績向上」をめざすこととなるが，その目標は本人が求める「競技レベル」によって異なってくる。

2　トレーニングとパフォーマンス

[1] パフォーマンスを決定するもの

　トレーニングの目的はパフォーマンス（競技成績）の向上にあるが，何がパフォーマンスを決定しているのかについてはさまざまな論議がある。かつて運動生理学の権威・猪飼道夫[3]は，$P = C \int E(M)$ という回帰式モデルで，パフォーマンス（P）がサイバネティックス（C）の制御系と総体としてのエネルギー供給系（E）および意欲（M）によって決定される概念を提示した。山崎[15]は，猪飼の概念に基づき，$P = s_1 \times r_1 + s_2 \times r_2 + s_3 \times r_3 + \cdots + b$（sはスキル，rはエネルギー資源，bは「残差」でその他の要因）という重回帰式モデルを示し，ハイパワー系（ATP-CP系）やミドルパワー系（解糖系），ローパワー系（有酸素系）から構成されるエネルギー供給系が，それぞれに応じたスキルと密接に関連してパフォーマンスを決定するモデルを提示した。しかし，この三つのエネルギー供給系は運動の継続的実施によって個別に変動（減少）することから，まったく同一の運動スキルに依存していては，最適なパフォーマンス発揮は実現できない。そのため東欧圏のスポーツ科学の概念である「ダイナミックステレオタイプ：力動的常同性」[4]についてのモデル（図10-1）を示し，条件変動に

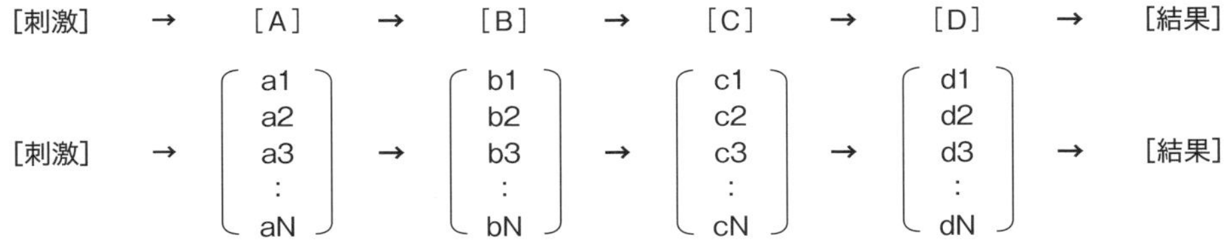

[刺激] → [A] → [B] → [C] → [D] → [結果]

[刺激] → $\begin{bmatrix} a_1 \\ a_2 \\ a_3 \\ \vdots \\ a_N \end{bmatrix}$ → $\begin{bmatrix} b_1 \\ b_2 \\ b_3 \\ \vdots \\ b_N \end{bmatrix}$ → $\begin{bmatrix} c_1 \\ c_2 \\ c_3 \\ \vdots \\ c_N \end{bmatrix}$ → $\begin{bmatrix} d_1 \\ d_2 \\ d_3 \\ \vdots \\ d_N \end{bmatrix}$ → [結果]

図10-1　ステレオタイプ：紋切型（上）とダイナミック・ステレオタイプ（下）のマトリクスモデル（山崎健，1986[15]より）

応じて無意識的に動作系を選択して適切に対応する運動習熟の形成について論じた。

たとえば，投動作であれば，「テイクバック→フォワードスイング→リリース→フォロースロー」という一連の動作系で，疲労によりテイクバック（a1）からフォワードスイングへの移行時に「外乱」が生じたとしても，「無意識的な修正（b2）」により適切なリリース（c1）からフォロースロー（d1）を実現することが可能となる。ステレオタイプではこの「外乱への対応幅」がないために運動経過に破綻をきたす可能性がある。

以上の点から，エネルギー供給系とスキル系との関連を図りながらトレーニングを実施することが重要である。そこで綿引[14]は，「コオーディネーション」という旧東ドイツの概念から，テクニックトレーニングと筋力トレーニングを結びつける重要性を指摘している。

[2] エネルギー供給系とスキル系の関連

トレーニングは刻々と変化する運動経過の中で，求められるさまざまな課題に応じて実施される。フルマラソンでの 30 km 以降のグリコーゲン枯渇に対応したピッチ走法への切り換えなどはその典型であり，その時点のエネルギー供給レベルの低下に応じた適切なスキルの選択と発現が求められる。

エネルギー供給系とスキル系の関連についてのモデルを示すと図 10-2 の通りになる。

$$P = \left\{ \begin{pmatrix} PCr1 \\ PCr2 \\ PCr3 \\ \vdots \\ PCrN \end{pmatrix} + \begin{pmatrix} Gly1 \\ Gly2 \\ Gly3 \\ \vdots \\ GlyN \end{pmatrix} + \begin{pmatrix} Mtc1 \\ Mtc2 \\ Mtc3 \\ \vdots \\ MtcN \end{pmatrix} \right\} \times \begin{pmatrix} Sm\alpha \\ Sm\beta \\ Sm\gamma \\ Sm\omega \end{pmatrix} + b$$

図 10-2　エネルギー系とスキル系のマトリクスモデル（b は残差でその他の決定因子）

第 1 項マトリクス内の［PCr］は ATP-CP 系の，［Gly］は解糖系の，［Mtc］は有酸素系（ミトコンドリア系）のある時点での供給レベル（1〜N）を示し，第 2 項はエネルギー供給系の総体に対応したダイナミックステレオタイプ内の適切な「スキルモード」を示す。

たとえば 10000 m レース後半で，ATP-CP 系や解糖系の供給レベルが低下（PCr2 や Gly3 のレベルへ）する。これに対して，有酸素系（Mtc）はあまり変動しないが，総体としてのエネルギー供給系の様相（モード）は異なってくる。このモデルは，エネルギー供給系のモード変容に対応し，スキルを「キック力を軽減したハイピッチランニング」に切り替え（$Sm\alpha$ から $Sm\beta$ へ：ピッチや関節バネ係数などのその時点での最適値への切り換え），ペースを維持して後半も適切に対応する可能性を示唆する。

運動機能の改善・向上をめざす運動処方や競技成績向上をめざすスポーツトレーニングにおいては，旧ソ連圏で定義されたトレーニングの原則がよく適用される。1960 年代[4),11)]には，「全面性の原則」「意識性の原則」「漸進性の原則」「反復性の原則」「視覚教育の原則」「個別性の原則」と「諸原則の相互関連」が提起され，ボンパは[1)]，「積極性・意識性の原則」「全面性の原則」「専門化の原則」「個別性の原則」「多様性の原則」「モデル化の原則」「漸増負荷性の原則」を示した。いずれも重要な原則であるが，ここでは相互の関連から以下の 3

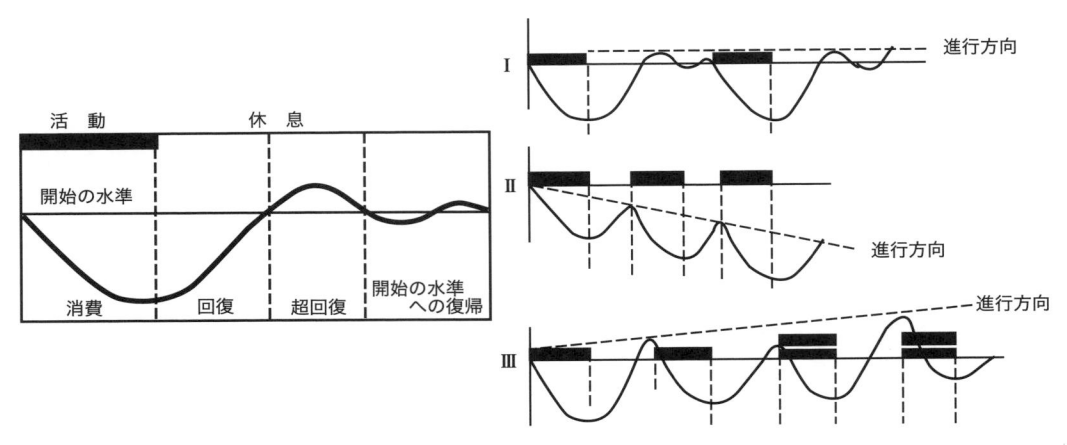

図10-3 ヤコブレフらによる回復過程のシェーマ
(オゾーリンほか『スポーツマン教科書』1966[11]，ヤコブレフほか『ソ連スポーツトレーニングの理論と方法』1961[4] より)

群に分類する。図10-3に著名なヤコブレフらの機能水準の回復過程（ATPやフォスファクレアチン，筋グリコーゲンなどの変化）のシェーマを示す。

3 トレーニングの原則

［1］全面性と個別性

「全面性の原則」は特に子どものスポーツ指導において強調される。岡野[9]は，成長期の筋線維の機能発達において速筋系の発達が身長の急成長期以降に訪れ，「ゴールデンエイジ」と表現される9〜12歳期は「即座の習得」が可能であるため，動きや技術，あらゆるスキルの習得が可能であると指摘している。

また，子どもの生物的発達段階（成熟度）は暦年齢に比べ3歳前後の差があり，暦年齢が同じ14歳であっても，そこには大きな個人差が存在する。このため筋組成（速筋系筋線維と遅筋系筋線維の比率）や発達段階（身長の急成長期や遅筋系筋線維に対する速筋系線維の発達時期の遅れ）に応じた「個別性の原則」が重要である。子どもの発達段階を把握し，いつどのような内容で機能向上を図るのかという適時性も重要である。

また，さまざまな条件下でトレーニングを実施することは動作系の対応幅を改善し運動習熟の完成を進めるが，どのトレーニング課題の組み合わせが最も適切かという点は「個別性」の問題に帰する。最近話題のクロストレーニングは専門種目以外のトレーニング課題で専門種目のパフォーマンスを改善することを狙ったもので，まさに全面性と個別性の原則の関連の典型である。

［2］継続性と漸進性

トレーニング実施に伴いエネルギー生産性が向上するがそれには一定の期間が必要である。筋線維の肥大や毛細血管の増加による筋持久性の向上も同様であり，「継続性の原則」

は計画的トレーニングの根本原則である。

　一過性の運動負荷はその後の機能低下（いわゆる疲労）をまねき，食事摂取による筋内酵素やグリコーゲン，筋細胞の合成などにより超過回復効果が得られるが，回復過程の限界以上の「強度（intensity）」「期間（duration）」「頻度（frequency）」でトレーニングを繰り返すことは運動障害やいわゆるオーバートレーニングの発生をまねく。カルポビッチ[2]の「クロトナのミロの寓話」は，持ち上げる仔牛の4歳になるまでの毎日の体重増加がミロの筋力増大と見事にマッチした組み合わせの妙を示している。

　安定したスキルの獲得と発現を考えても，過大な負荷でのトレーニング実施は好ましくない。初期段階での過大なトレーニング負荷ではスキルの安定した獲得は望めず，結果としてスキル発揮を前提としたエネルギー供給系の改善が図られない。安定したスキルの反復によりエネルギー供給系が改善されることから，「漸進性」を基本とし「継続性」を可能とするトレーニング計画が望まれる。

[3] 意識性と感覚性

　パフォーマンスの改善はトレーニング課題の「目的と方法の一致」という「意識性の原則」により効率的に実現される。たとえば長距離走のトレーニングを考えたとき，インターバルトレーニングは現実の競技形式には存在しない特異な方法である。有酸素系のディスタンストレーニングもレースでの疾走速度とは著しく異なっているが，いずれも長距離走のパフォーマンス改善の優れた方法として広く採用されている。インターバルトレーニング急走時の至適速度は，「再利用（再処理）可能な範囲内での乳酸生成」であり，ディスタンストレーニングでの至適速度は約4 mmol/L以下での有酸素系能力の改善を図るものと理解すれば，「目的と方法の一致」は実現される。

　また運動の実現には，「言語的・意識的調整」と「感覚的調整」の両者が存在する。動作の発現には，関節角度変化の言語的・意識的調整（たとえば"肘関節を0.05秒間で180度から85度まで屈曲する"）だけではなく，感覚的調整（"グイーンと屈曲する"や"グンと屈曲する"）も重要な役割を果たすことを理解すべきである。この感覚的調整について，川人[7]は，大脳皮質運動野から出力される運動指令が「四肢の変位」ではなく「力の発生」に関連する「トルクとしての運動指令」であることを指摘し，山崎[15]は，運動実施時の「言語的・意図的成分（記述的尺度）」と「感覚的・随意的成分（操作的尺度）」との相互関連の重要性を指摘した。

　健康づくりのための運動処方時には通常「メディカルチェック」が行われる。その目的は，内科的や整形外科的な運動障害の予防と個人の身体的・精神的な特徴や健康状態を把握し適切な運動実施のガイドラインを作成することにある。

　トレーニング開始前に形態や機能の測定を行い定期的にそれらの変化を検討することは，トレーニングの進捗状況や問題点のモニタリングを可能とし，トレーニングの課題，質や量の変更・調整，健康管理や食事内容の変更，ピーキングやテーパーリングなどのコンディションの管理に重要な役割を果たしている。

国立スポーツ科学センター（JISS）におけるトータルスポーツクリニック（TSC）の「チェックとサポート」について，川原[6]は，a）メディカル，b）フィットネス（身体資源系と身体機能系），c）スキル，d）栄養，e）心理，f）戦略・戦術，g）用具，からなるシステムを示し，競技力向上のためにはこれらの要素が重要であることを示唆した。

トレーニングを行う際には，「体力レベルに応じた運動強度」が最も重要である。運動強度の推定には下記の指標がある。

4 トレーニング開始前の体力測定と運動強度の指標

[1] 酸素摂取水準 (%$\dot{V}O_2$max)

全身持久力の指標としての体重あたりの最大酸素摂取量（ml/kg/min）の測定は，呼気ガス分析から得られる「直接法」といくつかのノモグラムを用いた「間接法」とがある。酸素摂取水準（%$\dot{V}O_2$max）は，ある定常的運動時の酸素摂取量を最大酸素摂取量に対する百分率で示したものである。直接法による最大酸素摂取量の測定手順は，運動パターンがランニングであれ自転車エルゴメーターであれ「漸増負荷法」を採用するため，結果的に負荷強度が逆算され%$\dot{V}O_2$maxが推定される。

[2] 心拍数 (HR)

運動実施時の心拍数は，ある範囲で運動強度と直線的な相関が得られることが知られており広く採用されている。最近では胸部トランスミッターからの信号を腕時計型レシーバーで受信・記録し，コンピュータで解析する簡便な方法がある。

心拍数から運動強度を推定するためには%HRRという指標を用いる。これは，最高心拍数（HRmax）と安静時心拍数（HRrest）との差（予備心拍数）に対する運動時心拍数の百分率で表したものである。すなわち，{(HRexercise-HRrest) / (HRmax-HRrest)} × 100 ＋ HRrest で，HRexerciseは運動中の心拍数である。この際のHRmaxの測定は，心拍数をモニタしながら負荷漸増法で最大値を得る直接法と年齢から計算式を用いて推定する間接法とがあり，一般には220から年齢を差し引いた推定最高心拍数（220－年齢）が採用される。

それゆえ，50歳の男性で，安静時心拍数が60拍/分であれば，60％強度に相当する運動時心拍数102拍/分に安静時心拍数（60拍/分）を加えた162拍/分が目標心拍数となる。しかし，運動実施頻度の高い中高齢者では推定値以上の例も観察される場合がある。

[3] 血中乳酸 (LT)

血中乳酸は，携帯可能で簡便に測定できる機器の普及によって運動処方やトレーニングの現場での運動強度の指針として採用されている。運動強度の増大に伴いグリコーゲン（糖）の利用が高まり，血中乳酸濃度が急激に高まる点がある。そのポイントを乳酸性作業閾値（LT）といい，空気中の酸素を取り入れる能力（O_2供給）に比べ，活動する筋の酸素消費が

大きくなる変移点である．一般には，運動強度と血中乳酸との関係から作図法で求めるが，LT の 2 mmol/L や OBLA（onset of blood lactate accumulation）の 4 mmol/L を判定基準とする場合（八田）[2]もある．

したがって，健康づくりのためには，活動筋レベルでの酸素の供給と消費の収支バランスのとれた 2〜4 mmol/L の範囲内での運動実施が望まれる．

[4] Mets (metabolic rates)

安静時における体重 1 kg あたりの酸素摂取量を 3.5 ml/kg/分とみなし，この値を 1 Met とする．すなわち，運動時のカロリー消費量が安静時の何倍に相当するかを示すものが Mets で示す評価法である．この指標は体重に応じた運動強度を推定できることから，カロリー消費量と異なり個人間の比較が可能な基準となる．たとえば，4 Mets 相当の速歩を 20 分間行うことは，体重 50 kg の人で 50 kcal，70 kg の人で 70 kcal に相当する．田畑ら[12]は，これに運動実施時間を乗じた「メッツ・時（エクササイズ）」という単位を示し，健康づくりのための身体活動量を 3 メッツ以上の運動強度で週 23 メッツ・時以上とした．たとえば，4 Mets 強度の速歩 15 分は 1 メッツ・時に相当し，6 Mets 強度のジョギング 10 分や 8 Mets 強度のランニング 7〜8 分と同等とされる．しかし，それ以上の強度でのランニング（たとえば 20 Mets：3 分間で 960 m）では，エネルギー供給に解糖系も関与してくるため，適切な強度の範囲内での適用が望ましい．

[5] 自覚的（主観的）運動強度 (rate of perecived exertion: RPE)

酸素摂取量や心拍数を用いない運動強度の指標について，小野寺ら[10]は，Borg の考案による 6 から 20 までのスケールについての日本語表示を検討した（表10-1）．そして，このスケールが %$\dot{V}O_2$max や %HRmax とよく相関することを示した．スケールは 20 歳代の健常者で心拍数の 10 分の 1 に相当するとされ，継続的持久運動強度の優れた指針とされる．しかし，自覚的運動強度のスケール適用については，被検者の慣れや習熟が必要であることが指摘されている．糖尿病治療研究会[13]では「強度の感じ方」に対応する「その他の感覚」として，たとえば，RPE15 点の「きつい」は「続かない，やめたい，のどがかわく，がんばるのみ」という感覚と最大酸素摂取量の 80% 強度に対応し，RPE11 点の「やや楽である」は「いつまでも続く，充実感，汗がでる」で最大酸素摂取量の 60% 強度に対応するとしている．

表10-1 RPE スケールの日本語表示
（小野寺孝一ら[10]の「C案」による）

Borg のスケール		日本語によるスケール
20		
19	Very very hard	非常にきつい
18		
17	Very hard	かなりきつい
16		
15	Hard	きつい
14		
13	Somewhat hard	ややきつい
12		
11	Fairly light	楽である
10		
9	Very light	かなり楽である
8		
7	Very very light	非常に楽である
6		

（山崎　健）

5 トレーニング方法

　トレーニングの方法には，実にさまざまなものがある。ヒトの身体は，その運動負荷に耐えられるよう形態を含むさまざまな能力（体力）を高めることで適応するが，単一のトレーニングにおいて高めることのできる体力要素には限界がある。したがって，どのような体力要素を高めるかというトレーニング目的によって，トレーニングの内容（トレーニング方法）をしっかり検討する必要がある。

　ここでは，代表的なトレーニング方法について，その特徴および高めることが可能な体力要素について解説する。

[1] インターバル・トレーニング (interval training)

　インターバル・トレーニングとは，高強度と低強度の運動を，交互に繰り返し行うトレーニングである（表10-2）。高強度の運動では心拍数を180拍・分$^{-1}$程度まで高め，高強度運動の間にジョギングや歩行で心拍数が120拍・分$^{-1}$程度まで下がるような不完全休息をはさみながら，繰り返し行うトレーニングである。主に走運動や水泳運動で用いられ，走運動を用いたインターバル・トレーニングは，さまざまなスポーツ種目のトレーニングとして幅広

表10-2　持久力のトレーニング方法の比較
（東京大学身体運動科学研究室『教養としての身体運動・健康科学』，2009年，東京大学出版会[5]より一部改変）

インターバル・トレーニング	レペティション・トレーニング	エンデュランス・トレーニング
比較的高強度の運動と，これに比べて強度の低い運動とを交互に反復するような方式のトレーニングであり，不完全休息（運動を止めずに休息をとる）をとりつつ，運動を継続する。	ほぼ全力の強度の運動と完全休息とを繰り返す方式のトレーニングである。しかし完全休息の時間をとりすぎると，トレーニング効果がうすくなるともいわれており，注意が必要である。	一定のペースで休息なしに身体活動を続行する方式のトレーニングである。
トレーニング負荷 　運動時（直後）心拍数：180拍/分 　心拍水準：最高心拍数の約90% 　走距離：50〜2000 m 　反復回数：10〜20回 　休息心拍数：120拍/分 　休息時間：45〜120秒以内	トレーニング負荷 　全力疾走あるいはレーススピードの約95%の速度 　走距離：50〜2000 m 　反復回数：2〜5回 　休息時間：20〜30分以内	トレーニング負荷 　心拍数：140〜160拍/分 　心拍水準：最高心拍数の60〜85% 　運動時間：30分以上 　（種目によっては120分まで）
トレーニング目的 ・最大酸素摂取量の改善 ・レースペース付近での運動効率を高める ・負荷設定によっては乳酸性作業閾値（lactic acid threshold: LT）を高めることが可	トレーニング目的 ・最大酸素摂取量の改善 ・レースペースでの持続能力を高める ・負荷設定によっては非乳酸性機構，酸性機構を高めることが可	トレーニング目的 ・有酸素性エネルギーの供給を長時間保持する ・運動の強度を上げると，高い酸素摂取水準の持続能力を高めることが可

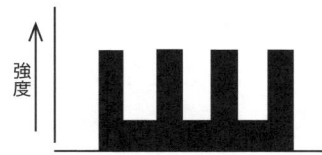

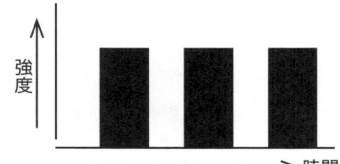

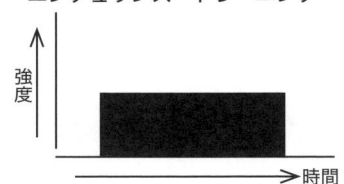

く利用されている。インターバル・トレーニングは，主に最大酸素摂取量の改善など全身持久力の向上を図ることが可能である。また，インターバル・トレーニングは，休息をはさむことによってレースペースに近いか，それ以上のスピードで走ることが可能であることから，走距離などを工夫することで，筋持久力やスピードを高めるトレーニングとしても用いることができる。たとえば，ハンドボールやバスケットボールのように不規則なショートダッシュを繰り返す競技においては，スピードを高めるとともに，筋持久力や全身持久力を高めるトレーニングとして有効である。

[2] レペティション・トレーニング (repetition training)

インターバル・トレーニングと異なり，全力走を完全休息をはさんで数本繰り返すトレーニングである。運動強度が非常に高いことから，運動時間の設定によってはスピードおよびスピードの持久力を高めるような無酸素性のエネルギー産生能力から，有酸素性のエネルギー産生能力を高める幅広いトレーニングに活用することが可能である。

[3] エンデュランス・トレーニング (endurance training)

一定のペースを保ちつつ，休息をとらずに運動を続けるトレーニングである。例としてはウォーキングやジョギング，サイクリング，水泳などの比較的低い運動強度で長時間継続する運動があげられる。運動時のエネルギー供給を有酸素性のエネルギー産生に依存することから，呼吸・循環器系に負荷をかけることが可能であり，全身持久力を改善することができる。

[4] サーキット・トレーニング (circuit training)

サーキット・トレーニングとは，さまざまな種類の運動を通常6〜12種目程度選び，種目間をジョギングなどでつなげて休息をとることなく巡回し，計3セット程度行うトレーニングである。種目の選択によって，筋力やパワー，スピード，持久力などのさまざまな体力要素を総合的に高めることが可能である。サーキット・トレーニングにおいて取り入れる運動種目の例としては，腕立て伏せや，腹筋，鉄棒を用いた懸垂など自体重を負荷として行うものや，軽めのバーベルなどの負荷をかけて行う運動，ハードルジャンプやショートダッシュなどがあり，一つの種目は30秒から1分以内に終わるように設定するよう心がける必要がある。

[5] ビルドアップ・トレーニング (build up training)

ビルドアップ走ともいわれ，主に陸上競技の長距離選手の練習として用いられるトレーニングである。ビルドアップ走は，最高速度の60％程度から徐々にスピードを上昇させ，全力疾走に近いペースにまで高め，最終段階において，そのスピードの維持（定常状態）が加わるところに特徴がある。徐々に運動負荷を増加させることで，個人の限界付近まで負荷を高めることが可能であり，無酸素性の能力や乳酸の耐性能力を高めることができる。長時間

図10-4 筋の収縮様式

```
筋の収縮様式 ─┬─ 動的収縮 ─┬─ 等張性収縮 ─┬─ 短縮性収縮 (concentric contraction)
              │ dynamic    │ isotonic     │
              │ contraction│ contraction  └─ 伸張性収縮 (eccentric contraction)
              │            │
              │            ├─ 等速性収縮 isokinetic contraction
              │            │
              │            └─ プライオメトリック plyometoric contraction
              │
              └─ 静的収縮 ─── 等尺性収縮 isometric contraction
                static contraction
```

- **等張性収縮**：主にバーベルなどに代表されるウエイト・トレーニングにおいて，筋肉を短縮（短縮性収縮）および伸張（伸張性収縮させる等張性の筋収縮が行われる．特にバーベルなどを，腕を伸ばしながら下ろすような筋の伸張性収縮の際には，筋損傷が起こりやすい．

- **等速性収縮**：機器などを用いて，関節の動く速度（角速度）を一定に保ちつつ行うトレーニングがあげられる．油圧やモーターなどを用いた大がかりな機械が必要であるものが多く，筋力測定の1項目として利用されることが多い．

- **プライオメトリック**：ボックスジャンプやハードルジャンプなど，着地時に筋や腱が引き伸ばされる際の伸張反射を利用して，次の跳躍時に大きなパワーを得ようとするトレーニングがあげられる．筋にかかる負荷が大きく，トレーニングを行う際には注意が必要である．

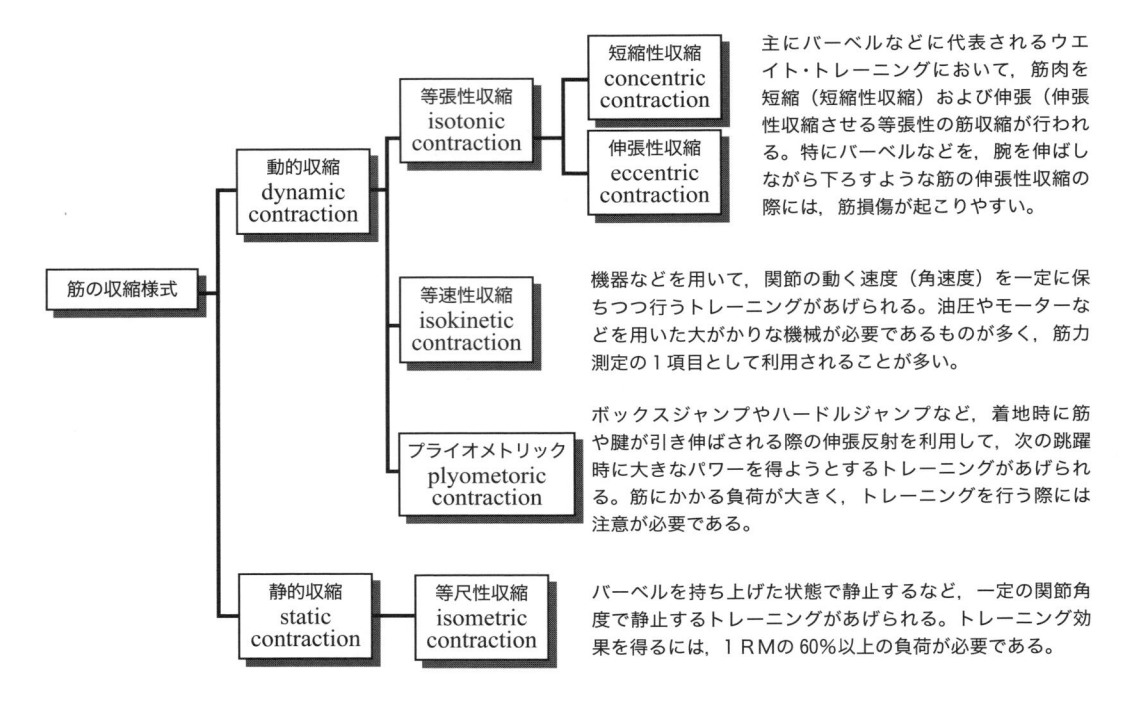

- **等尺性収縮**：バーベルを持ち上げた状態で静止するなど，一定の関節角度で静止するトレーニングがあげられる．トレーニング効果を得るには，1RMの60％以上の負荷が必要である．

図10-4 筋の収縮様式の種類と主なトレーニング

の持久的種目においては後半のペースダウンがパフォーマンスに大きく影響することから，スピードの持久力の向上やレースペースの把握などに有効なトレーニングである．

[6] 筋力トレーニング

　筋力トレーニングは，レジスタンス・トレーニング（resistance training）とも呼ばれ，図10-4に示すように筋の収縮様式によって等尺性，等張性，等速性などに分類される．その中でも，ダンベルやバーベルなどのおもりを用いたトレーニングを，等張性トレーニングと呼んでいる．筋力トレーニングにおいて運動負荷を設定する際には，最大挙上負荷（1 repetition maximum: 1RM）を100％として負荷量の基準とする．また，表10-3に示すように，負荷量の変化によってトレーニング効果が異なることから，筋力トレーニングの際には最大反復回数（repetition maximum: RM）や％1RMを用いて目的に合わせた負荷量に調節する必要がある．90％1RM程度の負荷では，参画する運動ニューロンの増加や中枢神経の抑制の低減などが起こり，筋力が向上する．しかし，60％1RMの負荷量を下回ると，筋肥大はあまり見受けられず，代わりに筋持久力の向上が認められる．

表10-3 レジスタンス・トレーニングの負荷強度とトレーニング効果

（石井直方，2007[2]より一部改変）

運動強度（％1RM）	回数	主たる効果
100	1	筋力
95	2	筋力
90	4	筋力
87	5	筋肥大
80	8	筋肥大
70	12〜15	筋肥大
67	15〜18	筋肥大
65	18〜20	筋持久力
50	30〜	筋持久力

[7] 高所トレーニング

　主に持久系の運動選手が，酸素運搬能力などの持久系能力を高めるためのトレーニングとして用いる。約1000 mから3000 mの高地では酸素分圧が低いことから，有酸素性のエネルギー産生を用いて運動時のエネルギーを確保する際，平地（高度が低い場所）と比較して十分な酸素を確保することができない。そこで，高地や人工的に作られた高地に近い環境（低酸素室など）で持久系のトレーニング行うことによって，運動に必要な酸素を確保するための赤血球量やヘモグロビン濃度などを増加させ，酸素運搬能力の向上を図るトレーニングである。近年，高所トレーニングについてはさまざまな研究がなされており，トレーニング方法も高地滞在・低地トレーニング（living high-training low: LH-TL）や高地滞在・高地トレーニング（living high-training high: LH-TH）など，いくつかのトレーニング方法が行われているが，トレーニング効果を効率的に得るためには，トレーニングを行う高度や運動強度，期間などを調整する必要がある（第12章「高所環境でのトレーニング」(237頁)参照）。

6　トレーニング機器

　トレーニング機器とは，それぞれのトレーニング内容に合わせて，効果を効率よく得るために開発されたトレーニング用の機器である。したがって，機器を用いることによって効率よくトレーニング効果が得られる反面，トレーニングの種類や内容に合わせた機器が必要となる。本項では，代表的なトレーニング内容とその際に用いられる機器について解説する。

[1] 筋力

　筋力トレーニングの機器としては，トレーニング部位別に機械の中におもりなどの負荷装置を組み込んだマシンがあげられ，これを用いた筋力トレーニングをマシントレーニングと呼ぶことがある。マシントレーニングは，機械によって負荷のかかる部位や強度が制御され，目的とする部位の筋力を効率よく高めることができる。しかし，動作が機械によって制限されるため，安全にトレーニングを行える反面，動作が単調となりトレーニング効果が出る筋が限定的となるなどのデメリットもある。

[2] スピード

　スポーツにおけるスピードのトレーニングの一つとして，近年はさまざまなスポーツ種目においてSAQ（speed, agility, quickness）トレーニングが行われている。SAQトレーニングとは，スポーツにおける「スピード」という概念を細分化し整理したものである。運動における基礎トレーニングとして行われることが多く，その際には縄ばしごのようなラダーやミニハードルなどの機器がよく用いられる（図10-5）。特にラダーは，等間隔のマス目模様が直線に並んだ機器であり，そのマス目を利用してさまざまなステップをすばやく正確に行うことによって神経系を刺激し，すばやい動きを行う際の身体の動きを調整する能力およびスピ

図10-5　SAQ トレーニングの一例

ボックス・ジャンプ（数十センチの台から跳び降りて，すばやく跳び上がるトレーニング）
図10-6　プライオメトリクス・トレーニングの一例

ードを養うトレーニング機器である。

[3] パワー（仕事または仕事率）

　パワーとは，単位時間当たりになされる仕事（率）で，次の式によって導き出される。
　　パワー＝仕事／時間＝（力×距離）／時間＝力×（距離／時間）＝力×速度
　すなわち，パワーは筋力×スピードで表すことができ，瞬間的に爆発的な力を発揮する能力で，運動場面においては非常に重要な能力である。前項で紹介したバーベルを用いたレジスタンス・トレーニングにおいて，有賀[3]は「ベンチプレスやスクワットの場合には，最大挙上重量の50〜60％の負荷で5〜10回の反復をできるだけすばやく行うこと」がパワートレーニングとして多く取り入れられていると述べている。その他のパワートレーニングとして，メディシンボールやハードルなどを用いたプライオメトリクス・トレーニング（plyometric training）があげられる（図10-6）。このトレーニングは，ボックスやハードルなどをジャンプして跳び越える際の準備動作においてすばやく膝を曲げ，大腿や下腿の筋肉や腱を引き伸ばすことで伸張反射を誘発し，バネを伸ばしたときのようなエネルギーを蓄

え，一気に筋を収縮させて跳び上がることで，より大きなパワーを得ようとするトレーニングである。数十センチメートルの台から跳び降りて，すばやく跳び上がるなどさまざまな方法があるが，身体にかかる負荷が大きいため注意が必要である。

[4] 持久力

持久力を鍛えるトレーニング機器の代表的なものとしては，速度の調整可能なゴムベルトの上を走るトレッドミルと，ペダルにかける負荷を調整することが可能な自転車のようなエルゴメーターの二つがあげられる。トレッドミルとエルゴメーターを比較すると，トレッドミルは走運動であることから上半身および下半身ともに使う全身運動である一方，エルゴメーターは主に下半身のペダル運動となる。エルゴメーターは，座った姿勢で行うことで安全性が高い反面，トレッドミルに比べて動かす筋肉量が少ないなど，トレーニング目的に応じた機器を選ばなければならない。

[5] 動体視力

眼科などで計測する視力（静止視力）と違い，動いているものを視て識別する能力のことを動体視力といい，野球やテニスなどの球技種目においては，飛んでくるボールの方向を見きわめるなど非常に重要な能力である。動体視力は，前方から接近する目標を認知する能力（kinetic visual acuity: KVA）と，左右に動くものを認知する能力（dynamic visual acuity: DVA）の二つに分けられ，今日ではパソコンなどを用いたトレーニング機器が市販されている。トレーニング内容としては，パソコン画面をすばやく移動する数字や文字を読み取ることで，動体視力を鍛える。また，特に道具を必要としないトレーニング方法としては，電車に乗っている際に通過する駅などにいる人の顔や服の色を見分けるトレーニングなどでも代用することが可能である。

（中雄勇人）

7 健康のためのトレーニング

[1] 運動と健康

❶疾病の一次予防の重要性と運動の役割

医学や公衆衛生の発展により，乳児死亡率や年齢調整死亡率は大幅に低下している一方で，日常生活の自動化や豊かな食生活などに起因する生活習慣病が大きな問題となっている。生活習慣病としての糖尿病や虚血性心疾患，脳血管疾患，ガンなどはひとたび罹患するとその医療費は膨大になるため，一次予防を重視した疾病対策が望まれ，その意味で「適切な栄養と運動」の果たす役割は大きい。

❷運動・身体活動量と健康維持との関係

運動は健康維持に非常に効果的であり，運動習慣や日々の身体活動の高さは，健康で長寿であるということと強く関連する[10) 12)]。1966年のモリス（Morris）らのロンドンのバス会

表 10-4　運動が健康に与える効果一覧

疾病名	研究の数	証拠の強さ
全死亡率	＊＊＊	↓↓↓
冠動脈疾患	＊＊＊	↓↓↓
高血圧症	＊＊	↓↓
肥満	＊＊＊	↓↓
脳卒中	＊＊	↓
抹消血管疾患	＊	→
結腸ガン	＊＊＊	↓↓
直腸ガン	＊＊＊	→
胃ガン	＊	→
乳ガン	＊	↓
前立腺ガン	＊＊	↓
肺ガン	＊	↓
膵臓ガン	＊	→
非インスリン依存型糖尿病	＊	↓↓
骨関節症	＊	→
骨粗鬆症	＊＊	↓↓

注）研究の数：＊＝少ない研究，＊＊＝約5〜10研究，
　　　　　　＊＊＊＝＞10研究数
　　証拠の強さ：→＝疾病の発生率と明らかな関連なし
　　　　　　　↓＝いくらかの証拠がある
　　　　　　　↓↓＝よい証拠がある
　　　　　　　↓↓↓＝優れた証拠がある
（ACMS, 2006[1]より）

社の運転手と車掌を対象とした研究やパフェンバーガー（Paffenbarger）らの，ハーバード大学同窓生を対象とした研究などに始まる多くの疫学的研究によって，「職業上や日常生活中の活発な身体活動，あるいは規則的な運動習慣が冠疾患の発生リスクを低下させ総死亡率を減少させる」ということが明らかになった[12]。冠疾患以外のさまざまな疾病の予防についても運動による好影響が次々と明らかになっている（表10-4）[1]。

運動能力そのものも冠疾患や総死亡リスクに関連した重要な因子である。ピーターズ（Peters）らやブレア（Blair, S.N.）らによって，低い身体運動能力（特に有酸素作業能）は，重要な死亡の危険因子であることが示された[2]。さらに近年では，低筋力も非常に重要な死亡の危険因子であることが明らかになっている。したがって，適切な運動や身体活動を継続的に実施し，有酸素作業能や筋力などを高めておくことが健康維持に欠かせない。

本項では，健康のためのトレーニングの考え方について，対象者のアセスメント（評価）や，実際の運動実施のモニタリング，運動効果の評価測定，そして各種目的に応じた運動処方の順で説明する。

❸健康のための運動処方の流れ

健康のための運動は，個々人の健康状態や生活状況に応じて異なる。また，不適切な食事摂取，不規則な生活リズムや不十分な休息は，運動の効果を減退させるため，運動処方の際には合わせて評価しておく必要がある。さらに，運動の持つ危険性が運動による効果を上回る場合には，運動が禁忌となるため，健康のためのトレーニング処方をする際には，十分に留意する必要がある。

運動処方の基本的プロセスとしては，まず既往歴を調べた上で医学検査を行い，特別な異常やその疑いがみられる場合には，再検査・精密検査・医療へと回される。そうでない場合は，体力検査，運動負荷検査へと進む。この結果から，運動を可とする対象者に対して運動が処方される。処方された運動を実行してみてその結果がフィードバックされ，必要があれば微調整が加えられる[6]。

❹医学検査

医学検査の目的は，現在の健康状態の把握，運動や運動負荷検査の可否の判定，事故防止，および安全な運動処方作成のための情報を得ることである。一般的な検査で把握すべき最も重要な情報は次の4点である[6]。

1）病歴および生活様式。特に労働，スポーツ，日常的身体活動の程度を正確に把握する

こと。また，それによってなんらかの症状や異常を感じることがあるかどうか。
2) 呼吸・循環系の異常の有無。特に運動時に異常が出現するか否か。
3) 心筋梗塞のリスクファクターの有無。
4) 肝臓，腎臓などの重要臓器および四肢関節などの運動器の異常の有無。

医学検査は事故防止に最も有効な手段ではあるが，事故を完全には防止することはできない。したがって，健康運動指導士などが常に細心の注意を払う必要があると同時に，運動行為者たちの自己管理の意識づけや，心肺蘇生法など緊急時の対応も十分でなければならない。

❺ 体力・形態検査

健康づくりのための運動基準[14]では，体力を「身体活動を遂行する能力に関連する多面的な要素（潜在力）の集合体」と定義し，そのうち客観的・定量的に把握できる狭義の「体力」の構成要素は，①全身持久力，②筋力，③バランス能力，④柔軟性，⑤その他だとしている。形態検査では，身長，体重の他に，四肢の長さ，腹部や四肢の各部位の周囲径，皮脂厚などが，また，より専門的には身体組成や姿勢の歪みなどが測定される。

❻ 身体組成の測定

ヒトの生体の組成を直接測定することは不可能なため，身体組成の推定には間接法が用いられる。間接法には，物理化学法則から理論的に値が導出され測定精度が高い一次間接法と，その一次間接法をリファレンスとしたより簡便な二次間接法がある（表10-5）。

図10-7には体組成評価でよく用いられる分類法を示した。2成分モデルは，身体を脂肪とそれ以外の組織に分ける評価方法である。これらはさらに，脂肪については存在する臓器や場所で，除脂肪組織については，骨・非骨ミネラル成分，タンパク質，水分に分けられる（多成分モデル）。この中で特に体内水分については，年齢や疾患，環境条件などで変動しやすく，特に細胞内液が除脂肪組織に占める割合が異なってくるため，身体組成測定では，これらを正確に評価する方法が望ましい。また近年では，部位別多周波生体電気インピーダンス分光法を用いれば，細胞内液，細胞外液を分けて測定できることが報告されている。

表10-5 身体組成の推定法

【一次間接法】	【二次間接法】
水中体密度法 化学的定量法 　（安定同位体・放射性同位体・ 　化学試料・全身40K法や生 　体内中性子放射化分析法） 物理的定量法 　（全身画像を用いたDXA， 　CT, MRIなど） ※理論的な導出 ※測定精度は高い ※専門的で高度な装置が必要 ※測定や分析が難しい	超音波法 皮脂厚キャリパーとメジャーによる人体の部分計測法 CTやMRIの少ない画像枚数より推定される方法（例：各セグメント1枚ずつ，大腿と上腕1枚ずつ） 生体電気インピーダンス法 （bioelectrical impedance analysis: BI法） ※リファレンスとの比較が必要 ※測定制度は劣る ※測定や分析が簡便化 ※多人数に利用可能

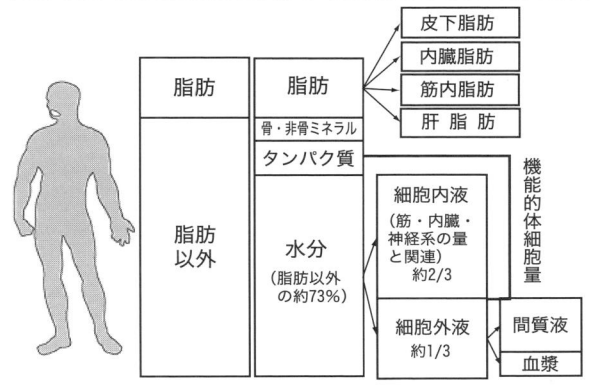

図10-7 身体組成の分類

[2] ウエイトコントロールのためのトレーニングの考え方

個々人の年齢・健康状態・生活状況に応じて健康のために必要なトレーニングは異なるが，現代社会では特に，1) 不活動と飽食を反映した肥満とそれから派生する生活習慣病の増加（メタボリックシンドローム），および，2) 人口の老齢化による寝たきり・要介護高齢者の増加に関する対策が重要である。2) に関しては 201 頁以降に詳細があるので，本節では 1) に関して以下に述べる。

❶ エネルギー保存の法則

ウエイトコントロールのためのトレーニングにおいては，運動だけでなく，食事からのエネルギー摂取とのエネルギーバランスを考慮することが重要である。エネルギー摂取と消費，および体重や身体組成変化を包含する系においては，エネルギー保存の法則が厳密に成り立っている[4]。動物を対象とする「エネルギー保存の原則」は，熱と筋肉などの運動と食物の代謝が等価であることを示したものである。

単純にいえばエネルギー摂取量（消化吸収され体内に取り込まれた量）が総エネルギー消費量を上回れば体重は増加し，下回れば体重は減少するということである。しかし，水分の変動があればこの限りではない。そのため，エネルギー出納のアウトカム指標として体重を考える場合は体水分評価が重要となる。全身の身体組成の変化や個人差を定量化する上では，水分量＞脂質量≧タンパク質量＞骨量の順に変動が大きい。同じ体重増加量であっても，タンパク質合成による筋量増加による場合と脂質合成による体脂肪増加による場合では健康に対する効果がまったく違うため，そのどちらであるかの判定が必要である。さらに身体組成は，基礎代謝あるいは安静時エネルギー消費量と密接な関係があることが報告されていることから，身体組成の評価は総エネルギー消費量推定の一部としても非常に重要である。

❷ 身体活動量・エネルギー消費量の評価

ウエイトコントロールのトレーニングでは，エネルギー消費量（ジュール：J もしくはカロリー Cal）を評価することが重要である。最も厳密に日常生活の総エネルギー消費量を測る方法としては，リフソン（Lifson, et al., 1955）が小動物に対して開発した手法をもとに，ショーラーとヴァンサンテン（Schoeller & van Santen, 1982）がヒトに応用した安定同位体である重酸素（^{18}O）と重水素（^{2}H）でラベルされた水（二重標識水，doubly labeled water: DLW）を用いた推定法がある。また，特別にデザインされた居住空間（メタボリックチャンバー／ヒューマンカロリーメーター）では，呼気ガスをモニターすることで 24 時間のエネルギー消費量を測定することも可能である。

エネルギー消費量は，基礎代謝と食事性熱産生，身体活動によるエネルギー消費から構成され，基礎代謝は体格と身体組成から高い精度で推定される。そこで，身体活動量を測定することが日常生活中のエネルギー消費量を推定する上では重要になる。表 10-6 に身体活動量評価法の一覧をあげた。一般的には，運動中の主観的運動強度，酸素摂取量，エネルギー消費量，心拍数，動員筋体積，力学的仕事，身体重心加速度変動の間には相互に高い相関が認められ，いずれかの方法を用いれば推測が可能である。しかし，条件によって各指標の間

に乖離が生じる場合もある。現時点では，3軸加速度計法あるいはマークシート式生活記録法が身体活動によるエネルギー消費量を簡便に測定する方法としては精度が高いと考えられる（図10-8）。

一般的には，身体活動量が多いほど健康に効果があると考えられるが，運動には効果の特異性がある。たとえば，高齢者では，身体活動による1日のエネルギー消費量が多いことが寿命の長さと関連しているが，筋量減少を抑制するためには活動によるエネルギー消費を増やすだけでは十分でない。また，近年では運動だけでなく，通勤中の徒歩や家事などといった日常生活で行われる身体活動も多ければ健康への効果が高いことが報告され，身体活動量評価ではこれらを含めた測定も必要である。

表10-6　エネルギー消費量・身体活動量測定法

直接法
　熱量計による直接的カロリー測定法（direct calorimetry）
一次間接法
　呼吸測定による間接的カロリー測定法（indirect calorimetry）
　　閉鎖型実験室（respiratory chamber）
　　呼気ガス採集（Douglas bag）
　　ブレス・バイ・ブレス測定（metabolic cart）
　二重標識水法（doubly labeled water method）
二次間接法
　歩数計法（step count）
　　振り子式
　　加速度式
　加速度計法（accelerometer）
　　1軸加速度計法（uniaxial accelerometer）
　　3軸加速度計法（triaxial accelerometer）
　心拍計法（heart rate monitor）
　　FREX HR法
　生活記録法（physical activity record）
　　自記式法
　　マークシート法
　思い出し法（activity recall）
　質問票（physical activity questionnaire）
　摂取カロリーと体重身体組成変化による推定法

❸肥満の判定

　肥満は体脂肪が過剰に蓄積した状態と定義される。肥満の程度を表す指標としては，最も簡便には体格指数である body mass index（BMI=体重 (kg) / 身長^2(m)）が用いられる。欧米の肥満の診断基準，たとえばWHOの諮問会議の報告書や米国国立保健研究所（National Institute of Health：NIH）の肥満診療指針では，BMIが18.5〜24.9を正常体重，25〜29.9を過体重，30以上を肥満と定義している。しかし日本人の場合，BMIが30以上の者は少なく，過体重レベルでも肥満に関連する代謝異常の合併が多い。このため日本肥満学会では，BMIが25以上を肥満と定義している。代謝異常のコントロールという点では，BMIが25の前後で急にリスクが増すのではなく，中高年者では肥満度の低いレベルから徐々に代謝異常リス

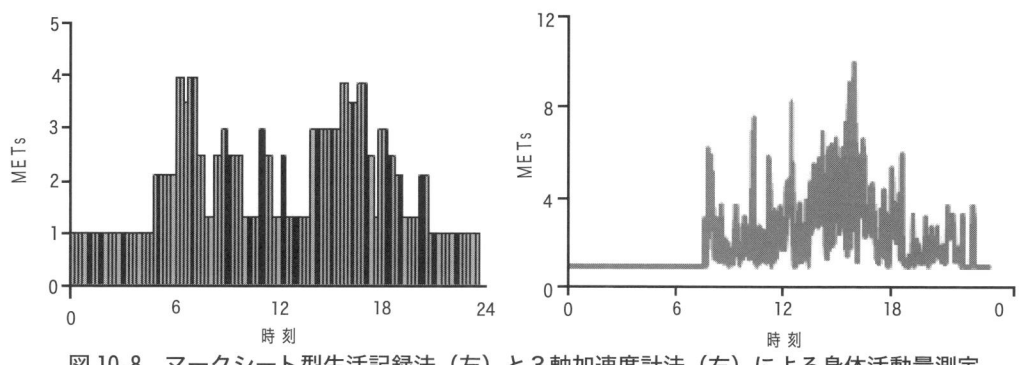

図10-8　マークシート型生活記録法（左）と3軸加速度計法（右）による身体活動量測定

クが高まることを理解しておく必要がある。なお，いくつかの代謝マーカーでは低体重者ではリスクが上昇し，全体としてJカーブを描いており，やせていればいるほどよいわけではなく，適切な体重が存在する[8]。より正確には体脂肪率や脂肪量（肝・骨格筋・内臓などの局在脂肪を含む）を測定するほうが望ましい。

❹ 肥満の対策
(1) 食事摂取の制限

肥満の程度にもよるが，高度の肥満の場合には，十分な身体活動を行うことができないので，肥満の対策として最初に行うべきことは食事摂取量の制限である。1935年にマッケイ（MacCay, C.M.）らが，ラットにおいてカロリー制限が寿命を延伸することを報告した[9]。それ以降，カロリー制限は無脊椎動物・脊椎動物両方（齧歯類・ショウジョウバエ・線虫など）において寿命延伸効果が実証された唯一の環境介入法である[13]。非ヒト科の霊長類においてもカロリー制限の効果について，20年近いランダム化比較対照研究が行われている[7]。食事摂取量を厳密に測定するため，これらの実験では檻の中で1頭ずつ飼育しており，不活発な現代人の生活行動を模擬している。このような状況のなかで，食事自由摂取群のサルでは，肥満が多くみられ，それとともに加齢関連疾患が多く発現する。しかし，各栄養素の必要量をきちんと摂取した状態で約30％のカロリー制限を加えたサルでは加齢に伴って生じる各種疾患発症を抑制し，寿命を延伸させる可能性があることが明らかにされた[3]。ヒトにおいては，短期間（数ヶ月～数年間）の介入が行われ，肥満者では健康指標と寿命関連指標の両者に，一般成人では健康指標に改善が報告されている[5]。

しかしながら食事制限を実施すると，ヒトの生体は飢餓という生命の危機に対する防御機構が働き，エネルギーを節約しようとして基礎代謝が低下し，日常生活の身体活動量を低下させる傾向がある。さらに筋量も体重減少に伴って減少する。そのため，安直な食事制限は思ったような効果がでにくく，リバウンドしやすい。また，食事制限とリバウンドを繰り返すことで減量しにくくなったり，自律神経の働きが鈍くなったりする。したがって，高肥満者であっても，食事制限である程度の減量が達成でき，十分な身体活動が可能になれば，運動（あるいは日常の身体活動量の増加）を併用させ，除脂肪組織の萎縮などを抑制させることが必要である。

(2) 運動量の増加

1週間のうちほとんど毎日，30分の軽度から中等度の身体活動を行うべきであるというアメリカ公衆衛生局長官報告の勧告は公衆衛生上確立された勧告である。最近の報告では体重増加を予防し，減量後の体重増加を低く抑えるには，より多くの運動が必要であると認められている[1]。2001年ACSMは肥満成人に対して体重減少と体重増加予防には1日約45分の運動まで身体活動を増加させるべきであると結論づけている。また，医師協会（IOM）では，体重増加を予防しさらに体重とは関係のない健康の有益性を付加するために，1日に60分の中等度強度の運動を勧めている。そして2003年には，国際肥満研究学会（IASO）が，毎日45～60分の中等度の身体活動が，成人の過体重や肥満予防のために必要であり，体重の再増加を予防するには毎日60～90分の中等度の運動が必要と結論づけている[1]。つまり，

1日30分の中等度の身体活動は，より不活動の人と比較したときには，健康上の有益性を得ることができるが，ウエイトコントロールのためにはより多く（およそ300分/週）の運動が必要で，より長時間，より高強度の身体活動を実施することによって，より大きな健康への有益性が得られる[1]。

しかし，これらの運動は1回にまとめて実施する必要はなく，1日の中で空いている時間を見つけて細切れで実施してもよい。

(3) 肥満者の原料に推奨される運動様式

全身運動：運動によって消費するカロリーは運動に参加する筋群が多ければ多いほど大きい。したがって局所的な運動よりも，体重の移動を伴う全身的な運動が望ましい。

動的な運動：動的な運動は静的な運動よりもエネルギー消費量が数倍大きい。

長時間運動：エネルギー消費量は運動時間に比例するので，短時間しか継続できない運動よりも長時間継続できる運動が望ましい。そこで，主に用いられる運動としては，ウォーキング，ランニング，サイクリング，ステッピング，スイミング，ノルディックウォーキングなどがあげられ，地域によっては，スケーティング，スキーイングなども有用であろう。しかし，ウォーキング，ランニングなどでは特に高体重者で下肢の関節にかかる力学的負荷が大きいため，傷害の発生には十分に注意する必要がある[11]。この点，水中運動は，下肢への負荷を減少させる。また，肥満者においては心疾患リスクを有する人も多いので，心臓に負荷のかからない強度での運動を考える必要がある。

8　運動中止および身体不使用の生理反応

安静は休養の一手段で，20世紀中頃までは，急性または慢性にかかわらず疾患には臥床・安静で，できるだけ身体を使わないことが治療の原則とされていた。しかしその後，臥床・身体不使用による健康障害が明らかになり，必要以上の臥床は健康上避けるべきとの結論に達している。このような身体不使用を研究する方法としては，ギプス包帯によって上肢や下肢を固定するもの，片足を腰から吊るして除負荷させ，他方の足と松葉杖を使って歩くもの（懸垂固定：suspension），日常生活を中止するベッドレスト（bed rest）などがある。特に，10日間から30日程度（最長では1年間超も），臥床状態で過ごすベッドレストスタディ（bed rest study）では，身体不活動および微小（無）重力の影響が顕著に発現する。長期ベッドレストスタディは，アポロ計画の開始以来，宇宙医学とともに著しく発展してきた。

日常的には，仕事の都合や受験勉強，家族の介護などの何らかの理由でトレーニングの強度・頻度・時間が減少したり，運動を中止することがよくみられる。このような身体活動量の減少（脱トレーニング：detraining）でも身体にはベッドレストと同様な変化が起きている。以下には，各種の研究方法によって示された臥床・身体不使用の健康への影響として，循環器系，筋系，骨代謝について述べる。また，近年，老化に伴う身体変化は，活動量の減少とそれに伴う身体不使用に起因しているものが多いことが明らかになってきた。そこで，本節の後半では老化に伴う身体変化について言及する。

[1] 循環器系への影響

❶心臓への影響

　一般にトレーニングによって心容積が大きくなる（スポーツ心臓）が，トレーニングの中止やベッドレストでは，逆に心容積は小さくなる。

　3～4週間のベッドレスト期間中の心臓の横径や容積の変化をX線撮影によって検討した結果では，約8～16%程度の減少が認められている。元柔道世界チャンピオンの山下泰裕選手は，1980年の全日本体重別選手権大会で左足腓骨を骨折した際に発生した45日間のベッドレストによって，心容積に27.5%の減少が，安静時心拍数には11%の増加を認めている[17]。ただし，継続的なトレーニングをしているスポーツ選手を対象にした脱トレーニングの影響を調べた研究では，心臓の横径や容積は減少するが，安静時心拍数には有意な変化が認められないとする報告もある。

❷最大酸素摂取量（$\dot{V}O_2max$）への影響

　最大酸素摂取量（$\dot{V}O_2max$）の優れた男性（4.15 L/分）と平均的な男性（3.5 L/分）の2人を28日間のベッドレストに曝露したテイラー（Taylor, H.L.）ら[21]の研究により，$\dot{V}O_2max$が前者で28%，後者で16%減少したことが示され，初めて身体不活動が持久力を低下させることが明らかになった。その後の研究をレビューしたコンヴァーチノ（Convertino, V.A.）ら[5]は，ベッドレストの期間と$\dot{V}O_2max$の低下率との間には高い相関（n=19, r=-0.73）が見られることを示し，1日当たりの$\dot{V}O_2max$低下率（Δ変化量/Δ日）を約-0.85%と推計した（図10-9）。その原因としてサルティン（Saltin, B.）ら[19]は，20日間のベッドレストによる$\dot{V}O_2max$の低下（26.4%）が心拍出量の低下（26.0%）に起因しており，心拍出量の低下は心拍数に変動がないことから，運動中の一回心拍出量の減少によるとみなした。その後，この一回拍出量の低下には，心臓容積の低下や血液量，特に血漿量の低下が関与していることが示された。

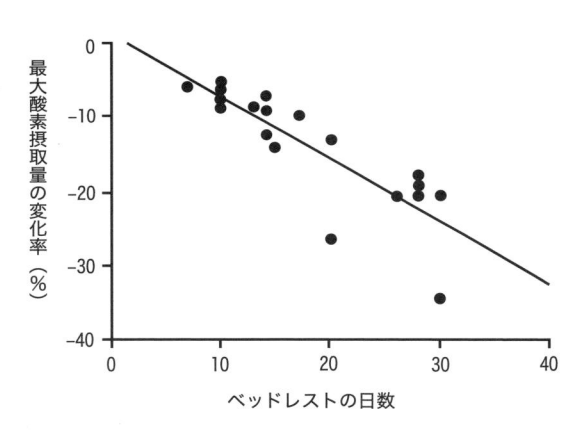

図10-9　ベッドレストの日数と最大酸素摂取量の変化
（Convertino, V.A., 1997[5] より引用）

[2] 筋系・除脂肪体重への影響

　骨折などで身体の一部が長期に固定されたときには，筋の萎縮が生じ，筋力低下を引き起こす。たとえばヘティンガー（Hettinger, T.）[8]は，一側の腕を1週間石膏で固定した結果，筋力が13%低下したが，その後石膏を取り除いて毎日トレーニングした結果，約10日後にもとの筋力に達したと報告している。筋断面積を指標にした研究では，30日間のベッドレスト後に大腿筋断面積で8.1%の減少[4]や5週間のベッドレスト後に足関節底屈筋群断面積

で12%，最大筋力で26%の減少[12]などが報告されている。

身体不使用による筋萎縮とそれに伴う筋機能の変化は，上肢より下肢に，屈曲筋より伸展筋により大きく現れる。また，速筋線維の断面積は遅筋線維のそれより大きく減少し，動員される運動単位の数が減少することが明らかにされている。

身体不使用の影響を体重や除脂肪体重を指標に検討した報告もある。体タンパク質の変動として，ルブラン（LeBlanc, A.）ら[14]は，17週間のベッドレスト前後と8週間の回復期後の窒素出納を食事による摂取量と尿および糞便中の窒素排泄量の差によって求めている。その結果，ベッドレストによって2.35 ± 0.92g/日から1.32 ± 0.68g/日に減少したが，回復期後には3.89 ± 1.28g/日に増加し，窒素出納から計算した除脂肪体重の減少は，3.9 ± 2.1kgであった。また，二重光子吸収法（dual-photon absorptiometry）で測定した除脂肪体重の減少は，体幹と上肢では減少せず，すべて下肢から減少し，等速性筋力も下肢のみ減少した。

一方，平均55歳の男性15名と女性17名を対象とした研究では，10日間のベッドレスト前後で男女の体重はともに有意な変化を示さなかったが，体脂肪率が男性で26.0%から27.2%に，女性で37.4%から39.4%に有意に増加し，逆に除脂肪体重が有意に減少していた[3]。また，前述の元柔道世界チャンピオンの山下泰裕選手のケガによる45日間のベッドレストでは，体重は4.0kg増加したが，除脂肪体重は5.1kg減少したことが報告されている[1]。このような結果から，ベッドレストのような身体不使用は，体重に変化がなくても，除脂肪体重は明らかに減少する。さらに除脂肪体重に占めるタンパク質の割合も減少している可能性がある。

［3］骨代謝系への影響

尿中へのカルシウム排泄量は，骨吸収の指標として広く利用されている。ベッドレストと尿中カルシウム排泄量については，ベッドレスト後6〜18日目に約32%の増加[19]や17週間で38.5%の増加[15]の報告がある。ランバートとグッド（Rambaut, P.C. & Goode, A.N.）[18]による84日にわたるスカイラブ飛行中の宇宙飛行士のカルシウムバランスの報告では，飛行中は尿中カルシウム排泄量が増加し続け，摂取量との差（カルシウムバランス）は常にマイナスである（図10-10）。

一方骨密度で見ると，微少重力や不動状態では主に下肢・骨盤・脊椎で骨量が急激に減少する。ただし，宇宙飛行の場合は，上肢の骨や頭蓋冠では骨密度や骨量が増加することも知られており，全身骨量としては2%程度の減少となる。骨ミネラル量としては70kgのヒトで約2.5kgであるため，宇宙飛行における骨量変化は期間がそれほど長くなければ，全身量としては数十グラムから数百グラムでの変動となる。

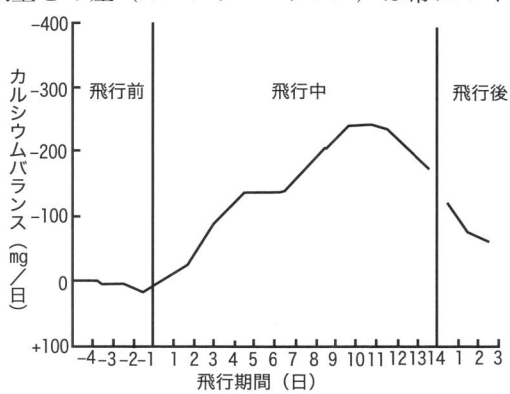

図10-10 スカイラブ飛行中の9名の宇宙飛行士のカルシウムバランス

（Rambaut, P.C. & Goode, A.W., 1985[18] より引用）

[4] 再トレーニングの影響

　日常的には，競技者に限らずトレーニングをしている者がケガや仕事，勉学，家族の介護などさまざまな理由で一時的にトレーニングを中止し（脱トレーニング），再びトレーニングを開始することはよく起こる。再トレーニングの影響については，ベッドレストとの組み合わせや日常生活や競技者を想定したモデル（トレーニング＋脱トレーニング＋再トレーニング）での研究が行われている。

❶ 循環器系への影響

　サルティンら[19]は5名の青年男性に20日間のベッドレストをとらせた後，55日間のトレーニングを行った。トレーニングは主としてランニング（自転車漕ぎ運動のこともある）を1日2回（土曜日は1日1回，日曜日は休み），そのうち1回は持久走（少なくとも10分間，通常20分以上），1回はインターバル走（2～5分間走を1～3分間の休息をはさんで4～5回反復）を実施した。ベッドレスト前の$\dot{V}O_2max$の大きな2名は平素から規則的に競技スポーツを実施し，値の低い3名は大学のスポーツ活動に最小限参加している者であった。$\dot{V}O_2max$は20日間のベッドレストで平均28％減少したが，トレーニングを行うことで急速に回復し，55日後にはベッドレスト前の値を上まわり，特に臥床前に低値であった者にトレーニングによる増加が著しかった（図10-11）。同様な傾向は心臓容積（図10-12）にも認められた。

　わが国では，進藤と田中[20]が発育期にある12～14歳の男子生徒を対象に，トレーニング＋脱トレーニング＋再トレーニングの一連の実験を行っている。これによると，10週間のトレーニングで$\dot{V}O_2max$は11.8％増加したが，その後の約8週間の脱トレーニングで1～2％の低下を認めたが，引き続いて10週間のトレーニングを行うことで$\dot{V}O_2max$は最初の値よりも15％増加し，この増加はトレーニングなしの対照群に比べ3～4％高い値であった。このようなトレーニング＋脱トレーニング＋再トレーニ

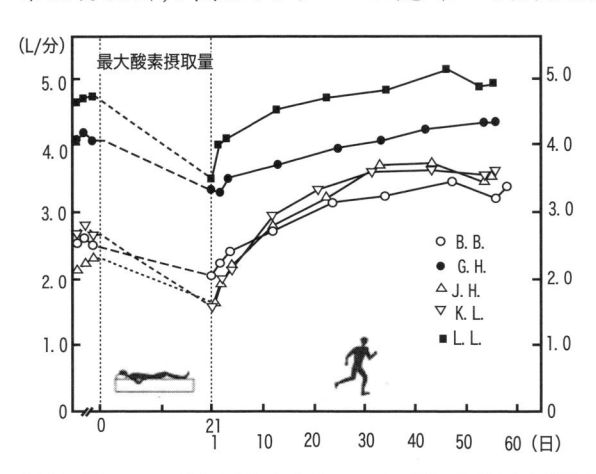

図10-11　ベッドレストとトレーニングによる最大酸素摂取量の変化（Saltin, B. et al., 1968[19]より引用）

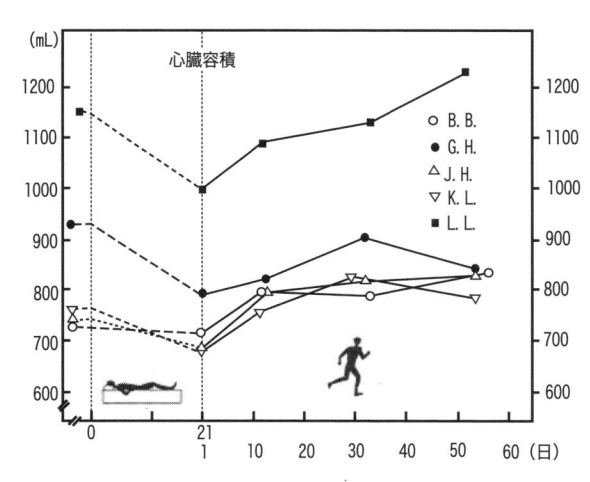

図10-12　ベッドレストとトレーニングによる心臓容積の変化（Saltin, B. et al., 1968[19]より引用）

ングの一連の実験では，トレーニング期間とほぼ同じ期間の再トレーニングによって，脱トレーニングによる$\dot{V}O_2max$の低下が回復するとの報告が多い。

❷筋系・身体組成への影響

ベルク（Berg, H.E,）ら[2]は，4週間の懸垂固定と，7週間の体重を負荷し自由に歩きまわる回復期の影響を検討し，除負荷した脚の大腿筋断面積とピークトルクは，それぞれ6.8%，22%減少したが，7週間後には回復したことを報告している。ダッドレー（Dudley, G.A.）ら[6]は，30日間のベッドレストとその後30日間の自由に歩き回る回復期を観察し，ベッドレスト後には膝伸展筋群の短縮性筋収縮と伸張性筋収縮のピークトルクが18〜20%減少するが，筋力は30日間でベッドレスト前の92%に戻ったことを報告している。一方，前述のサルティンら[19]は，20日間のベッドレストで，除脂肪体重が66.3〜65.3kgに低下したが，その後運動を行うことによって67.0kgに回復したとしている。

❸骨代謝への影響

グリゴーリエフ（Grigoriev, A.I.）ら[7]は，運動とビスフォスフォネイト（骨吸収の抑制作用を持つ薬剤）が360日間のベッドレスト中の負のカルシウム出納に及ぼす影響について検討した結果，これらを併用することによってCa出納を80%までに減少させられることを報告している。また，ルブランら[13]の17週間のベッドレスト後，6ヶ月間の体重を負荷した通常の活動の観察では，減少した踵骨骨密度はほぼ100%回復したものの，腰椎と大腿骨頭の骨密度は回復していない。脱トレーニングによって減少した骨密度の回復は，循環器系や筋力・筋萎縮の回復のようにすばやくはないようである。

［5］廃用がもたらす高齢者の身体機能

老化に伴う筋委縮とそれに付随する筋力の低下（サルコペニア：sarcopenia），ならびに身体機能の低下は，身体不活動によって惹起されやすい。サルコペニアは他に低栄養（特に低タンパク栄養）や各種疾患によっても惹起されやすいが，ここでは主に通常の老化で起こる加齢変化について述べる。

❶身体組成・骨格筋量に見られる変化

1960年にアレン（Allen, T.H.）ら[1]が，体内総カリウム量から加齢に伴う筋量減少を報告して以来，さまざまな手法を用いて加齢と筋量との関連が報告されている。これまでの研究データをまとめると，1）高齢者ではどの部位の骨格筋量も減少するが，2）女性の筋量低下が男性より早期に起き，筋量低下率は初期筋量が高い男性のほうが女性よりも大きい。3）上肢よりも下肢において筋量低下率が大きく，体幹・腰部および大腿部の筋厚の加齢変化が上肢や下腿に比べ大きいといわれている[19]。また，下肢に筋量の顕著な左右差を有する人の割合は，若齢者に比べて高齢者で多い[22]。

さらに近年の研究では，加齢に伴って生体中の筋内組成（筋内脂肪組織や筋密度といった指標）の変化が報告されている。筋内組成には日常の身体活動量や下肢筋機能が関連している。また，老化に伴って骨格筋中において細胞外液量の相対的な増加が観察される[23]。これらの加齢や身体機能低下による筋の質的変化には今のところ性差はないと考えられている。

❷ 体力に見られる変化

図10-13は，60歳以上の日本人高齢者約1000名の体力測定の結果を60歳までの日本人での報告値とともに示したものである[10]。

体力ピーク値は20歳前後にあり，高齢者ではいずれも青年期・壮年期を通じて見られる加齢変化をそのまま延長するかたちで低下している。しかし，その低下の経過は体力要素によって異なり，握力，ステッピング，体前屈は，60歳前半においてピーク時のおよそ70％，80歳代で50％を維持しているが，閉眼片足立ちでは，60歳前半にすでにピーク値の20％，80歳前半には男性で5.9％，女性で9.4％を維持しているにすぎない。さらに，バッテリーテストとしての総合点と年齢との回帰直線から体力の加齢変化を推定すると10年間で−9.6％であるが，バラツキも大きい（図10-14）[10]。

一方，高齢者の体力は，散歩程度の運動習慣を持つ者がまったく運動習慣のない者に比べて体力年齢に換算して約10歳若い。このような結果は，高齢期には日々の生活の中での軽い運動が体力維持に重要な役割を担っていることを示す[11]。

高齢者の歩行の特徴としては，スピードの低下，片足支持時間に対する両脚支持時間の割合の増加，股関節の開き具合や膝の屈曲度の低下などがあげられている[9]。特に歩行スピードは60歳から70歳にかけて急速に低下する。この歩行スピードは歩幅，歩調の積によるが，高齢者の場合は歩幅のほうがより密接に関連している[9]。高齢者の歩行スピードに影響を及ぼす体力要因としては，最大酸素摂取量や筋力の低下のほか，柔軟性，敏捷性，瞬発力，平衡性などとの相関が認められている。

一方，高齢者においては，特に介護度の軽いグループで平地歩行が自立している場合でも階段昇降能力や自力入浴能力が低下している者が多い（要支援者でも50％程度は自力での階段昇りが不能）[16]。この直接的要因として脚の筋量・筋力減少（サルコペニア）やバランス維持能の変化が考えられる。骨

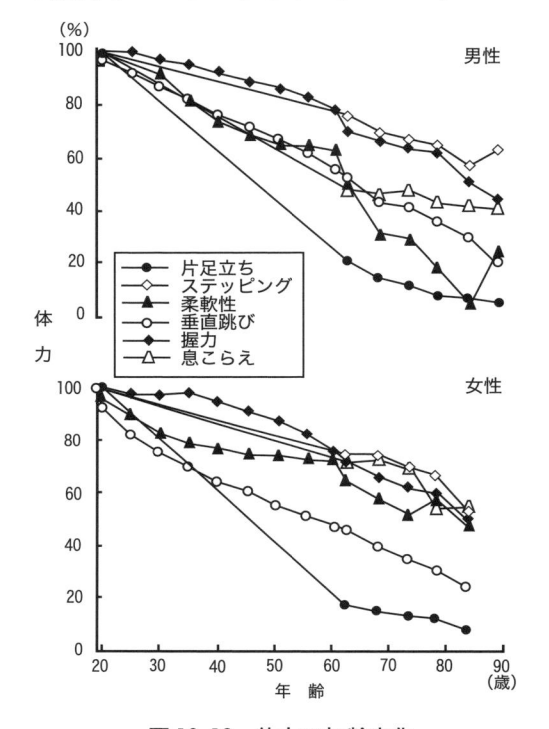

図10-13 体力の加齢変化
（木村ら，1990[10] より作成）

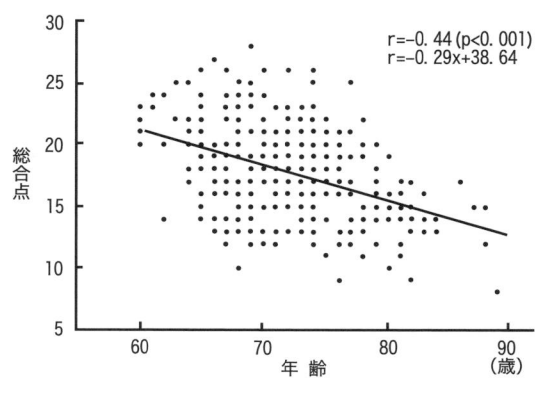

図10-14 高齢期における体力総合点の加齢変化
（木村ら，1990[10]）

格筋に見られるこのような変化は，ベッドレストスタディなどで検証されているように臥床生活で促進される。高齢者においては，筋力を強化する適切な身体運動を日常生活で行うとともに，臥床生活を送らない健康への配慮がきわめて重要である。

❸介護予防と運動

　要介護になる原因は年齢階級によって異なる。若い年代では脳卒中が多いが，歳とともに「高齢による衰弱」が多くなる。「高齢による衰弱」の本体は廃用である。要介護原因の上位を占める関節疾患や転倒骨折も廃用の影響を強く受けている。80歳前半で約半数，90歳代では3分の2が廃用をベースにした要介護である。また，介護度が軽度であった者が重度化していく要因としては，認知症や持病の悪化，加齢による脆弱化，脳血管疾患・ガン等，複数が関与していることが報告されている。要介護になると，低栄養や活動性低下の原因となる痛み，うつ，体調不良などにより，廃用による老化がいっそう促進されていくものと考えられる。高齢期の健康づくり・介護予防は，老化と廃用の悪循環を絶つこと，これへの挑戦である。そのために最も期待されるのが運動であろう。

（木村みさか・山田陽介）

【引用・参考文献1～4】

1) ボンパ著，魚住廣信訳，『スポーツトレーニング』，1988年，27-55頁，161-311頁，メディカル葵出版．
2) 八田秀雄，『乳酸と運動生理・生化学』，2009年，70-87頁，市村出版．
3) 猪飼道夫編，『身体運動の生理学』，1975年，334-354頁，杏林書院．
4) ヤコブレフ，コロブコフ，ヤナニス著，貝出繁之訳『ソ連スポーツトレーニングの理論と方法』，1961年，20-37頁，不昧堂書店．
5) カルポビッチ著，猪飼道夫・石河利寛訳，『運動の生理学』，1963年，39-50頁，ベースボール・マガジン社．
6) 川原貴，「国立スポーツ科学センター トータルスポーツクリニック（TSC）」，臨床スポーツ医学 22(4):349-353, 2005．
7) 川人光男，「運動軌道の形成 －神経回路の計算機構」，伊藤正男・佐伯胖編，『認識し行動する脳』，1988年，150-181頁，東京大学出版会．
8) クラウス，ラーブ著，広田広一・石川旦訳，『運動不足病』，1977年，134-150頁，ベースボール・マガジン社．
9) 岡野進編，『陸上競技指導と栄養・スポーツ傷害』，2006年，20-56頁，創文企画．
10) 小野寺孝一・宮下充正，「全身持久性運動における主観的強度と客観的強度の対応性」，体育学研究 21(4):191-203, 1976．
11) オゾーリン，ロマノフ著，岡本正巳訳，『スポーツマン教科書』，1966年，11-43頁，ベースボール・マガジン社．
12) 田畑泉，「運動基準2006とエクササイズガイド2006概説」，運動所要量・運動指針策定検討会，『普及定着ガイドブック』，2006年，79-89頁．
13) 糖尿病治療研究会編，『糖尿病運動療法のてびき』，2001年，82頁，医歯薬出版．
14) 綿引勝美，『コオーディネーションのトレーニング』，1990年，10-30頁，新体育社．
15) 山崎健，「スポーツの認識と習熟」，伊藤高弘・出原泰明・上野卓郎編，『スポーツの自由と現代（下）』，1986年，299-313頁，青木書店．

【引用・参考文献 5〜6】

1) 有賀誠司,『基礎から学ぶ筋力トレーニング』, 2008 年, 44 頁, ベースボール・マガジン社.
2) 石井直方,『究極のトレーニング―最新スポーツ生理学と効率的カラダづくり―』, 2007 年, 148 頁, 講談社.
3) 出村慎一ほか,『健康・スポーツ科学講義』, 2005 年, 杏林書院.
4) ランダル, ウイルバー著, 川原貴・鈴木康弘訳,『高地トレーニングと競技パフォーマンス』, 2008 年, 講談社.
5) 東京大学身体運動科学研究室,『教養としての身体運動・健康科学』, 2009 年, 169 頁, 東京大学出版会.

【引用・参考文献 7】

1) American College of Sports Medicine, 日本体力医学会体力科学編集委員会監訳,『運動処方の指針（ACSM's guidelines for exercise testing and prescription）』, 2006 年, 南江堂.
2) Blair, S.N., Kohl 3rd H.W., Paffenbarger, Jr.R.S., Clark, D.G., Cooper, K.H., Gibbons, L.W., Physical fitness and all-cause mortality. A prospective study of healthy men and women. JAMA262:2395-2401, 1989.
3) Colman, R.J., Anderson, R.M., Johnson, S.C. et al., Caloric restriction delays disease onset and mortality in rhesus monkeys. Science 325:201-4, 2009.
4) Elia, M., Stratton, R., Stubbs, J., Techniques for the study of energy balance in man. Proc Nutr Soc. 62:529-37, 2003.
5) Heilbronn, L.K., de Jonge, L., Frisard, M.I. et al., Effect of 6-Month Calorie Restriction on Biomarkers of Longevity, Metabolic Adaptation, and Oxidative Stress in Overweight Individuals: A Randomized Controlled Trial. JAMA295:1539-1548, 2006.
6) 池上晴夫,『運動生理学』, 1995 年, 朝倉書店.
7) Ingram, D.K., Cutler, R.G., Weindruch, R. et al., Dietary restriction and aging: the initiation of a primate study. Journal of Gerontology45:B148-B163, 1990.
8) 勝川史憲,「第 3 章・生活習慣病（成人病）1. メタボリックシンドローム」, 財健康・体力づくり事業財団編,『健康運動指導士テキスト』, 2010 年, pp.73-82.
9) McCay, C.M., Crowell, M.F., Maynard, L.A., The effect of retarded growth upon the length of life span and upon the ultimate body size. Journal of Nutrition10:63-79, 1935.
10) 日本循環器学会他合同研究班,『虚血性心疾患の一次予防ガイドライン（改訂版）』, 2006 年, 40-43 頁.
11) 岡本勉監修,『若さと健康をつくるウオーキング』, 2005 年, 歩行開発研究所.
12) Paffenbarger, R.S.Jr., Blair, S.N., Lee, I.M., A history of physical activity, cardiovascular health and longevity: the scientific contributions of Jeremy N. Morris, DSc, DPH, FRCP. Int. J. Epidemiol. 30:1184-1192, 2001.
13) Piper, M.D.W., Bartke, A., Diet and Aging. Cell Metabolism8:99-104, 2008.
14) 運動所要量・運動指針の策定検討会,『健康づくりのための運動基準 2006 ―身体活動・運動・体力―』, 2006 年.

【引用・参考文献 8】

1) Allen, T.H., Anderson, E.C., and Langham, W.H., Total body potassium and gross body composition in relation to age. J. Gerontol.15: 348-357, 1960.
2) Berg, H.E. et al., Effects of lower limb unloading on skeletal muscle mass and function in humans. J Appl Physiol.70(4):1882-1885, 1991.
3) Convertino, V.A. et al., Induced venous pooling and cardiorespiratory responses to exercise after bed rest. J Appl Physiol.52(5):1343-1348, 1982.

4) Convertino, V.A. et al., Changes in volume, muscle compartment, and compliance of the lower extremities in man following 30 days of exposure to simulated microgravity. Aviat Space Environ Med. 60(7):653-8, 1989.
5) Convertino, V.A., Cardiovascular consequences of bed rest: effect on maximal oxygen uptake. Med Sci Sports Exerc.29(2):191-6, 1997.
6) Dudley, G.A. et al., Alterations of the in vivo torque-velocity relationship of human skeletal muscle following 30 days exposure to simulated microgravity. Aviat Space Environ Med.60(7): 659-63, 1989.
7) Grigoriev, A.I. et al., Effect of exercise and bisphosphonate on mineral balance and bone density during 360 day antiorthostatic hypokinesia. J Bone Miner Res,7 Suppl 2: S449-55, 1992.
8) Hettinger, T., The behavior of the force of trained muscles during and after several days of rest. Int Z Angew Physiol18:357-60, 1961.
9) Kaneko, M. et al., A kinematic analysis of walking and physical fitness testing in elderly women. Can. J. Sport. Sci.16:223-228, 1991.
10) 木村みさかほか，「体力診断バッテリーテストからみた高齢者の体力測定値の分布および年齢との関連」，体力科学 38(5): 175-185, 1990.
11) 木村みさかほか，「都市在住高齢者の運動習慣と体力診断バッテリーテストによる体力」，体力科学 40(5):455-464, 1991.
12) LeBlanc, A. et al., Calf muscle area and strength changes after five weeks of horizontal bed rest. Am J Sports Med.16(6):624-9, 1988.
13) LeBlanc, A.D. et al., Bone mineral loss and recovery after 17 weeks of bed rest. J Bone Miner Res.5(8): 843-50, 1990.
14) LeBlanc, A.D. et al., Regional changes in muscle mass following 17 weeks of bed rest. J Appl Physiol. 73(5):2172-8, 1992.
15) LeBlanc, A., and Schneider,V., Countermeasures against space flight related bone loss. Acta Astronaut. 27:89-92, 1992.
16) Nishiwaki, T. et al., Health characteristics of elderly Japanese requiring care at home. Tohoku J Exp Med.205(3):231-9, 2005.
17) 大藪由夫ほか「山下泰裕選手にみられた45日間のベッド安静による心臓陰影の縮小」，武道学研究 16(2): 37-41, 1984.
18) Rambaut, P.C., and Goode, A.W., Skeletal changes during space flight. Lancet.2(8463):1050-2, 1985.
19) Saltin, B. et al., Response to exercise after bed rest and after training. Circulation, 38(5 Suppl): VII1-78, 1968.
20) 進藤宗洋・田中宏暁，「自転車運動によるトレーニング—90% $\dot{V}O_2$max 15分間3回/週—」，体育科学 1: 5-13, 1973.
21) Taylor, H.L., Henschel,A. et al., Effects of bed rest on cardiovascular function and work performance. J Appl Physiol 2(5):223-39, 1949.
22) 山田陽介ほか，「15〜97歳日本人男女1006名における体肢筋量と筋量分布」，体力科學 56(5): 461-472, 2007.
23) Yamada, Y. et al., Extracellular water may mask actual muscle atrophy during aging. J Gerontol A Biol Sci Med Sci, 2010: in Press.

第 11 章

コンディショニングと睡眠

1 ウォーミングアップ（W-up）の効果

[1] W-up の目的

　W-up の目的は障害予防とパフォーマンス向上であり，いずれも体温上昇による生理的効果を期待するものである[3)6)]。しかしながら，温水浴やホットパックによって加温する方法の効果はきわめて低く，競技前の W-up 方法としては不適切である。多くの場合，まず一般的な W-up として軽運動（ジョギングなど）を行い，その後ストレッチなどをはさんで次にくるスポーツ特性に応じた専門的な動きを行うことが多い。ここでは W-up として行う軽運動の効果や方法について述べる。

[2] W-up が引き起こす生理的効果

(1) 代謝効率の上昇
　体温の上昇は筋でのグリコーゲンや高エネルギーリン酸（ATP や PCr）の利用を促進させる。グリコーゲンや高エネルギーリン酸は運動時における利用度の高いエネルギー源である。したがって，利用の促進によってすばやい筋の張力発揮が可能となりパフォーマンスの向上につながる。

(2) 筋の粘性抵抗軽減や弾性の上昇
　筋温上昇は筋や腱の粘性（粘り気）を低下させる。筋や腱の粘性が低下することで，より少ないエネルギーで筋収縮ができるようになる。さらに，筋温上昇は筋の弾性（弾みやすさ）を上昇させる。つまり筋は W-up によってより強く，すばやい収縮が可能になる。

(3) 神経伝達速度の上昇
　体温上昇は神経伝達速度を速める。神経伝達速度が速くなることで，脳からの命令は W-up 前と比較して速く筋まで到達し，主運動中のより複雑な動きに，より速く，より正確に対応できるようになる。

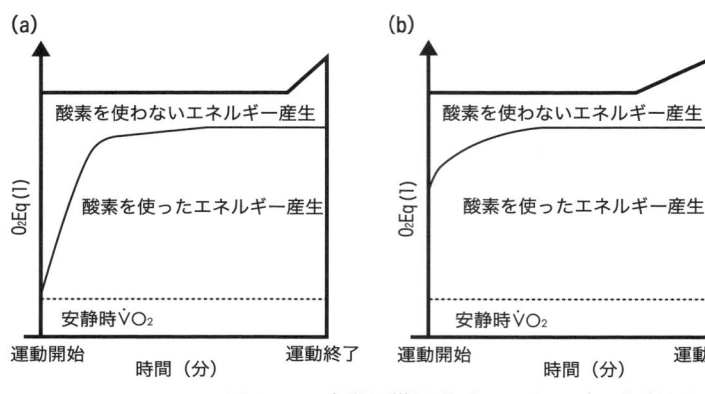

図11-1　疲労困憊運動時のエネルギー代謝を図式化したもの

(a) W-up を行わなかった場合
(b) W-up を行った場合
縦軸の O₂Eq はエネルギー代謝における O₂ 相当量
W-up を行わなかった場合，酸素を使ったエネルギー代謝が立ち上がるまで時間がかかり，酸素を使わないエネルギー産生の依存が大きくなることがわかる。
(Bishop, D., 2003[3])を改変)

(4) 活動筋に対する酸素供給の増加

W-up は血流の再配分を引き起こし，消化器官などの非活動的な組織への血流量を減少させ，呼吸・循環系の組織や骨格筋への血流を増やす。また W-up によって上昇した体温は酸素解離曲線を右傾化させ，ヘモグロビンやミオグロビンから筋への酸素解離を増加させる。付け加えると，W-up によって筋内が酸性に傾くことでも，筋への酸素供給が容易になる。筋へ酸素が供給されやすくなることで，酸素を使った代謝がしやすくなり，主運動中における酸素借（酸素不足）の減少につながる。

(5) 運動前の酸素摂取量の増加

W-up によって運動前の酸素摂取量は増加し，主運動開始直後から酸素を使った乳酸や脂質の利用によるエネルギー産生がすばやく行われるようになる（図11-1）。すなわち，安静時の酸素摂取量増加は主運動開始直後から活動筋においてより多くの酸素消費を可能とし，糖の分解の過程で生じる乳酸の分解を高め，酸素借の割合を減少させる。

［3］W-up と障害予防

筋の温度が低いときや，筋への血流量が少ない場合，筋の弾性は低く，伸び縮みに対して脆い。さらに冷えた筋は粘性抵抗が大きく，筋の伸び縮みに対して柔軟な対応ができない。このような状態で激しい（あるいは急激な）運動を実施すると，筋・腱への負担は大きく，断裂する可能性が増す。一方，W-up によって体温が上昇すると，筋だけでなく腱や関節の結合組織の柔軟性が上昇し，関節可動域が大きくなる。すなわち，W-up による筋・腱組織の変化が障害の予防に結びつくことになる[6]。

また，W-up によって俊敏な動きが可能となり，すばやく傷害の危機から回避できるようになる[6]。その理由は，神経伝達速度が速くなり，神経‐筋の協調能が向上するためと考えられている。

さらに，呼吸循環機能の準備がされることも W-up による効果の一つであり，運動時における心疾患予防となる。W-up を行うことで，心疾患患者が急激な運動を行った際に起こる ST 低下や心室性不整脈，左心室収縮能の低下が予防できることが知られている[1]。

[4] W-upと運動パフォーマンス

多くの先行研究でW-upがパフォーマンス改善につながると報告されており，逆にパフォーマンス低下につながったとする報告はわずかである[3)4)5)]。

W-up効果の多くが体温上昇によって引き起こされるため，受動的に筋を加温させても力-パワー曲線は変化する[3)]。しかし，W-upは呼吸循環機能の適応もあり，全身運動のパフォーマンス向上に対してより効果的である[4)]。一方，暑熱環境において長時間運動を行う場合などは体温を上げすぎることが早期の疲労につながり，パフォーマンスを低下させてしまう可能性がある。また，長時間にわたる持久的な運動の場合，W-upで多くのエネルギー源を使うことがエネルギー不足につながる可能性も考えられる。W-upがパフォーマンス低下につながったとする研究は，過度のW-upを行った結果だと考えられている[5)]。

[5] 最適なW-upを行うために

競技やトレーニングの内容により，W-upとして行う軽運動の強度や時間は異なる。W-upが不十分で体温が上昇していない場合はその効果を期待することはできず，反対にW-upによる過度な体温上昇は早期の疲労をまねくことが予想される。

(1) 10秒未満で終わる運動前のW-up

Bishop, D.[4)]は10秒未満の運動前におけるW-up（軽運動）強度と，パフォーマンスとの関係を図11-2のようにまとめている。図から，ジャンプなどの高いパワー発揮が求められる瞬発的運動前には60%$\dot{V}O_2$max程度のW-upが適していることが読み取れる。瞬発的なパワー発揮には，代謝効率をよくするために体温を上げておく必要がある。しかしながら，W-upで高エネルギーリン酸を多く消費すると，瞬発的なパワー発揮のためのエネルギー源が減少することとなる。60%$\dot{V}O_2$max前後の運動は十分な体温上昇が見込める強度であり，かつ筋内のエネルギー源（特に高エネルギーリン酸）をW-upで使いすぎない強度である。また，運動開始直後は時間経過とともに体温は上昇するが，15分程度経過すると一定になる。したがって，ジャンプなどの運動前は20分以上の連続した運動は必要ないであろう[4)]。

(2) 10秒～5分で終わる運動前のW-up

運動時間が10秒～5分の場合のW-up（軽運動）強度と発揮されるパフォーマンスとの関係を図11-3に示した[4)]。おおよそ70%$\dot{V}O_2$max強度でのW-upが，最もパフォーマンスを向上させる。背景として，10秒～5分の運動では筋温上昇によるエネルギー代謝の改善とともに，運動開始と

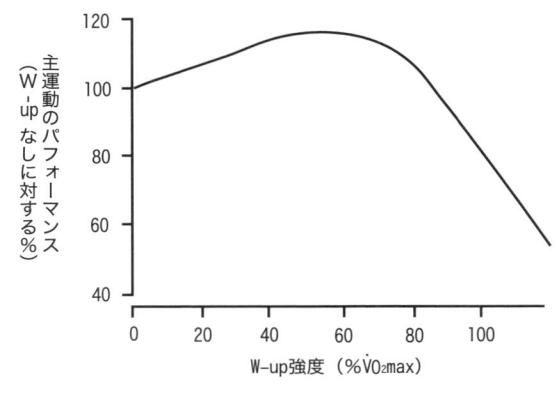

図11-2 10秒未満の運動前におけるパフォーマンスとW-up強度
W-up後すぐに主運動を始めた場合，主運動のパフォーマンスはW-upなしのときに対する相対値で表す。
(Bishop, D., 2003[4)]を改変)

ともにスムーズな酸素摂取を実現することがパフォーマンス向上につながるためである。つまり安静時の酸素摂取量を高くしておく必要があるが，運動後に酸素摂取量が増加する現象は乳酸性作業閾値（個人差はあるがおおむね60〜70%$\dot{V}O_2max$強度）以上の運動後に生じる。したがって，W-upとしては少なくとも乳酸閾値以上の強度で行う必要がある。また，定常負荷運動の場合，酸素摂取量は運動開始後5〜10分ほど経過してから一定になる。すなわち，W-upでは少なくとも10分程度の連続した運動が必要となる。

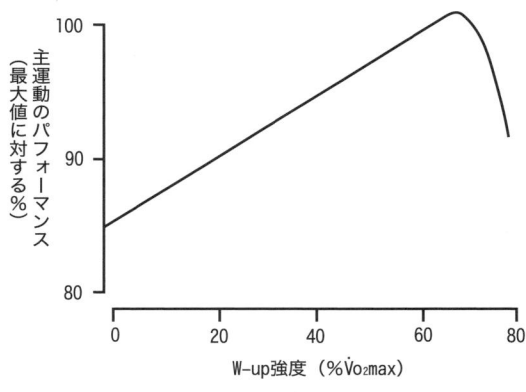

図11-3　10秒から5分程度の運動前におけるパフォーマンスとW-up強度

W-up後すぐに主運動を始めた場合，主運動のパフォーマンスは最大にパフォーマンスが発揮されたときに対する相対値で表す。（Bishop, D., 2003[4]）を改変）

(3) 5分以上になる運動前のW-up

5分以上になる運動前に行うW-up方法とパフォーマンスに関する実験的な報告の数は限られている[5]。しかし，W-upは全身の酸素摂取量を速やかに立ち上げることでパフォーマンス向上につながる。したがって，10秒〜5分継続される運動前の強度・時間と同じW-upがおおむね適していると考えられよう[4]。

(4) 環境温とW-up

寒冷環境下では常温環境下と比較して体温が上がりにくくなるため，W-upに適した時間は自ずと長くなる。また，冷えた筋は弾性が低いため，いきなり高強度でW-upを行うことは筋の障害を増すことになる。したがって，低強度の運動で筋温を上昇させてから，呼吸循環機能への負荷を与えるW-upが理想的であろう。具体的には，W-upのはじめはゆっくりとしたジョギングを行い，その後ペースを速めて酸素摂取量を上げておくことが勧められる。

暑熱環境下では過度な体温上昇に注意を払う必要がある。強度の高い運動ほど環境温に影響され，気温が高いときは運動によって定常になる体温も高くなる。つまり，暑熱環境下は常温環境下よりも体温が高くなりやすい。対策として，涼しい場所でのW-upや，直接体表面を冷やすためにアイスベストを着用してW-upを行うことが高いパフォーマンスにつながることが示唆されている[2]。暑熱環境下での運動は熱中症につながる危険もあるため，W-up前やW-up中での水分補給を十分に行うべきである。

（瀧澤一騎・石井好二郎）

2　クーリングダウンの効果

[1] クーリングダウン

クーリングダウン（cooling down）は運動に伴う疲労が蓄積した状態から安静時あるいは運動前の状態まで速やかに回復させるための手段である。わが国においては整理運動ともい

われ，欧米諸国においてはウォームダウン（warm down）あるいはリカバリー（recovery）とも称される。

［2］運動に伴う疲労

　激しい運動を継続していくとやがて運動の持続が困難となり停止せざるを得ない，いわゆる疲労困憊の状態となる。このような状況では筋グリコーゲン濃度の低下，活性酸素の発生，リン酸の蓄積，筋内のカリウムの漏出，脱水，体温の上昇，中枢性疲労などさまざまな要因が複雑に絡み合って運動の持続が困難となる[5]。従来は乳酸が疲労物質として扱われ，疲労の要因の一つとして考えられてきたが，近年ではその考え方は否定されている[1) 5)]。また，激しい運動中に発生する運動痛や数日経ってから自覚する遅発性筋痛（delayed onset muscle soreness：DOMS），筋力や柔軟性の低下などの運動機能の低下，その他の心身のストレスの蓄積なども運動に伴う疲労としてとらえることができる[1]。さらに，自覚的な症状ではなくとも超音波や磁気共鳴機器（magnetic resonance imaging：MRI）などの画像により評価される筋損傷，炎症ないし浮腫，血液検査を用いて評価されるクレアチンキナーゼ（creatine kinase：CK）などの血中逸脱酵素の活性値，炎症反応あるいは免疫能の指標の変化などによっても，運動に伴う疲労を間接的に評価することが可能である[1]。よって，これら疲労の指標について単に運動後に安静を保持するよりも，速やかに回復させることのできる方法がクーリングダウンの方法として有効といえよう。

［3］クーリングダウンの方法

　クーリングダウンの具体的な方法には能動的なものとしてアクティブリカバリー，受動的なものとしてマッサージ，ストレッチング（方法によっては能動的なものに分類される），アイシング，温冷交代浴，コンプレッション衣類の着用，電気刺激，高圧酸素療法などがある。また，クーリングダウンが行われるタイミングとして，1日のなかで複数回にわたってパフォーマンス発揮がなされるような間欠的な運動の間に行われる場合と，すべての運動後に行い翌日以降の運動に向けて疲労を回復させる効果を期待する場合の，二つの条件が考えられる。

［4］クーリングダウンの効果

（1）アクティブリカバリー

　アクティブリカバリー（active recovery）とは中強度のランニングや自転車漕ぎなどの運動を行う積極的な回復手段の総称である。能動的に筋を活動させることで筋ポンプ作用により血流を改善させる効果が期待されている。疲労に至った運動の強度や次の運動までの回復に利用できる時間の長さなどを考慮しなければならないが，おおむねランニングや自転車漕ぎ運動であれば30～50%$\dot{V}O_2max$（主観的運動強度では11「楽である」～13「ややきつい」，心拍数では毎分100～130拍）程度の強度で5～15分継続することが妥当であるとされている[6]。アクティブリカバリーの効果としては乳酸の除去能により評価され，その優れた効果が認め

られてきた[1]。しかしながら先述のとおり，現在においては疲労と乳酸の直接的な関係は否定されている[1,5]。それとは別に間欠的な運動におけるパフォーマンスの維持[1,8]，運動後のCK活性値や心身のストレスの低減[1]，翌日以降の自転車漕ぎ運動のパフォーマンスの回復[1]についてアクティブリカバリーの有効性が証明されている。一方で，運動と運動との間隔が短い高強度の間欠的な運動についてはむしろアクティブリカバリーによってパフォーマンスが低下したことが報告されている[4]。また，運動後のグリコーゲンの回復についてはアクティブリカバリーにより遅延したことが報告されており[1]，グリコーゲンの回復をさせつつ疲労を軽減させるためには，アクティブリカバリーと炭水化物の摂取を組み合わせて行うべきなのかもしれない。

(2) マッサージ

マッサージは主に手指を使って活動した部位を擦る，揉む，叩くなどし，血流の改善を図ることで浮腫あるいは疼痛を軽減させる効果を期待するものである。しかしながら実際にマッサージが血流を改善させる効果を明らかにした研究はなく[1]，逆に血流を阻害させたことも報告されている[14]。ただし，血流の改善効果はないものの，間欠的な自転車漕ぎ運動のパフォーマンスを改善させる効果[18]，運動後の疼痛や疲労感を軽減する効果[1]，運動後24時間後の自転車漕ぎ運動のパフォーマンスを回復させる効果[1]が明らかとなっている。一方，運動後の遅発性筋痛の軽減効果については否定する報告が多い[1,2]。また，疲労によって低下した筋力の回復効果についてもマッサージの有効性を明らかにした研究は少ない[1]。

(3) ストレッチング

ストレッチングは筋や腱を伸張させる手段である。疲労によって短縮した筋を伸張させることで元どおりの長さに戻す働きかけをするとともに血流の改善により疲労を軽減する効果があるとされている。ところが，スタティックストレッチングの効果を検討した研究では，運動後に低下した運動機能を回復させなかったこと，浮腫を広げる恐れがあること，遅発性筋痛を軽減させなかったことなど，ストレッチングの効果を否定する知見が多い[1,2]。一方で，スタティックストレッチングを間欠的な運動の間に行うことで全力自転車漕ぎ運動のパフォーマンスを改善させたことが報告されている[15]。また，最近では間欠的な自転車漕ぎ運動の間にダイナミックストレッチングを行うことでパフォーマンスを改善させたことも明らかとなっている[8]。

(4) アイシング

アイシングはクライオセラピー（cryotherapy）ともいわれ，氷，アイスパック，冷気，冷水浴（10℃前後）などを用いて身体や活動部位を15分程度冷却する方法である。炎症を抑える効果の他，冷却により一度血管を収縮させることで後に血管が過拡張し（リバウンド効果），血流を改善させる効果があるとされている。アイシングの効果としては運動後数日間空けて行われたパフォーマンスの回復効果[1,9,13]，CK活性値の低下[11]，浮腫や主観的な疲労感の軽減効果[11]，柔軟性の低下の抑制効果[9]，遅発性筋痛の軽減効果[2,11]を明らかにした研究もあるが，多くの研究で遅発性筋痛の軽減ならびに運動機能の改善効果を認めなかったとしている[1,2]。また，トレーニング後にアイシングをすることでトレーニング効果を減じたと

の報告もなされている[1]。一方，暑熱環境下においては過度の体温上昇を抑え，間欠的なパフォーマンスの回復に有効であったことを示した知見[12]もある。

(5) 温冷交代浴

温冷交代浴（contrast water therapy）は数分ずつ温水（40℃前後）と冷水（10℃前後）に交互に入浴を繰り返すものであり，血流を改善させる効果が期待されている。温冷交代浴が運動後のCK活性値を低下させたこと[1)13)]，遅発性筋痛や浮腫を軽減させたこと[13)]，数日間の間隔を空けたパフォーマンスの回復[13)]に有効であったことが確認されている。一方で，間欠的な運動におけるパフォーマンスの回復効果がなかったこと[1)]，運動後のCK活性値を変化させなかったこと[10)]，遅発性筋痛を軽減させなかったこと[10)]，数日間空けて行われた筋力発揮の回復に影響を及ぼさなかったこと[10)]も示されており，研究の結果は一致していない。

(6) コンプレッション衣類の着用

コンプレッション衣類（compression garment）は着用することで段階的な着圧により末梢から中枢に向かう血流を促進させたり，浮腫を抑えたりする効果が期待される衣類である。近年ではスポーツ選手が運動中に着用する光景を目にするようになったが，運動後のコンプレッション衣類の着用が疲労の軽減に有効か否かについても検討が行われている。それらの研究結果によると主観的疲労度の軽減[7)]，CK活性値の低下[1)3)7)]，浮腫の軽減[7)]，筋痛の軽減[3)7)]の効果を認めた研究がある。一方で，パフォーマンスの改善効果については認めた研究[7)]と認めなかった研究[3)]とがあり，意見が錯綜している。

(7) 電気刺激

電気刺激（electromyostimulation: EMS）は表面電極を用いて低周波の電気刺激を行い筋を収縮させ，筋ポンプ作用により血流を改善させることを期待するものである。電気刺激の効果については遅発性筋痛の軽減に有効であったとの知見[2)]もあるが，大半の研究では筋力の回復あるいは遅発性筋痛の軽減についてその有効性は示されていない[1)2)]。

(8) 高圧酸素療法

高圧酸素療法（hyperbaric oxygen therapy）は大気圧よりも1気圧以上高い状況を特別な装置あるいは部屋のなかでつくり出し，そのなかで濃度が100％に近い酸素の供給を受けることで，血中の酸素濃度を高め，疼痛などを軽減させる効果を期待するものである[1)]。しかしながら，実際には高圧酸素療法による筋力の回復や疼痛および浮腫の軽減の効果を認めた研究は少ない[1)]。加えて，この方法には高価な装置が必要であること，あるいは酸化ストレスの増大が懸念されることなど問題点も多い[1)]。

3 ストレッチング

[1] ストレッチング

ストレッチング（stretching）は「伸ばすこと」と訳される。運動やスポーツの領域におい

ては「筋や腱などを伸ばす運動」をさす。ストレッチングの主な目的は関節可動域を拡げる（柔軟性を改善させる）ことであり，ストレッチングによる柔軟性の改善にはさまざまな生理学的なメカニズムが関与している。

［2］ ストレッチングに関わる生理学的なメカニズム

（1） 筋や腱などの結合組織における力学的な特性の変化

結合組織によって構造化されている筋や腱などの組織は粘弾特性を有しており，ストレッチングにより伸張されることで弾性（stiffness）が減少し（伸張に対する抵抗が少なくなり），伸展性が増大する[2]，すなわち柔軟性が改善する。

（2） 筋の機能に対する神経生理学的な変化

ストレッチングにより筋や腱が伸ばされるとそれらに存在する筋紡錘（muscle spindle）やゴルジ腱器官（Golgi tendon organ）といわれる受容器が反応する。筋紡錘は筋線維と並列に存在し，筋の長さ変化を検知している。一方，ゴルジ腱器官は筋と腱の接合部に直列に存在し，筋の張力変化を検知している。これらの受容器で検知された変化によりそれぞれ伸張反射（stretch reflex）あるいは自原性抑制（autogenetic inhibition）が生ずる[6]。

伸張反射（図11-4）は筋紡錘で検知された信号がIa群線維を上行して脊髄に入り，運動ニューロンを興奮させ，その興奮によって遠心性線維を介し伸張された筋を収縮させるものである[6]。この反射は姿勢の保持に重要な役割を果たす他，伸張-短縮サイクル（stretch-shortening cycle）を利用した爆発的な力発揮の際には有効活用される。しかしながら，ストレッチング実施時において伸張反射が生ずることは柔軟性の改善の妨げとなり得る。

一方，自原性抑制（図11-5）はゴルジ腱器官で検知された信号がIb群線維を上行して脊

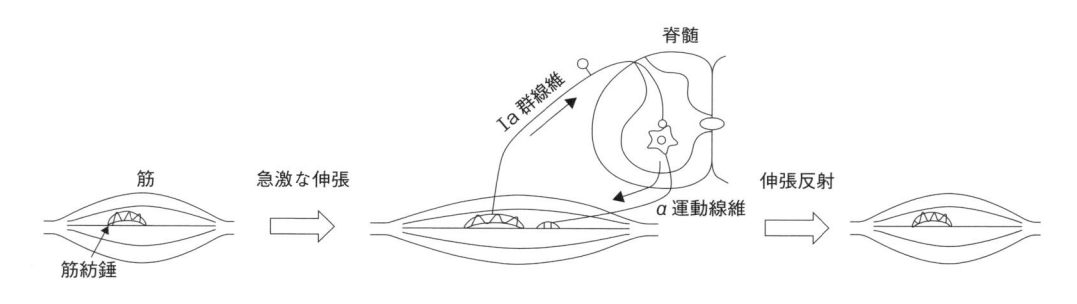

図11-4　伸張反射

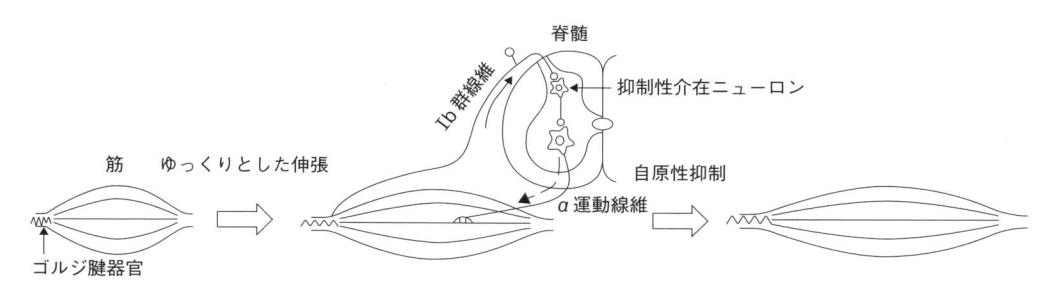

図11-5　自原性抑制

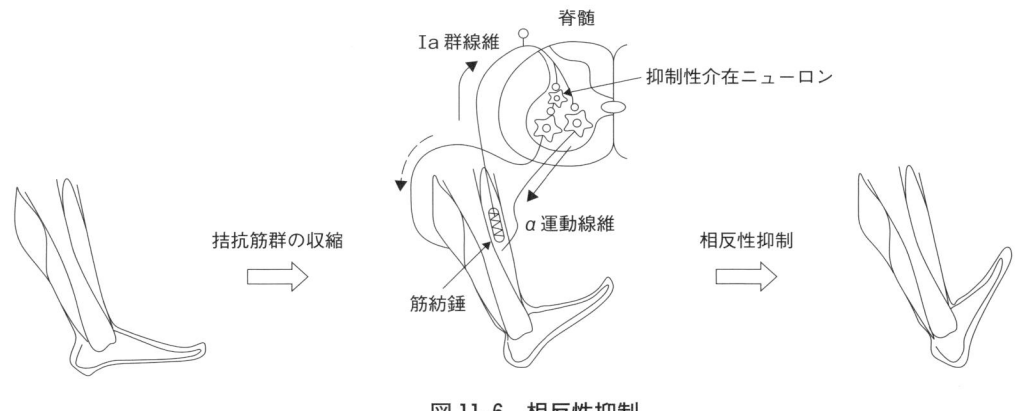

図11-6 相反性抑制

髄に入り，抑制性の介在ニューロンを介して運動ニューロンに抑制作用を及ぼし，遠心性線維を介しかかわる筋を弛緩させるものである[5)6)]。自原性抑制を生じさせるためには伸張反射が生じるまでの時間よりも長く伸張しなければならず，6秒以上伸張し続けることで筋が弛緩しはじめ，柔軟性が改善するとされている[6)]。

また，ストレッチングにより筋の機能を変化させる反射として相反性抑制（reciprocal inhibition）もあげられる（図11-6）。この反射は主働筋群と拮抗筋群の関係にある両筋群において，一方の筋群を収縮させることによりその筋群における筋紡錘が反応し（筋の収縮によっても一時的に筋が伸張され，筋紡錘が伸張を検知する），伸張反射によってその筋群の収縮力を高めるとともに，脊髄では抑制性の介在ニューロンを介して他方の筋群の運動ニューロンに抑制作用を及ぼし弛緩させるというものである[5)]。よって，ストレッチングにおいて伸張させたい筋群の拮抗筋群を能動的に収縮させることで伸張させたい筋群を弛緩させ，柔軟性を改善させることが可能になると考えられる。

したがって，柔軟性を改善させるためにはいかに伸張反射を起こさせず，自原性抑制あるいは相反性抑制を生じさせるかが重要なポイントとなる。

［3］ストレッチングの方法

（1）バリスティックストレッチング

バリスティックストレッチング（ballistic stretching）は反動や弾みをつけて関節を可動させることで筋を伸張させる方法である（図11-7Ⓐ）。この方法では最大可動域を越えて筋が勢いよく伸張されることもあり，伸張反射が生じやすいことが確認されている[6)]。したがって，伸張させたい筋を収縮させる可能性があることから，柔軟性を改善させる効果を引き出すことが難しい。また，伸張反射が生じている状況において大きな外力により無理に筋を伸張させると，筋に損傷を引き起こす危険性もはらむ[6)]。これらのことから，昨今では柔軟性の改善のための有効なストレッチングの方法とは考えられていない。

（2）スタティックストレッチング

スタティックストレッチング（static stretching）はバリスティックストレッチングとは対照

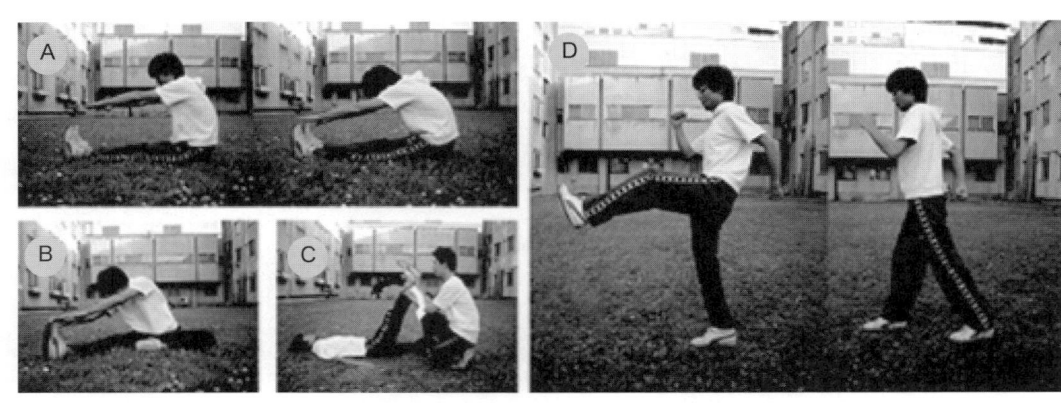

図11-7　ストレッチングの方法

的に反動や弾みをつけることなくゆっくりと関節を可動させ，最大可動域付近において数秒から数十秒保持する方法である（図11-7 Ⓑ）。この方法はセルフでもパートナーとでも安全かつ容易に柔軟性を改善させることができ，いわゆる「ストレッチング」として汎用されている。スタティックストレッチングによる柔軟性の改善には主に筋や腱の組織における弾性の減少[2]ならびに自原性抑制[6]が関与していると考えられる。

(3) proprioceptive neuromuscular facilitation（PNF）を用いたストレッチング

PNFはリハビリテーションの分野において開発され発展してきた促通手技法であり，それをストレッチングに応用させたのがPNFを用いたストレッチングである[5,6]。具体的にはパートナーの徒手抵抗を利用し伸張させたい筋を等尺性あるいは短縮性に筋活動させた直後に受動的あるいは能動的に伸張させる方法である（図11-7 Ⓒ）。この方法による柔軟性の改善には自原性抑制あるいは相反性抑制のメカニズムが大きく関与していると考えられている[5,6]。バリスティックストレッチングやスタティックストレッチングよりも柔軟性を改善させる効果が高いとされているが，施術にはPNFの知識を十分に理解し，技術の熟練したパートナーが必要となる[6]。

(4) ダイナミックストレッチング

ダイナミックストレッチング（dynamic stretching）はストレッチングを実施するもの自身が伸張させたい筋の拮抗筋を能動的に収縮させ関節の可動や回旋などを行うことで伸張させたい筋を動きのなかで伸ばす方法である（図11-7 Ⓓ）[8]。この方法による柔軟性の向上には相反性抑制が関与していると考えられているが[8]，実際のところはそのメカニズムは明らかにはなっていない。

[4] ストレッチングの効果

(1) 柔軟性を改善させる効果

ストレッチングの本来の効果である柔軟性の改善効果のうち，ストレッチング直後の即時効果としてスタティックストレッチングやPNFを用いたストレッチングの有効性が示されている[2]。特にスタティックストレッチングについてはその汎用性からも多くの研究が行われ，柔軟性の向上に有効な伸張時間として15〜30秒が推奨されている[1]。また，スタテ

ィックストレッチングによる柔軟性向上の即時効果の持続時間は5〜30分とされている[2]。加えて，長期的なストレッチングのトレーニング効果としてもスタティックストレッチングの定期的な実施によって柔軟性を改善させる効果が明らかとなっている[2]。

(2) 傷害を予防する効果

柔軟性が低いと特定の傷害を発生する危険性が高まる[2]。一方で，柔軟性が高すぎても（関節が緩すぎても）傷害を発生しやすい[2]。しかしながら，もとより有している柔軟性に特段問題のない健常者やアスリートを対象にストレッチングによる外傷予防効果を検討した研究では，その効果を明確にした研究は少ない[1][2]。したがって，ストレッチングによる傷害予防効果については，柔軟性の低い対象者についてストレッチングによる柔軟性の改善が傷害の予防につながるといえるのかもしれない。

(3) 運動やスポーツのパフォーマンス（できばえ）をよくする効果

ストレッチングには柔軟性の改善自体が競技成績を左右する審美系のスポーツ（体操やフィギュアスケートなど）だけでなく，多くの運動やスポーツに含まれる走，跳，投などのパフォーマンスを良好にする効果もある[6]。しかしながら，運動前のウォーミングアップにおけるバリスティックストレッチング，スタティックストレッチングおよびPNFを用いたストレッチングが，各種パフォーマンスを向上させる効果はほとんど明らかになっていない[1][2][9][10]。他方，ダイナミックストレッチングについては走，跳，投などの瞬発的な運動能力の向上に有効であるが[9][10]，一方で，長期的に各種ストレッチングをトレーニングとして実施する場合については，筋力を向上させるなどさまざまな運動機能や運動能力を改善させる効果が明らかとなっている[1][2][9]。

(4) 疲労を回復させる効果

激しい運動や同じ姿勢を繰り返した後には，筋や腱が硬くこわばった感覚を得る。このようなときには筋が短縮したり緊張している場合が多い。こういった場合にスタティックストレッチングを実施することは短縮した筋を伸張させることで主観的な疲労を取り除いたり，筋の緊張を和らげたりする効果があると考えられている[9]。しかしながら，疲労の一種である遅発性筋痛に対するストレッチングの有効性を明らかにした研究は少なく，研究結果から鑑みれば，運動前，運動後あるいは痛みの発生後におけるストレッチングの実施は遅発性筋痛の軽減に有効とはいえない[1]。また，ストレッチングにより血液の流れが促進し，疲労の原因を取り除くとの考え方もあるが，その効果も明確にはなっていない[1]。

(5) リラックスさせる効果

スタティックストレッチングには筋の緊張を和らげる効果がある他，精神的にもリラックスさせる効果があるとされている。即時効果[4]あるいは長期的な効果[3]の双方で副交感神経活動を高めることが明らかとなっている。また，長期的なストレッチングの実施によって入眠がスムーズになることも示されている[7]。

（山口太一・石井好二郎）

4 睡眠

[1] 睡眠の役割と不十分な睡眠がもたらす健康被害

　動物は活動と休息を繰り返しており，昼行性の動物は日中，夜行性の動物は夜間に主として活動している。動物の歴史は生存競争の歴史であり，環境条件への適応能力や食糧確保の優位性などによる淘汰の結果として現存動物が存在している。このような歴史の中で，活動に不利な時間帯を捕食者の目から逃れ，安静状態を持続させて心身の回復・超回復を効率よく進めるために獲得された機能が睡眠であると考えられている。

　動物の中で特にヒトの睡眠は大きな二つの特徴を有している。一つは睡眠と覚醒の持続性であり，ヒト以外の動物では，昼行性・夜行性の特徴はあるものの昼夜を通じて短時間の睡眠・覚醒を繰り返すのに対し，ヒトでは，日中に連続して覚醒し，夜間に連続して眠る。もう一つは浅い・深いという眠りの深度を有していることであり，量の不足を質（眠りの深さ）で補うことができる。このことは，一晩徹夜をした翌晩の眠りが2晩分の睡眠時間とならず，その代りに深い睡眠の出現量が顕著に増加することから確認できる。最も極端な例では，1964年にアメリカの高校生が行った断眠（連続覚醒）実験の記録がある。この高校生は学校祭のイベントとして眠らないことに挑戦し，264時間（11日間）連続して眠らずに過ごしたが，その後，わずか14時間40分の睡眠の後に起床し，すっかり元気を回復したと記録されている。

❶ 睡眠と脳

　以上のようなヒト特有の睡眠は，高度に発達した大脳に起因するものと考えられており，それゆえ，徹夜や慢性の寝不足・不眠など，不十分な睡眠は大脳機能の低下を引き起こす。特にヒトならではの脳機能特性といえる前頭連合野機能への悪影響が大きく，注意の維持，判断・意思決定，作業記憶，意欲，感情制御など，事故のリスクや作業能力・効率に関わる脳機能低下を示唆する種々の知見が報告されている。図11-8は，一晩の徹夜中における注意力低下を示す実験結果であるが，右軸には同じテストをアルコール摂取時の注意力低下とも対照させたものである。テストは，パソコン画面上をあちこちに移動するポイントをマウス操作による追尾ポイントで追従させ，移動ポイントと追尾ポイントの距離を注意力の指標としている。起床1時間後から2時間ごとに29時間後までテストを行ったと

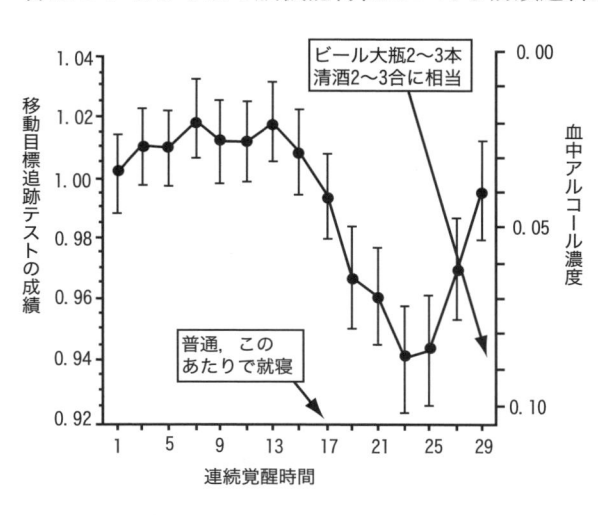

図11-8　一晩の徹夜中およびアルコール摂取時における注意力の低下

（Dawson and Reid, 1997 より引用して加筆）

ころ，通常の就寝時刻に相当する起床17時間後から成績は急減し，起床23〜25時間後，すなわち習慣的な起床時刻の近傍ごろに最も低下している。このことは，徹夜中，明け方ごろに最も眠気が強くなることと一致するが，その際の注意力低下を飲酒時（アルコール摂取時）の結果と対照させると血中アルコール濃度が約0.09％の状態に相当する。この状態は，飲酒量に換算するとビール大瓶2〜3本，清酒2〜3合にも達し，乗用車の運転という観点では寝不足運転は飲酒運転と同等もしくはそれ以上に危険である。この実験では一晩の徹夜中の注意力低下を検討しているが，多忙なときなどの寝不足が連続するような実験の結果では，4時間睡眠だと7日，6時間睡眠だと12日連続すると，一晩の徹夜後と同等の注意力低下が確認されている（VanDongen et al., Sleep, 2003）。その他，近年，問題視されている，うつ病やアルツハイマー型の認知症などの精神疾患と不十分な睡眠との関連も指摘されており，特に不眠や寝不足が慢性化するとこれら精神疾患のリスクの上がることが知られている。

　以上のような種々の知見が報告される一方で，脳内における睡眠の液性調節機構に関する研究の進展とともに，睡眠が脳内ニューロンの保全の役割を果たす可能性が示唆されている。脳内に蓄積すると眠気を増し，睡眠を促進する物質を総称して睡眠物質と呼び，代表的な睡眠物質としてウリジンおよび酸化型グルタチオンがある。これらは，脳ニューロン活動機能の回復および細胞死の抑制などの作用を有し，すなわち，睡眠中にこのような脳機能の整備過程が進行していることが考えられる。ふだんの暮らしの中でも，起床後の午前中に作業がはかどることをよく経験するが，十分な睡眠の後で脳機能も高い状態にあることが一因と考えられる。逆に不眠・寝不足などの状態では頭が十分に回らないこともよく経験する一方で，休日などに昼まで眠ってしまうと頭も回らないし体も重だるくなる。この後者の状態は，本来眠るべき時間でない時間帯に眠ったことによって引き起こされる，ある種の時差ぼけ状態であり，不必要に長すぎる睡眠も脳機能低下を招くため注意が必要である。

　睡眠は自律神経活動と密接に関連し，日中の活動時は交感神経活動優位，夜間の睡眠中は副交感神経活動優位となるが，不眠や寝不足など不十分な夜間睡眠は自律神経活動を交感神経活動亢進，副交感神経活動低下の方向に変化させる。この自律神経活動の変化は血圧上昇や血糖調節機能の低下に関与し，慢性の不眠，寝不足，夜勤を含む交替勤務者，睡眠時無呼吸患者など，不十分な夜間睡眠が長期に継続する対象では，高血圧や糖尿病などの生活習慣病リスクが増大する。また健常者を対象とした実験研究では，夜間睡眠時間を連続6日間，4時間に制限すると，交感神経活動の亢進とともに血糖調節機能の低下，食欲抑制作用を有するホルモンであるレプチンの分泌量が低下したという知見も得られている（図11-9参照）。これらの結果は，近年，増加を続ける肥満および糖尿病患者の一因として，多忙かつストレスの多い現代社会に起因する寝不足や不眠が存在する可能性を示唆している。糖尿病については，不十分な睡眠が発症リスクになると同時に，発症後の夜間頻尿や病状の進行に伴う手足の痺れなどが，睡眠の質をさらに低下させる。このため，糖代謝機能がさらに悪化するという悪循環に陥り，加えて高頻度で抑うつ状態も併発することが問題となっている。

❷ 睡眠と肥満

　種々の疾患の危険因子である肥満と睡眠との関連について，近年，さまざまな研究が進

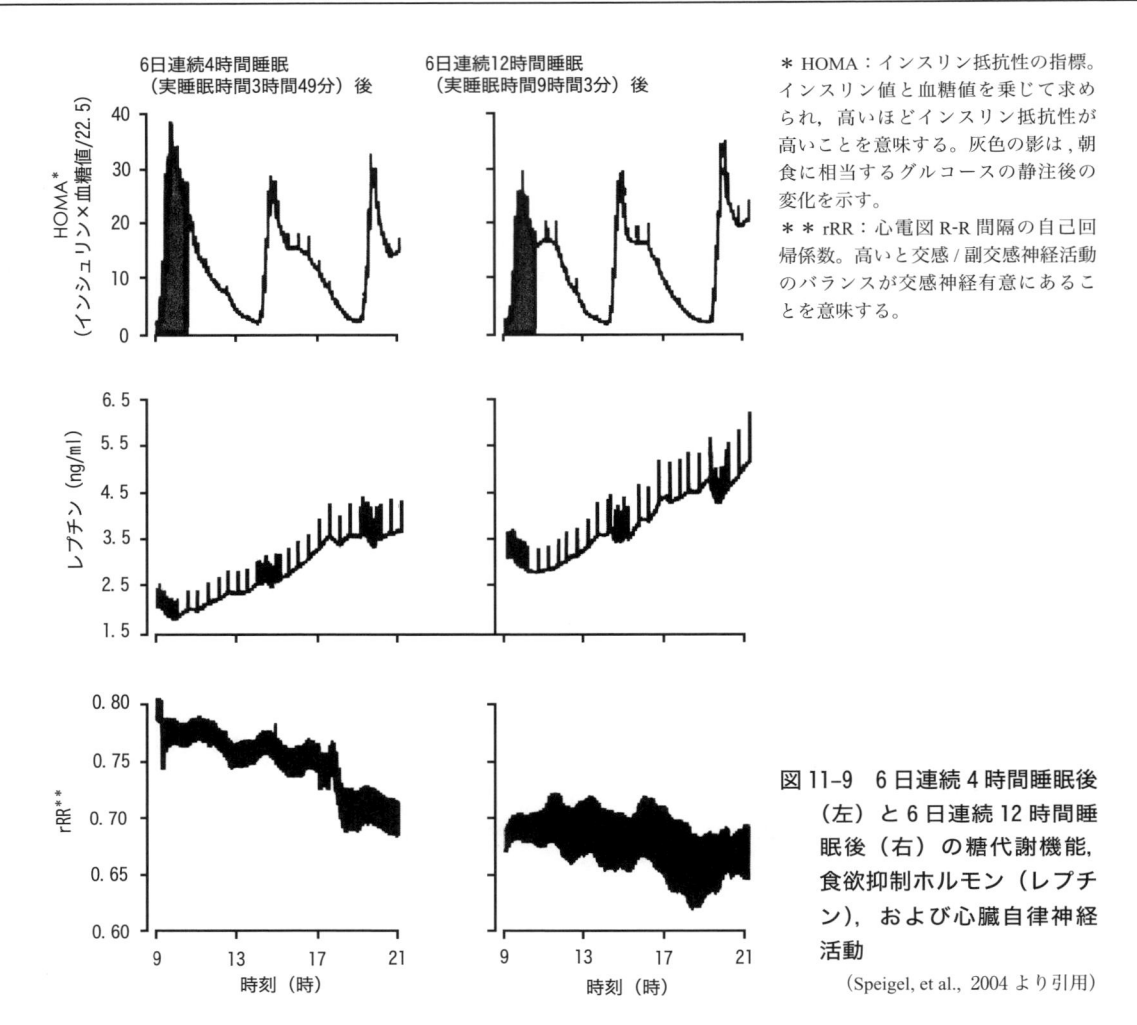

* HOMA：インスリン抵抗性の指標。インスリン値と血糖値を乗じて求められ，高いほどインスリン抵抗性が高いことを意味する。灰色の影は，朝食に相当するグルコースの静注後の変化を示す。

** rRR：心電図 R-R 間隔の自己回帰係数。高いと交感/副交感神経活動のバランスが交感神経有意にあることを意味する。

図 11-9　6 日連続 4 時間睡眠後（左）と 6 日連続 12 時間睡眠後（右）の糖代謝機能，食欲抑制ホルモン（レプチン），および心臓自律神経活動

（Speigel, et al., 2004 より引用）

められている。一連の研究の端緒は米国で行われた大規模疫学研究（Gangwisch, et al., Sleep, 2005）であり，32〜49 歳の対象 3,682 人について睡眠時間別に肥満者の存在する割合を求めたところ，7 時間睡眠のグループに比して，6 時間睡眠のグループでは 1.27 倍，5 時間睡眠のグループでは 1.6 倍，4 時間以下のグループでは 2.35 倍と短時間睡眠者ほど肥満者の存在割合が多いという結果が得られた。同様の知見は，日本人児童（6〜7 歳の 8,274 人）を対象とした疫学研究（Sekine, et al., Child Care Health Dev, 2002）からも認められており，こちらでは 10 時間以上の睡眠をとるグループに比して，9〜10 時間睡眠のグループでは 1.49 倍，8〜9 時間だと 1.89 倍，8 時間未満だと 2.87 倍と肥満児童の存在する割合が増す結果である。このような疫学研究の結果を裏づける実験研究の知見として，睡眠時間の制限による食欲調節ホルモンの変化が報告されている。食欲調節ホルモンとして，食欲を抑制するレプチン，食欲を亢進するグレリンの二つがある。これらホルモンと睡眠時間との関連において，5 時間睡眠の短時間睡眠者と 8 時間睡眠者の比較でも（Taheri, et al., PLos Med, 2004），また健常若年者を対象として 4 時間睡眠と 10 時間睡眠を各連続 2 夜とらせた後の結果（Speigel, et al., Ann Intern Med, 2004）でも短時間睡眠がグレリンの亢進およびレプチンの抑制をもたらすこ

とが確認されている．すなわち，短時間睡眠は食欲を亢進させる他，日中の眠気の亢進による活動量の低下，食習慣の夜型化などの要因を介して肥満を引き起こす可能性が考えられている．これらの知見は短時間睡眠が肥満のリスクであることを示唆するが，一方で肥満者が十分な睡眠をとれば痩せるか，という証拠はまだ得られていない．また，睡眠時間と種々の健康関連事項を検討した横断的研究では，死亡率，血中の HDL，中性脂肪，および糖尿病の診断基準である HbA1c など，睡眠時間が 7〜8 時間の対象が最も良好で睡眠時間が長くても短くても成績が悪化するという傾向が得られている．睡眠不足が種々の健康被害をもたらすことは明らかであるが，必要以上に長い睡眠は眠りを浅くするとともに睡眠習慣の不規則化を招く恐れもあり，各個人に適した睡眠時間，すなわち日中に過剰な眠気を感じない程度の夜間睡眠をとることが大切である．

［2］日本人の睡眠の現状

日本は，世界的に見て最も睡眠の問題が多い国の一つとみなされる．1960 年から 5 年ごとに実施されている NHK の国民生活時間調査の結果では，10 歳以上の日本人の平均睡眠時間は 1960 年には 8 時間 15 分近くであったが，その後 2000 年まで直線的に短縮し，2000 年の平日の睡眠時間は 7 時間 23 分，2005 年にはほぼ横ばいの 7 時間 22 分となった（図 11-10）．性別・年代別に見ると 30〜50 歳代男女の睡眠時間が約 7 時間と短く，最短の平均睡眠時間は 40 代女性の 6 時間 43 分である．睡眠の知識啓蒙や睡眠研究支援を行う米国の組織，米国立睡眠財団（National Sleep Foundation）は，これまでの研究成果に基づいて年代別に必要な睡眠時間を提言している．それによれば，各年代で必要な睡眠時間は，成人で 7〜9 時間，ティーンエイジャーで 8.5〜9.25 時間，学童期および未就学児では 10〜11 時間および 11〜13 時間とされている．必要な睡眠時間には個人差があり，6 時間未満の睡眠でも日中の眠気を感じず支障なく生活できる人を短眠者と呼ぶが，その割合は人口の数パーセントであり，それ以外の大多数は必要な睡眠時間が得られないと日中の眠気の亢進に起因する脳機能低下など，前述したようなさまざまな健康被害のリスクが上がる．これらから考える

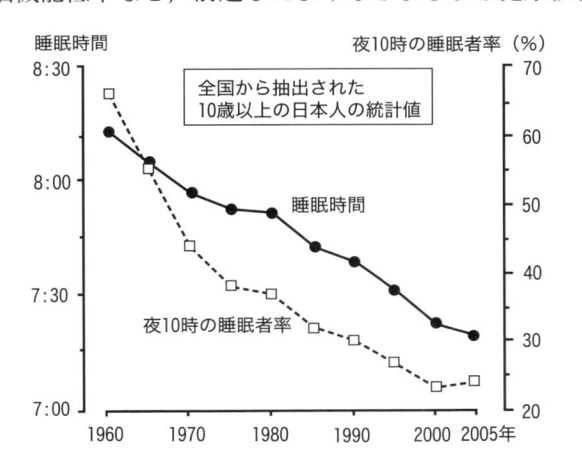

	全体	7:22
男	10 代	7:53
	20 代	7:17
	30 代	7:04
	40 代	7:06
	50 代	7:09
	60 代	7:41
	70 歳以上	8:18
女	10 代	7:42
	20 代	7:23
	30 代	7:03
	40 代	6:43
	50 代	6:51
	60 代	7:16
	70 歳以上	8:09

図 11-10　日本人の睡眠時間の経年変化（左図）および 2005 年の性別年代別平均睡眠時間（右表）

（NHK 国民生活時間調査報告書 2005 年をもとに作成）

と，現代日本の睡眠時間は，生産年齢人口の中核をなす30～50歳代の睡眠時間の平均が必要量の下限もしくはそれ以下であり，この年齢階級の半分弱の人口で睡眠が足りていないということになる。一般に睡眠時間を短縮すると，深い眠りの出現量が増すとともに中途覚醒が減少し，量の低下を質で補おうとする変化が引き起こされるが，短時間睡眠を特徴とする日本人の睡眠の質は必ずしも高くない。2000年に発表された不眠者の全国調査の結果（Kim, et al., Sleep, 2000）では，日本人成人の約2割，60歳以上の高齢者では約3割が何らかの不眠症状を有し，睡眠時間が短い上に不眠に悩む人口も相当数に及ぶものと考えられる。

　欧米にはない日本の特徴として，特に中高年世代における女性の睡眠時間の短いことがあげられる。この主たる原因は，一般家庭において家事や子育てを担当する割合が女性に偏りがちなことであり，家族よりも早く起きて朝食を作り，家事の片付けをして家族の中で一番遅く就寝するという生活パターンが中高年女性の睡眠時間を削っている。その一方で，運動習慣を有する人口は若年者に比して中高年層で高く，特に女性で高いという現状にある。筆者らは，日本人中高年女性を対象として運動習慣の有無と睡眠の質に関する調査研究を行い，運動習慣を有する対象において睡眠維持（夜間睡眠の持続性，途中で目覚めないこと）がより良好であるという結果を得ている（水野ら，体力科学，2004）。このような運動習慣が睡眠によい影響を与えるという知見は，他の研究からも一貫して認められているが，この調査からは睡眠維持が良好な原因として中高年層における不眠の主因の一つである夜間頻尿の少ないことが認められている。夜間頻尿の原因は，腎臓や膀胱機能の低下，尿量調節に関与する内分泌系の変化であり，おそらく習慣的な運動がこれらの加齢変化に拮抗して作用することが考えられる。なお現状の日本人中高年女性を考えると，寝不足に起因する運動時の事故発生の危険性が考えられる。上述の通り，寝不足だと注意力が低下するため，運動中や運動後を通じて不注意による事故発生リスクが増加するとともに，交感神経の過緊張や血圧の上昇により引き起こされる循環器系の事故，体温調節機能の低下による熱中症のリスクが考えられる。特に中高年者では生理的予備能が若年者よりも低下しており，前夜の睡眠状態や当日の体調を十分考慮して運動実施の可否や実施する運動の内容に配慮する必要がある。また，この年代は50歳前後の閉経期を含んでおり，個人差はあるものの，火照り，冷えなどの血管運動神経症状や抑うつなどの精神症状，疲れ，肩こり，腰痛などの愁訴が現れやすくなる。これらの更年期症状は，睡眠が不十分だと症状が悪化するものと考えられ，十分な質・量の睡眠が得られるよう家族や周囲が配慮することが肝要である。

　近年の日本人は，それぞれの世代・集団で睡眠の問題を抱えているが，次代を担う若い世代の睡眠問題はより深刻な状態にある。2005年のNHKの国民生活時間調査の結果に示される10代男女の平均睡眠時間（男：7時間53分，女：7時間42分）は，米国立睡眠財団の示す必要量（ティーンエイジャーでは8.5～9.25時間）を下回っており，大多数の若者が不十分な睡眠に起因するさまざまな健康被害を被っている可能性が懸念される。図11-11は大学生の睡眠時間の国際比較を行ったSteptoeら（2006）の結果である。大学生は，社会人や中高生に比して社会的規制が弱く，生活が不規則になる傾向にあるが，知識水準や経済環境などの要因がほぼ共通であることから国際比較の対象として用いられている。選ばれた24カ国の中

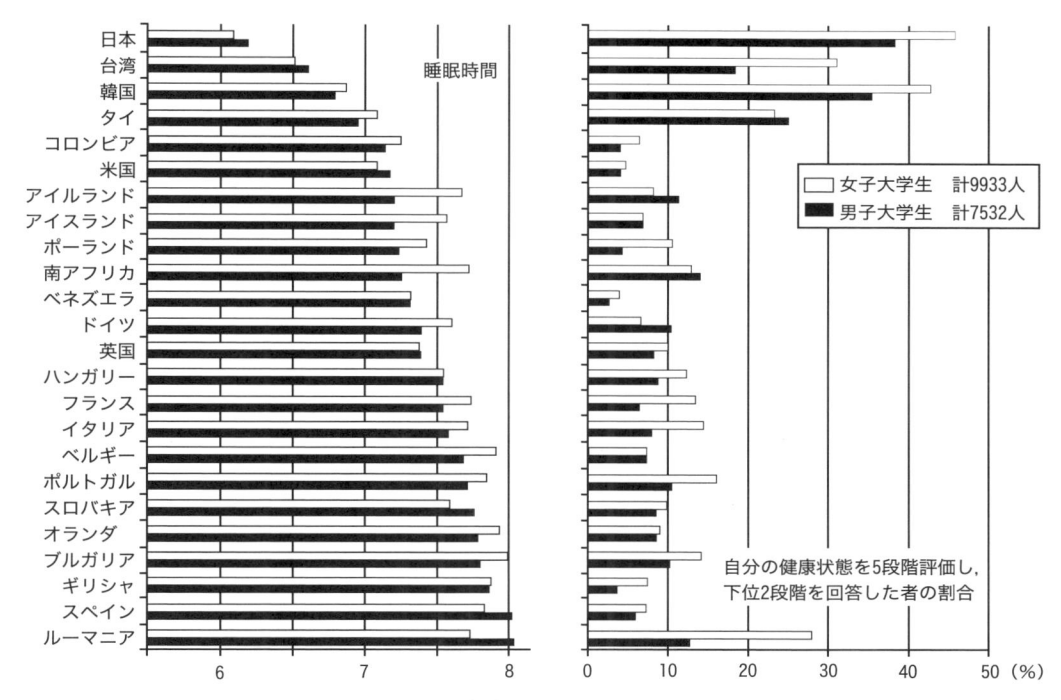

図11-11　大学生の睡眠時間（左）および主観的健康観（右）の国際比較

(Steptoe, et al., 2006 より作図)

で東アジアの3国（日本，韓国，台湾）の睡眠時間が最短であり，中でも日本が一番の短さである（男子：6.2時間，女子：6.1時間）。この研究では，同時に自覚的な健康状態（図10-11の右側）についても調査されており，自覚的不健康感を持つ学生の割合は日本人大学生が最も高いという残念な結果が示されている。大学生よりも若い中高生では，現在，学校から帰宅後の夕方〜夕食前後の時間帯に仮眠をとるという習慣が全体の2割から半数弱存在するといわれている。このような習慣は，ここ10年以内に増加してきたものと考えられるが，夜間睡眠に近い時間帯の仮眠は，就寝時刻を遅くして夜更かしを促進し，その結果として，朝食欠食，意欲の減退，成績不振などさまざまな弊害を招くことが指摘されている。

NHK国民生活時間調査ではデータのない学童および未就学児でも，生活の夜型化や睡眠時間の短縮が数多く報告されている。特に低年齢であるほど，保護者の睡眠習慣の影響が大きく，日本人を対象とした調査研究では，父親よりも母親の睡眠習慣が幼児の睡眠習慣に関与するという（Komada, et al., Tohoku J Exp Med, 2009）。このことは，母親の朝型/夜型が幼児の朝型/夜型に反映されることを示しており，幼児の生活習慣を変えるには，本人だけでなく，家族全体，特に幼児との接触時間が長い母親の生活習慣から見直す必要のあることを示唆している。

以上の現状に至った原因は，社会や生活環境が夜型化・不規則化を促すものに変化してきたことと，不十分な睡眠がもたらす健康被害や良好な睡眠を得るための知識の普及が足りないことの両者による。これらを表す典型例として，夜，塾帰りの児童・生徒がコンビニエンスストアに立ち寄り，店内の明るい照明により，交感神経活動の亢進とともに覚醒水準の亢

進，生体リズムの夜型化を来たして夜更かしになり，寝不足に伴うさまざまな問題の生じることが指摘されている。また，近年では大多数の中高生が持つようになった携帯電話も深夜のメールのやりとりなどで就寝時刻を遅くする重大な要因の一つとなっている。良好な睡眠を得るためには，①生体リズムの規則性（睡眠や食事の時刻が規則的であり，生体リズムに強く影響する光環境が適正であること），②日中の覚醒状態（日中の覚醒状態が適正であり，夜間睡眠の質を下げる長すぎる仮眠や夕方過ぎの仮眠がないこと），③就寝前の状態（就寝前の脳の興奮は入眠を妨げるため，就寝前にはリラックスを心がけ，脳が興奮する明るい光や覚醒度を上げるような作業を慎むこと），④睡眠環境（寝室の温湿度，騒音などの環境要因が適正なこと），の4要因の整備が必要であるが，詳細については成書[2]を参照いただきたい。

[3] 一晩の睡眠経過

夜床に入り，朝起床するまで，意識水準や心拍，血圧，体温などの生理指標はどのような変化をたどるのであろうか。1929年にBerger H.が脳波を発見し，脳波によって意識水準の状態が評価できるようになるまでは，眠っている人の耳元で音を鳴らし，目を覚ますのに必要な音の大きさで眠りの深さを評価したともいわれている。この方法だと，そのたびごとに目が覚めてしまうが，脳波を測定することで，一晩の睡眠中における浅い眠りと深い眠りの変化をとらえることが可能となった。さらに1953年には，外見上は熟睡状態に見えるのに，脳波の特徴では浅い眠りに類似し，急速眼球運動や骨格筋緊張の著しい低下，および高頻度の夢体験などの特徴を有するレム睡眠が発見された。これら関連する知見の蓄積を経て，1968年に睡眠段階の国際判定基準[3]が作られ，判定基準の補足定義が加えられながら今日に至っている。この基準により，睡眠段階は，覚醒，体動時間，段階1，段階2，段階3，段階4，段階レム，という7種類に区別され，1区画20秒もしくは30秒単位で判定される。睡眠段階の判定には，脳波，眼球運動，筋電図の測定が必要であり，その他，心電図や呼吸のモニターも必要に応じて行われる（これら複数の生体指標の同時測定を総称して睡眠ポリグラ

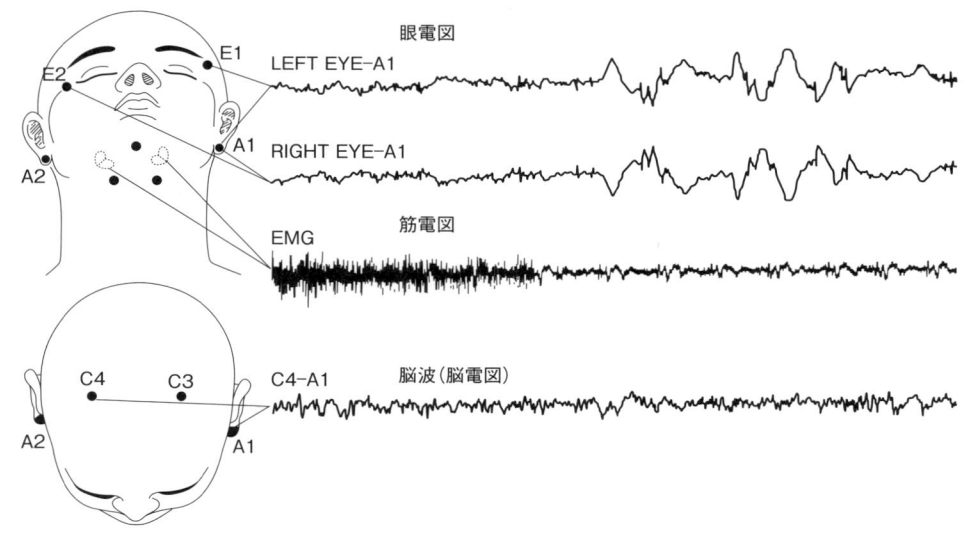

図11-12　脳波，筋電図，眼電図の導出電極の装着部位[3]

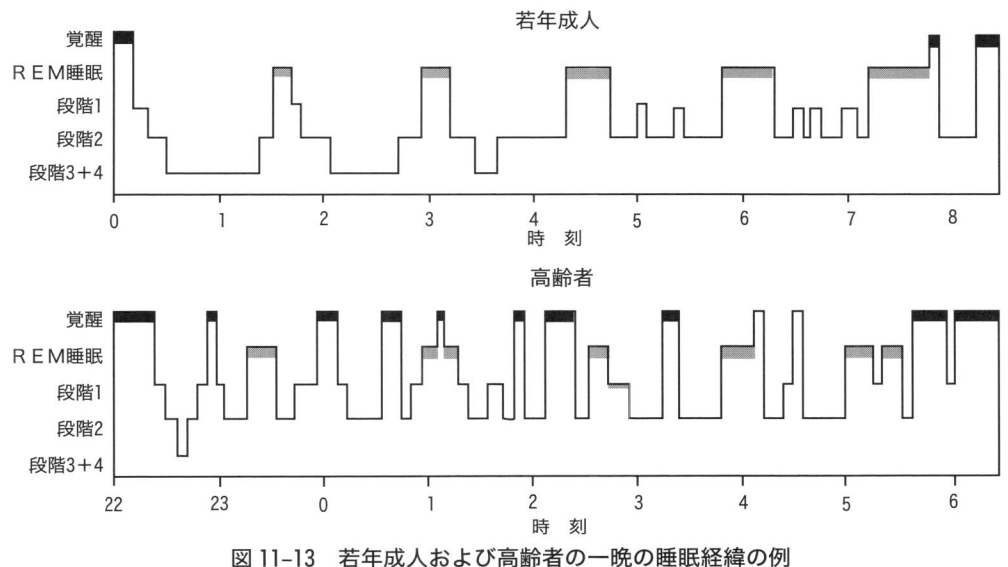

図11-13 若年成人および高齢者の一晩の睡眠経緯の例
黒および灰色の影は覚醒およびレム睡眠を示す。

フィという)。図11-12に国際判定基準で用いられる脳波,眼球運動,筋電図の装着部位を示す。脳波や眼球運動の測定には,測定部位である頭部と両目の脇の他,不関電極として耳朶への電極装着が必要であり,さらに頤筋に筋電図の電極も装着される。これらの電極装着や実験室環境は,入眠の遅延や中途覚醒の増加などを引き起こすため,実験研究を行う際には,あらかじめ一夜以上の順応夜を設け,電極装着などに慣らす手続きが必要となる。

　図11-13が上述の国際判定基準に従って表した一晩の睡眠経過図の例である。若年成人と高齢者,各1例を示すが,まず若年者では,就寝後,数分〜20分以内に最も浅い睡眠である睡眠段階1の状態となる。この入眠期の特徴として,眼球がゆっくりと振り子状に動くのが観察され,日中に強い眠気を感じたときなど,この眼球運動は視界の揺れとして自覚できることもある。睡眠段階1で起こすと,眠っていないと答える者も多いが,ほどなく睡眠段階2となり,この段階に至るとだれもが眠ったという感覚を持つ。就寝後,睡眠段階1や2などの睡眠状態が1分〜数分以上連続することで入眠と判定し,30分を超えて入眠しないと入眠困難とみなされる。

　睡眠段階2の出現を経て,入眠約30分後にはさらに深い睡眠である睡眠段階3と4が現れ,若年成人であれば,おおむね30〜60分間この状態が継続する。この覚醒から深い睡眠に至る脳波の変化は周波数の低下と振幅の増大であり(図11-14参照),振幅75μV以上で周波数2Hz以下の高振幅徐波が1判定区画内で20%以上を占めると睡眠段階3, 50%以上を占めると睡眠段階4と判定される。また覚醒から睡眠段階1は,安静閉眼時に出現するα波(周波数8〜13Hz)が1判定区画内で50%未満になることで判定される。

　睡眠段階3と4を総称して深睡眠もしくは徐波睡眠と呼ぶ。徐波睡眠は先述したような断眠後の睡眠時に増加するほか,日中,特に夕方頃の身体運動や入浴による体温上昇により若干増加する。また,一晩の中では主に前半に出現することから,睡眠欲求のホメオスタシスに関与するものと考えられている。身体組織の修復や成長に関与する成長ホルモンは,入眠

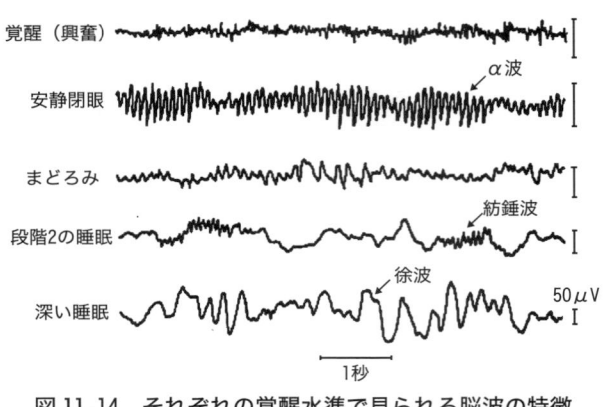

図11-14 それぞれの覚醒水準で見られる脳波の特徴
（PenfieldとJasper, 1954より引用して加筆）

後の最初の徐波睡眠の出現をきっかけに1日の中の最大量が分泌される。

最初の徐波睡眠の出現が終わると眠りは浅くなり，レム睡眠（段階レム）が現れる。レム睡眠は特徴の一つである急速眼球運動（Rapid Eye Movement）の頭文字から命名され，睡眠段階1〜4を"レム睡眠でない"，という意味でノンレム（Non-REM）睡眠と呼ぶ。レム睡眠の特徴は，浅い眠りに相当する脳波，急速眼球運動，骨格筋の緊張低下，高い確率での夢見体験の他，男性では陰茎の勃起，女性では陰核の膨大が引き起こされる。また睡眠中は覚醒時に比して自律神経活動が副交感神経活動優位となるが，レム睡眠中は"自律神経の嵐"ともいわれ，心拍数，血圧，呼吸数は増加し，かつ不安定になる。レム睡眠は一晩の中で周期的に出現し，明け方になるとともに出現時間が長くなる。ノンレム睡眠の開始からそれに続くレム睡眠の終了までは約90分となり，これを睡眠周期という。6〜8時間の夜間睡眠だと4〜5周期となり，徐波睡眠は主に前半の睡眠周期に，後半の睡眠周期になるにつれレム睡眠の出現時間が長くなる。

以上が若年健常者の基本的な睡眠経過であるが，睡眠は加齢とともに変化する。図11-13の下段に高齢者の例を示すが，一般に，加齢とともに睡眠時間帯の早期化（早寝早起き）が引き起こされるとともに，徐波睡眠の出現量が減少もしくは消失する。眠り全般が浅くなることで，睡眠中に目覚めやすくなり，さらに夜間の抗利尿ホルモンの分泌低下や腎臓および膀胱機能の低下などにより引き起こされる夜間頻尿によっても中途覚醒が増加する。このような睡眠構造の加齢変化は，不可逆的な部分もあるが，日中の行動や環境要因などによって二次的にもたらされている部分もあり，行動や環境を調整することである程度改善することも可能である[2]。

［4］ 代表的な睡眠障害

睡眠障害は，①"夜に眠れない"，"日中に耐えがたい眠気を覚える"などの眠りそのものに関するもの，②夜勤や時差ぼけ，および極端な夜型化／朝型化など睡眠のリズムに関するもの，③睡眠時無呼吸に代表される呼吸機能に関連するもの，④かなしばりや夢中遊行など睡眠時特有に引き起こされる行動や感覚の異常，の4種に大別できる。これらの中には，不眠や過眠など，正常者の日常生活下でも体験しうる症状，および，むずむず足症候群など専門の医療機関への受診が必要な症状の両者が含まれる。睡眠障害の診断には，米国睡眠医学会が提案した国際診断基準（International Classification of Sleep Disorders: ICSD）があり，2007年に第2版（ICSD 2nd Edition）が出版されている。この診断基準では，睡眠障害の診断名は79にも及ぶが，本稿では，比較的頻度が高く健康上においても深刻な問題となるものについ

いて紹介する。

❶ 閉塞性睡眠時無呼吸症候群（obstructive sleep apnea syndrome: OSAS）

　新幹線の居眠り運転（2003年）で知名度が上がったが，疾患そのものはそれ以前から存在する。日本では全人口の1〜2％が罹患しており，児童にも罹患者は存在するが，特に肥満した中高年男性に多い。睡眠中，筋緊張の低下から上気道が閉塞し，空気の出入りが停止する（これを閉塞性の無呼吸という）。息苦しさのため，覚醒反応とともに呼吸が再開されるが，寝つくと再び無呼吸が起こり，一晩の睡眠が著しく分断される。そのため，日中に過剰な眠気がもたらされ，作業能率の低下や事故のリスクが増大するとともに，長期間放置すると，高血圧，狭心症，糖尿病などのリスクが増大する。特徴として，無呼吸を伴う激しい鼾，日中の過剰な眠気，起床時の口の渇き，起床時の頭痛などが引き起こされ，これらを自覚する対象には，専門の医療機関を早急に受診するよう勧めるべきである。確定診断のためには終夜睡眠ポリグラフィが必要で，その結果，10秒以上の無呼吸が1時間に5回以上確認されるとこの疾患の診断が下る。治療は，無呼吸を抑制するようなマウスピースの装着，特殊なマスクを装着して空気を流し気道の閉塞を防止する持続陽圧呼吸療法（continuous positive airway pressure: CPAP），または外科的治療等が行われる。なお，睡眠薬やアルコールは無呼吸を悪化させるため，該当者は注意が必要である。

　閉塞性睡眠時無呼吸症候群では，呼吸運動は持続して換気が停止するが，呼吸運動そのものが停止または減弱して発生する無呼吸を中枢性無呼吸という。中枢性睡眠時無呼吸症候群は，呼吸中枢機能の障害が原因であり，一部の高齢者や心不全患者などから認められるが，発症数は少ない。一方，3000m以上の高所での睡眠時には，中枢性の無呼吸が健常者においても発生する。この機序は，低酸素により引き起こされる換気亢進が二酸化炭素を過剰排出させ，そのために呼吸運動が抑制されるものである。呼吸中枢は血中の二酸化炭素分圧に敏感であり，分圧の上昇により呼吸促進，低下により呼吸抑制反応を起こすが，睡眠中には呼吸抑制反応を引き起こす二酸化炭素分圧の閾値が上がり，中枢性無呼吸がより引き起こされやすい状態となる。高所における中枢性の睡眠時無呼吸の意義については，無呼吸により引き起こされる一過性の強い低酸素状態が悪影響を及ぼすとも，無呼吸後の呼吸再開時も含めると全体では動脈血の酸素化を促進するともいわれており，功罪に関する一定の見解は得られていない。高所性の中枢性睡眠時無呼吸は，高度が高いほど発生頻度が増し，滞在日数の延長とともに消失していく。また，高山病の予防および治療薬で換気促進作用を有するアセタゾラミドの投与により，高所での中枢性睡眠時無呼吸は減少する。

❷ むずむず足症候群（restless leg syndrome: RLS）

　有病率は中高年の1〜3％といわれている。夕方から夜にかけて，ふくらはぎを中心に，痛み，虫がはうような感じ，むずむず感など耐えがたく不快な感じに襲われる。この感覚は足を動かすことにより楽になるが，動きを止めると不快感が再発する。寝つきや，夜中に目が覚めた後の再入眠が著しく障害され，症状の重い患者では不快感解消のために夜中に歩き回り（Night walker）とも呼ばれている。症状が単独で現れる場合と，腎臓の透析，鉄欠乏性貧血，脊髄疾患，パーキンソン病，妊娠などに伴って発症する場合もある。軽症であれば，

規則正しい生活，タバコ，カフェイン，アルコールの節制により症状が軽快するが，重症の場合には，症状に応じた投薬によって治療される。なお，通常の睡眠薬では症状は改善しないので注意すべき特徴である。受診した医療機関にこの疾病についての知識がないと慢性不眠と誤診され，通常の睡眠薬を投与，不眠の訴えが軽減せず睡眠薬の多剤投与に陥る危険性があり注意が必要である。

❸ 不眠

日本人の不眠人口は，成人で約2割，高齢者では約3割である（Kim, et al., Sleep, 2000）。不眠症状は，①寝つきに30分〜1時間以上かかり，本人がそれを苦痛に感じる入眠障害，②いったん寝ついた後に何度も目が覚める中途覚醒，③起床時刻よりも2時間以上早く目覚めて再入眠できない早朝覚醒，④睡眠時間は十分でもぐっすり眠れた感じがしない熟眠障害，の4種であり，これらのいずれかに加え，日中における集中力低下や頭重感などの精神機能の低下，および不眠に対する過度の緊張と不安の訴えがあると不眠と診断される。診断にあたって終夜睡眠ポリグラフィの実施は必須ではない。不眠は持続が数日〜3週間以内であれば短期不眠，1ヶ月以上持続すると長期不眠とされる。短期不眠は不安や精神緊張，および時差ぼけなどの睡眠習慣の変調など，通常の生活でも経験することが多く，原因の解消とともに不眠も解消される。一方，長期不眠は抑うつなどの精神症状を伴ったり，高齢者では夜間頻尿などの身体症状が関与する場合もあり，症状・原因に応じた適切な対処が必要となる。短期不眠には睡眠薬の服用が有効な場合が多く，定められた用法・容量を守る限りアルコールの力を借りて眠るよりもはるかに安全性が高い。なお，アルコールと睡眠薬の併用は記憶障害を招く危険性があり厳禁である。薬物療法と同等もしくはそれ以上の効果が期待できる方法として行動や環境面の整備から不眠の解消を図る認知行動療法がある。行動・環境整備の原則は，上述した良好な睡眠を得るための4要因に基づくものであり，各人に応じた対処・工夫を図る。現代社会の特徴として，明るい夜，昼間の光曝露不足，不適切な時刻の仮眠，嗜好品（アルコール，カフェイン，たばこ）など本人の自覚がないままに不眠をもたらす要因が種々存在し，これらに関する正しい知識を持って対処することが重要である[1),2)]。

❹ その他

以上①〜③の睡眠障害が最も高頻度かつ健康上で深刻なものといえる。それ以外には，夜間睡眠が十分でも日中の覚醒維持が困難で発作的に眠りこんでしまう過眠症，睡眠時間が夜型にずれてしまい元に戻せない睡眠相後退症候群などあるが，いずれも有病率は1%に満たない。またレム睡眠中に筋緊張が低下せず，夢内容に合わせて寝言や行動を起こすレム睡眠行動障害，小児で夜半に絶叫，恐怖を訴える夜驚症などは，二次的に他の疾患リスクを上げるものではなく，転倒や激突などがないよう安全に配慮して見守るだけでも十分である。その他，月経周期や妊娠・出産など女性特有の睡眠問題や，夜勤者・交代勤務者の睡眠問題，時差ぼけなどの問題もあるが，これらについては，他書[1),2)]をご参照いただきたい。なお日本睡眠学会では，睡眠医療に携わる医師，歯科医師，検査技師，医療機関について認定制度を設けており，これらは学会ホームページで公表されている。受診の際の参考にしていただきたい。

（水野　康）

【引用・参考文献 [1]】
1) American College of Sports Medicine 編，日本体力医学会体力科学編集委員会訳，『運動処方の指針－運動負荷試験と運動プログラム－』第7版，2006年，南江堂．
2) Arngrimsson, S.A., Petitt, D.S., Stueck M.G., Jorgensen, D.K., Cureton, K.J., Cooling vest worn during active warm-up improves 5-km run performance in the heat. J. Appl. Physiol. 96: 1867-1874, 2004.
3) Bishop, D., Warm-up I: Potential mechanisms and the effects of passive warm-up on exercise performance. Sports Med. 33: 439-454, 2003.
4) Bishop, D., Warm-up II: Performance changes following active warm up and how to structure the warm up. Sports Med. 33: 483-498, 2003.
5) Fradkin, A.J., Zazryn, T.R., Smoliga, J.M., Effects of warming-up on physical performance: A systematic review with meta-analysis. J. Strength Cond. Res. 24: 140-148, 2010.
6) Woods, K., Bishop, P., Jones, E., Warm-up and stretching in the prevention of muscular injury. Sports Med. 37: 1089-1099, 2007.

【引用・参考文献 [2]】
1) Barnett, A., Using recovery modalities between training sessions in elite athletes: does it help? Sports Med. 36: 781-796, 2006.
2) Cheung, K. et al., Delayed onset muscle soreness : treatment strategies and performance factors. Sports Med. 33: 145-164, 2003.
3) Davis, V. et al., The effect of compression garments on recovery. J. Strength Cond. Res. 23: 1786-1794, 2009.
4) Dupont, G. et al., Effect of short recovery intensities on the performance during two Wingate tests. Med. Sci. Sports Exerc. 39: 1170-1176, 2007.
5) 八田秀雄，『乳酸「運動」「疲労」「健康」との関係は？』，2007年，p.74-83，講談社サイエンティフィク．
6) 岩原文彦ほか，「自転車駆動による無酸素性運動後の効果的なクーリングダウン強度について」，体力科学 52: 499-512, 2003.
7) Kraemer, W.J. et al., Effects of a whole body compression garment on markers of recovery after a heavy resistance workout in men and women. J. Strength Cond. Res. 24: 804-814, 2010.
8) Miladi, I. et al., Effect of Recovery Mode on Exercise Time to Exhaustion, Cardiorespiratory Responses, and Blood Lactate After Prior, Intermittent Supramaximal Exercise. J. Strength Cond. Res., in press.
9) Montgomery, P.G, et al. The effect of recovery strategies on physical performance and cumulative fatigue in competitive basketball. J. Sports Sci. 26: 1135-1145, 2008.
10) Robey, E., et al. Effect of postexercise recovery procedures following strenuous stair-climb running. Res. Sports Med. 17: 245-259, 2009.
11) Rowsell, G.J. et al., Effects of cold-water immersion on physical performance between successive matches in high-performance junior male soccer players. J. Sports Sci. 27: 565-573, 2009.
12) Vaile, J. et al., Effect of cold water immersion on repeated cycling performance and thermoregulation. J. Sports Sci. 26: 431-440, 2008.
13) Vaile, J. et al., Effect of hydrotherapy on the signs and symptoms of delayed onset muscle soreness. Eur. J. Appl. Physiol. 102: 447-455, 2008.
14) Wiltshire, E.V. et al., Massage impairs post exercise muscle blood flow and "lactic acid" removal. Med. Sci. Sports Exerc., in press.

15) 山本正嘉ほか，「激運動後のストレッチング，スポーツマッサージ，軽運動，ホットパックが疲労回復に及ぼす影響—作業能力および血中乳酸の回復を指標として—」，体力科学 42: 82-92, 1993.

【引用・参考文献 ③】

1) Haff, G.G., Roundtable discussion: flexibility training. Strength Cond J. 28: 64-85, 2006,.
2) 川上泰雄，「柔軟性とトレーニング効果」，『トレーニング科学 最新エビデンス』，2008 年，pp.19-33，講談社サイエンティフィク．
3) Mueck-Weymann, M. et al., Stretching increases heart rate variability in healthy athletes complaining about limited muscular flexibility. Clin Auton Res. 14: 15-18, 2004.
4) 斉藤剛ほか，「大脳皮質・自律神経活動および全身循環への影響」，運動・物理療法 12: 2-9, 2001.
5) Sharman, M.J. et al., Proprioceptive neuromuscular facilitation stretching: mechanisms and clinical implications. Sports Med. 36: 929-939, 2006.
6) Shellock, F.G. et al., Warming-up and stretching for improved physical performance and prevention of sports-related injuries. Sports Med. 2: 267-278, 1985.
7) Tworoger, S.S. et al., Effects of a yearlong moderate-intensity exercise and a stretching intervention on sleep quality in postmenopausal women. Sleep. 26: 830-836, 2003.
8) 山口太一，石井好二郎，「ストレッチングの方法と効果」，からだの科学 245: 24-31，2005.
9) 山口太一，石井好二郎，「運動前のストレッチングがパフォーマンスに及ぼす影響について—近年のストレッチング研究の結果をもとに—」，CREATIVE STRETCHING. 5: 1-18，2007.
10) 山口太一，石井好二郎，「続報 運動前のストレッチングがパフォーマンスに及ぼす影響について」CREATIVE STRETCHING. 14: 1-10，2010.

【引用・参考文献 ④】

1) 堀 忠雄，白川修一郎，『基礎講座 睡眠改善学』，2008 年，ゆまに書房．
2) Rechtschaffen, A., and Kales, A., A Manual of Standardized Terminology, Techniques and Scoring Systems for Sleep Stages of Human Subjects. 1968, U. S. Government Printing office.
3) 上里一郎 監修，白川修一郎，『睡眠とメンタルヘルス』，2006 年，ゆまに書房．

第 12 章

運動と環境

1 低圧 / 低酸素および高圧 / 高酸素環境下での生理応答

　人類の多くは，海面レベルに近い低地に定住している。言い換えると，ほぼ1気圧の環境に適応して生きている。このような人が高い山に登れば，気圧の低下（低圧）や，それに伴う酸素分圧の低下（低酸素）に曝されることになる。反対に，水中に深く潜る場合には，高圧や高酸素の環境に曝される。

　このような気圧や酸素分圧の変化に対して，人体は耐えたり，順応したりする仕組みを備えている。そしてそれがうまく機能すれば，8848 m のエベレスト山頂（約0.3気圧の低圧低酸素環境）に，酸素ボンベを使わずに登頂することができる。また，深度 100 m 以上の水中（10気圧以上の高圧高酸素環境）に，酸素ボンベを使わずに潜ることも可能である。一方，そのような仕組みがうまく働かなかった場合には，高山病や潜水病といった障害が起こり，死亡する危険性もある。

　このような特殊環境に対して人間はどこまで耐えられるのか，という科学的あるいはスポーツ的なチャレンジが行われる一方で，特殊環境を人間の身体能力を改善するための刺激として活用する試みも行われてきた。その代表例が，スポーツ選手が行う高所トレーニングである。また最近では，低圧 / 低酸素環境を利用して一般人の健康増進を図ったり，高圧 / 高酸素環境を利用した医療やコンディショニングも行われている。

　本章の前半では，低圧や高圧，また低酸素や高酸素といった特殊環境に対する生理的な反応，順応，障害などについて概説する。そして後半では，特殊環境へのチャレンジ，およびその有効活用の代表例として，それぞれ高所登山と高所トレーニングを取り上げ，その実際について紹介する。

［1］低圧 / 低酸素環境での生理応答

❶高度の上昇と人間の身体

　人間による高度への挑戦は，古くから行われてきた。紀元前の中国の古文書には，ヒマラヤの山岳地帯を「頭痛山脈」と名づけた記述があり，当時から高地を旅行する人びとが高山

第12章 運動と環境

病に悩まされていたことがうかがえる．時代が進むと，気球，航空開発，宇宙開発など，さらに高い高度への挑戦が行われた．またスポーツとしては，アルプス，アンデス，ヒマラヤなどで高所登山が行われてきた．

　図12-1は，高度の上昇による人体への影響を示したものである．高度が上がるほど人体にとって厳しい環境になるという点では同じでも，ある高度に徐々に曝されていく場合と，急激に曝露された場合とでは，その影響は大きく異なる．この図では，前者の例として高所での登山や旅行に適用される基準，後者の例として労働衛生の分野で用いられる基準を示し

高度（m）

- 19000　▲体温で血液が沸騰する高度
- 14000　▲常圧の100%酸素供給では生存できなくなる高度（これ以上では加圧室あるいは加圧服が必要）
- 9000　▲エベレスト山頂（無酸素登山はこの付近が限界である．これ以上で生活や運動をするためには高酸素空気の吸入が必要になる）
- 5000　▲人間の定住限界（酸素分圧が約1/2となる）
- 3776　▲富士山頂
- 1500　▲$\dot{V}O_2max$の低下が始まる

超高所：高所登山を目指す者で，かつ高高所での順応がうまくいった者だけが訪れるため，急性高山病の発症数はむしろ少ない．しかし急激に高度を上げたり，激しい運動をしたりすると肺水腫や脳浮腫が起こることもある

高所：登山者やトレッカーが訪れる高度．身体を徐々に順応させていかないと危険

高所：旅行者が多く訪れるため，急性高山病の発症が目立って多く，肺水腫なども多発する．症状の程度は日中よりも睡眠時に滞在した高度の影響を強く受ける

準高所：普通の人では急性高山病は起こらないが，呼吸循環系に障害のある人では起こることもある

数回のあえぎ呼吸で失神，昏倒，呼吸機能の低下・停止，けいれん，心臓停止，死亡

吐き気，嘔吐，行動の自由を失う，危険を感じても動けない・叫べない，虚脱，チアノーゼ，幻覚，意識喪失，昏倒，中枢神経障害，全身けいれん，死の危機　など

判断力の低下，発揚状態，不安定な精神状態，ため息頻発，異常な疲労感，酩酊状態，頭痛，耳鳴り，吐き気，嘔吐，記憶喪失，痛みを感じない，全身脱力，体温上昇，チアノーゼ，意識朦朧，階段からの転落　など

脈拍や呼吸数の増加，精神集中力の低下，単純計算の間違い，精密な筋作業能力の低下，頭痛，耳鳴り，悪心，吐き気　など

高所での登山・旅行で用いられる基準（亜急性の低酸素曝露）

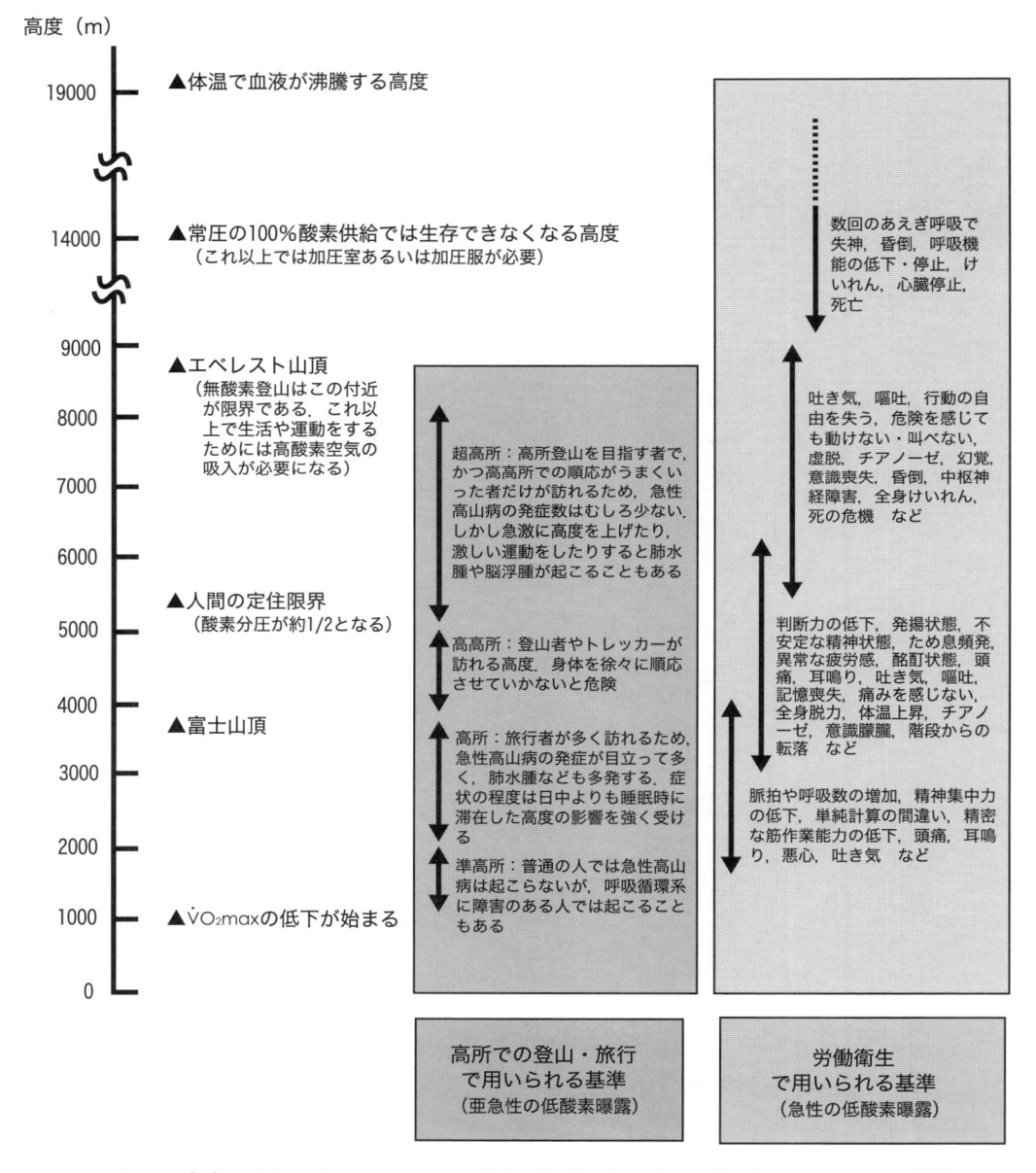

労働衛生で用いられる基準（急性の低酸素曝露）

図12-1　高度の上昇，あるいはそれに相当する低酸素環境への曝露による人体への影響
高所での登山・旅行については，Hultgren, H.N., High Altitude Medicine, 1997[4]，労働衛生については，中央労働災害防止協会編，『新酸素欠乏症等の防止』1991[7]の記述を抜粋してまとめた

232

た。後者については，実際の高地ではなく，それに相当する1気圧の低酸素環境に曝露された場合を意味している。

高所登山のように何日もかけて高度を上げていく場合には，低酸素環境に身体が順応することができるため，8000 m台の高度までは人工的な酸素の補給を受けずに到達することも可能である。反対に，労働中に何らかの事故で突然，低酸素環境に曝露された場合には，2000 m台に相当する環境でも障害が起こる可能性がある。

一方，高度がさらに上昇し9000 m以上になると，順応の有無にかかわらず，酸素濃度を高めた高酸素空気を吸入しなければ生存は難しくなる。そして14000 m以上になると，たとえボンベから100%の純酸素を吸入したとしても，低すぎる気圧のために，生命を維持するのに最低限必要な，肺胞内の酸素分圧を確保できなくなる。また，19200 m以上の高度では，気圧の低下に伴う沸点の低下によって，37℃の体温で体液が沸騰してしまう。したがって14000 m以上の高度では，加圧服（宇宙服）あるいは加圧室の助けを借りなければ生存できない。

ところで低地でも，低気圧や台風などが接近して気圧が急激に低下した場合には，関節痛やリウマチが悪化することがある（気象病）。この場合，気圧や酸素分圧の低さではなく，その急激な「変化」に身体が対応できないことが原因となる。

以上のように，高度の上昇に伴い，①気圧の低下，②酸素分圧の低下という二つの要因が関わるだけでなく，③それぞれの変化のスピードも人体に影響を与える。さらに，①〜③の影響には大きな個人差もあるため，複雑な様相を呈することになる。

❷ 高所環境に対する人体の反応，順応，障害

高所では，大気の酸素分圧が低下する。この影響を受けて，高度に応じて体内は低酸素状態（hypoxia）となる。図12-2は，0 mから3500 mに相当する4種類の低酸素環境で，安静およびさまざまな強度で運動を行った時の動脈血酸素飽和度（SpO_2）を示したものである。高度が0 mの場合，安静時のSpO_2は100%に近い値を示し，最大運動時にもあまり低下しない。しかし高度が上昇すると，その程度に応じて安静時のSpO_2は明瞭に低下する。また同じ高度でも，運動強度が高くなるほどSpO_2はより大きく低下する。

その結果，図12-3に示すように，高所で有酸素的な運動を行った場合，最大酸素摂取量（$\dot{V}O_2max$）や最大作業能力は低下する。また高度が上昇しても，同じ強度の運動をするための酸素需要量は変わらないという性質があるために，最大下運動時の相対的な強度は上昇することになる。その結果，図12-4

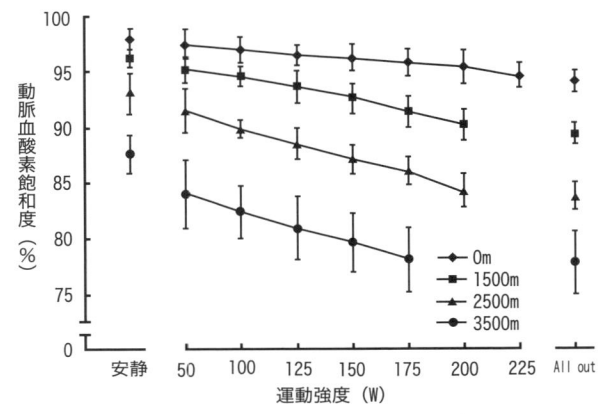

図12-2 低地および1500 m，2500 m，3500 mの高度に相当する低酸素環境下での安静時，およびさまざまな強度の運動時における動脈血酸素飽和度

(奥島と山本, 2009)

に示すように，乳酸性作業閾値（LT）のような最大下作業能力も低下してしまう．

　高所に滞在した場合，低酸素環境に対して人体はさまざまな順応（acclimatization）をしようとする．その代表的なものが換気の亢進と増血である．前者の順応は，高所に到着後ただちに起こり，当座の酸素不足を解消しようとする．この反応には，末梢の化学受容体（頸動脈体）が関わっている．一方，後者の順応は3週間程度をかけて徐々に起こる．この反応には低酸素誘導因子（HIF-1）と呼ばれる転写因子が，造血ホルモンであるエリスロポエチン（EPO）を分泌させるような遺伝子誘導を行い，赤血球を増やす．

　ところで，高所に到着後，換気亢進をはじめとした順応がうまく機能しなかったり，十分に追いつかない場合には，その数時間後に急性高山病（acute mountain sickness: AMS）が起こる．これは頭痛を中心として，吐き気，めまい，疲労感などを伴う症状である．AMSは，普通の人では高度2500m以上で起こるが，人によっては1500mくらいから起こることもある（図12-1）．また，高度3500m以上に急速に到達した場合には，ほとんどの人に起こる．表12-1は，AMSの程度を自覚症状から評価するために，国際的な合意のもとに使われている指標で，AMSスコアと呼ばれている．

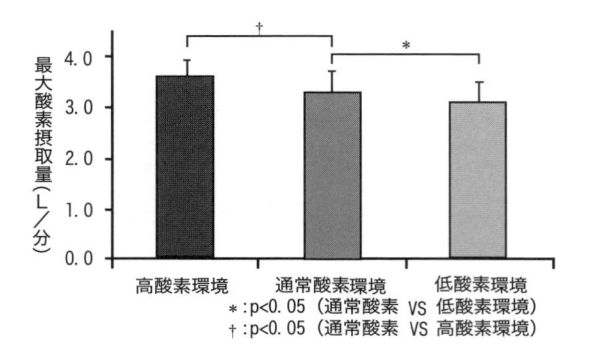

図12-3 低酸素，通常酸素，高酸素環境下でのカヤック運動時における最大酸素摂取量
低酸素は高度2000m相当，高酸素は低地の1.5倍の酸素分圧の環境で運動を行っている．（一箭と山本，2009）

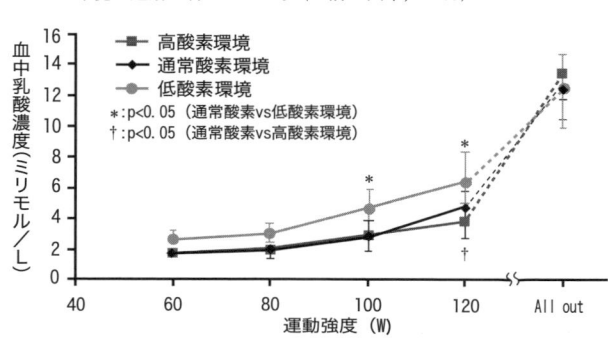

図12-4 低酸素，通常酸素，高酸素環境下でのカヤックによる最大下および最大運動時における血中乳酸濃度
実験条件は図12-3と同じ　　　　　　　　（一箭と山本，2009）

表12-1　AMSスコア
5種類の自覚症状について，それぞれ0～3までの4段階で点数化して評価する（Lake Louise acute mountain sickness scoring system, 1993）

〈頭痛〉
0：まったくなし
1：軽い
2：中等度
3：激しい頭痛（耐えられないくらい）

〈めまい・ふらつき〉
0：まったくなし
1：少し感じる
2：かなり感じる
3：とても感じる（耐えられないくらい）

〈食欲不振・吐き気〉
0：まったくなし
1：食欲がない，少し吐き気あり
2：かなりの吐き気，または嘔吐あり
3：強い吐き気と嘔吐（耐えられないくらい）

〈睡眠障害〉
0：快眠
1：十分には眠れなかった
2：何度も目が覚めよく眠れなかった
3：ほとんど眠れなかった

〈疲労・脱力感〉
0：まったくなし
1：少し感じる
2：かなり感じる
3：とても感じる（耐えられないくらい）

　AMSは通常数日で消失するが，時には悪化して高所性肺水腫（high altitude pulmonary edema: HAPE）に発展し，死亡することもある．低酸素環境では肺の血管が収縮し，肺動脈

圧が上昇する（肺動脈高血圧）。この影響で，肺胞内に体液がしみ出して貯まり，水におぼれたのと同様，呼吸ができなくなってしまう症状がHAPEである。これは4000 m前後の高度で多発し，中高年や女性よりもむしろ若い男性に多く発症する。このほかに，脳内の水分のバランスが崩れて起こる高所性脳浮腫（high altitude cerebral edema: HACE）も，生命を脅かす重篤な高山病の一つである。

❸低圧/低酸素環境の有効利用

　低酸素環境に対する人体の順応を利用して，身体能力を改善しようとする試みの代表例が，スポーツ選手の間で盛んな高所トレーニングである。これについては②で詳述するが，その基本は増血を利用することにある。このため，一般的には2000 m台の高地に長期間滞在してトレーニングを行うことになる。

　ただし最近では，増血を目的とせず，乳酸代謝，換気応答，緩衝能力などの改善をねらいとした高所トレーニングも行われるようになってきた。またそれに伴って，トレーニングの高度や期間，方法などにも多様化が見られる。

　高所環境はまた，古くから疾患者の治療や，一般人の健康増進にも活用されてきた。19世紀のオーストリアの臨床医師エルテル（Oertel）は，肥満者や心疾患の患者を高地に連れて行き，運動をさせることで治療を行った。この方法は現在のヨーロッパでも，エルテル療法または地形療法（Terrain Kuren）と呼ばれ行われている。

　また旧ソ連を発祥地とする独特な高所トレーニング法として，間欠的低酸素曝露（intermittent hypoxic exposure: IHE）がある。これは低酸素発生装置を用いて作った高度2000〜6000 m台に相当する低酸素空気を通常空気と交互に数分間ずつ，計1〜2時間にわたり吸入するものである。IHEは，スポーツ選手の高所トレーニングや登山者の高所順応トレーニングの他，健康の維持増進（慢性疲労やストレスからの回復）や，疾患の治療（心臓血管系の疾患，高血圧，高コレステロール，アレルギー，喘息）など，さまざまな用途に用いられている。表12-2はそれぞれの目的に応じたIHEの処方例である。

　以上のように，高地や低酸素環境の積極的利用についてはさまざまな可能性がある。しかし，生理学的な背景については明らかになっていない部分も多く，今後の研究対象として興味のある分野である。

表12-2　登山者，スポーツ選手，患者がIHEトレーニングを行う際の動脈血酸素飽和度の目安

(Hellemans, 2004)

	1週目	2週目	3週目
登山者	84〜88%	80〜84%	76〜80%
スポーツ選手	88〜92%	84〜88%	80〜84%
患者	92〜96%	88〜92%	84〜88%

[2] 高圧/高酸素環境での生理応答

❶高圧と人間の身体

　人間による高圧環境へのチャレンジの代表例として，潜水があげられる。深く潜るほど水圧は増し，約10 m潜るごとに1気圧が加わっていく。海面上にはすでに1気圧の空気圧がかかっているので，10 m潜れば2気圧，20 m潜れば3気圧の高圧を受けることになる。

　臓器，血液，筋肉など，固体や液体でできた組織は，高圧の影響をほとんど受けない。しかし，肺や耳腔など空気の入った器官では，ボイルの法則により，水深が大きくなるほど圧

縮される。そして単純計算では，水深30 mくらいで肺は破裂してしまうことになる。ただし実際には，空気補給のためのボンベを使わない素潜り（閉息潜水）にしろ，それを使うスクーバ潜水にしろ，それよりもはるかに深くまで到達することができる。

閉息潜水については，スポーツとしてのチャレンジが行われてきた。マイヨール（Mayol, J.）は1976年，49歳のときに水深100 mへの到達に成功したが，これは水深30 mで肺がつぶれてしまうという従来の理論に根本的な見直しを迫る偉業であった。彼の潜水中の身体の様子を科学者が分析した結果，横隔膜が胸郭内部にまで押し上げられ，肺が10分の1程度に圧縮されて，外界の圧力と平衡を保っていることが明らかになった。なお現代では，閉息潜水の記録は200 m以上にも達している。

一方，スクーバ潜水の場合は，深度の変化に合わせ，その時どきの水圧に釣り合った気圧の空気がボンベから供給される。したがって，水圧で肺がつぶされてしまう危険は少なく，水深500 m以上まで潜ることも可能となる。しかしその一方で，潜水深度が増すほど，高い酸素分圧や窒素分圧の空気を呼吸することになるため，酸素毒や窒素酔いへの対策が必要となる。また，急速に浮上した際には，血中に溶け込んだ窒素が気泡化して血管を塞いだり（減圧症），呼吸をせずに急浮上した場合には，肺が破裂するといった危険性もはらむことになる。

❷ 高圧 / 高酸素環境の有効利用

(1) 常圧高酸素環境の有効活用

スポーツ選手に対して常圧（1気圧）の高酸素ガスを吸入させ，運動パフォーマンスの改善や，疲労回復の促進を図ろうとするアイディアは，古くから検証されてきた。ただしこれは，どんな場合にも有効なわけではなく，効果が高い場合とそうでない場合とがある。

運動中に高酸素ガスを吸入すると，$\dot{V}O_2max$ が増加し，最大作業能力も改善する（図12-3）。また，最大下運動時の生理的負担度も軽減される（図12-4）。このように，運動中における高酸素ガスの吸入は有効である場合が多い。

一方，安静時に高酸素ガスを吸入しても，次のような理由で効果は小さい。血液は，ヘモグロビンに酸素を結合させて体内の各組織に運搬しており，その飽和度を表す指標が SpO_2 である。この値は，低地で安静にしているときには100％に近い値（約98％）を示す（図12-2）。このため，安静時に常圧の高酸素ガスを吸入しても，ヘモグロビンに結合できる酸素（結合型酸素）の量はほとんど増えず，人体に好影響を与えることはあまり期待できない。

一方，肺機能に障害がある患者や肺機能の衰えた高齢者など，安静時でも SpO_2 が低値を示す人にとっては，高酸素ガスの吸入は有効である。通常，安静時の SpO_2 が90％を下まわるようになると，在宅酸素療法が適用される。

また登山者がヒマラヤの8000 m峰に登る際，しばしば酸素ボンベから高酸素ガスを吸入するが，この理由も似ている。この場合，登山者の肺機能には問題はないものの，大気の酸素分圧の低下によって，SpO_2 が大幅に低下してしまうので，それを補うために行われる。高所登山中の酸素補給は，行動時よりもむしろ睡眠時のほうが有効である。睡眠中には，呼吸中枢の活動低下や横臥姿勢の影響により，体内への酸素の取り込みが著しく低下してしまうからである。

（2）高圧高酸素環境の有効活用

　高圧の高酸素空気は，常圧の高酸素空気に比べて扱いが難しいので，一般的に利用されることは少ない。しかし医療の世界では，高圧酸素治療という分野がある。これは，2～3気圧の高圧室に高酸素ガスを供給し，その中に患者を入れて治療するものである。一酸化炭素中毒，脳や脊髄の障害，心筋梗塞，重い感染症，火傷や凍傷，ガン，減圧症など，さまざまな症状が治療の対象となる。

　前項で述べたように，常圧の環境で高酸素ガスを吸入しても，血液中のヘモグロビンが運搬する結合型酸素の量はほとんど増えない。しかし高圧の環境で高酸素ガスを吸入した場合には，ヘンリーの法則により，その圧力に応じて血液中に直接溶け込む酸素（溶解型酸素）の量が増える。その結果，より多くの酸素を組織に供給することができ，人体への好影響が期待できる。

図12-5　高所登山時に携行し重症高山病の治療に用いるビニール製の加圧バッグ
足踏みで加圧する。（Duff, J. 氏提供）

　なお最近では，1.5気圧程度の環境を作るビニール製の加圧バッグが開発され，この中に通常の空気または高酸素ガスを供給し，スポーツ選手の疲労やケガの回復促進に利用されるようにもなってきた。また高所登山時にも，重症高山病の治療用として，図12-5のような人力で加圧するバッグが携行されている。重症高山病の最良の治療法は，ただちに高度を下げることであるが，現実には難しい場合も多い。そのような時にこのバッグを用いると，その場で0.1～0.2気圧程度の加圧（高度にして1500～2500 mの下降に相当）ができ，症状の改善にも効果がある。

（山本正嘉）

2 高所環境でのスポーツとトレーニング

　ここでは高所環境（低圧/低酸素環境）にチャレンジするスポーツの代表例として高所登山を，また，高所環境の有効活用の代表例としてスポーツ選手が行う高所トレーニングを取り上げ，その実際について説明する。

[1] 高所登山

❶ 高所の分類と身体への影響

　高所での登山や旅行を想定した場合，図12-1に示したように，一般的には高度2500 m以上が高所の領域とされ，この付近からはAMSはもとより，HAPEなど重症の高山病も起こる。ただし高所に弱い人や呼吸循環系に障害のある人，高齢者などでは，1500 m以上でも起こる可能性がある。つまり高山病は，海外の高山だけではなく日本の山でも十分に起こりうる。

　図12-6は，富士山で登山をしているときのSpO_2を示したものである。低地では全力で運動をしたとしても，SpO_2が90％を下まわることは少ない。しかし富士山では，歩行時で

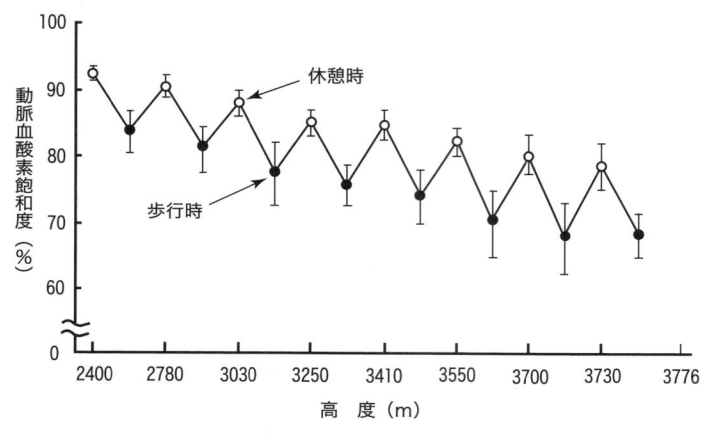

図12-6 富士山を登高中の動脈血酸素飽和度
高度が上がるにつれて，休憩時，歩行時ともに値は低下していく。(笹子と山本，2010)

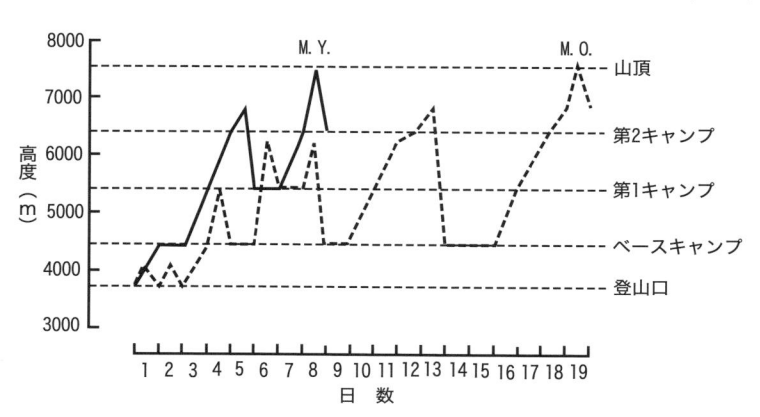

図12-7 ヒマラヤの7000 m峰登山時における行動パターン
ムスターグアタ峰(7546 m)において，破線は約3週間をかけて登頂した一般的な例。実線は，日本で事前に低酸素室を利用して高所順応トレーニングを行い，1週間で登頂した例。(山本，2005)

2400 m以上，休憩時では3000 m以上になるとSpO_2は90％を下まわる。また山頂直下での歩行時には60％台にまで低下する。大衆登山の山として身近な富士山でも，低地では考えられないような低酸素のストレスを受けることに注意すべきである。

3000〜4000 m台の高度まで行けば，AMSはほとんどの人に発症する。その場合，激しい運動は避け，高度をそれ以上上げないようにしていれば，数日で消失する。しかし，このような注意を守らない場合には，HAPEやHACEといった重篤な症状に発展し，死亡する危険性もある。

なお，同じ高度に上がる場合でも，その影響の受け方には大きな個人差がある。また，同じ人が同じ高度に上がる場合でも，その時どきでAMSの現れ方が違う場合もある。一般的に，高度の上昇スピードが急速なほど，また高度を上げる際に激しい運動を伴っている場合ほど，AMSは顕著に現れる。なおHAPEについては，女性よりも男性のほうが発症率が高い。また最近では，遺伝的に見てHAPEを発症しやすい人がいることも指摘されている。

❷ 現地での行動技術と生活技術

　高所登山をする場合，数日間をかけて徐々に高度を上げていけば，およそ5000 m台の高度まではそのまま登って行ける。しかし6000 m台以上の山では，このような方法ではAMSに悩まされ，登れなくなる。そこで通常は，図12-7の破線部分のように，ある程度の高度まで上がったら，いったん高度を下げて休養し，再びより高い高度に登るというパターンを繰り返す。そして6000 m台の山では約2週間，7000 m台では約3週間，8000 m台では1ヶ月間以上の期間をかけて登頂するのが一般的である

　このような行動原則の他に，現地での行動時や生活時には，次のような注意が必要である。

(1) 意識的な呼吸法

高所では，前述のように無意識のうちに換気量が増え，SpO_2 を高めようとする反応が起こる。しかし，これに加えて意識的な呼吸をすることで，体内の酸素不足をさらに改善することができる。図12-8 は，0 m，2000 m，4000 m の高度で，通常呼吸，深呼吸，腹式呼吸を行ったときの換気量と SpO_2 を示したものである。意識呼吸による SpO_2 上昇の効果は，高度が上がるほど顕著に現れる。また深呼吸と腹式呼吸を比べた場合，後者のほうが換気量が少ないにもかかわらず，SpO_2 は同程度に上昇することから，より合理的な呼吸法といえる。

(2) 積極的な水分補給

高所では，換気が亢進する上に，乾燥した冷たい空気を呼吸するため，呼気から失われる水分量は大きい。加えて長時間の登山活動や，水分を得られにくい環境などが相まって，脱水が起こりやすい。脱水は疲労を助長するだけではなく，AMS を悪化させたり，血液の粘度を増加させて血栓症を起こしやすくする。このため高所では，食事に含まれる水分を含めて，1日に4リットル程度の水分補給が必要とされている。

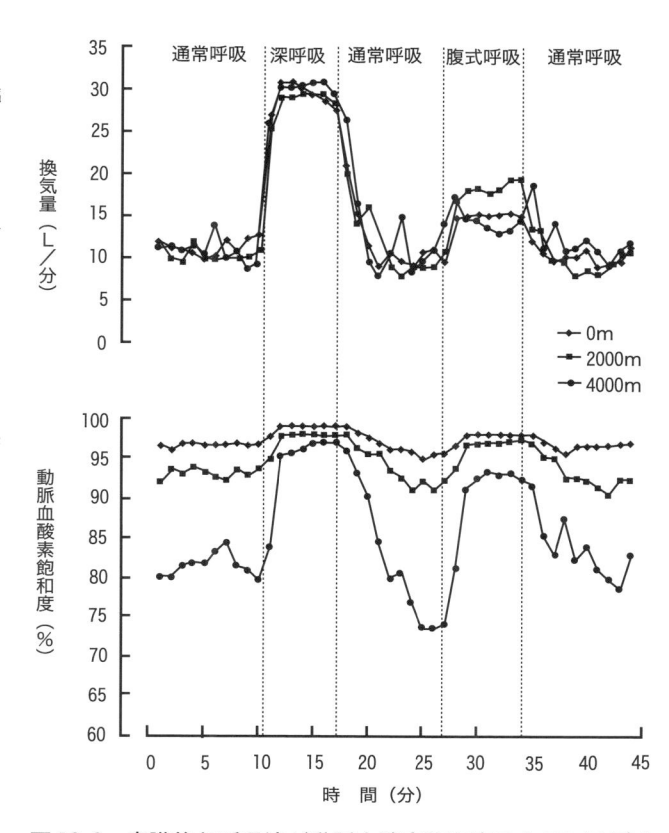

図12-8 意識的な呼吸法が動脈血酸素飽和度の上昇に及ぼす効果

3種類の高度で座位安静を保ち，通常呼吸の合間に深呼吸と腹式呼吸を行っている。その効果は低地では目立たないが，高度が上がるほど顕著に現れる。(山本と國分，2002)

❸ 事前のトレーニング

高所登山に出かける前には，事前のトレーニングも重要である。その際，基礎体力と高所順応という2種類のトレーニングを考える必要がある。両者の能力は独立性が高い。したがって，一方のトレーニングをすれば他方のトレーニングにもなるということにはならない。

低地の持久スポーツ選手に必要な基礎体力として，$\dot{V}O_2max$ があげられる。しかし高所登山の場合には，行動速度がきわめて緩慢なため，長距離ランナーのような著しく高い能力は必要ない。ヒマラヤの8000 m 峰に酸素ボンベなしで登頂する登山家でも，$\dot{V}O_2max$ は 50～60 ml/kg/min 程度である。高所登山で必要な基礎体力とは，このレベルの $\dot{V}O_2max$ を身につけた上で，その60%程度の強度で10時間以上，行動し続けられるような能力である。

一方，高所順応はきわめて重要な要素である。この能力は，低地で持久力トレーニング

第 12 章　運動と環境

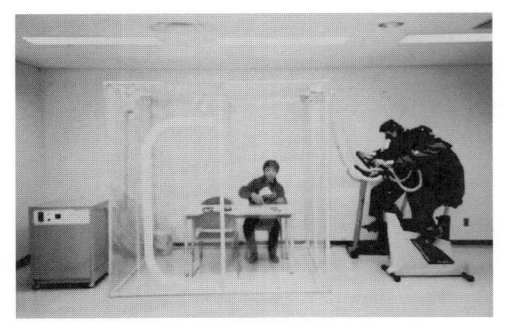

図 12-9　ビニールテント式の常圧低酸素室
低酸素発生装置（左側）を用いて1気圧の低酸素空気を作り，テント内に供給する。安静時にはテントの中に入るが，運動時には二酸化炭素の過剰な蓄積を防ぐために，テント内の空気をホースで外部に取り出し，マスクを介して吸入しながら，テントの外でトレーニングをする。

をしているだけでは身につかず，低酸素環境に身体を曝すことが不可欠となる。その手段として，一つは実際の山に出かけることがあげられる。たとえばヒマラヤ登山の前に富士山に何度か登っておくと効果が高い。一般的には AMS が発症する高度，つまり 2500 m 以上の山に繰り返し登ることで，高所順応のトレーニングになる。

もう一つ，人工的な低酸素室を利用する方法がある。かつては低圧低酸素室（低圧室）が用いられたが，安全性，使い勝手，コストなどの面で使いづらかった。しかし最近では，それらの欠点を解消するような常圧低酸素室（図 12-9）が開発され，普及しつつある。図 12-7 の実線部分は，これを用いて日本であらかじめ高所順応トレーニングを行い，ヒマラヤの 7500 m 峰を1週間で登ったときの行動パターンである。このような事前のトレーニングをしておけば，現地に赴いたときに，登山能力の向上だけではなく，AMS の軽減や重症高山病の回避といった安全面での向上も図ることができる。

（山本正嘉）

［2］高所トレーニング

スポーツのパフォーマンス向上手段としてよく行われるものの一つに高所トレーニングがある。特に高所トレーニングは平地でのパフォーマンスを向上させるかという疑問は選手，コーチあるいは研究者によって長年議論されてきたことである。およそ 30 年にわたるこの研究を概観すると，残念なことに高所トレーニングが平地でのパフォーマンス向上に役立つかどうかは十分に明らかにされているとはいえない[4]。高所トレーニングはすべての競技者に対して一様に効果が得られるようなものでもなく，絶対的なトレーニング手段にはなり得ていないように思われる。しかしながら，多くの選手はその効果を信じて高所トレーニングをよく行う。そもそも高所トレーニングはさまざまなトレーニング方法の中でも実施しやすいことや低酸素がもたらす環境が運動時の組織の低酸素環境と類似していることから，低酸素環境下での運動による相乗効果を得ようとする考え方は理に適っている。このような理由で，以前から高所トレーニングは選手の中に広く受け入れられてきた。選手やコーチが最も知りたいことは，最適な高所トレーニング効果を引き出すためにはどれくらいの高度にどれくらい滞在してトレーニングをすればよいのかという問題であろう。そこで，以下に一般的に語られていることを中心に高所トレーニングの効果と方法を解説することとする。

❶ 高所適応としての高所トレーニングの効果

長期間の高所曝露および高所でのトレーニングは一定の高所馴化をもたらすと考えられている。それは身体の組織が低い酸素分圧に徐々に慣れてくることを意味している。しかし，完全に低酸素環境を補うほどの馴化をもたらすかといえばそうではなく，何年も高所に馴化

したランナーでさえ，高所で$\dot{V}O_2max$を測定すれば低地で測定した$\dot{V}O_2max$と同等レベルの数値を出せることはないといえる。したがって，高所馴化は高所でのパフォーマンスを改善し，運動に伴う生理的ストレスを和らげることはあるが，低地と同等のパフォーマンスを獲得させるほどではない。一方，高所トレーニングに伴う低地でのパフォーマンスはどうなるか。高所環境下でのトレーニング時の生理的応答は低地のトレーニングでも起こる生理的応答と類似していることから，その両方の効果を合わせればトレーニング効果が高まると考えるのは自然なことである。そこで，まずは急性および慢性高所曝露（馴化）に伴う生理的適応について見てみたい。

(1) 急性高所曝露に伴う生理的応答（要約）
- 高所に伴う低圧低酸素環境下は身体の組織の酸素分圧を低下させる。
- 高所への急性曝露によって組織への酸素供給の急激な減少を補償するための急性適応が生じる。たとえば，換気量の亢進や肺拡散能力の維持などがある。しかし，ヘモグロビンと酸素の飽和度が低下するために組織への酸素運搬能力はやや低下する。
- 高所では血液と活動筋での酸素拡散勾配が減少するので（両者の酸素分圧の差が少なくなるので），筋組織への酸素供給量が低下し，その結果，活動筋の酸素の抜き取りが少なくなる。
- 高所での血漿量低下は血液濃縮を生じさせ，赤血球濃度の増加をもたらす（見た目の赤血球増加）。その結果，一定血液量当たりの酸素運搬能力は増加し，高所に伴う酸素不足を補う形となる。
- 高所に滞在してすぐに血液当量当たりの酸素含量の低下を補うために最大下運動中の心拍出量の増加が起こる。この心拍出量の増加は，高所滞在に伴う血漿量低下があるために一回拍出量を多くすることができないので，心拍数の増加によるものとなる。
- 高所での最大運動時は低地と比較して一回拍出量と心拍数がともに低くなるために心拍出量が少なくなるが，そのことと肺胞および血液の分圧勾配の低下との相乗作用により，組織への酸素供給が大幅に低下し，組織での酸素の抜き取りも低下する。
- 高所滞在によって交感神経活動が亢進するので，エネルギー代謝率が亢進する。このことは安静時においても最大下運動時においてもエネルギー基質としての炭水化物への依存度が高まることを意味している。

(2) 慢性的高所曝露および高所トレーニングに伴う生理的馴化（要約）
- 低酸素環境は腎臓からのEPO（エリスロポエチン）放出の増加を招き，骨髄での赤血球生成量の増加をもたらす。ヘモグロビンは赤血球に含まれているので，赤血球が増加するということはヘモグロビンの絶対量も増えることになる。高所滞在して初期の頃は血漿量が低下し，血液濃縮の結果，ヘモグロビン濃度が増加する。しかし，血漿量は時間の経過とともに通常の量まで回復する。通常レベルまでの血漿量の回復と赤血球量の増加は全血量の増加をもたらす。その結果，血液の酸素運搬能力が高まる。特に，これらの変化は平地へ戻ってからも数日は続き，その間のパフォーマンスを向上させると考えられている。ただし，パフォーマンスが本当に向上するかどうかの証明は十分になされ

- 高所に2～3週間滞在すると除脂肪組織（筋肉）量の減少が起こることから，体重低下が見られる。これは高所滞在に伴う脱水や食欲低下が原因と考えられているが，筋組織自体のタンパク分解の亢進も原因となっている。
- 筋組織の変化として，筋のタンパク分解に伴う筋横断面積の減少や毛細血管密度の増加，代謝に関わる酵素活性の低下が起こる。
- 高所馴化に伴って身体作業能力は徐々に高まる。しかしそれは，高所に伴う$\dot{V}O_2max$の低下を完全に補うほどまでは高まらない。すなわち，高所でのパフォーマンスは徐々に増加するものの，低地ほどまでは改善しない。

❷ 標高と期間

　高所トレーニングが平地へ戻ってきてからのパフォーマンスを向上させるか否かについて，1960年代，1970年代のころにはそのことが可能であるという研究が散見された。しかし，それらの研究ではコントロール群が欠如しており，高所トレーニングの効果なのか，高所滞在の効果なのか，トレーニング自体の効果なのかが明らかにされていない。さらに最近では，高所から戻ってきたあとの低地での$\dot{V}O_2max$やパフォーマンスの向上は認められないことから高所トレーニング自体を否定的とする見方も出ている。低地における低圧チャンバーを用いた擬似的高所トレーニングでもその効果は十分確かめられていない[4]。

　しかしながら，現場のコーチや選手から高所トレーニングを支持する事例的証拠が報告されている。それらは血液組成や$\dot{V}O_2max$など測定結果に基づいたものではなく，あくまでも選手の実績に基づいたものである。そのような意味で，現段階において高所トレーニングを完全否定することはできない。科学ではまだ証明されていない何かが潜んでいるかもしれない。したがって，推奨される高所トレーニングの標高や期間は実践的な例から判断するのが望ましい。以下に高所トレーニングとして推奨される標高，期間およびコンディショニングについて述べる。

（1）高所トレーニングの標高

　さまざまな選手が高所トレーニングを行っており，また有名なコーチたちが推奨する標高も一様ではないが，一般的に高所トレーニングは1300 mから3100 mほどの標高のところで行われている。さらに，日本においては1000～1500 m程度の準高所と呼ばれているところでも高所トレーニングが行われている。準高所で効果があるのかどうかは十分確かめられていないが，準高所でもトレーニングを行った選手からは低地と比べて息苦しさを感じるという声をよく聞くのも事実である。一方，高橋尚子選手はシドニーオリンピックにおいてマラソン女子の金メダルを獲得したが，直前の高所トレーニングを時折標高3500 m以上で実施したことでも有名である。このように高所トレーニングの標高もまちまちであるが，これらの実践例から考えて推奨できる高所トレーニングの標高は，有名な高所トレーニング地で成果があがっていることを考慮して1800～2600 mが望ましいといってもさしつかえないであろう。アダムス州立大学のクロスカントリー＆陸上競技コーチのヴィジル（Vigil, J.）[4]は望ましい標高を2100～2400 mとしている。

(2) 高所トレーニング期間

高所トレーニングの成果の有無はトレーニングの標高も大事であるが，それは期間とも深く関係している。高所トレーニングの期間とトレーニングの注意点として推奨されていることは以下のことである。

- 高所馴化期（1週間）：高所滞在での最初の週は馴化にあてる。馴化期間中は低強度でのトレーニングとし，トレーニング量も平地のおよそ20％まで低下させる。最初からハードにトレーニングをすると，それ以後に続く主要なトレーニング期でトレーニング効果が低下する恐れがあり，この1週間は疲労しすぎないような注意が必要である。インターバルトレーニングは避けるほうがよい。また，高所誘発性の（換気量増大による）脱水を防ぐために十分な水分摂取が必要である。
- 馴化後の主要なトレーニング期（2〜4週間）：高所馴化の1週間が過ぎてからはトレーニング量を次第に増加させ，低地でのトレーニング量に近づける。インターバルトレーニングなどの高強度のトレーニングを実施してもよい。
- 低地への帰還および調整期（2〜10日）：高所から低地にもどってわずか1〜2日で好成績が残されていることもあるが，一般的には調整する時間が必要であるから，帰還後1週間後くらいに試合を迎えるのが理想と考えられる。ヴィジル[4]は6〜8日間をこの期間に充てるのがよいとしている。クロスカントリーおよび陸上競技コーチのバリオス（Barrios, A.）は競技会1〜2日前の帰還でも好成績を残しているが，マラソン選手は試合の7〜10日前の帰還で最高の成績が残せるとしている[4]。

❸ 高所トレーニングの方法

高所トレーニングは通常合宿形式で行うことが多い。高所トレーニングで考慮しなければならない点は，高所滞在するだけでも競技パフォーマンスに有利と考えられるさまざまな生理的変化が生じたり，体調を崩すなどの高所滞在に伴う負の影響もあることから，滞在標高をどうするかである。また，高所でのトレーニングは低酸素の影響で十分なトレーニングの強度や量を確保できないなど，難しい側面もある。したがって，高所トレーニングは合宿（生活）する標高とトレーニングをする標高の考え方で，高所滞在‐高所トレーニング（living high-training high: 以下 LH-TH），(2) 高所滞在‐低地トレーニング（living high-training low: 以下 LH-TL），(3) 低地滞在‐高所トレーニング（living low-training high: 以下 LL-TH）の三つの方法がある。以下にそれぞれの方法について解説する。

(1) LH-TH: living high-training high（高所滞在‐高所トレーニング）

高所へ出かけていってその場に滞在しながらその場でトレーニングを行う LT-TH が昔から伝統的に行われてきた，広く知られている高所トレーニングである。通常，高所トレーニングをする場合は合宿形式にすることが多いので，標高の高いところの宿泊所を確保し，しかもトレーニング環境の整った場所を選定するのが一般的である。この方法では，高所環境に伴う低酸素の影響として，急性高所曝露に伴う健康阻害や有酸素能力および呼吸循環機能の低下に伴うトレーニング強度の確保が十分にできないという問題に直面する。

急性高所曝露に伴う健康阻害としては頭痛，吐き気，めまい，呼吸困難，食欲低下，不眠

などであり，当然これらはスポーツ競技力向上の妨げとなる。こういった症状が出るかどうかは滞在する標高や個人の適応能力によって異なるが，程度の差はあれ，およそ2000 mでのLH-TH型高所トレーニングでは，高所に到着後6〜48時間後に発症し，2〜3日間持続することが多い。命を危険にさらすようなことはないが，このような症状が出てくればトレーニングの成果が上がりにくくなるどころか，むしろ体調を崩すことになりかねない。ヒマラヤなどの高峰登山などでは急性高山症状がさらにひどくなり，肺気腫，肺水腫，あるいは脳浮腫の発症の危険性が高まる。

スポーツ競技のパフォーマンス向上を目的とした高所でのトレーニングでは，登山家が直面する深刻な急性高山病はあまり考えられない。少しあるとしても徐々に経験を積んでくれば比較的慣れてきて，症状があるかどうかが自覚的にわからないくらいになることも多い。LT-TH型高所トレーニングで実際に問題になることは急性高山病ではなく有酸素能力や呼吸循環機能の低下による十分なトレーニング刺激（強度や量）の確保が困難になることである。この点がLH-TH型高所トレーニングを難しくさせている要因となっている。トレーニング刺激が不十分になってトレーニング効果が上がらなくなるくらいなら，低地でトレーニングするほうが無難であるという考え方もできる。しかし，同じ時間でより効果を上げようと追求することが競技者の一般的な感覚であるから，高所トレーニングの利益に期待することが多い。LH-TH型高所トレーニングは高所トレーニングに伴う利益に期待しながら，リスクをいかに回避するかが成功の鍵となっている。もちろん，この考え方は競技会が低地であることが前提となっている。競技会が高地である場合には，LH-TH型高所トレーニングは現在では必須のこととなっている。

(2) LH-TL: living high-training low（高所滞在 - 低地トレーニング）

LH-TH型高所トレーニングはトレーニングの質の確保が難しいことは上記で述べた。その欠点を補う方法として考えられたものが高所に滞在しながらトレーニングは低地（〜1500 m）に降りて行うLH-TL型高所トレーニングである。この方法では，トレーニングを高所で行うわけではないので，高所でトレーニングを行ったときに問題となるトレーニング強度や量の低下が起こらないことから，有意義な方法として知られている。この方法を最初に提唱した人はレヴァインとグンダーセン（Levine, B.D. & Stray-Gundersen, J.）[1]である。彼らは39人の大学生長距離ランナーを三つのグループに分けて実験を行った。一つはLH-TL方式で2500 mに住んで1250 mでトレーニングする群である。二つめはLH-TH方式で2500 mに住んで2500 mでトレーニングする群である。三つめは低地滞在低地トレーニング（150 m）群（LL-TL方式）である。それぞれのトレーニング方式の違いを5000 m走のタイムトライアルで検証したところ，LH-TL方式の群だけがそのパフォーマンスを有意に改善することができたことを報告した。$\dot{V}O_2max$に関してはLH-TL群だけでなくLH-TH群もそれぞれおよそ5％の改善と，赤血球の改善も同時に認めている。このように，高所に滞在しながら低いところへ移動してトレーニングを行うというやり方が，トレーニング強度を落とすことなく，その結果としてパフォーマンスの向上に有効であることが示唆された。

この研究は大学生ランナーを対象としている。したがって，体力レベルの初期値の関係か

らトレーニング効果が出やすいことが推察されるが，一流選手ではどうであるかが問題となる．そこで，同じ研究グループであるが，彼らは一流ランナーを用いた実験結果も報告している[2]．この実験では14人の男性エリートランナーおよび8人の女性エリートランナーを用いて，2500 mに滞在させて，1250 mでトレーニングさせるというLH-TL方式で27日間にわたる高所トレーニングを課した．その結果，低地での3000 mランニングパフォーマンスが1.1 %向上し，$\dot{V}O_2max$は3.2 %改善したことを報告している．これらの二つの研究から，ランニングパフォーマンスおよび$\dot{V}O_2max$の改善度は一流選手のほうが大学生選手より低い傾向にはあるものの，LH-TL方式の高所トレーニングが低地でのパフォーマンス改善に有効であることが推察できる．

これらの論文が発表されて以来，LH-TL方式は高所トレーニングにおいて大きな支持を得ている[4]．しかし，滞在地からトレーニング地まで多くは自動車でおよそ1時間程度は移動する必要があり，実際にトレーニング合宿で実施するのはその点が難点ではある．

(3) LL-TH: living low-training high（低地滞在 - 高所トレーニング）

もう一つの高所トレーニングとして有名な方法は低地に住んでトレーニングは高地へ出かけていって行うLL-TH方式である．これは最も古くから行われてきた高所トレーニング方法といえる．高所での滞在が宿泊施設の関係で確保しにくい場合，あるいは地理的条件の関係で高所滞在できない場合にはこの方式になる．この方式での有名なトレーニング地は世界のクロスカントリースキーヤーのトレーニングのメッカであるオーストリアのラムソウである．ここは標高2700 mのオーストリアアルプスのダッハシュタイン山に氷河があり1年中スキーをすることが可能である．クロスカントリースキー選手にとって夏期シーズンにスキーに乗れることはトレーニングでは非常に重要であるので，世界中から多くの選手がここに集まってくる．トレーニング標高は2600 mくらいにあるので，低酸素によるトレーニング強度・量の低下が著しく起こる．しかし，たとえトレーニングの刺激が不十分になってもスキーに乗ることのほうが重要であるため，選手・コーチたちはそのリスクを承知しつつもここでスキートレーニングを行っている．滞在地はその地域で最も標高の高いところでも1600 mほどで，ホテルの多くは標高1200 mほどのところに集中している．したがって，ここに泊まってロープウェイで氷河まで出かけていってトレーニングするので，LL-TH方式の高所トレーニングとなる．

クロスカントリースキー競技の場合，試合自体が標高の高いところで行われることもたびたびであるため，選手は標高の高いところでのトレーニングはさほど気にしない人が多い．しかし，高所でのトレーニング刺激の低下を恐れる選手もおり，人によっては低地と同じ20.93 %の酸素濃度にした高圧ボンベを背中に背負い，そのガスで呼吸しながら2600 mの高所でスキートレーニングをする人も見かける．先述したとおり，クロスカントリースキー選手はスキーに乗ることが重要であるため，その環境を確保し，トレーニング刺激の低下が起こらないように，常圧濃度の酸素を吸うことによって低地でのトレーニングと同様の生理的効果をもたらそうとしているのである．高所でトレーニングを行う場合にはこの方法がベストかもしれないが，装置の準備が大変であるという困難さもつきまとう．

（竹田正樹）

3 温度環境とトレーニング

運動と環境を考える上で重要なのが，気圧とともに温度環境である．温度環境には低温域と高温域の間に恒温適応域があり，低温適応限界を下まわると凍死に，高温適応限界を上まわると熱中死にいたる．恒温適応域は人体の能動的適応範囲であり，暑くなれば血管拡張や発汗，寒くなればふるえや非ふるえ熱産生による代謝量の増加により化学的，物理的および生理的に体温調節が行われる．

[1] 体温調節機能

体温は熱産生量と熱放散量のバランスによって決まる．熱産生量はエネルギー代謝量によって，熱放散量は蒸発，放射，伝導，対流，貯熱によってコントロールされる．

❶ 正常体温

外界の気温にかかわらず一定の体温を維持するためには，代謝活動をある水準以上に保つこと，熱放散を調節する能力を具備することが大切である．体温は，臨床的には腋窩温や口腔温が，実験的には鼓膜温，食道温や直腸温が測定される．人体を筋肉や肝臓からの一つの発熱体と考えると，中核 (core) の深部から表層 (shell) の皮膚に熱が絶えず伝導しているので，測定部位によって体温は異なる．

皮膚温（skin temperature）は外部環境因子と内部環境因子（皮膚血流，深部から表層への熱流，発汗など）の両者の影響を受けるため，部位による差が大きい．そこで学術的には，種々の部位の皮膚温を測定し（Hardy & DuBois, 1938 の 8 点法），各皮膚面が対表面積に占める割合を乗じた平均皮膚温（mean skin temperature）が用いられ，次の式から算出される[4]．

$$\bar{T}_s = 0.07 T_{head} + 0.14 T_{arm} + 0.05 T_{hand} + 0.17 T_{back} + 0.18 T_{chest} + 0.19 T_{thigh} + 0.13 T_{leg} + 0.07 T_{foot}$$

深部体温として口腔温（oral temperature）は西欧でよく使われるが，呼吸や飲食の影響を受けやすく，午前中の測定で平均 36.7℃ くらいで直腸温より 0.4℃ 低い．食道温（esophageal temperature）は直腸温より 0.3℃ ほど低く，人体中央部の体温としてよく用いられる．鼓膜温（tympanic temperature）は総頸動脈の血流温度を反映することから，体温調節中枢が存在する視床下部温にほぼ比例する．直腸温（rectal temperature）は約 37.0℃ である．測定が容易なことと，深部体温の代表としてよく用いられる．

以上のことから平均皮膚温（mean skin temperature）と深部体温から平均体温を求めることができる．バートン（Burton, A.C.）[3] は室温 23℃ で薄着の被験者では体の 35% が直腸温より低いとして，

$$\bar{T}_b = 0.65 T_{re} + 0.35 \bar{T}_s \quad (\bar{T}_b: 平均体温, T_{re}: 直腸温, \bar{T}_s: 平均皮膚温)$$

の式を用いた．中核と表層は解剖学的よりむしろ，機能的な表現で外部環境温によって大きく変動するとみなしている．たとえば古典的なアショフとウェーバー（Aschoff and Weber, 1958）の論文では（図 12-10），冷環境では中核が頭と躯幹部に限られるが，温環境では拡

大する。そこで平均体温は冷環境で（0.6Tre + 0.4Ts），温環境では（0.8Tre + 0.2Ts）となる。

❷異常体温

体温の異常には高体温症（hyperthermia）と低体温症（hypothermia）および発熱（fever）とAnapyrexiaとがある。Anapyrexiaはまだ訳語がなく，国際生理学会温熱生理委員会でつくった用語集（1987）によれば「核心温が異常に低下した病的状態，Anapyrexiaは核心温低下に対する体温調節反応が見られる低体温（症）とは厳密に区別されている」と定義づけられている。入来[5]は生存の限界を体温異常の観点から以下のように述べている。「直腸温などの深部体温が42℃を超えると10時間で死にいたる危険性が大きくなる。もっと上昇し，44〜45℃を超えると短時間であっても酵素系に不可逆的変化が起こり回復できなくなる。幸い細菌感染などによる発熱では体温が41.5℃を超えることはまれである。逆に体温が29〜30℃に低下すると，体温調節機能が失われ体温の低下にもかかわらずふるえ（shivering）などの耐寒反応が起こらないため，体温がますます早く低下する。低温で死にいたる直接の原因は心臓が冷やされるために起こる心停止である。心臓の刺激伝導系の刺激伝達が低温のため障害されて心室細動が起こり，心臓から血液を駆出できなくなる。20℃前後が体温低下の限界とされている」。

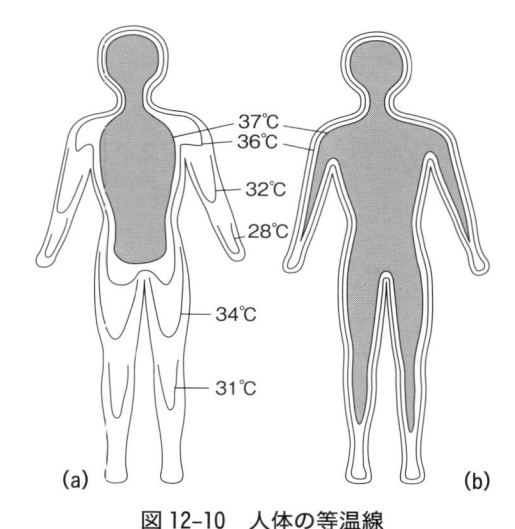

図12-10　人体の等温線
(a) 冷環境　(b) 温環境；一番内側の等温線で囲まれた部分をcore，外側をshellと考える。冷環境では四肢の大部分はshellとなる。（Aschoff & Wever, 1958）

❸サーカディアンリズム

Circadianという言葉は，「circa（おおよそ）」「dies（1日）」というラテン語を合成したものである。体温は早朝に低く，夕方に高くなるが，その体温周期は24時間より少し長い。この周期を自由継続周期（free-running period）と呼ぶが，通常の日常生活では告時因子（time cue）によって24時間周期に同期させられている。サーカディアンリズムは体温だけでなく種々の生理機能，薬理学的効能にも影響する。運動に影響する例として，直腸温に対する発汗量の関係でみると，体温日周変動の各期に発汗発現閾値直腸温の平行移動が認められる（図12-11）。

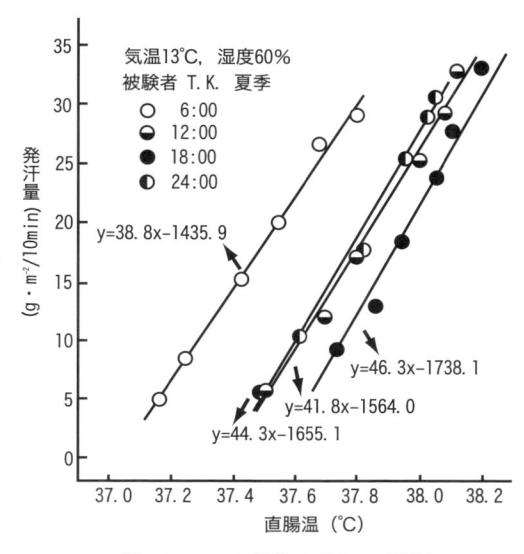

図12-11　直腸温と発汗の関係

[2] 環境温度・湿度の運動への影響

　30℃以上の気温では運動強度がある程度を越えると，熱放散能力が全熱産生量を下まわり，体温は上昇する。図12-12は異なる強度の運動を負荷したとき，運動強度が大であるほど直腸温の急激な上昇が起こる閾値気温が低くなることを示している[6]。なおこのとき，△印の420 kcal/hというのは，1時間に420キロカロリー消費する運動ということになる。通常マラソンを2時間20分台の記録で走行すと体重52.2 kgの選手の全熱産生量は928.4 kcal/hを要する。そのうち機械的に失われる熱量を20%とすれば，残りの80%（742.7 kcal/h）が熱になることとなる。すなわち△印の約1.8倍が通常のマラソンで消費するエネルギーである。この図において閾値気温は●印の180 kcal/hで約30℃，○印の300 kcal/hで27～28℃，△印の420 kcal/hで25～26℃の環境温を示している。そこでこれらの変曲点を外挿し，742.7 kcal/hの運動強度レベルをプロットする（破線）と，そのときの環境温は約18℃となる（実線）。すなわち，通常の生理的範囲内で調節可能なマラソン時の外気温は約18℃程度までという意味になり，この範囲を越えると体温は上昇することになる。

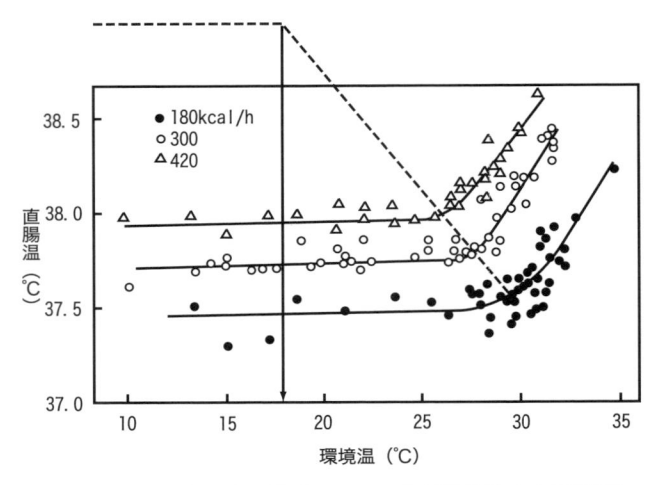

図12-12　運動時の直腸温上昇に及ぼす運動強度と環境温の関係 (Lind, 1963)

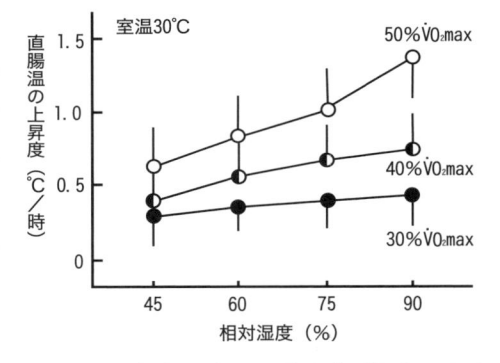

図12-13　相対湿度と運動強度が異なるときの直腸温の上昇度

　また気温以外の環境因子，たとえば，湿度を横軸にとって運動強度と直腸温の関係をみてもほぼ同様のことがいえる（図12-13）。すなわち，室温30℃と一定にし，発汗能のすぐれている夏季に得られた結果では，30%$\dot{V}O_2$maxの比較的軽い運動強度では，45～90%の湿度の範囲では直腸温の上昇はほとんど認められない。しかし，運動強度が40%$\dot{V}O_2$maxを越えると，湿度（%）の上昇に伴って，直腸温は上昇する。このように気温および湿度以外にも運動によって深部体温上昇に急激な上昇をもたらす。

[3] 運動と体温調節のメカニズム

❶ 運動時の体熱平衡

　安静時の代謝性熱産生量は内臓諸器官で約70%，筋肉では約20%にすぎない。一方，熱

放散は蒸発と対流・放射・伝導によって行われるので，体熱平衡式は温熱生理学の領域では以下のように表す．

$$M = E \pm R \pm C \pm K \pm W \pm S$$ （それぞれの記号の単位はすべて W/m²）

M: Metabolic heat production（代謝性熱産生量），E: Evaporative heat loss（蒸発性熱放散），R: Radiant heat exchange（放射性熱放散），C: Convective heat exchange（対流性熱放散），K: Conductive heat exchange（伝導性熱放散），W: Useful work accomplished（仕事量），S: Storage of body heat（貯熱量）

いったん筋運動を開始すると熱産生量は運動強度に比例して上昇し，安静時の10〜15倍に達する（左辺）．その際，熱放散量（右辺）はどのように理解されるのであろうか．この問題を体熱平衡の面から系統的に研究したのはニールセン（Nielsen, M.）である[9]．ニールセンは，第一に一定の（22℃）気温下で8段階の運動強度を設定し，全エネルギー出力と代謝性熱産生量の差の約23％が機械的効率であり，代謝性熱産生量と全熱放散量との差が体熱量の増加になること，第二に運動強度を一定（900 kpm/min）にし，室温を可変（5〜36℃）にしたときの熱交換が代謝性熱産生量と全熱放散量は外気温に左右されないことを示した．すなわち，運動強度が一定であるから代謝性熱産生量は変わらず，また気温変化に伴う対流と放射（C+R）による熱放散量と発汗による蒸発性熱放散量は互いに補う関係であることを示した．これは，冷環境ではC+RがEより多く，温環境ではEがC+Rより多いということである．

❷ 運動時の深部体温

ニールセンは「運動時の深部体温は運動強度に比例して上昇し，5〜30℃の外部環境温に無関係である」と結論づけた[9]．直腸温は運動強度に比例した定常的な上昇を示し5℃の寒冷環境においても熱放散が熱産生に追いつかないとは考えにくいので，運動時の深部体温上昇は体温調節能の不全による受動的な結果ではなく，むしろ調節された積極的な上昇である[9]．このNielsenの考えはその後若干の修正が加えられた．すなわち，運動時の深部体温上昇は運動強度の絶対値よりも被験者個人の最大酸素摂取量の相対値により強く相関することや，暑熱順化によって汗による熱放散能力が増大しても運動による体温上昇は同様に起こることなどである．さらに腕の運動と脚の運動のように運動の種類が異なっても，同じ酸素摂取量の運動であれば同程度の深部体温上昇が起こる．

また，トレッドミルで運動を負荷したときは上がる（uphill）と下がる（downhill），それに角度のつかない水平歩行の3条件が考えられる．uphillのときは酸素摂取量から算出される代謝性熱産生量（M）から外部になされた仕事（W）を差し引いた，すなわちM-Wが温熱負荷（H）になる．一方，downhillでは，外部になされた仕事（W）を熱として放散しなければならないので，温熱負荷（H）はM＋Wとなる．また，水平歩行では外になす仕事はゼロであるからH=Mとなる．すなわちdownhillのときには，体内で化学的に発生した熱量と，行われた運動に見合う物理的熱量が加算されることになるから，代謝が等しいuphillよりも多くの熱を放散しなければならないことになる．この原理を応用して，ニールセン（Nielsen, B.）は運動時の深部体温上昇と発汗による熱放散がMとHのどちらに比例するのかを調べた[8]．その結果，深部体温の上昇はMによく比例し，発汗はHと相関することが示された．この事実は運動時の深部体温上昇は少なくとも発汗による熱放散量の不足によるものでな

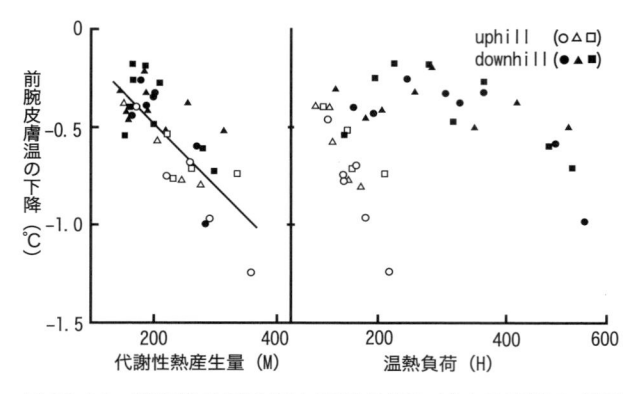

図12-14 代謝性熱産生量と温熱負荷に対する前腕皮膚温の下降

いことを示唆した。そこで筆者らは，熱放散のもう一方の担い手である皮膚温がuphillとdownhill時にMとHのどちらに相関するのかを発汗の関与しない条件下で調べたところ，前腕皮膚温下降はMに相関して下降した（図12-14）。このことは，代謝性熱産生量の増加に伴う深部体温上昇の原因の一つが，皮膚血管収縮性の皮膚温下降によりdryの熱放散が減弱されることを示唆している[11]。

❸ 運動時の皮膚温

皮膚温は室温，発汗の有無，皮膚血管運動によって決まる。運動時の皮膚温は，これまで代謝量増加による体温調節性の皮膚温上昇と発汗による皮膚冷却で相殺されるので，変化しないと考えられてきた。しかし寒冷環境下で中等度の運動を行うと，ほとんど発汗が起こらないにもかかわらず，皮膚温は変わらない。

1980年代になると測定技術の進歩から，運動時の体温調節機構を皮膚血管運動の面から理解しやすい研究が二つ現れた。一つは永坂らによる直接カロリーメータの成果である。自作のハンドカロリーメータによって，最大酸素摂取量の20〜45％範囲の運動強度でdry heat loss（C+R）を測定した。その結果，食道温とC+Rの関係において，食道温の上昇に伴いC+Rは増加するものの，運動強度が大となるにつれ反応勾配は低下する。このことから，同じ食道温で比較すると運動強度が大きいほどC+Rは減弱していると述べている。二つ目は運動時のサーモグラフィによる観察結果である。自転車エルゴメータによる運動負荷時の右上半身のサーモグラフで，手掌部皮膚温は運動開始とともに低下し，軽運動時では運動中に上昇に転ずる。胸部と腹部では運動強度が大となると5分以上の後で下降する。これらの反応の差異はそれぞれの部位における皮膚血管運動反応の特徴を反映しているのであろうが，運動強度が大となるにつれ，皮膚血管収縮域が末梢から躯幹へ拡大することを示した。

❹ 運動時の体温のセットポイント

体温調節機構を説明するのにセットポイント理論の概念が広く用いられている。現在のところ，生理学的には脳内にある温と冷温度感受性ニューロンの温度特性曲線の交点と理解されている。そこで運動時に体温のセットポイントが変化しているか否かであるが，ニールセンM.は運動時の深部体温は運動強度に比例して上昇することを観察したことから，セットポイントは上昇するとした[9]。

これに対して，運動時の体温のセットポイントは変化しないとする報告は多い[1,7]。このことを調べる方法の一つとして中枢温に対する出力，すなわち調節反応を，たとえば安静時と運動時の深部体温に対する熱放散量（発汗量や皮膚血流量）との関係を比較する方法がある。その一例として，ベンジガー（Benzinger, T.H.）[1]は安静，運動にかかわらず発汗開始の閾値

鼓膜温は同じであることから，運動時のセットポイントは不変であると述べた。

しかし，制御理論によれば調節器官を駆動するための入力は体温がどの程度セットポイントより偏移しているか，その負荷誤差（load error）に比例する。ということは熱放散の促進を維持するためには体温はセットポイントより高くなければならない。すなわち，セットポイントはむしろ逆に運動時には低下するというべきであろう。

このように，上述の三つの異なる意見について，ブライ（Bligh, J.）[2]は次のような提案をしている。すなわち，運動開始時にはまだ深部温や皮膚温はともに変化していないから，動きに伴う非温熱性機械的因子がセットポイントを下げるように働く。この因子の作用は一過性でやがて上昇した体温がセットポイントとの間に load error をつくるという。この意見は運動時の発汗の促進を説明することはできるが，高体温の持続そのもののメカニズムを示すものではない。先述した体熱平衡と運動時の皮膚温の結果からみて，セットポイントの変化によるものでなく，本来放散すべき熱量が非温熱性皮膚血管収縮によって抑制されているのだろうと考えている（図12-15）。

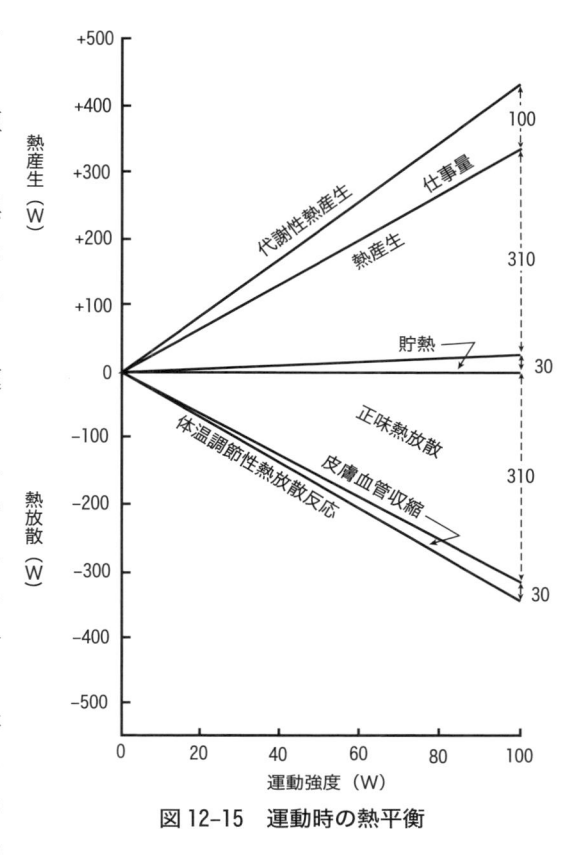

図12-15 運動時の熱平衡

❺ 運動と体温調節のトピックス

体温の生理的変動を示すものとして性周期や日周変動がある。これらの高体温期・低体温期に同一強度の運動を行うと，体温周期には関係なく運動強度にのみ依存し変動していることがわかる。この結果は，運動時に独自の体温水準を維持するメカニズムがあることを示唆している。動物実験では，運動前に内因性発熱物質であるIL-1を投与したラットの運動時の体温は対照群に比しIL-1による発熱分高い上昇を示した[4]。このことは運動時の体温上昇は調節されたものであることを意味する。田中らは運動時の体温上昇への発熱最終媒介物質とされるPGEの関与について調べるため，PGE合成阻害剤であるインドメタシン投与の影響についても調べた。運動前にインドメタシンを皮下に投与しても運動時の体温には影響を及ぼさない。インドメタシンを脳室内に投与すると運動時の体温上昇度は軽減される。これらの結果は運動時に発熱物質が脳内で産生され，これが運動時に体温を上昇させる一要因となっていることを示唆している。

また，動物の熱耐性は，かつて高温を経験したことがあるかどうか，すなわち高温曝露歴に大きな影響を受ける。特に亜致死熱ストレスを受けた動物は，次の熱ストレスに対して抵

抗性が高まる。この現象は，初めの熱ストレスで細胞内熱ショックタンパク質（heat shock protein: HSP）の合成が増加し，逆に次の熱ストレスでは合成が減少することからも証明される[12]。高温によってタンパク質が変性すると，内部の疎水性部分が外部に露出し，露出した疎水性部分の相互作用によって変性タンパク質どうしが結合し，細胞内に沈殿が形成され細胞が死に至る。HSPはこの変性タンパク質の疎水性領域に結合し，変性タンパク質同士が互いの疎水性領域を介して反応するのを抑制すると推測されている[15]。ライアン（Ryan, A.J.）ら[13]はヒト白血球のHSP70ファミリーが運動により直腸温が少なくとも40℃以上に上昇すると産生され，運動後の白血球を41℃の高温に再び曝露するとHSP70の産生が抑制されることを示し，直腸温が40℃以上になる運動は熱耐性を増すことを明らかにした。マラソンランナーは障害を伴わずに深部体温が40～42℃に上昇する。

［４］環境温度が招く疾病

近年の地球の温暖化に伴い，都市部のヒートアイランド現象により夏場において熱中症になる例が多い。特にスポーツの場面での熱中症事故は，無知と無理によって生ずるものであり，適切な予防処置さえ講ずれば，防げるものである。

❶ 熱中症の予防

日本体育協会では『スポーツ活動中の熱中症予防ガイドブック』を発行し，「熱中症予防のための運動指針」を示している[10]。ガイドブックでは「スポーツ活動中の熱中症予防8か条」を提唱し，以下のようにまとめている。

1. 知って防ごう熱中症…熱中症とは，暑い環境で生じる障害の総称で，次のような病型があります。①熱失神（皮膚血管の拡張によって血圧が低下，脳血流が減少して起こるもので，めまい，失神などがみられる）。②熱疲労（脱水による症状で，脱力感，倦怠感，めまい，頭痛，吐き気などがみられる）。③熱けいれん（大量に汗をかき，水だけを補給して血液の塩分濃度が低下したときに，足，腕，腹部の筋肉に痛みを伴ったけいれんが起こる）。④熱射病（体温の上昇のため中枢機能に異常をきたした状態で意識不明などの意識障害が起こり死亡率が高い）。

2. あわてるな，されど急ごう救急処置…万一の緊急事態に備え，救急処置を知っておきましょう。熱失神と熱疲労は涼しい場所に運び，衣服をゆるめて寝かせ，水分を補給すれば通常は回復します。熱けいれんは0.9％生理食塩水を補給すれば通常は回復します。熱射病は死の危険のある緊急事態です。体を冷やしながら集中治療のできる病院へ一刻も早く運ぶ必要があります。

3. 暑いとき，無理な運動は事故のもと…熱中症の発生には気温，温度，風速，輻射熱が関係します。これらを総合的に評価する指標がWBGT（湿球黒球温度）です。同じ気温でも湿度が高いと危険性が高くなるので，注意が必要です。

4. 急な暑さは要注意…暑熱環境での体温調節能力には，暑さへの暑熱順化が関係します。熱中症の事故は急に暑くなった時に多く発生しています。夏の初めや合宿の第1日目には事故がおこりやすいので要注意です。

5. 失った水と塩分取り戻そう…汗は体から熱を奪い，体温が上昇しすぎるのを防いでくれ

ます。しかし，失われた水分を補わないと脱水になり，体温調節能力や運動能力が低下します。暑いときにはこまめに水分を補給しましょう。

6. 体重で知ろう健康と汗の量…毎朝起床時に体重を計ると疲労の回復状態や体調のチェックに役立ちます。また，運動前後に体重を計ると運動中に汗などで失われた水分量が求められます。運動による体重減少が2％を超えないように水分を補給しましょう。

WBGT℃	湿球温℃	乾球温℃		
31	27	35	運動は原則中止	WBGT31℃以上では，皮膚温より気温のほうが高くなり，体から熱を逃がすことができない。特別な場合以外は運動は中止する。
28	24	31	厳重警戒（激しい運動は中止）	WBGT28℃以上では，熱中症の危険が高いので，激しい運動や持久走など体温が上昇しやすい運動は避ける。運動する場合には，積極的に休息をとり水分補給を行う。体力の低いもの，暑さに慣れていないものは運動中止。
25	21	28	警戒（積極的に休息）	WBGT25℃以上では，熱中症の危険が増すので，積極的に休息をとり水分を補給する。激しい運動では30分おきくらいに休息をとる。
21	18	24	注意（積極的に水分補給）	WBGT21℃以上では，熱中症による死亡事故が発生する危険性がある。熱中症の兆候に注意するとともに，運動の合間に積極的に水を飲むようにする。
			ほぼ安全（適宜水分補給）	WBGT21℃以下では，通常は熱中症の危険は小さいが，適宜水分の補給は必要である。市民マラソンなどではこの条件でも熱中症が発生するので注意。

図12-16 熱中症予防運動指針
（日本体育協会『スポーツ活動中の熱中症予防ガイドブック』，1999より）

7. 薄着ルックでさわやかに…皮膚からの熱の出入りには衣服が関係します。暑いときには軽装にし，素材も吸湿性や通気性のよいものにしましょう。屋外で直射日光がある時は帽子を着用し，くれぐれも裸はいけません。

8. 体調不良は事故のもと…体調が悪いと体温調節能力も低下し，熱中症に。疲労，発熱，かぜ，下痢など体調の悪いときには無理に運動しないことです。肥満の人は特に要注意。

さらに，「熱中症予防のための運動指針」は，熱中症予防8か条をふまえたうえで実際にどの程度の環境温度でどのように運動したらよいかを具体的に示したものです。なお，WBGT（Wet-Bulb Globe Temperature: 湿球黒球温度）は以下の式から求めます。

屋外：WBGT ＝ 0.7 ×湿球温度＋ 0.2 ×黒球温度＋ 0.1 ×乾球温度
屋内：WBGT ＝ 0.7 ×湿球温度＋ 0.3 ×黒球温度

❷低体温症の予防

低体温症は体温調節動物の状態で，核心温が種の正常活動状態で見られる基準域より低い状態である。低体温症は特に乳幼児や高齢者など体温調節機能が不十分な場合に起こりやすく，最近では子どもの低体温が問題にされている。その原因は熱産生量の低下ではなく，皮膚血管運動の調節不足による熱放散量の増加，すなわち自律神経の調節機能が影響を受けているのであろうと考えている。

（大貫義人）

【引用・参考文献〈山本〉】
1) 浅野勝己・小林寛道，『高所トレーニングの科学』，2004年，杏林書院．
2) Ashcroft, F. 著，矢羽野薫訳，『人間はどこまで耐えられるのか』，2002年，河出書房新社．
3) Houston, C., Harris, D.E. and Zeman, E.J., Going Higher; Oxygen, Man and Mountains (5th ed.), 2005, The Mountaineers, Seattle.

4) Hultgren, H.N., High Altitude Medicine. 1997, Hultgren Pub.
5) 黒島晨汎, 『環境生理学（第2版）』, 1993年, 理工学社.
6) 宮村実晴編著, 『高所；運動生理学的基礎と応用』, 2000年, ナップ.
7) 酸素ダイナミクス研究会編集, 『からだと酸素の事典』, 2009年, 朝倉書店.
8) 関邦博, 坂本和義, 山崎昌廣編, 『高圧生理学』, 1988年, 朝倉書店.
9) 中央労働災害防止協会編, 『新酸素欠乏症等の防止』, 1991年, 中央労働災害防止協会.
10) West, J.B., Schoene, R.B., and Milledge, J.S., High Altitude Medicine and Physiology(4th ed.). 2007, Hodder Arnord.
11) West, J.B., High Life; A History of High-Altitude Physiology and Medicine. 1998, Oxford Univ. Press.
12) Wilber, R. L. 著, 川原貴・鈴木康弘監訳, 『高地トレーニングと競技パフォーマンス』, 2008年, 講談社サイエンティフィク.
13) Williams, M.H. 著, 樋口満監訳, 『スポーツ・エルゴジェニック』, 2000年, 大修館書店.
14) Xi, L., and Serebrovskaya, T.V.(Eds.), Intermillent Hypoxia; From Molecular Mechanisms to Clinical Applicotions. 2010, Nova Science Pub.
15) 山地啓司, 『最大酸素摂取量の科学（改訂）』, 2001年, 杏林書院.
16) 山本正嘉, 『登山の運動生理学百科』, 2000年, 東京新聞出版局.
17) 山本正嘉, 「高所トレーニングのこれまでとこれから」, トレーニング科学 21:339- 356, 2009.
18) 山崎昌廣・坂本和義・関邦博編集, 『人間の許容限界事典』, 2005年, 朝倉書店.

【引用・参考文献〈竹田〉】

1) Levine, B.D., and Stray-Gundersen, J., Living high-training low: Effect of moderate-altitude acclimatization with low-altitude training on performance. Journal of Applied Physiology.83: 102-112, 1997.
2) Stray-Gundersen, J., Chapman, R.F., and Levine, B.D., Living-high - training low; altitude training improves sea level performance in male and female elite runners. Journal of Applied Physiology.91: 11131120, 2001.
3) Wilber, R.L., Altitude Training and Athletic Performance. 鈴木康弘監訳・国立スポーツ科学センター低酸素研究プロジェクトチーム訳, 『高地トレーニングと競技パフォーマンス』, 2008年, 講談社サイエンティフィク.
4) Wilmore, J.H., Costill, D.L., and Kenny, W.L., Physiology of sport and exercise (4th ed.). 2008, Human Kinetics.

【引用・参考文献〈大貫〉】

1) Benzinger, T.H., Heat regulation:homeostasis of central temperature in man. Physiol. Rev.49:672-759, 1969.
2) Bligh, J., Temperature regulation in mammals and other vertebrates. 1973, North-Holland.
3) Burton, A.C., The average temperature of tissues of the body. J. Nutr 9: 261-280, 1935.
4) Hardy, J.D., and DuBois, E.F., The technic of measuring radiation and convection. J. Nutrition15: 461-475, 1938.
5) 入来正躬, 『体温調節のしくみ』, 1995年, 64-67頁, 文光堂.
6) Lind, A.R., A physiological criterion for setting thermal environmental limits for everyday work. J. Appl. Physiol.18:51-563, 1963.
7) Nadel, E.R., Problems with temperature regulation during exercise. 1977, Academic Press.
8) Nielsen, B., Regulation of body temperature and heat dissipation at different levels of energy- and heat production in man. Acta Physiol. Scand.68:215-227, 1966.
9) Nielsen, M., Die Regulation der Körpertemperatur bei Muskelarbeit. Skand. Arch. Physiol.79:193-230, 1938.

10) 日本体育協会,『スポーツ活動中の熱中症予防ガイドブック』, 1999 年, 4-12 頁, 日本体育協会.
11) Ohnuki, Y., and Nakayama, T., Fall in forearm skin temperature during grade walking on a treadmill. Jpn J. Physiol.32:93-101, 1982.
12) 大野秀樹,「代謝とホルモン」, 万木良平監修,『スポーツ医学の基礎』, 1993 年, 105-118 頁, 朝倉書店.
13) Ryan, A.J., Gisolfi C.V., and Moseley P.L., Synthesis of 70K stress protein by human leukocytes: effect of exercise in the heat. J. Appl. Physiol.70:466-471, 1991.
14) Tanaka, H., Kanosue, K., Yanase, M., and Nakayama, T., Efffects of pyrogen administration on temperature regulation in exercising rats. Am. J. Physiol.258:R842-R847, 1990.
15) 矢原一郎,「熱ショック蛋白質の構造と機能」, 代謝 29:669-679, 1992.

第13章

こころとからだ

[1] 生理学とこころ

　章題にあるように，本書で「こころとからだ」を考えるということは，運動生理学の視点からこころをとらえるにはどうすればよいのだろうかという議論になる。しかし，「こころ」を運動生理学的測定器具で直接測定することはできない。

　そこで，はじめに運動生理学の研究活動を広い視野から客観的に再考してみると，運動生理学が生理学の一分野であり，生理学は基本的には生物学の一分野であるということがわかる。生物とは，細胞から構成され，その細胞全体がまとまって合目的的に活動し，子孫を再合成する物体である。このまとまりのある物体を科学的に研究するのが生物学であり，その中で，個体内の活動原理を取り扱うのが生理学という学問である。つまり，運動生理学とは，生物が運動することの生物学的原理を探求する学問である。

　ところで，生物の一種である「人間が動く」という現象は生物学に限らずさまざまな角度から研究することができる。人間という「物体」が速く動くために大きなエネルギーを必要とすることは物理学的ルールであり，そのエネルギーを分子の化学的結合状態が変化する化学反応で得ることは化学的ルールだが，そのエネルギーを身体の細胞内で触媒を用いて効率よく生成するというのは生物学的ルールである。このような自然科学的研究においては，この「物体」に直接測定機器を取り付けて観測することで理論が証明されてきた。また，この「物体」を切り刻んだり内部を取り出したりして調べることも有力な方法であった。

　速く走るために多くの筋線維を用いる必要があることは筋電図の測定でわかるが，それだけではなく，大きなエネルギーを得るためには酸素を取り入れる器官の性能もよくなければならない。これが，生理学的研究から導き出された理論である。

　しかし，それだけでは速く走れない。なぜなら，速く走ろうとする意志がなければ速く走れないからである。速く走るためには，「意志」が不可欠なのだ。ところが，その意志の大小については，生理学では研究できない。意志は「物体」ではないので，生理学的手法では

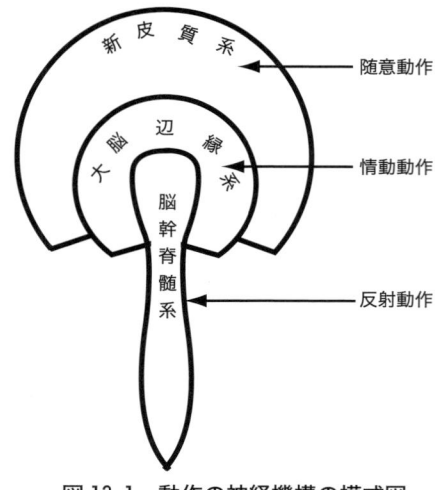

図13-1 動作の神経機構の模式図
(山本, 1983)

大きいか小さいかを測定できないためである。

前の章までを読むときには，このような問題を特に意識せず，人間の身体に測定器具をつけて人体の変化を測定したデータの法則性から，人間の活動を理解してきた。しかし，目に見えないこころの活動を扱う場合は，何を測定すべきかが直接見えてこないので，「生理学的データをもとに，こころを研究することとは何か」という視点から生理学的研究方法を再検討する必要がある。

意志の働きから生じる人間の運動を普通は随意運動と呼ぶ。山本[13]は，神経系の構造（図13-1）と対応させて，人間の動作を反射動作，情動動作，随意動作に分類し，随意運動を「新皮質系のコントロールのもとに下部運動機構によって遂行される動作」と定義している。この定義で，随意運動では筋肉まで達する神経細胞のインパルスが大脳新皮質から来ていることがわかる。しかし，意志（意図）がどのような形で新皮質の神経細胞をコントロールするかについては言及されていない。

神経細胞では物理化学的刺激を受け取ると細胞膜のイオン透過性が変化し，意志とは関係なく電気現象が生じる。それを「神経細胞が興奮する」と擬人的に理解するが，個々の神経細胞の働きは，その「興奮した」という情報をシナプスを通して近接の細胞に伝えることのみであり，意志を電気現象に変える働きは想定も実証もされていない。しかしながら，「大きな力を出すためには多くの筋線維に一度に収縮命令を出さないといけない」という運動生理学の理論を厳密に解釈すると，「大きな力を出そうと意図すると，それが運動野の神経細胞にたくさんの刺激を与え，その刺激が生理学的法則によりたくさんの筋線維に達してたくさんの筋線維を収縮させる。それによって大きな力が観察できる」ということになる。しかし，この説明では，意図（意志）が神経細胞を刺激することになり，純粋の自然科学理論ではなくなってしまう。

なぜなら，脳神経系は神経細胞の活動の集大成としてできあがったものであり，個々の細胞には意志の働きが想定されていないにもかかわらず，動作機序の説明に意志が挿入されているからである。しかし，神経系全体の働きとして随意動作を説明する場合には，上のように意志の関与を入れないで説明することが非常に難しい。

このことを頭に入れておいて，先ほどの動作の3分類を再考してみると，新たな問題点が浮上する。運動は，一般的には，意志に基づく随意運動と反射的に生じる不随意運動に区別して理解されている。しかし，この区分だと上の3分類のうち随意動作以外の反射動作と情動動作が不随意運動に分類される。一方，末梢神経は，自律神経系と体性神経系に分けられ，通常は，意図的な反応動作は体性神経系を介して横紋筋で構成されている骨格筋を収縮・弛緩させることによって遂行され，自律的な反射動作は自律神経系を介して内臓筋などの平滑

筋を収縮弛緩させて行われるとされている。ところが，反射には，自律神経系を介した反射のほかに，膝蓋腱反射のような体性神経系を介した反射も存在する。

　これらの矛盾，混乱は，どう考えればよいのであろうか。そこで，仮想的に人間の動作全体を緻密に観察してみよう。たとえば，4月のプロ野球公式戦の先発マウンドに初めて立った新人選手を想定してみよう。彼は，明らかに，意図してボールをキャッチャーミットめがけて投げている（随意運動）。主動筋に表面電極をつけて観察すれば，筋放電が観察されるはずである。投げ終わったとき，グラブを持った手は屈曲していることが観察されるが，これは，福田[1]によれば，頸反射と呼ばれる反射回路が働いているからである。もし，第1球を投げるときに緊張していれば，心拍数の増加も観察されるはずだ。このような場面での心拍数測定は，心電図の無線モニターを使って簡単に観察できる。この心拍数変化は，心筋を支配している自律神経系の働きによる。鳥肌が立つほど寒い日も，何球か投げるうちに汗ばんでくるので，針電極で皮膚の血管筋への電気刺激が測定できたとすると，その筋肉への刺激頻度が減ったことが観察されるはずだ。これはまだ，そう簡単には測定できないが，皮膚温の上昇を電気的に計れば間接的測定が可能かもしれない。さらに，四球を連発して投球数が増えれば，心拍数が上昇するが，これは，初球の投球前の心拍数増加とは異なった機序によるものである。

　こう考えると，「人間が行動するときには，図13-1に示したような3種類の動作の一つを選択して実行する」と理解するのではなく，「人間のあらゆる行動は，ある刺激がきっかけで運動野からの刺激で筋肉が秩序だって収縮することによって生じるが，そのときの動作に関与する人間のさまざまな器官の協調活動の大部分は，自律神経系や体性神経系のさまざまなレベルの反射機構によって調整されている」と理解すべきであるということがわかる。そして，動作のきっかけとなる刺激が判然としていなかったり自発的に生じたように見える場合が随意運動と称されるのである。

　この動作の全体像を一度に研究することは難しいので，運動生理学的研究のための観察では，上に示したさまざまな観察手段のうち，研究課題に都合のよい部分だけの観察を行っていると理解される。たとえば，投手の持久力を研究するのであれば，筋電計ではなく心拍計だけをつけて10分，20分と投球を続けさせ，心拍数変動を観察すれば十分なのである。

［2］意図的な運動遂行と神経系の関係

　前節で指摘した観点をふまえて，本節では，「こころ（意図）」と神経系の関係を詳しくみていくことにする。新生理学大系第10巻『運動の生理学』の序文をみると，人間や動物の運動について「反射運動 - 自動運動 - 随意運動」というつながりで運動現象を区分するとともに，その境界が曖昧なこと，および，反射運動の機構が随意運動の中に組み込まれていることが指摘されている[9]。また，水野はその本の第1章で，「いわゆる『随意運動』はその多くの部分を反射運動や自動運動など『無意識』に進行する過程に支えられている」と表現している[7]。

　通常，この随意運動は，皮質連合野で意志が形成され，運動前野と補足運動野で実際の運

第13章　こころとからだ

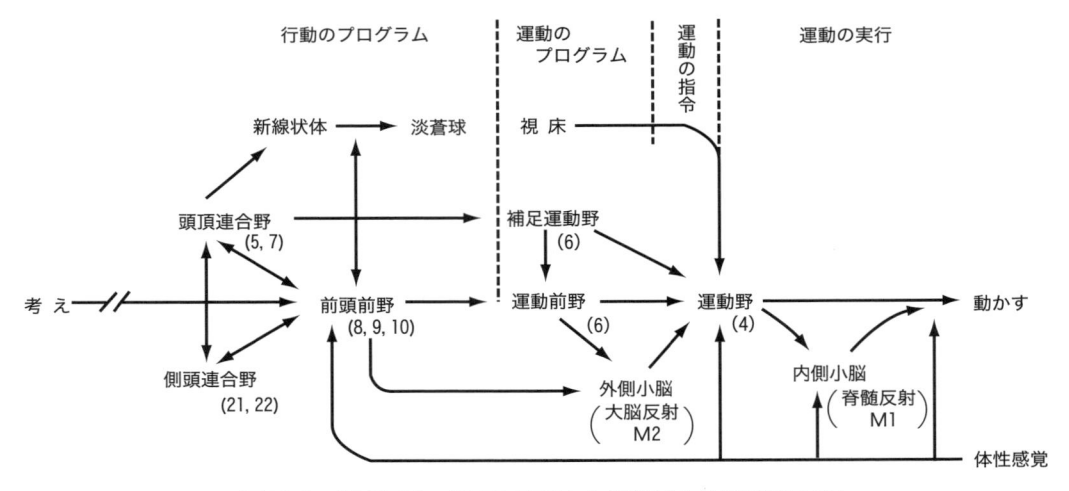

図13-2　随意運動の発現に関係した脳領域と神経情報の流れ

括弧内はブロードマンによるエリア番号（久保田，1984）

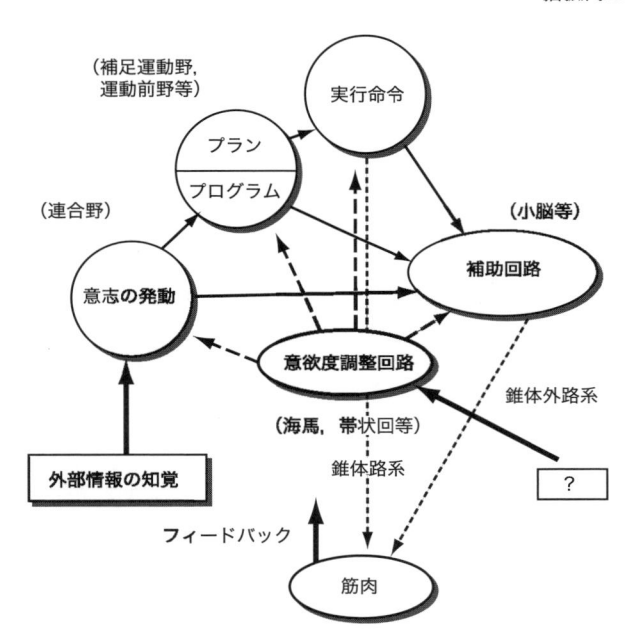

図13-3　随意運動実行中の脳内回路の模式図

注：図13-2の文献などが掲載されている「神経研究の進歩」第28巻第1号を参考に脳内の随意運動に関係した脳内回路を模式的に示したもの。これは，自発的な随意運動の発現過程を示しているが，教示を受けての随意運動のときは，四角で示した目や耳などからの情報がトリガーとなって意志が生じる。このときは，プランやプログラムはすでに用意されているのですばやい動作が可能になる。点線が最終的な筋肉への命令経路であり，破線は意欲度を調整する情動発生回路を示すが，脳のどの部位が関与しているかの詳細は無視して示した。意欲度調整回路への入力は多数あるので「？」で示した。

動プログラムが形成され，運動野を通して筋肉に命令を与えることで成立すると考えられている。また，運動野の錐体細胞の興奮の前に大脳基底核や小脳なども働いていることがわかっている（図13-2)[8]。現在では，筋肉を直接支配しているといわれている運動野以外の，意志決定（プランの作成）と動作準備（運動プログラムの作成）を担当するとされている部分の働きもかなり解明されてきている。しかし，「考え」からの矢印が途切れている部分を生理学的にどうとらえるかについては，厳密な議論がなされていない。

そこで，その問題を解決すべく，脳内回路を動作発揮の役割別に模式的に示したのが図13-3である。丸で囲んだ機能が脳のどの部位で営まれているかは大まかにしか示していないので，脳神経系を直接研究するためには無意味な図かもしれないが，脳と動作（行動）との関係を「こころ」と関連づけて理解するためには十分な図と考える。

筋肉に向かっている点線矢印は脊髄を通る連絡回路であり，それ以外の矢印は中枢神経系内の連絡回路を示している。実際の神経回路ではすべての矢印が双方向のようであるが，動作開始に関する命令系を理解するために単方向矢印にしてある。また，各回路の位置関係は大まかには脳内の位置を反映しているが，補助回路には大脳基底核なども含まれるので，それぞれの○はそのような機能を持つ細胞群全体を意味させている。

この図では，自発的な動作では意志が自然発生するように描かれている。しかし，この脳内回路は常に信号が走り回っており，その回路の信号活動がたまたま「意志の発動」に合致したときに動作が開始されると解釈することにする。そうすると，「自然発生した意志（図13-2の左端にある「考え」の部分）が神経回路を刺激する」という説明を回避することができる。また，外部の知覚情報が意志を発動させるという関係も，前もって，実験の被験者は「このような刺激がくるのでこう反応しなさい」と教えられているので，それにあった神経回路を活性化して待っていて，予期した刺激に対して正しい神経回路が反応したと考えれば，神経系の経路のみで動作を説明できることになる。それが，四角で囲んだ「外部情報の知覚」であり，この部分は感覚受容器への刺激が神経細胞を伝わって脳内に伝わることを抽象的に表現してある。補助回路である小脳などは学習が進んだ熟練動作の遂行に大きな役割を果たしているといわれている。この回路には大脳皮質の多くの部位から入力があることから，この回路の機能が肥大化すると自動運動になると考えると，前述した「反射運動-自動運動-随意運動」というつながりのうちの，動作の自動化の度合いが，「慣れ」による運動プログラム実行における自動処理部分の増大度を反映するものとして理解可能である[脚注1)]。

なお，意欲度調整回路については次節で説明する。

[3] 随意運動遂行中の「こころ」の変化と生理学

随意運動の発現に関しては，大雑把に考えると，脳が外部刺激を取り込んである状態に活性化され，その信号が記憶を司る海馬と意欲を生じさせる帯状回をも活性化させ，前頭葉に目的を持った「意志」の状態（図13-2の左端の「考え」）が生じ，運動指令が出されて動作が遂行されると理解できる。上の「外部刺激を取り込んである状態に活性化されること」が「自分が置かれた状況を理解すること」に相当すると考えると，これまでに解明された脳の経路やそれぞれの部分の働きから，「状況を理解して動作を選択実行する過程」に関しては神経回路でかなりうまく説明ができる。

しかし，発現された随意運動の実際を調べるだけでなく，その随意運動に意欲の高低がどう関わっているかを研究しようとすると，意欲の高低をどう同定するかという，もう一つ別の問題が生じる。

本章の題目にあるような「こころとからだの関係」と表現したときの「こころ」の働きとは，これまで述べてきたような「考える」働きではなく，「一生懸命やろうとしたが集中できなかった」というような意味で使われる「こころ」の働き，つまり，こころの働きを知・情・意に分けた場合の情の働きである。

---
1) 生理学と随意運動の関係については麓（1986年）[3)] も参照のこと。

これは,「一生懸命やろうとする意志はあったのだが何となく集中できなかった」というような,意志では統制できないこころの活動と理解することができる。この場合,実際にパフォーマンスが低下したのであるから,上述した運動プログラムを作成実行する神経回路に何らかの影響があったことになる。しかし,図13-2にはそのような影響を与える神経細胞からの矢印が書かれていない。このやる気の変化は動作発現前も発現中も生じているが,この面の理解には,前述した新生理学体系第11巻の『行動の生理学』にある「情動行動」の章が参考となろう[6]。

激しいやる気の変化を情動行動と呼ぶが,動物実験では脳内のある部位の刺激が強い情動反応を引き起こすことが知られており,脳内の特定部位の関与が認められている。たとえば,「空腹」という身体内の状態が食行動を促す摂食中枢を刺激することで食行動が開始され,満腹になれば満腹中枢が刺激され摂食行動は中止される。このような神経機構を考えると,人工的に摂食中枢を刺激し続ければ,動物の摂食行動が止まらなくなるはずである。ネズミではそのような研究もなされている[10]。

このように,脳の報酬系と呼ばれる部分への刺激が「やる気」を変える原因と考えられる。情動行動を引き出すような状況認知を引き起こす強い刺激は,上の電気刺激のように直接的にこのような回路を刺激するのかもしれない。しかし,そのような強烈な刺激ではなくても,報酬系へ信号が送られていることがわかっている。その一例が,マグーンによって発見された上行性脳幹網様体賦活系を司る脳幹網様体への刺激回路である。図13-4に示したように,ネズミにいくつかの刺激を与えると,共通して脳幹網様体で神経インパルスの発現が観察された[4]。髭にさわったり背中を撫でたりすれば,当然,ネズミは異なった筋肉に収縮命令を出し,異なった反応をしたと思われるが,共通して脳幹網様体にも信号を送っていたのである。このように,非特異的に信号が蓄積され,それが意欲のレベルを変えると考えると,情動を引き起こすような激しい刺激がなくて

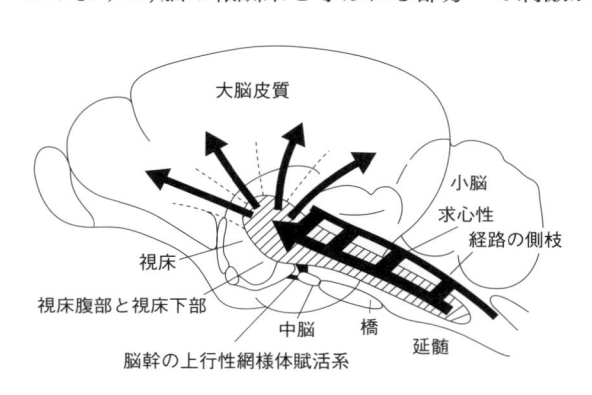

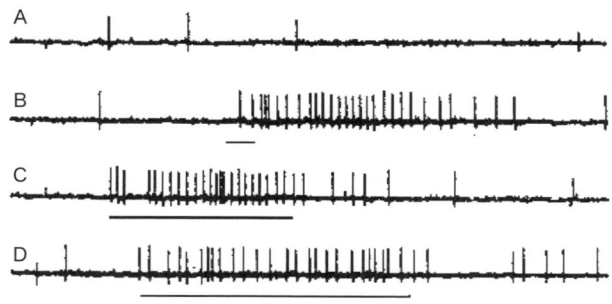

さまざまな刺激(図中下線)を与えた場合の,脳幹網様体内の細胞のインパルス発射
A:自発的なインパルス発射
B:前足をたたいたとき
C:背中をこすったとき
D:ほうひげに触ったとき

図13-4 上行網様体賦活系の模式図とその中の特定細胞を刺激する入力系(麓,2000より)

も自然にやる気が変化することが理解されるであろう。

上で述べたように，情動とは特に激しい「こころ」の極端な変化であり，これは，脳幹網様体が何らかの原因で激しく刺激されたからだと説明できるかもしれない。たとえば，天敵を見たことにより，視覚刺激が回りめぐって脳幹網様体に達したと説明するわけである。視覚刺激が図13-3の意欲度調整回路に達して，急にここからのインパルスを強めたと考えれば説明がつく。情動行動と通常行動との区別は明白であるので，行動変化を測定する必要もない[脚注2)]。

ところで，このような機序でやる気の変化が生じることを前提としてやる気の大小を生理学的に研究しようとすると，何らかの生理現象を測定し，やる気が高いときと低いときで測定結果がどう違うかを解明すればよいことになる。しかし，「やる気」は抽象的すぎるので，通常は注意の集中度（生理学的には大脳の賦活度）に置き換えて考えるが，その集中度の大小はどう扱うと研究対象にできるのであろうか。

そこで，このような神経系とこころの関係を理解した上で，以下の項では，こころと運動の関係を扱った研究を紹介することにする。

［4］注意集中度を生理学的指標で測る

まずは，注意集中度を生理学的指標で測ることを考えてみる。筆者は，椅子に座った被験者に，回転板上で動くコースを，ドライブゲームのように，右手で握った水平棒を前後に動かして追跡するという課題の練習を20回行わせ，左手の指尖皮膚血流量と脈拍数を測ってみた[2)]。作業と休憩を30秒ずつ繰り返させたが，この実験に参加した被験者は，図13-5に点線の曲線で示すように集中度が変化すると考えられる。通常，注意の集中度が高い緊張状態になると，脈拍数や呼吸数は増加し，皮膚抵抗や皮膚血流量は低下するといわれているので，皮膚血流量を各区間ごとに平均すると，図中の折れ線のように，試行中の血流量のほうが低いままで変化すると予想される。そして，脈拍数については上下反対になるはずである。実際の結果は，図13-6にあるように，皮膚血流量については仮説通りとなったが，脈拍数については，安静時の脈拍数が最低ではあるものの，試行中よりも緊張が少ないと考えられる試行間休憩中のほうが高い傾向であった。常識的には「試行中は休憩中よりも緊張して注意を集中しているだろう」と考えられるが，緊張すると高まると考えられる脈拍数は高まらなかった。

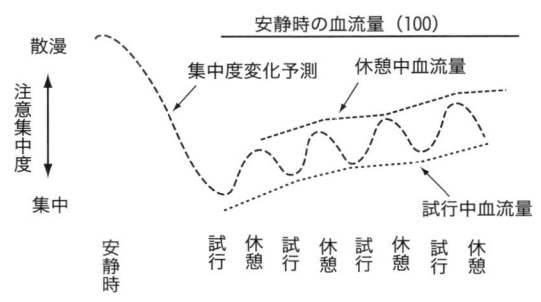

この結果に関して，筆者は「課題への注

図13-5　実験中の注意集中度と皮膚血流量の変化予測

---

2) 岩村は，『タッチ』において，本書の内容と直接関係する文脈ではないが，体性感覚を失って患肢を使わずに生活しているサルも驚いたときには患肢を使って逃げる事実を観察した研究を紹介している[5)]。つまり，情動行動では，通常の随意運動ではみられない火事場の馬鹿力のような行動が選択されることを示している。この書は，随意運動を研究する上で重要な書物と思われるので紹介しておく。

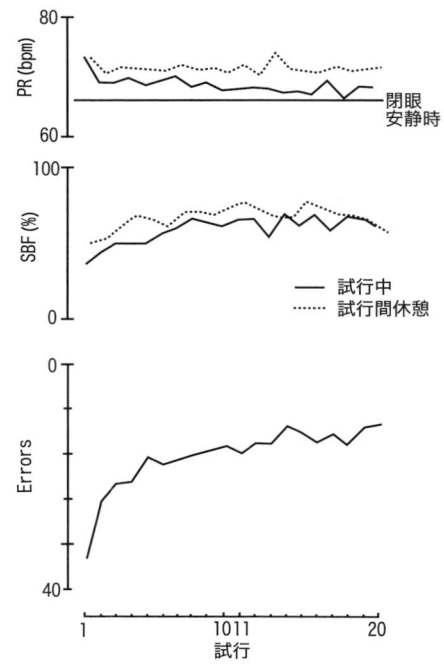

第13章 こころとからだ

図13-6 右手での追跡作業学習におけるエラー数および左手指尖皮膚血流量(SBF)と脈拍数(PR)の変化
(麓, 1977)

SBFは閉眼安静時の値を基準とした%表示, PRの直線は安静時の値

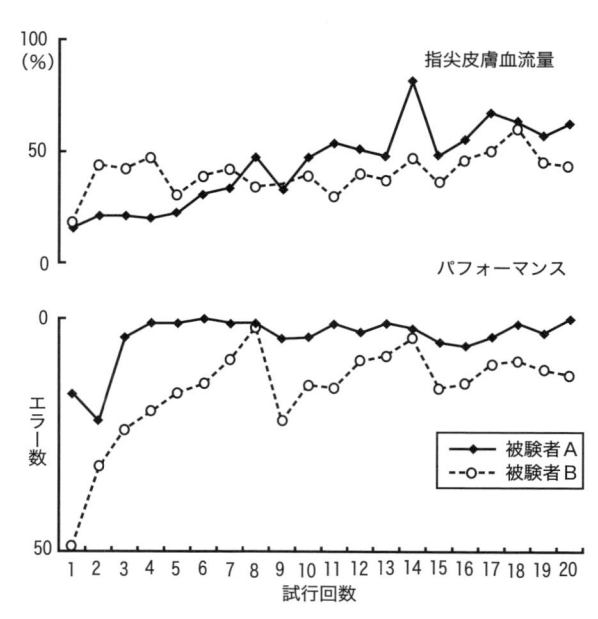

図13-7 2名の被験者のパフォーマンス変化と試行中の指尖血流量の変化

意集中を皮膚血流量が（脈拍数よりも）より忠実に反映している」という言い方で考察した。筆者は，この論文で，心理学的仮定と心理的原因が混同されないように表現したつもりである。つまり，実験中の被験者について「試行中は休憩中よりも注意集中している（賦活度が高い）」という仮説が設定され，その実験中に測定された生理学的指標のうち皮膚血流量変化が仮説区分と対応していたということである。これは，心理生理平行観察に基づいて実験事態をそのまま表現したものである。

しかし，このような状態は「注意を集中すると皮膚血流量が減る」と表現するのが一般的である。実際，この論文を引用した山口も「麓は課題に対して注意を集中することによって…（中略）…その結果，血管収縮をきたすと推定しているが……」と因果論的に要約している[12]。

このように「注意を集中すると……」という因果論的な説明をすると，注意集中度の変化という心理的推定が無条件に正しいと仮定されてしまい，その前提で生理学的測定の結果を考察することになってしまう。しかし，筆者の実験では，大脳賦活度が高いときに高まるのが普通である脈拍数に関して，試行中のほうが試行間の休憩中よりも脈拍数が低く，少なくとも，脈拍数データは試行中に注意を集中したことを裏づけていない。生理学的測定結果を優先させれば，「課題遂行中は安静時よりも血流量・脈拍数ともに低下させるような生理現象が観察されたので，試行中は，課題に対して，そのような生理学的変化を引き起こす集中状態にあったと推察されるが，脈拍数が試行間休憩中よりも低下しているので，通常いわれる『注意集中状態』ではなかった」という解釈も成り立つ。

このように，こころの変化と生理学的指標の変化を関連づける研究では，

先入観を排除する細心の注意が必要である。

　ところで，論文では紹介していない個々の被験者の試行中の皮膚血流量とパフォーマンスの変化を見ると，図13-7に実線で示した最も上達が早かった被験者Aのように，エラーは急激に少なくなっているが皮膚血流量は減少したままでパフォーマンスと連動した皮膚血流量の上昇が見られず，図13-5の注意仮説に見合った変化を示し，課題の動作に慣れるためにはかなり長い時間がかかったと推察できる例が見られた。また，点線の被験者Bのように，上達は比較的早く，8試行目で上限に近いパフォーマンスを示しながら，その後のパフォーマンスにばらつきがあり，皮膚血流量の変化から，初回以外は血流量の減少が続かず注意集中にムラがあると推察される例もみられた。この被験者は，同時に行った内田・クレッペリン検査においても，初頭の抜出（多くの被験者で観察される，はじめの1分間のパフォーマンスが最大を記録すること）を欠き定型からのずれも大きく，問題のある性格と判定された。

　上の研究のように，生理学的指標の変化とこころの変化の関係は重要な研究テーマではあるが，こころの変化を生理学的指標の変化で読み解こうとする場合は，方法論的問題点をふまえて厳密な計画のもとになされなければならない。

［5］筋力発揮における生理的限界と心理的限界

　最後に，こころとからだの関係で注目すべき研究として標題にあるような筋力発揮の研究を紹介しておく。

　「最大に力を出してください」といわれると，被験者本人は一生懸命努力して最大の力を発揮しようとする。しかし，前述までの議論を踏まえて厳密に考えてみると，実験者が「最大の努力で曲げてください」と教示したからといって，被験者が本当に注意を集中して最大努力をしたかどうかはわからないことになり，実験が成立しなくなってしまう。少なくとも，実験者の1人が最大努力をしているかどうかを実験中に観察して確かめなければならないはずだ。しかし，通常は，そのような観察はせずに外れ値を測定失敗とみなすだけで研究を行っているため，「最大努力で曲げるように教示したこと」をもって「被験者の最大筋力を測定したこと」にしてしまう。

　この意味を図13-3の回路図で考えてみると，意志の発動の回路では，最大努力の発動を命じたとしても，図中の意欲度調整回路が全回路の途中で介在しているとなると，この回路の働き具合で実際のパフォーマンスは変化するかもしれない。そして，この意欲度調整回路の活動はさまざまな刺激で自動的に変化することがわかっている。そうすると，最大努力を発揮させる環境を変えると，パフォーマンスも変化する可能性がある。

　矢部は，母指内転筋の関与する親指の付け根を内側に曲げる動作を研究対象としてこの問題を研究した[11]。彼は，被験者に，この屈曲動作を3秒に1回ずつ最大努力で計300回繰り返させた。このときのパフォーマンスの変化を1名について記録したものが図13-8である。当然のことながら，徐々にパフォーマンスは低下しているが，図中に○や×で示した回だけは，値が上昇している。

　○は，母指内転筋につながっている尺骨神経を電気刺激することよって得られた測定値で

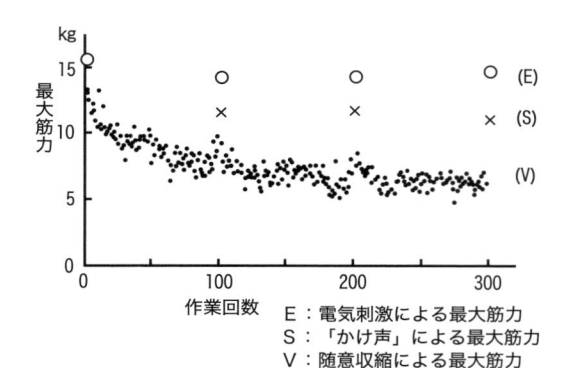

図13-8　最大筋力発揮作業の繰り返しによるパフォーマンス低下と「かけ声」効果
(矢部, 1977)

ある。電気刺激による筋収縮は，母指内転筋の筋線維を支配しているすべての神経に収縮命令を与えた結果と考えられるが，通常の自発的な試行ではそのときの値よりもはるかに低い値しか得られていないので，第一の要点は，いくら最大努力をしたつもりでいても，人間が筋肉内の全細胞を一度に使って行うことはできないということである。これは，動物が本来持っている防御機構と考えられる。動物が，獲物を得ようとしたり敵から逃げようとしたりして，すべての筋細胞を使って全力で走って力尽きたときには，おそらく，その後数分間何もできない状態になってしまうであろう。これでは，獲物を得ても食べられなくなってしまったり，逃げおおせてもその場に居続けることになり，次の敵に捕まってしまうことになる。そのために，少しは余力を残してダウンするように，脳内の回路で先天的に筋力上限が設定されているのであろう。

　図13-8は1被験者の例であるが，実験に用いた被験者3名とも，同じような傾向を示し，この母指内転筋においては，第1回の疲労がないときの最大筋力は生理的限界の8割程度であった。つまり，人間は常に2割ほどの余裕を見込んで最大努力をしていることになる。

　次に大きな「×」で示した値は，100回ごとに行われるかけ声を伴った随意収縮である。この場合，その周りの試行の時よりもかなり高い値になっている。実験の最後の300回当たりの随意収縮では生理的限界の5割程度の力しか発揮できないでいるが，かけ声と同時に行うと6割以上に上昇していた。かけ声があろうがなかろうが，被験者は最大努力をするように指示されているので，この差は最大筋力を発揮するときの環境の変化の影響と考えてよいだろう。これは，環境によって意欲が変わると理解することができる。そうすると，環境を意図的に変えることにより，本人が自覚している「最大努力」を変えられることになる。

　ところで，この「環境によって意欲が変わる」という説明をなるべく生理学的タームを用いて説明すると，実際は，環境が直接的に意欲を上下させるのではなく，「実験条件が違うと，主動作の影響による両条件で同等な感覚入力以外の五感から自然に入ってくる感覚入力が異なり，脳幹網様体等の脳幹の細胞群への刺激伝達の量と質も異なってくる。そのために意欲を上下させる回路に異なった刺激が送られることになり，パフォーマンスに違いがでた」ということになる。また，図13-3を元に厳密に考察すると，「かけ声あり」の場合は，意志の発動からかけ声を伴う運動プログラムを作成する段階で，動員する筋線維の数が，かけ声を伴わない場合よりすでに多くなっているのか，それとも，プログラム作成段階までは同じで，かけ声動作のプログラム実行に伴う刺激が意欲度調整回路に達して，そこからの意欲度を上下させる刺激が，筋力発揮プログラムを実行する回路のどこかに影響を与えたためなのか，という疑問が生じる。これは今後の検討課題である。

ところで，この実験は，「力を入れるときに声を出そう」というような意図的な行動によって脳幹網様体に自然に入ってくる入力を変えると，意欲が自然に変わると解釈することもできる。これが自然に変化する意欲を意図的に変えるメンタルトレーニングの有効性に関する生理学的説明と考えることができる。また，この「実験環境の違い」の片方（たとえば「かけ声あり」）がより注意を集中できる環境と仮定すれば，「注意を集中すると最大筋力も増える」という解釈が可能となる。

　「最大限の努力」の内容の変化については，マラソンを例として考えることもできる。マラソンに勝つためには35キロからのがんばりが大切で，そこで苦しさを経験し，打ち克つ力を得た者が強くなるといわれている。これは，同じような身体状態を「もう走れない，限界だ」と感じた者が「まだ大丈夫だ」と感じるように変化することを示している。これを心理的力ととらえると，心理的限界に個人差があり，何らかの原因でその限界が変化することになる。それが単なる心理的な頑張りスキルの向上によるものなのか，経験を積んだために生理的な何かが変化したためなのか，問題は提起できても問題を解く方法はそう簡単に示せない。

　このように，こころと生理学的実験データとの関係を研究する場合には，慎重な方法論的準備が必要であり，この領域は，実験設定自体が難しく，問題の解明はなおさら難しい分野である。

（麓　信義）

【引用・参考文献】
1) 福田精，『運動と平行の反射生理』，1957年，19-20頁（図は22頁），木村書店．
2) 麓信義，「課題遂行時の注意集中と脈拍数，指先皮膚血流量の変化」，心理学研究 48:289-295，1977．
3) 麓信義，「行動科学からみたモデリングの問題点」，JJSS5:462-469, 1986．
4) 麓信義，『新しいスポーツ心理学入門』，2000年，205頁，春秋社．
5) 岩村吉昭，『タッチ』，2001年，119頁，医学書院．
6) 久保田競，「随意運動メカニズムの特集にあたって」，1984年，神経研究の進歩 28-1，3-6．
7) 前田久雄，「攻撃行動」，久保田競・小野武年編，『新生理学大系第11巻：行動の生理学』1989年，209-221頁，医学書院．
8) 水野昇，「随意運動と大脳皮質の入出力」，佐々木和夫・本郷利寛編，『新生理学体系第10巻：運動の生理学』，1988年，1-20頁，医学書院．
9) 佐々木和夫・本郷利寛「序」，佐々木和夫・本郷利寛編，『新生理学体系第10巻：運動の生理学』1988年，目次7頁，医学書院．
10) 時実利彦，『脳の話』，1962年，岩波書店．
11) 矢部京之助，『人体筋出力の生理的限界と心理的限界』，1977年，杏林書院．
12) 山口正二，「課題遂行時の自律系反応に及ぼす言語ストレスの効果」，心理学研究 51: 69-75，1980．
13) 山本高司，「神経系の基本的構造と機能」，宮下充正他編，『新訂運動生理学入門』，1983年，11-22頁，大修館書店．

さくいん

アルファベット

AIDS（後天的免疫不全症） 171
AMS 234, 237, 240
AMS スコア 234
ACTH（副腎皮質刺激ホルモン） 151
ATP（アデノシン三リン酸） 125, 151
ATP-PC 系 99
ADP 125
α 細胞（グルカゴン分泌細胞） 145
BMI（body mass index） 8, 195
B リンパ球 174
β 細胞（インスリン分泌細胞） 145
DNA 6
EPO（エリスロポエチン） 241
Fick の法則 106
FF 運動単位 25
FR 型運動単位 25
FT 線維 67
FTa 線維 67, 71
FTb 線維 67, 71
HACE 238
HAPE 237, 238
HIV（ヒト免疫不全症ウイルス） 171
IgA 177
IgA 欠損症 177
leveling off 90
LH-TH 型（living high-training high: 高所滞在 - 高所トレーニング） 244
LH-TL 型（living high-training low: 高所滞在 - 低地トレーニング） 244
LL-TH 方式（living low-training high: 低地滞在 - 高所トレーニング） 245
Mets 88, 185
NK 細胞 171, 175, 177
O_2 運搬能力 109
O_2 解離曲線 106, 109, 114
O_2 拡散効率 111
O_2 拡散能力 105
O_2 供給能力 107
O_2 消費能力 107
pH 値 143
plateau 90
PO_2 較差 113, 115
P/O 比 116

ramp 負荷法 91
SAQ 189
S 型運動単位 24
ST 低下 208
ST 線維 71
TCA サイクル 86, 127
T リンパ球 174, 177
type I 線維 67
type II 線維 67
WBGT（湿球黒球温度） 252
W-up 207

あ行

アイシング 211, 212
アクチンフィラメント（actin filament） 63, 65
アクティブリカバリー（active recovery） 211
アセチルコリン（Ach） 145
アセチル CoA 126, 127
アデノシン三リン酸（adenosine triphosphate: ATP） 64, 75, 83, 100
アデノシン二リン酸（adenosine diphoshate: ADP） 64, 83
アドレナリン 145
アポトーシス誘導因子 176
アルツハイマー 219
アロステリック効果 109
アロメトリー式 9
アンギオテンシノーゲン 158
安静時エネルギー消費量 194
安静代謝量 88

インターバル・トレーニング 186
インターフェロン 171, 173
インターロイキン 175
インパルス 19
インピーダンス分光法 193
異化 121
異化作用 2, 122
異常細胞 167
医学検査 192, 193
意識性の原則 183
一次運動野（primary motor area, MI, 4 野） 33
一回心拍出量 198
一回拍出量 107
一酸化炭素中毒 237
遺伝リズム 3
飲酒 219

うつ病 154, 219
ウイルス 170
ウイルス感染 171
ウイルス受容体 171, 172
ウイルス粒子 171, 172
ウエイトコントロール 194, 197
ウェーバー（Weber）の法則 39
ウォームダウン 211
運動学習 56
運動関連脳電位（movement-related cortical potential; MRCP） 55
運動技能（motor skill） 56
運動習慣 222
運動終板（motor endplate） 24
運動処方 179, 192
運動神経細胞 71
運動前野（premotor area: PM） 33, 34
運動単位（motor unit） 24, 71
運動痛 211
運動ニューロン 71
運動能力 15
運動の経済性 95
運動負荷検査 192
運動不足病 16, 179
運動プログラム 261

エストロゲン分泌 151
エネルギー的体力 14
エネルギー供給系 180, 181
エネルギー保存の法則 194
エフェクター分子 168, 175, 176
エリスロポエチン（EPO） 234
エンデュランス・トレーニング（endurance training） 187
エンドセリン -I（endothelin-I: ET-I） 160
栄養芽層（胚盤） 5
腋窩温 246
疫学研究 192, 220
液性調節機構 219
炎症 178
炎症反応 174, 178

オーバーシュート 21
オーバートレーニング 178, 183
黄体形成ホルモン 146
横断的（cross-sectional）調査 7
温度環境 246
温冷交代浴 211, 213

か行

ガス交換 103
ガス分圧 103
カップリング現象 5
カテコラミン 145
カルシウム 133
カルシウム排泄量 199
カルシウムバランス 199
カルパイン（calpain） 80
開口分泌 145
介護予防 203
解糖系（乳酸系：glycolytic pathway） 75, 99, 125, 126
外部環境因子 246
外分泌（exocrine） 144
核酸 170, 171
拡散距離 115
拡散係数 105
拡散性（O_2 Conductance：DO_2） 113
拡散面積 115
覚醒 218
下垂体前葉 149, 151
加速（化）現象（growth acceleration） 7
加齢 201
可塑性（plasticity） 56
活性酸素 130, 131, 174, 211
活性酸素種（reactive oxygen species：ROS） 79
活動電位（インパルス） 19, 21, 54
過分極 23
過眠症 228
感覚受容器 39
感覚的調整 183
感染細胞 171
感染症 167, 237
感染性粒子 170
感染防御反応 170
換気応答 235
換気促進作用 227
眼球運動 224
環境介入法 196
環境リズム 3
間欠式漸増負荷法 91
間欠的低酸素曝露 235
緩衝 86
緩衝作用 109
緩衝能力 86, 235
完全な強縮 24
杆体 40
寒冷環境 210

ギャップ結合 145
記憶障害 228
技術 16
技能 16
気象病 233
季節変動 3
基礎代謝 194
基礎代謝量 88
基礎体力 239
基底膜 62
拮抗筋群 215
吸収 121
吸息運動 102
急性高山症状 244
急性高所曝露 241, 243
強化（consolidation） 56
胸腺 176
拒食症 133
筋原線維（myofibril） 62, 65
筋鞘（sarcolemma） 62
筋小胞体（sarcoplasmic reticulum：SR） 64
筋節（サルコメア：sarcomere） 64, 80
筋線維（muscle fiber） 61
筋線維組成（muscle fiber composition） 68
筋損傷（muscle damage） 75
筋肉タンパク質合成 124, 136
筋パワー 72
筋疲労（muscle fatigue） 75, 78
筋紡錘（muscle spindle） 49, 214
筋ポンプ作用 211, 213
筋力トレーニング 188

クーリングダウン 210, 211
クエン酸回路 126
グリコーゲン 78
グリコーゲンローディング 136
クレアチンリン酸（phosphocreatine：PCr） 75, 84, 100
クローン細胞 176
クロストレーニング 182
口呼吸 101
屈曲反射 52

ケモカイン 175
形質膜 62
血液浸透圧 138
血清フェリチン濃度 132, 133
血糖調節機能 219
結合型酸素 236, 237
月内変動 3

解毒 123
減圧症 236, 237
健康運動指導士 193
健康指標 196
言語的・意識的調整 183

ゴルジ腱器官（Golgi tendon organ） 214
コンプレッション衣類 213
高圧 231
高圧酸素治療 237
高圧酸素療法（hyperbaric oxygen therapy） 211, 213
高温域 246
高酸素 231
高酸素環境 235
高山病（mountain sickness：AMS） 231, 234, 235, 237, 240
高所馴化 240, 243
高所順応 239
高所順応トレーニング 240
高所性脳浮腫（high altitude cerebral edema：HACE） 235
高所性肺水腫（high altitude pulmonary edema：HAPE） 234
高所適応 240
高所登山 233, 239
高所トレーニング 231, 235, 240, 242
高速パワー 73
高体温症（hyperthermia） 247
高炭水化物食 134, 137
高地滞在・高地トレーニング 189
高地滞在・低地トレーニング 189
降圧効果 158
抗生物質 173, 174
抗原 175
抗原提示 174
抗酸化酵素 130
抗酸化作用 130
抗酸化ビタミン 130, 132
抗体 171, 174, 175, 177
恒温適応域 246
交感神経 37
交叉性伸展反射 52
甲状腺ホルモン 145
酵素 79, 125
口腔温 246
好中球 173, 177
行動体力 14

さくいん

呼吸運動　101
呼吸商　92
呼吸中枢　101
呼息運動　102
骨塩量　133
骨格筋（skeletal muscle）　61
骨粗鬆症（こつそしょうしょう）　6, 134
骨密度　133, 201
骨ミネラル量　199
固定負荷法　91
個別性の原則　182
鼓膜温　246, 250
五葉　32

さ行

サイトカイン　168, 173, 174, 175, 177, 178
サイバネティックス的体力　14
サーカディアン（概日性：circadian）リズム　3, 146, 247
サーキット・トレーニング（circuit training）　187
サルコペニア（sarcopenia）　201
細菌　170
細菌感染症　173
細胞　5
細胞傷害性リンパ　174
細胞障害性リンパ球　171, 177
細胞体（soma）　19
最大下作業能力　234
最大筋力　69, 266
最大作業能力　236
最大酸素借　95
最大酸素摂取量（maximal oxygen uptake: $\dot{V}O_2$max）　91, 96, 100, 184, 198, 202, 233, 249
最大酸素負債量　99
再同期現象　3
再トレーニング　200
再入眠　228
搾乳運動　102
酸化的リン酸化（oxidative phosphorylation）　77
酸素運搬能力　241
酸素解離曲線　208
酸素借　89, 90, 208
酸素需要量　90
酸素摂取水準（％$\dot{V}O_2$max）　184
酸素摂取量　89, 90
酸素毒　236

運動負荷方法　91
酸素負債　89, 100
酸素負債量　99, 100
酸素飽和度（SpO_2）　233
3軸加速度計法　194

シナプス（synapse）　19, 23
シナプス後電位　54
自覚的（主観的）運動強度（rate of pereceived exeriton : RPE）　92, 185
自覚的不健康感　223
自原性抑制（autogenetic inhibition）　51, 214, 215
自然免疫系　176
自動制御機構　15
自発的脱水　138
自律神経　37, 145, 258
自律神経失調症　37
視交叉上核　3
視覚伝導路　41
視床下部視交叉上核　146
視床下部調節　152
視神経　41
磁気共鳴機器（magnetic resonance imaging：MRI）　211
軸索（axon）　19
時差ぼけ　219, 226, 228
脂質過酸化　131
脂肪酸　87
脂肪量　196
脂溶性ビタミン　130
脂溶性ホルモン　147
姿勢反射　26
耳石器　44
持続陽圧呼吸療法　227
膝蓋腱反射　51
暑熱環境　210
縦断的（longitudinal）調査　7
12分間走　92
週内変動　3
周波数分析法　4
主観的運動強度　194
熟眠障害　228
樹状突起（dendrite）　19
寿命延伸効果　196
寿命関連指標　196
受容器細胞　40, 42
馴化　240
順応　40, 233
順応（acclimatization）　234
常温環境　210
消化　121
傷害予防効果　217

情動動作　258
小脳　27
食行動　262
食細胞　174, 177
食作用　174
食道温　246, 250
食欲調節ホルモン　220
食欲抑制作用　219
触媒作用　144
除脂肪組織　123
除脂肪組織量　134
除脂肪体重（lean body mass:LBM）　10, 198, 199
女性ホルモン　134
徐波睡眠　225
心筋（cardiac muscle）　61
心室性不整脈　208
心肺蘇生法　193
心拍出量　106, 151, 198
心容積　198
心理的限界　265
神経核（nucleus）　149
神経筋シナプス　24
神経・筋遮断薬（ツボクラリン）　154
神経膠細胞（グリア）　19
神経細胞（ニューロン）　19
神経終末（nerve ending）　19
神経性食欲不振症　133
神経伝達速度　207, 208
神経伝達物質　20, 23, 43
神経内分泌　143, 145
身体運動　12
身体活動　12
身体資源（physical resources）　15
身体像（body scheme、または body image）　57
身体組成　193, 194
身体認識　58
身体不活動　198
身体不使用　199
伸張性収縮　80
伸張性収縮（eccentric contraction）　69
伸張性筋収縮　201
伸張‐短縮サイクル（stretch-shortening cycle: SSC）　70, 214
伸張反射（stretch reflex）　51, 214, 215
新陳代謝　121
浸透圧　159
浸透圧受容器　158
振動感覚　45

深部感覚　44
深部体温　250

スキル系　181
スクーバ潜水　236
スクワットジャンプ　70
スタティックストレッチング
　　（static stretching）　215
ステロイドホルモン　145, 147
ストレス不適応　158
ストレッチング（stretching）
　　211, 212, 213
スポーツ心臓　107, 198
随意運動　15, 33, 258, 259
随意動作　258
錐体　40
錐体細胞　260
水分補給　239
水溶性ビタミン　130
睡眠　218
睡眠環境　224
睡眠時間　221, 222
睡眠時無呼吸　226
睡眠習慣　221
睡眠障害　226
睡眠相後退症候群　228
睡眠段階　224
睡眠不足　221
睡眠物質　219
睡眠 - 覚醒リズム　3
滑り説（sliding theory）　66

生活習慣病　179, 191, 194
生活習慣病リスク　219
生存競争　218
生体時計　146
生体リズム　224
生物リズム　3
生理的限界　265, 266
静止膜電位　21
静的収縮（static contraction）　69
性周期　251
性ホルモン　151
性ホルモン軸（テストステロン）
　　164
星状細胞　20
成長因子　175
成長ホルモン　150
成長ホルモン軸　161
脊髄　25
脊髄反射　49, 52
赤筋　25
摂食障害　133
摂食中枢　262

絶対不応期　21
全か無かの法則　22
全面性の原則　182
潜時（latency）　22
潜水　235
潜水病　231
染色体　6
漸進性　183
前庭感覚　43
前庭動眼反射　27
前庭迷路反射　26
前補足運動野（preSMA）　35

相対不応期　21
相反性抑制　215
早朝覚醒　228
促通拡散　111
速筋（fast-twitch）　67, 108
速筋線維　108

た行

ダイナミックストレッチング
　　（dynamic stretching）　216
タイプ I 筋線維　24
タイプ IIa 線維　25
タイプ IIb 線維　25
タンパク質合成　123
タンパク分解酵素　145, 158
体温調節　250
体温調節機能　222, 249, 253
体温調節中枢　246
体脂肪率　196, 199
体水分量　135
体性感覚　39, 44
体性感覚伝導路　46
体性感覚誘発電位（somatosensory
　　evoked potential; SEP）　54
体性神経　145
体性神経系　37, 258
体組成評価　193
体タンパク質合成　124
体熱平衡　249
体力　12
体力ピーク　202
体力形成不全　17
体力・形態検査　192, 193
体力二極化現象　17
体力年齢　202
代謝回転速度　122
代謝性熱産生量　250
代謝調節　129
代謝反応　144

大脳基底核　260
大脳皮質一次体性感覚野　46
大脳皮質運動関連領野　33
脱水　211, 239, 242, 253
脱同期現象　3
脱トレーニング（detraining）
　　197, 200, 201
脱分極　21
単収縮（twitch）　24
単純拡散　111
短縮性収縮（concentric
　　contraction）　69, 80, 201
短眠者　221
弾性（stiffness）　207, 208, 214
断眠　218, 225

知覚情報　261
力 - パワー曲線　209
遅筋（slow-twitch: ST）　67, 108
遅筋線維　108
遅発性筋痛　217
遅発性筋痛（delayed onset muscle
　　soreness：DOMS）　211
窒素出納　123, 199
窒素排泄量　199
窒素酔い　236
注意集中度　263
注意力低下　218
中心窩　41
中枢性無呼吸　227
中枢パターン発生器（central
　　pattern generator）　52
中速パワー　74
中途覚醒　228
中和抗体　172
超音波　211
聴覚受容器　41
聴覚伝導路　43
跳躍伝導　22
直腸温　246

テストステロン　151, 164
低圧　231
低圧低酸素環境　241
低圧低酸素室（低圧室）　240
低温域　246
低血糖　143
低酸素　231
低酸素環境　233, 240, 241
低速パワー　75
低体温症（hypothermia）　247,
　　253
低炭水化物食　135
低ナトリウム血症　139

さくいん

適応免疫系　176, 177
適時性　182
鉄　132
鉄欠乏性貧血　132, 227
電気刺激　211
電気刺激（Electromyostimulation：EMS）　213
伝達（transmission）　23

ドーパミン　145
トレーニング機器　189
トレーニングの中止　198
ドロップジャンプ　70
同化　121
同化作用　2, 122
同期現象　3
動作の自動化　261
動静脈酸素濃度較差　106, 115
動体視力　191
動的収縮（dynamic cont-raction）　69
動的平衡状態　121
等尺性　188
等尺性最大張力　67
等尺性収縮（isometric contraction：性的収縮）　69, 80
等速性　188
等速性収縮（isokinetic contraction）　69, 70
等張性　188
等張性収縮（isotonic contraction）　69, 70
投射の法則　39
糖新生　127
特殊感覚　39
特殊環境　231
毒素　174
時計細胞　3

な行

ナトリウム　135, 138
ナトリウム利尿　158
内部環境因子　246
内部細胞塊（胎児）　5
内分泌（endocrine）　144, 145
内分泌系　143

二次体性感覚野　46, 47
二重標識水（doubly labeled water: DLW）　194
20 mシャトルランテスト　92
日周変動　251

日常生活動作（activity of daily living: ADL）　179
日内変動　3
乳酸（lactic acid）　75
乳酸閾値（LT）　151, 234
乳酸性アシドーシス（lactic acidosis）　75
乳酸性機構　83, 84
乳酸性作業閾値（LT）　96, 184
乳酸生酸素負債　100
乳酸代謝　235
入眠障害　228
尿素　123
認知行動療法　228
認知症　219
認知的技能　57

熱けいれん　252
熱産生　249
熱産生量　246
熱失神　252
熱射病　252
熱ショックタンパク質（heat shock protein: HSP）　252
熱ストレス　251
熱中症　2, 210, 222, 252
熱中症予防　253
熱疲労　252
熱放散　249, 250
熱放散能力　248
熱放散量　246, 250
寝不足・不眠　218, 219, 222
粘性　207
粘性抵抗　208

ノルアドレナリン　145
ノンレム（Non-REM）　226
脳回（gyrus）　31
脳幹　26, 266
脳幹網様体　262, 263, 266
脳機能低下　219, 221
脳溝（sulcus）　31
脳波（electroencephalogram: EEG）　53
脳浮腫　244
能動的適応　246

は行

バイオリズム　3
パーキンソン病　227
パーフォリン　176
パターン認識受容体　177

パフォーマンス　16, 179, 180
バリスティックストレッチング（ballistic stretching）　215
パルミチン酸　116, 126
肺拡散　102
肺拡散能力　241
肺換気　100
肺気腫　244
肺水腫　244
肺胞　101
肺毛細血管　103
敗血症　174
帯状皮質運動野〔CMA〕　36
白筋　25
発熱（fever）　247
鼻呼吸　101
半規管　43
反射中枢　26
反射動作　258
反復拮抗運動不能症（adiadochokinesis）　28
汎適応症候群　157

ビタミン　130
ビルドアップ・トレーニング（build up training）　187
皮質脊髄路　48
皮膚温　250
皮膚温（skin temperature）　246
皮膚感覚　44
皮膚受容器　45
脾臓　176
非乳酸性機構　83
非乳酸性酸素負債　100
肥満　195
病原性微生物　167, 170, 174, 176
標的器官　143
疲労　22
疲労耐性　67
疲労物質　211
貧血　133

フィードバック　44
フィードバック制御　31
フィードフォワード制御　30
プライオメトリック（plyometric）　71
プライオメトリクス・トレーニング　190
プラトー　92
プルキンエ細胞　28
不完全な強縮（テタヌス）　24
不顕性感染　173
不随意運動　15, 258

不眠　219, 228
不眠者　222
不眠や過眠　226
負荷誤差　251
副交感神経　37
分極　21
分泌細胞　144

ペースメーカー　3
ベッドレスト（bed rest）　197, 198, 199
ペプチドホルモン　143, 145
ヘマトクリット　132
ヘモグロビン（Hb）　105, 106, 112, 132
ヘルパーリンパ球　174, 177
ヘンリーの法則　103, 237
平滑筋（smooth muscle）　61
平衡感覚　43
閉塞性睡眠時無呼吸症候群　227
閉息潜水　236

ボーア効果（Bohr effect）　106, 109
ボイルの法則　235
ポッピングサルコメア（popping sarcomere）　80
ホルモン応答　143
ホルモン分泌　143
防衛体力　14
防御反応　177
傍分泌　145
補足運動野（supplementary motor area: SMA）　33, 35

ま行

マイオカイン　178
マークシート式生活記録法　194
マクロ的リズム　3
マクロファージ　174
マシントレーニング　189
マッサージ　211, 212
末梢神経　258
末梢神経系　37
麻痺　22
慢性的高所曝露　241
慢性不眠　228
満腹中枢　262
ミオグロビン（Mb）　113, 114
ミオシンフィラメント　65
ミオシンフィラメント（myosin filament）　63
ミクロ的リズム　4
ミトコンドリア（mitochondria）　6, 64, 77, 107, 115
ミネラル　132

むずむず足症候群　226, 227
無機リン酸（inorganic phosphate: Pi）　64, 76
無月経　134
無呼吸　227
無酸素性作業閾値　130
無髄神経　22

メタボリック・シンドローム　179
メタボリックシンドローム　194
メディカルチェック　183
メンタルトレーニング　267
明順応と暗順応　40
迷路反射　27
免疫応答　167, 171, 173, 177
免疫記憶　177
免疫系　167
免疫失調　178
免疫臓器　168
免疫担当細胞　168, 174
免疫能　211
免疫反応　171, 174
免疫不全症　167

毛細血管網　110

や行

夜驚症　228
火傷や凍傷　237

有髄神経　22
遊走作用（chemotaxis）　175
遊離脂肪酸　129
誘発電位　54
指鼻試験　28
揺らぎ　4

溶解型酸素　237
要介護　203
要介護高齢者　194
抑うつ　228
抑制作用　215

ら行

ランヴィエ絞輪　22

リカバリー（recovery）　211
リスクファクター　193
リバウンド効果　212
リラックス　217
リンパ管　174
リンパ球　174
リンパ節　174, 176
利尿系ホルモン　158
レニン　158
レペティション・トレーニング（repetition training）　187
レベリングオフ　92
レム睡眠　224, 226
レム睡眠行動障害　228
連続式漸増負荷法　91
連続的運動学習　57

老化　203
6野　33

ワーキングメモリ（working memory）　57

【編者紹介】   執筆箇所
山地啓司　（やまぢ　けいじ）　立正大学法学部教授　　　第1章
大築立志　（おおつき　たつゆき）東京大学名誉教授　　　　第2章
田中宏暁　（たなか　ひろあき）福岡大学スポーツ科学部教授　第5章

【著者紹介】   執筆箇所
松本直幸　　熊本県立大学環境共生学部准教授　　　　　第3章
丸山敦夫　　新潟医療福祉大学健康科学部教授　　　　　第3章
和田正信　　広島大学大学院総合研究科教授　　　　　　第4章
神崎圭太　　広島大学大学院総合研究科　　　　　　　　第4章
倉谷麻衣　　広島大学大学院総合研究科　　　　　　　　第4章
桧垣靖樹　　福岡大学スポーツ科学部教授　　　　　　　第5章
竹田正樹　　同志社大学スポーツ健康科学部教授　　　　第6章, 第12章
増田和実　　金沢大学人間科学系教授　　　　　　　　　第6章
岡村浩嗣　　大阪体育大学体育学部教授　　　　　　　　第7章
征矢英昭　　筑波大学大学院人間総合科学研究科教授　　第8章
井出幸二郎　筑波大学大学院人間総合科学研究科助教　　第8章
永富良一　　東北大学大学院医工学研究科教授　　　　　第9章
山崎　健　　新潟大学教育学部教授　　　　　　　　　　第10章
中雄勇人　　群馬大学教育学部講師　　　　　　　　　　第10章
木村みさか　京都府立医科大学保健看護研究科教授　　　第10章
山田陽介　　福岡大学身体活動研究所ポストドクター　　第10章
石井好二郎　同志社大学スポーツ健康科学部教授　　　　第11章
瀧澤一騎　　北海道大学高等教育推進機構准教授　　　　第11章
山口太一　　酪農学園大学酪農学部講師　　　　　　　　第11章
水野　康　　東北福祉大学子ども科学部准教授　　　　　第11章
山本正嘉　　鹿屋体育大学スポーツトレーニング教育研究センター教授　第12章
大貫義人　　山形大学地域文化学部教授　　　　　　　　第12章
麓　信義　　弘前大学教育学部教授　　　　　　　　　　第13章
　　（執筆順）

スポーツ・運動生理学概説

ⓒ Keiji Yamaji 2011

初版発行	2011年3月1日
再版発行	2013年5月15日
編著者	代表 山地啓司（やまぢけいじ）
発行者	和田義智
発行所	株式会社 明和出版
	〒174-0064　東京都板橋区中台3-27-F-709
	電話・FAX　03-5921-0557
	振替　00120-3-25221
	E-Mail : meiwa@zak.att.ne.jp
装　丁	下田浩一
印刷・製本	壮光舎印刷株式会社

ISBN978-4-901933-24-7　　　　　　　　Printed in Japan

Ⓡ 本書の全部または一部を無断で複写複製(コピー)することは，著作権法上での例外を除き禁じられています。